사회복지총서

정신건강사회복지론

강상경 · 권태연 · 김문근 · 이용표 · 하경희 · 홍선미 공저

Social Work in Mental Health

학지사

머리말

사회변화에 따라 복지의 목적도 신체건강 중심의 생존과 안전에 대한 기초보장에서 회복탄력성 증진과 성장 · 발달 지원을 위한 정신건강 보장 중심으로 변화해 가고 있다. 소득보장과 의료보장을 통한 생존과 안전에 대한 사회보장 수준이 개선되면서, 사회적 관계 속에서 자기가치를 실현하고자 하는 자아실현 욕구가 부각되고 있다. 안전한 생존을 위한 사회보장체계와 더불어 미래사회에서 요구되는 것은 이러한 자아실현 욕구에 대한 사회보장체계의 확립이다. 자아실현을 위해서는 신체적 건강과 함께 정신적 건강이 뒷받침되어야 한다. 현대 사회에 만연한 우울은 치료와 예방에 막대한 사회적 비용을 초래할 뿐 아니라 개인의 인간다운 삶과 자아실현을 저해하는 요인이다. 또한 치매나 조현병과 같은 중증 정신질환들은 치료, 예방 및 회복지원에서 더 많은 사회적 에너지를 요구한다. 따라서 정신건강사회복지의 중요성은 날로 더해 가고 있고, 사회복지 분야를 이해하기 위해서는 정신건강 및 정신건강사회복지에 대한 이해가 필요하다.

한국사회복지교육협의회 교과목 지침에서 강조하고 있듯이 정신보건사회복지론은 사회복지와 정신건강이 교차하는 다양한 영역에서 정신질환자나 정신장애인의 정신질환 치료, 예방 및 회복과 더불어 전체 국민의 정신건강 증진과 관련된 학문의 영역이자 관계되는 실천 방법을 다루는 과목이다. 이러한 교과목의 특성상 정신건강사회복지론 교과목은 수강하는 사람들이 사회복지사로서 정신건강에 관련된 다양한 도전을 다룰 수 있는 관점과 지식을 습득하는 동시에 사회복지의 한 분야인 정신건강 영역의 실천 전문가인 정신건강사회복지사를 미래의 직업으로 고려해 볼 수 있는 기회를 제공한다.

구체적으로 정신건강사회복지론 교과목은 다음과 같은 목표를 가진다. 첫째, 이 교과목을 수강하는 학생들은 사회복지학 전반에서 차지하는 정신건강사회복지학의 위상을 이해한다. 둘째, 이 교과목을 수강하는 학생들은 정신건강 개념과 접근 패러다임의 변화 과정에 대해서 이해한다. 셋째, 이 교과목을 수강하는 학생들은 「정신건강복지법」에 대한 이해와 그 이해를 기반으로 형성된 전달체계 및 실천영역의 현황 및 문제점에 대해서 이해한다. 넷째, 실천학문 분야의 특성을 살려서 다양한 생태체계적 맥락에서 정신건강사회복지의 사정과 실천 역량을 습득한다. 다섯째, 정신건강사회복지론을 수강하는 학생들은 이 분야의 사회적·실천적 중요한 사안들의 역사적 전개 과정과 발전 방향에 대해 이해하고, 미래 정신건강사회복지 발전에 기여할 수 있도록 한다. 이러한 교과목의 기본 개요 및 목표를 고려하여 이 책에서는 각 주제 및 영역에서 활발하게 활동하고 있는 전문가들을 저자로 모셨다. 바쁘신 가운데 후속세대의 학문 발전을 위해서 흔쾌히 함께 저술하는 것을 허락해 주신 권태연, 김문근, 이용표, 하경희, 홍선미 교수님께 감사드린다.

이 책의 구성은 다음과 같다. 제1장은 사회복지와 정신건강사회복지의 관계 및 위상에 대해서 고찰한다. 제2장은 정신건강사회복지의 주요 관점과 패러다임에 대해서 논의한다. 제3장은 「정신건강복지법」과 정신건강복지정책을 중심으로 고찰하고, 제4장은 이러한 법과 정책 실현을 위한 정신건강복지전달체계에 대해서 살펴본다. 제5장은 실천적 개입의 기초가 되는 정신건강의 사정에 대해서 살펴보고, 제6장은 문제 중심 사정체계와 강점 중심 사정체계를 소개하고 각각의 장단점에 대해서 논의한다. 제7장은 새롭게 개정된 「정신건강복지법」에 근거한 실천영역에 대해서 살펴보고, 제8장은 정신건강사회복지의 실천 방법에 대해서 알아본다. 제9장은 생애주기별 정신건강 이해와 실천에 대해 공부하고, 제10장은 인권보장과 실천윤리에 대해서 논의한다. 제11장은 중독과 관련된 정신건강 이슈를 다루고, 제12장은 자살과 관련된 정신건강 주제를 공부한다. 제13장은 트라우마나 재난과 관련된 정신건강 주제를 살펴보고, 제14장에서는 정신건강사회복지의 발전 방향에 대해서 논의한다.

새롭게 출범하는 사회복지총서의 하나로 『정신건강사회복지론』이 함께할 수 있어서 기쁘게 생각한다. 마지막으로, 저술의 기회를 준 학지사와 서울대학교 사회복지연구소에 감사드린다. 현재 부족한 점들은 향후 개정판을 통해 개선하리라 다짐하면서 이 교재가 학생들과 강의자에게 도움이 될 수 있기를 간절히 바라는 바이다.

2022년 3월 관악에서

강상경

차례

제 1 장

사회복지와 정신건강사회복지

정신건강사회복지는 사회복지학의 한 분야이므로 '정신건강사회복지학'의 특성을 이해하기 위해서는 사회복지학에 대한 이해가 필요하다. 복지국가와 사회복지학에 대한 이해를 도모하기 위해 이 장에서는 복지국가에 대한 이해를 기반으로 사회복지학이 무엇이고, '정신건강'이 왜 사회복지학에서 중요한 주제인가를 이해하는 것을 목적으로 한다. 이러한 목적을 달성하기 위해 복지국가의 등장 배경과 복지국가의 특성에 대한 이해를 기반으로 사회복지학의 등장 배경 및 특성을 공부한다. 복지국가의 등장 배경과 특성 및 사회복지학에 대한 이해는 '정신건강사회복지학'을 수강하는 학생들에게 정신건강에 대한 이해가 사회복지학 제반 영역과 어떻게 관련되어 있는지 이해하는 것을 도와준다.

1. 서론

이 장은 다음과 같은 세 가지 주제를 포함하고 있다.

첫째, 복지국가에 대한 이해이다. '정신건강사회복지학'은 사회복지학의 한 분야이다. 사회복지학은 역사적으로 인류가 복지국가에 관심을 가지게 된 이후에 주목받게 된 학문영역이다. 따라서 정신건강사회복지를 이해하기 위해서는 먼저 복지국가의 개념과 등장 배경에 대해 논의하고 이해할 필요가 있다. '정신건강사회복지학'의 뿌리가 되는 사회복지학에 대한 이해를 위해서 이 장에서는 먼저 복지국가의 등장 배경과 복지국가의 개념에 대해서 논의한다.

둘째, 사회복지학 및 사회복지 영역에 대한 이해이다. 복지국가의 등장으로 복지국가에서 나타나는 다양한 현상에 대해서 과학적으로 이해하고 접근이 필요하게 되었다. 이러한 필요에 부응하기 위해 사회복지학이 학문의 한 분야로 등장하고 서서히 자리를 잡으면서 오늘에 이르게 된다. 복지국가가 효과적으로 기능하기 위해서는 법, 정책, 제도, 전달체계, 서비스 등 다양한 요인이 필요하다. 즉, 거시적 차원에서 법과 정책, 중시적 차원에서 서비스 전달체계 및 운영, 미시적 차원에서 일선 서비스 전달 등이 유기적으로 연관되어 기능해야 복지국가가 효율적으로 작동할 수 있다. 사회복지학은 이러한 복지국가의 거시적 · 중시적 · 미시적 차원의 다양한 현상을 기술하고 과학적으로 연구하는 학문이다. 사회복지학의 주 관심대상은 복지국가에서 관찰될 수 있는 이러한 거시적 · 중시적 · 미시적 차원에서의 OR의 다양한 현상이다.

셋째, 정신건강의 이해이다. 사회복지의 개념이 상대적으로 구성되는 것처럼 정신건강의 개념 또한 사회문화적 특성을 반영하여 형성되고 유지된다. 전통적 의미의 건강은 질병이 없는 상태를 의미하였다. 시대의 흐름에 따라 사회문화적 가치관이 변화하면서 최근 건강의 개념은 단순히 질병이 없는 상태가 아니라 자아실현을 위한 신체, 심리, 사회, 경제 등 통합적 안녕 상태를 의미한다. 정신건강 또한 정신질환의 유무에 따라서 결정되는 것이 아니라 신체, 심리, 사회, 경제 등 다양한 요인 간의 건강한 항상성이 유지되는 안녕 상태로 정의된다. 정신질환이란 단순한 심리적 · 신체적 · 정신과적 증상을 의미하는 것이고, 정신장애는 정신질환 증상에 의해 일상생활기능이 현저하게 저하된 상태를 의미한다.

넷째, 정신건강사회복지의 이해이다. 사회복지 접근 관점이나 가치관은 시대나 사회문화적 특성에 따라 다르다. 초기 복지국가는 삶을 위한 기본욕구 충족을 통한 생존에 목적을 두었다. 시대 흐름에 따라 사회복지의 목표는 생존을 위한 기본욕구 충족을 기반으로 사회적 관계와 자아존중감 증진을 통해 궁극적으로는 자아실현을 지원하는 것으로 확장되었다. 과거에는 생존을 위한 소득보장이나 질병 없는 신체건강이 사회복지의 주요 목표였지만, 현대 사회에서는 개인의 정신건강 증진이 사회복지의 중요한 목표 중의 하나로 등장하게 되었다. 시간이 지날수록 사회복지와 관련해서 정신건강의 중요성은 더욱 커질 것으로 예상된다. 따라서 사회복지학과 연관해서 '정신건강'에 대한 횡단적 이해와 종단적 이해가 필요하다. 요약하면, 이 장은 복지국가 및 사회복지학의 특성을 이해하고, 왜 사회복지 분야에서 정신건강에 대한 이해가 필요한지를 공부하는 장이다.

2. 복지국가란

'정신건강사회복지' 교과목은 사회복지학 교과목의 하나이고 사회복지학의 학문적 영역은 복지국가가 등장한 이후에 생긴 것이다. 이러한 점을 고려할 때, 정신건강을 논하기 전에 복지국가의 개념과 등장 배경에 대한 이해가 전제될 필요가 있다.

1) 인간이 살아가는 궁극적 목표

인간은 '사회적 존재'라는 점에 대해 특별히 반대 의견을 제시하는 사람은 많지 않을 것이다. 사회적 존재인 인간은 다양한 사회환경에 속해 개인의 사회적 역할을 수행하면서 살아간다. 사회적 존재로서 인간이 살아가는 궁극적 목표는 무엇일까? 학생들은 공부하고, 직장인은 직장에서 맡은 역할을 수행하면서, 여가활동도 즐기려고 한다. 바라보는 시각에 따라서 약간씩은 다를 수 있지만, 이러한 제반 활동들의 가장 큰 목적 중의 하나는 개인의 신체적 · 사회적 · 정신적 · 경제적 측면에서 통합적 차원의 '안녕 상태(well-being)'를 유지하고 증진하는 것이다(강상경 외, 2021).

인간 삶의 궁극적 목적이라고 할 수 있는 통합적 '안녕 상태'는 신체적 · 정신적 · 경제적 · 사회적 요인 등 다양한 차원의 요인들 간의 통합적 안녕 상태를 의미한다. 통합적 안녕 상태의 이러한 다양한 차원에서 추론할 수 있듯이, 통합적 '안녕 상태'를 달성하려면 개인의 신체적 욕구, 사회적 욕구, 정신적 욕구, 경제적 욕구 등의 다차원적 욕구가 통합적으로 균형 있게 충족되어야 한다. 이러한 맥락에서 인간의 삶은 다양한 차원의 통합적 욕구를 충족해 나감으로써 개인의 신체적 · 심리적 · 사회적 · 경제적 차원의 전체적인 '안녕 상태'를 이루어 나가려는 연속적인 과정으로, 개인적 · 환경적 요인들 간 생태체계적 항상성이 유지된 상태로 정의된다. 인간의 안녕 상태에 대한 이러한 개념은 환경 속의 인간이라는 기본관점을 토대로 형성된 생태체계이론에 기반을 두고 있다(Zastrow & Kirst-Ashman, 2001). 생태체계 요인들 간의 항상성 관점에서 안녕 상태를 도식화하면 [그림 1-1]과 같다.

인간의 통합적 욕구인 '안녕 상태'는 각 개인이 처한 환경적 요인들이나 개인의 신체 · 심리 · 사회적 특성 등 개인적 요인들의 영향을 받는다. 정신건강사회복지의 주요 대상인 정신장애인을 예로 들어 보자. 정신장애인이 정신적 장애로 인해 직업을 못 가지게 되면 직업인으로서 기능하면서 사회적 역할을 수행하고자 하는 자아실현의 욕구가 저해된다. 정신장애로 인해 직업인으로서 사회적 역할 수행에 실패하게 되면 당사자의 소득원이 제한받게 되고, 나아가 경제적 욕구가 충족되지 못하게 된다. 만약 예시의 정신장애인이 가족을 부양해야 하는 부양책임자라면 장애인 개인의 총체적 욕구뿐 아니라 가족 구성원 전체의 욕구가 충족되지 못하고, 나아가 가족 전체의 '안녕 상태'가 위협을 받게 된다. 이처럼 개인의 안녕 상태는 개인 차원에서 끝나지 않고 당사자가 속한 가족의 안녕 상태에도 영향을 준다.

정신장애로 인한 안녕 상태의 위협은 개인이나 가족의 문제로 끝나는 것이 아니

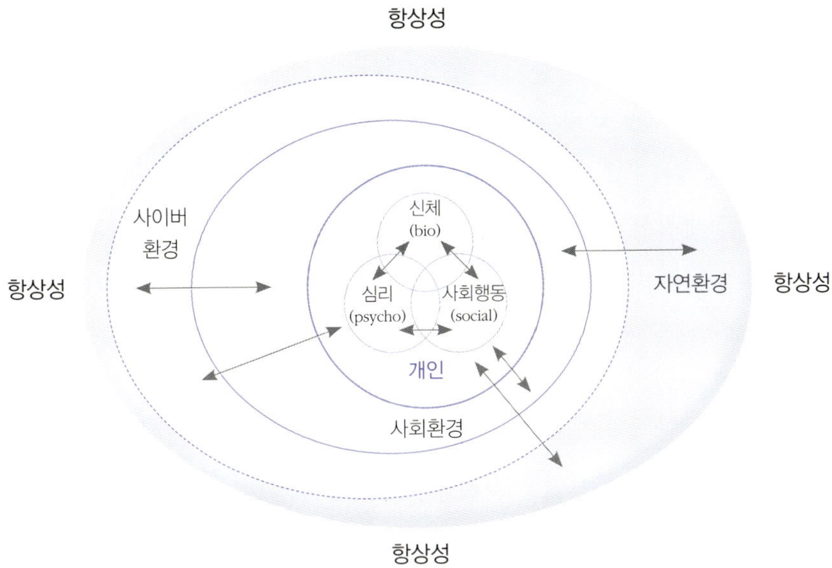

그림 1-1 항상성 관점에서 안녕 상태의 도식적 이해

다. 특정 사회에 안녕 상태의 위협을 받는 개인이나 가족이 많은 경우에는 사회 전체의 안녕 상태가 위협받게 되고 사회적 불안이 나타날 수 있다. 즉, 개인이나 가족 차원의 안녕 상태에 대한 위협을 해결하지 못하면 사회적 차원의 안녕 상태도 위협을 받게 된다. 이러한 다양한 요인 간의 생태체계적 역동성을 염두에 두고 개인이나 가족의 최소한의 안녕 상태를 보장해 주기 위해서 등장한 제도가 복지제도이다. 즉, 복지제도란 개인이나 사회의 안녕 상태를 유지하고 증진하기 위해서 복지국가에서 나타나는 일반적 현상이다. 여기에서 궁금해지는 것은 '복지국가란 무엇이고 왜 등장하게 되었는가?'이다.

2) 복지국가의 개념 및 등장 배경

'복지국가'란 인간의 안녕 상태를 유지하는 데 필요한 재화나 용역의 생산 및 분배의 일정 부분을 국가에서 담당함으로써 국민의 안녕 상태를 일정 정도 이상으로 유지하려고 국가 차원의 조직적 개입을 하는 국가 형태이다(김태성, 성경륭, 2000). 복지국가는 순수자본주의의 한계를 수정하는 과정에서 등장하게 된다. '보이지 않는 손'에 의한 자유시장 체제하에서는 정부의 개입이 전혀 없는 자유시장이 국민의 안녕 상태를 유지하는 데 필요한 재화와 용역의 생산과 공급 전부를 담당하였다.

국가의 공적 개입이 전혀 없던 초기 순수자본주의 체제 시장경제하에서는 개인 스스로 자신의 안녕 상태를 유지하는 것이 한계가 있는 도시빈민과 같은 사회계층이 등장하게 된다. 급속한 산업화와 도시화로 인한 도시빈민이나 저임금 노동자 등과 같은 계층의 증가는 당사자들 개인의 안녕 상태를 저해할 뿐 아니라 계층 간 갈등으로 인해 사회 전체를 위협하는 위험요인으로 작용하게 된다. 초기 자본주의에서 새롭게 등장한 이러한 사회적 위험요인에 대응하는 양식은 국가마다 약간씩 달랐지만(전광석 역, 2005), 크게 두 가지 유형으로 분류해 볼 수 있다.

첫 번째 유형은 '사회주의'이다. 사회주의 체제하에서는 사회구성원의 안녕 상태를 유지하는 데 필요한 모든 재화와 용역의 생산, 공급 및 재원을 국가에서 담당한다. 구소련이나 과거 중국 등이 이러한 국가에 해당한다고 할 수 있다. 또 다른 유형은 '복지국가'라고도 불리는 '수정자본주의'이다. 수정자본주의 체제는 자본주의 시장경제체제를 기본적 골격으로 유지하면서 구성원의 안녕 상태를 저해하는 제반 요소들을 제거할 수 있는 재화나 용역의 생산 공급 및 필요한 재원의 일부를 공공에서 담당한다. 영국, 미국, 프랑스, 독일 등 대부분의 서구 국가가 순수자본주의의 한계를 극복하기 위해 수정자본주의를 채택하였다. 이후 이러한 수정자본주의는 현재 여러 나라에서 채택하고 있는 복지국가의 기초가 된다. 요약하면, 복지국가는 순수자본주의 체제의 한계를 극복하기 위한 대안 중의 하나로 등장하여 오늘에 이르고 있다.

공공에서 담당하는 안녕 상태 유지에 필요한 재화나 용역의 생산 · 공급이나 이에 필요한 재원을 정부에서 부담하는 정도는 나라마다 다양하게 나타난다. 복지국가의 유형은 다양하게 분류될 수 있지만 크게 제도적 복지국가와 잔여적 복지국가로 나누어 볼 수 있다(Wilensky & Lebeaux, 1958). 제도적 복지국가체제를 띠고 있는 스웨덴과 같은 사회민주주의 국가에서는 전체 국민의 기본적 안녕 상태를 유지하는 데 필요한 의료, 보건, 주택, 교육 등의 상당 부분을 공공에서 담당한다. 반면, 미국과 같은 잔여적 복지국가 체제를 띠고 있는 나라에서는 시장경제하에서 안녕 상태를 유지하는 것이 한계가 있는 장애인, 저소득자, 노인 등의 사회적 취약계층을 위한 서비스는 공공에서 담당하고 일반 국민 대다수는 본인의 안녕 상태에 필요한 재화와 용역을 시장체계 안에서 해결하여야 한다. 복지국가의 형태가 제도적인지 또는 잔여적인지에 따라 정도의 차이는 있지만, 복지국가에서는 국민의 통합적 안녕 상태를 유지하기 위한 서비스의 공급, 생산, 재원의 특정 부분을 국가와 같은 공공에서 담당한다는 공통점이 있다.

이상에서 살펴본 것처럼 복지국가는 자본주의의 한계를 극복하기 위해 등장하였지만, 오늘날 대부분 선진 국가의 특징적인 국가 형태로 자리매김하였다. 국민의 안녕 상태를 유지하고 증진하는 데 필요한 서비스의 제공을 위한 구체적인 복지국가의 실현 과정은 다양한 생태체계적 수준에서 나타날 수 있다. 거시적 차원에서는 특정 복지제도의 법적 근거, 관련 제도 및 정책 등을 마련할 필요가 있고, 중시적 차원에서는 복지서비스를 전달하기 위한 전달체계 또는 운영행정체계가 필요하며, 미시적 차원에서는 욕구 대상자에게 일선에서 서비스를 전달해야 한다. 사회복지학은 복지국가에 대한 학문 분야이므로 사회복지학의 특성은 이러한 복지국가의 다차원적 특성을 반영한다. 사회복지학에서 정신건강사회복지의 위상을 알아보기 전에 사회복지학에 대한 이해가 선행될 필요가 있다.

3. 사회복지학이란

앞에서 살펴본 것처럼 복지국가의 실현은 거시적 · 중시적 · 미시적 차원에서 다양한 형태로 나타난다. 사회복지학이란 거시적 · 중시적 · 미시적 차원에서 일어나는 복지국가의 현상을 과학적으로 고찰하면서 경험적으로 연구하고 이론화한 다음, 이를 토대로 어떻게 하면 보다 나은 복지서비스를 전달할 수 있을지 고민하는 실사구시적 학문이다(조홍식 외, 2020). 사회복지학의 이러한 다차원적 특성은 사회복지학문 분야 및 대상영역의 구성에 영향을 준다. 사회복지학의 대상영역은 ① 사회복지와 관련된 법, 제도, 정책 등의 거시적 차원, ② 복지서비스 전달 및 운영체계를 대상으로 하는 중시적 차원, ③ 일선에서 서비스 전달과 관련된 영역을 대상으로 하는 미시적 차원으로 나누어 볼 수 있다. 정신건강 영역의 사회복지학적 위상을 이해하기 위한 전 단계로, 여기서는 사회복지학의 개념, 사회복지학의 대상영역 그리고 사회복지학의 특성에 대해 고찰하고, 이를 토대로 사회복지학을 공부하는 학생들이 정신건강을 이해해야 할 필요성을 도출한다.

1) 사회복지학의 개념

'사회복지개론'이나 '사회과학과 사회복지' 등에서 논의되고 있는 것처럼, 사회복지(social welfare)의 개념은 논자에 따라 차이가 있을 수 있다. 사회복지의 개념적 정의를 보여 주는 사전적 의미에서 사회복지는 형용사인 'social(사회적)'과 명사인 'welfare(복지)'의 개념적 복합체이다(김성이, 김상균, 1994). 우리나라에서 복지로 번역되는 'welfare'의 사전적 의미가 '행복한 삶' 또는 '안녕 상태'라는 점을 고려할 때, 사회복지는 '사회적 안녕 상태'라고 정의된다.

사회복지 개념에서 짐작할 수 있듯이 사회복지의 목적은 "사회구성원의 욕구를 충족시킴으로써 인간다운 생활을 영위할 수 있도록 사회 전체 성원의 안녕(well-being)을 추구하는 것"이다(김상균 외, 2008, p. 457). 사회복지의 목적을 달성하기 위해서는 사회구성원의 안녕 상태를 저해할 수 있는 요인들을 줄이고 통합적 안녕 상태의 달성 및 유지에 도움이 될 수 있는 개인적 · 사회적 조건을 형성하는 노력이 필요하다. 이러한 생태체계 차원의 개인 특성 및 사회현상에 대한 이해를 기반으로 형성된 순수이론과 실천이론의 실사구시적 적용을 통해 사회성원의 안녕 상태를 증진하기 위한 다양한 함의를 도출하는 학문이 '사회복지학'이다.

이러한 논의를 요약하면, '사회복지학'은 개인과 사회의 안녕 상태를 극대화하기 위해서 과학적 방법으로 사회현상을 관찰하고 이론화하고, 이러한 관찰과 이론을 바탕으로 안녕 상태의 극대화를 위한 구체적 개입방법을 주 관심으로 하는 실사구시 학문이다. 사회복지 연구 방법이 현상 관찰을 바탕으로 한 유형화 및 관찰된 유형을 기반으로 이론을 도출하고 검증하는 과학적 접근법을 취한다는 면에서, 사회복지학은 과학의 한 분야이고 세부적으로는 사회과학의 한 분야이다.

2) 사회복지학의 특성

사회현상의 측면에서 사회복지학의 주 대상영역은 개인체계 내적 요소, 사회환경체계 요소 및 이들 간의 상호작용 등이다(강상경 외, 2021). 개인체계 내적 요소들은 심리학의 주 연구대상이고, 사회환경적 요소들은 사회학, 정치학, 경제학 등의 주 연구대상이며, 개인체계와 사회환경의 상호작용은 사회심리학 또는 생태체계이론(Bronfenbrenner, 2005)의 주 관심 대상이다. 즉, 학문의 대상영역에 있어 사회복지학과 인접 사회과학 분야 간에는 유사한 점이 많다. 사회복지의 운영에 관한 측면에서 사회복지의 주 영역은 법, 정책, 제도와 관련된 거시적 측면과 서비스의 전달체계와 관련된 중시적 측면 및 일선 서비스의 전달과 관련된 미시적 측면으로 구성된다. 이러한 사회복지 영역 중에서 법, 정책, 제도는 법학, 정책학, 정치학 등의 주 연구대상이고, 전달체계는 행정학의 주 연구대상이며, 미시적 접근은 심리학이나 보건 및 의학 등의 주 연구대상이다. 즉, 사회복지학 연구의 대상인 사회복지 운영과 관련된 거시 · 중시 · 미시 차원의 영역은 인접 학문 분야와 공통점이 많다.

사회복지학과 인접 학문 분야의 공통점은 현상을 기술하고 경험적 근거를 기반으로 지식을 축적하고 이론을 형성한다는 점이다. 하지만 약간의 차이도 있다. 순수학문 분야는 지식 축적과 이론 형성을 통해 현상에 대한 이해를 기본 목적으로 하고 있어서 축적된 지식을 현실에 적용하는 노력이 항상 일어나지는 않는다. 반면, 사회복지학은 축적된 지식 및 형성된 이론을 현실에 적용하여 생태체계 항상성을 회복함으로써 구성원의 안녕 상태를 개선하는 것이 주요 목적이다. 이러한 실사구시적인 사회복지학과 인접 학문 분야 간의 관련성을 도식적으로 표현하면 [그림 1-2]와 같다.

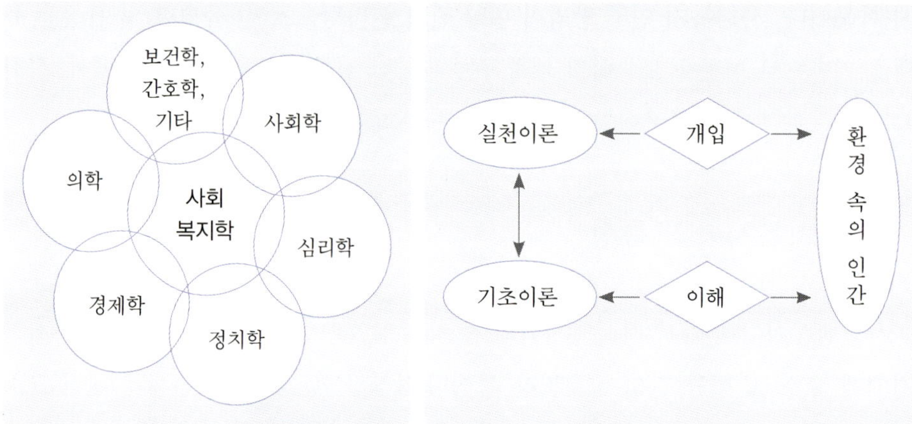

그림 1-2 사회복지학과 다른 학문영역의 관계

4. 정신건강의 이해

1) 정신건강의 개념

건강(健康)은 '정신적으로나 육체적으로 아무 탈이 없고 튼튼함 또는 그러한 상태'로 정의된다(국립국어원, 2021). 사회문화적으로 구성되는 모든 개념이 그러하듯이 건강의 개념은 절대적 정의가 있는 것이 아니라 시대의 사회문화적 특성을 반영하여 구성되고 변화하는 것이기 때문에 건강을 한마디로 정의하는 것은 한계가 있다. 전통적인 건강의 개념은 질병이 없는 상태 또는 허약하지 않은 상태로 정의되었다. 하지만 질병의 개념이나 유무는 사회문화적 특성 및 의학기술의 발전이나 변화에 따라 재구성되는 것이고 허약의 정도도 사회문화적 특성을 반영하여 구성된다. 따라서 건강을 절대적 의미의 질병 유무나 허약 정도만으로 정의하지는 않는다. 대한임상건강증진학회(2021)에 따르면 세계보건기구(World Health Organization: WHO)는 1948년에 이미 "건강은 단순한 질병이나 허약함이 없는 상태가 아니라 신체적 · 정신적 · 사회적으로 완전한 안녕 상태(Health is a state of complete physical, mental, and social well-being and not merely the absence of disease or infirmity)"라고 정의하고 있다. 즉, 건강이란 단순한 생존 추구를 의미하는 개념이 아니라 일상생활에 적절하게 잘 대처할 수 있는 능력을 의미하는 것으로, 신체적 역량뿐 아니라 개인의 정신적·사회적 대처능력을 포함하는 다차원적 개념이다.

이러한 건강 개념에서 추론할 수 있듯이, 정신건강은 신체건강이나 사회적 건강과 독립적으로 존재하는 것이 아니라 상호 유기적으로 연관된 개념이다. 정신건강(精神健康)이란 '큰 고민거리나 걱정거리가 없어 마음이 바르고 평안한 상태'로 정의된다(국립국어원, 2021). 협의에서 정신건강은 심리적 또는 정신적 측면의 건강을 의미하지만, 건강 개념에서 살펴본 것처럼 광의의 건강은 신체적·심리적·사회적 측면 등 다양한 측면의 안녕 상태 또는 적응능력을 의미한다. 이러한 맥락에서 건강의 주요 구성요인 중 하나인 정신건강은 신체건강이나 사회적 건강의 영역과 상호 역동하에서 결정되고 구성되는 것이다. 세계보건기구(WHO)에 따르면 정신건강은 '정신질환이나 정신장애가 없는 상태를 넘어서 자신의 잠재력을 실현하고 공동체에 유익하도록 기여할 수 있는 상태'를 의미한다. 이러한 맥락에서 정신건강은 신체, 심리, 사회적 건강을 의미하는 것으로, [그림 1-1]에서 살펴본 것처럼 개인의 신체, 심리, 사회적 안녕 상태를 포함하여 개인을 둘러싼 환경체계의 안녕 상태, 즉 항상성이 유지된 상태를 의미한다.

생태체계이론 관점에서 정신건강에 영향을 주는 요인들은 개인체계 요인과 환경체계 요인들로 구성된다(Bronfenbrenner, 1979). 개인체계 구성요인들은 개인의 정서, 인지, 행동과 같은 심리적 특성, 신체 질병이나 장애와 같은 신체적 특징, 직업이나 사회적 관계와 같은 사회적 특징, 소득이나 재산 수준과 같은 경제적 특징, 성별이나 교육 수준과 같은 인구사회학적 특징, 나이나 코호트 등의 발달단계 특징 등 다양한 생태체계적 요인을 포함한다. 개인체계 차원에서 정신건강은 이러한 개인체계 요인들 간의 항상성이 유지된 안녕 상태로 정의된다. 환경체계 구성요인들은 개인이 속한 가족이나 친구와 같은 인적 환경, 사회안전망 복지제도와 같은 사회환경, 개인이 속한 자연환경, 개인이 속한 사회의 정치, 경제, 문화, 가치관, 개인의 주거환경이나 지역사회 환경, 개인이 속하거나 개인에게 영향을 주는 사이버 환경 등 다양한 요인으로 구성된다. 환경체계 차원의 정신건강은 개인이 속한 환경체계 요인들 간의 항상성이 유지된 안녕 상태를 의미한다. 생태체계이론의 환경 속의 인간 관점에서 개인체계 요인과 환경체계 요인은 상호 독립적인 관계가 아니고 지속적 상호작용을 하는 유기적 관계이다. 따라서 생태체계이론 관점에서 정신건강을 정의하면 개인체계 요인과 환경체계요인 간의 건강한 항상성이 유지되고 자신의 잠재력을 실현할 수 있는 신체, 심리, 사회적 안녕 상태로 정의된다.

2) 정신질환의 개념

정신질환(精神疾患)이란 '정신의 이상으로 생기는 질환'으로 정의된다(국립국어원, 2021). 정신질환의 개념은 생태체계 관점의 정신건강 영역 중에서 심리적 또는 신체적(생리적) 문제로 인해 나타나는 질병으로 볼 수 있다. 신체적 차원에서 정신질환은 신경화학 물질의 과다분비 또는 결핍으로 인한 생리적 항상성이 파괴된 상태로 정의될 수 있다. 심리적 차원에서 정신질환은 개인이 인지적으로 느끼는 심리적 상태가 항상성이 깨어진 상태를 의미한다. 심리적 차원에서 정신질환은 개인이 느끼는 과도한 우울 증상, 불안 증상, 정신증적 증상으로 인해 항상성이 파괴된 상태를 의미한다. 정신질환의 특징은 신체적 · 심리적 항상성이 깨어져서 증상은 나타나지만, 이러한 증상이 반드시 개인 차원이나 환경 차원의 기능 저하를 초래하지는 않는다는 점이다. 유사한 수준의 신경화학 물질 과다분비 현상을 보이거나 비슷한 수준으로 우울 증상을 느끼는 두 사람이 있다고 가정하자. 두 사람의 증상 특성이나 수준이 유사하다면 동일 정신질환으로 진단할 수 있다. 하지만 동일 정신질환이 있다고 해서 반드시 유사한 수준의 일상생활기능 저하로 연결되는 것은 아니다. 동일 정신질환을 진단받은 사람들 사이에서도 어떤 사람은 일상생활이나 직업적 기능을 성공적으로 수행하는 반면 어떤 사람은 불안이나 우울 증상으로 인해 일상생활기능 저하가 초래될 수 있다. 정신질환으로 인해 평소에 성공적으로 수행하던 일상생활이나 직업적 기능이 현저하게 저하되는 경우를 정신장애라고 한다(APA, 2013a).

3) 정신장애의 개념

정신장애(精神障礙)란 '사물을 판별하거나 의사를 결정할 능력이 불완전한 상태'로 정의된다(국립국어원, 2021). 정신장애는 앞에서 살펴본 정신건강의 개념에서 개인체계 항상성, 환경체계 항상성 및 개인체계와 환경체계 간 항상성이 파괴된 상태를 의미한다(이용표, 강상경, 배진영, 2021). 신체적 신경화학 물질의 불균형으로 인한 정신과적 증상이나 심리적 과정에서 인지한 정신과적 증상으로 인해 개인체계 항상성 또는 환경체계 항상성이 파괴되어 일상생활기능 저하가 나타날 때 정신장애가 있다고 정의된다. 정신건강 전문가들이 사용하는 『정신질환의 진단 및 통계 편람 제5판(Diagnostic and Statistical Manual of Mental Disorders, 5th ed.: DSM-5)』(APA, 2013a)의 정신장애 분류는 이러한 정신장애의 정의를 따르고 있다. 즉, DSM-5상의 정신장애는 정신과적 증상으로 대표되는 정신질환과 정신질환으로 인한 기능상의 저하로 기존에 유지되던 항상성이 파괴되었을 때 정신장애가 있다고 진단한다.

4) 정신질환과 정신장애

이상에서 건강과 정신건강의 개념을 살펴보고, 정신질환 및 정신장애의 개념에 대해서 살펴보았다. 우리 사회에서 여러 가지 이유[1)]로 정신질환과 정신장애의 개념을 혼용해서 사용하고 있지만, 엄밀한 의미에서 정신질환과 정신장애는 차별화되는 개념이다. 앞에서 개별적으로 살펴본 것처럼 정신질환이란 신체적 · 심리적 차원에서 발생하는 정신과적 증상이 있는 상태를 의미하고, 정신장애란 정신질환으로 인해 기능상의 저하가 나타난 상태를 의미한다(APA, 2013a).

신경화학 물질로 인한 정신과적 증상은 신경화학 물질의 항상성을 회복하기 위

1) 「정신건강복지법」에서는 정신질환으로 정의하고 있고, 「장애인복지법」에서는 정신장애로 정의하고 있어서 혼란이 가중되는 측면이 있다. 「정신건강복지법」상의 정신질환자는 장애인 등록을 하지 않은 사람들도 포함하지만, 「장애인복지법」상 정신장애인의 대상은 정신질환으로 인한 기능 저하의 심각성으로 장애 등록을 한 사람들을 칭한다.

한 약물치료의 대상이 되고, 심리적 특성으로 인한 정신과적 증상은 인지 · 정서적 대처능력을 회복하기 위한 심리치료의 대상이 된다. 이에 비해 정신질환으로 인한 기능 저하 영역은 보건의료서비스만으로 한계가 있고 재활 및 회복지원을 위한 다차원적인 복지서비스가 요구되는 영역이다. 정신질환 및 기능 저하로 인한 정신장애는 약물치료와 심리적 치료에 더해서 저하된 일상생활기능을 회복하거나 지원하기 위한 다차원적인 재활 및 회복지원서비스가 요구되는 영역이다. 따라서 정신장애는 보건의료서비스와 회복지원을 위한 복지서비스 모두를 요구하는 보건 · 복지서비스의 대상이다.

5. 정신건강사회복지의 이해

1) 정신건강사회복지의 특성

정신건강사회복지학은 사회복지학 영역 중의 하나로 앞에서 살펴본 사회복지학의 특성을 공유한다. 사회복지학의 주 대상영역이 개인체계 내적 요소, 사회환경체계 요소 및 이들 간의 상호작용인 것처럼(강상경 외, 2021), 정신건강사회복지의 주 대상도 정신건강에 영향을 주는 개인체계 요인과 환경체계 요인 및 체계 간의 상호작용이다. 사회복지학의 하위 학문 분야인 정신건강사회복지학에서도 개인체계 내적 요소들은 심리학의 주요 연구대상이고, 사회환경적 요소들은 사회학, 정치학, 경제학, 행정학 등의 주요 연구대상이며, 개인과 환경의 상호작용은 사회심리학을 비롯한 생태체계이론(Bronfenbrenner, 2005)의 주 관심 대상이다. 즉, 사회복지학이 인접 사회과학 분야와 유사한 점이 많은 것처럼 정신건강사회복지학도 대상영역에 있어 인접 사회과학 분야와 많은 점을 공유하고 있다.

사회복지학과 마찬가지로 정신건강사회복지학과 인접 학문의 공통점 또한 현상을 기술하고 경험적 근거를 기반으로 지식을 축적하고 이론을 형성한다는 점이다. 하지만 지식 축적과 이론 형성의 궁극적 목적에 있어서 정신건강사회복지학과 순

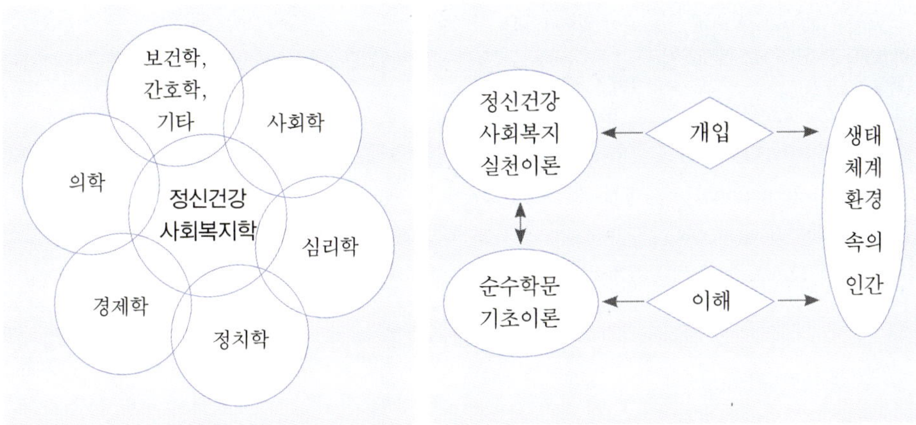

그림 1-3 정신건강사회복지학과 다른 학문영역과의 관계

수학문 간에는 약간의 차이가 있다. 전술한 것처럼 순수학문 분야는 지식 축적과 이론 형성을 통해 현상에 대한 이해를 기본 목적으로 하고 이론이나 지식을 현실에 적용하려는 노력이 항상 요구되지는 않는다. 그렇지만 정신건강사회복지학은 축적된 지식과 이론을 현실에 적용하여 개인과 환경체계 간 항상성 회복을 통한 구성원의 정신건강 안녕 상태를 개선하는 것이 주요 목적이다. 정신건강사회복지학과 인접 학문 분야의 관련성을 도식적으로 표현하면 [그림 1-3]과 같다.

2) 정신건강 패러다임 변화

사회복지의 역사적 흐름은 시민권을 강조하던 시대에서, 공민권을 강조하던 시대를 거쳐, 사회보장권을 강조하는 시대로 변화해 왔다. 인권의 변화에 발맞추어 사회복지의 개입목표도 자유권적인 치료에서 출발하여 예방 및 재활 목표를 지나 현대 사회에 이르러서는 당사자의 인권과 회복을 개입의 목표로 강조하고 있다. 이러한 인권 및 개입목표 변화의 연속선상에서 정신건강을 바라보는 관점도 자유권적인 소극적 관점에서 사회권적인 적극적 관점으로 변화를 거듭해 왔다. 정신건강, 정신질환, 정신장애 등의 관련 개념은 불변하는 절대적 개념이 아니라 특정 사회의

표 1-1 국제적 기준 변화에 따른 정신건강 관점의 변화

관점/모델 국제기준(WHO)	치료모델 ICD(1954) (International Classification of Diseases)	재활모델(복지모델) ICIDH(1980) (International Classification of Impairments, Disabilities, and Handicaps)	사회모델 ICF(2001) (International Classification of Functioning)	인권모델 CRPD(2006) (Convention on the Rights of Persons with Disabilities)
초점	정신질환(증상): 개인	정신질환으로 인한 손상 및 사회적 불리(장애): 개인	체계요인 간 항상성 저하 상태(사회안전망): 환경(상대적)	항상성 저하 상태(항상성 저하 판단 주체는 당사자): 당사자
접근	정신질환(증상) 치료를 위한 의료(입원, 외래), 약물, 상담	손상에 대한 치료와 사회적 불리(장애)에 대한 재활	치료, 재활, 사회보장 인프라 구축을 통한 항상성 회복	치료, 재활, 사회안전망 등을 통한 회복 지원
당사자 (정신장애인 및 정신질환자)	치료의 대상	재활의 대상	사회통합의 대상이자 주체	회복의 주체

문화적 특성에 따라 구성되는 상대적이고 가변적인 개념이다. 따라서 정신건강을 바라보는 관점의 변화에 따라서 사람들의 정신질환이나 정신장애에 대한 인식도 변화를 거듭해 오고 있다. 정신건강 관련 국제적 기준의 변화를 중심으로 국제적 환경 변화와 정신건강에 대한 인식 변천 과정을 나타내면 〈표 1-1〉과 같다(이용표 외, 2021).

ICD(International Classification of Diseases) 분류체계는 신체적·정신적 질환과 관련된 가장 오래된 분류체계 중의 하나이다(WHO, 2021). 1954년 ICD-7부터 WHO에서 발간을 담당하게 된다. ICD가 유일한 분류체계이던 시절의 정신건강에 대한 기본관점은 치료모델이었다. 치료모델 관점에서 정신장애는 정신질환을 의미한다. 따라서 정신질환에 대한 주요 접근은 치료 및 예방이다. 치료모델 관점에서 정신장애인은 치료와 예방의 대상이 된다.

1980년에 채택된 ICIDH(International Classification of Impairments, Disabilities, and Handicaps)가 질환 관련 국제적 기준으로 작동하면서 정신건강에 대한 기본관점은 재활모델로 변화하였다(WHO, 1980). 재활모델 관점에서 정신장애는 정신질환으로 인한 기능 저하로 초래되는 손상 및 사회적 불리로 정의된다. 따라서 정신장애에 대한 주요 접근은 손상에 대한 치료와 사회적 불리에 대한 복지서비스 지원을 통한 재활이다. 재활모델 관점에서 정신장애인은 재활의 대상으로 인식된다.

전통적 정신건강에 대한 접근법인 치료 및 재활모델은 정신건강에 대한 접근을 질병의 치료나 장애의 재활을 목표로 하고 있어서 대부분 병원과 의사를 중심으로 수행되는 약물 중심적 접근이다. 하지만 이러한 질병모델은 자유권에 기반한 인권 개념에 바탕을 둔 것으로 정신질환으로 인한 기능상의 장애로부터의 재활이나 정신건강 예방적 차원의 개입을 통한 정신건강 증진영역에는 부적합하다.

2001년에 채택된 ICF(International Classification of Functioning) 기준에서 정신장애에 대한 인식은 사회모델 관점이다(WHO, 2001c). ICF 기준인 사회모델 관점에서 정신장애는 개인체계의 심신 구조 및 기능 손상으로 인한 신체적 · 심리적 질환 그 자체로 장애가 유발되는 것이 아니라, 개인체계 내적 요인과 환경체계 요인 및 요인들 간의 항상성이 저하된 상태로 정의된다. 즉, 정신장애란 질환 당사자 개인의 능력과 더불어 질환 당사자의 활동(activity) 및 사회 참여(social participation)와 관련된 환경적 실행 상황의 생태체계 맥락적 차원에서 상대적으로 규정되는 것이다. 사회모델 관점에서 정신장애에 대한 접근은 치료서비스와 재활서비스를 포함하여 당사자가 경험하는 장애를 당사자 관점에서 완화시켜 줄 수 있는 사회안전망과 같은 사회보장 인프라 구축이 포함된다. 사회모델 관점에서 정신장애인은 사회통합의 주체로 인식된다.

2006년에 채택된 CRPD(Convention on the Rights of Persons with Disabilities) 기준의 정신장애에 대한 인식은 인권모델 관점이다(UN, 2006). 인권모델 관점에서 정신장애의 개념은 개인체계 내적 요인들과 환경체계 요인들과 이들 간의 항상성 저하의 결과로 정의된다. 정신장애를 항상성 저하로 규정하는 것은 사회모델과 같다. 하지만 사회모델에서는 항상성 저하 판단의 주체가 구체적이지 않지만, 인권모델은 항상성 저하 판단의 주체를 당사자 우선으로 하고 있다. 인권모델 관점에서 정신장애에 대한 접근은 항상성 회복의 주체인 당사자의 회복지원이 중심을 이룬다. 회복관점을 지향하는 국제기준 관점은 정신건강 문제를 정신질환으로 이해하는 것이 아니라 정신장애로 인식하고 있다.

정신건강 패러다임의 변화와 맥락을 같이하여 정신건강사회복지 영역도 정신건강을 정신질환 관점에서 바라보던 질병모델에서 정신건강을 개인과 사회의 상호작용 맥락에서 개인의 자기결정권을 중요하게 이해하는 사회모델이나 인권모델로 변화를 거듭해 오고 있다. 질병 및 재활모델 관점에서 바라보는 정신건강사회복지가 협의의 개념이라면 사회적 인권모델 관점에서 바라보는 정신건강사회복지는 광의의 개념이라고 할 수 있다.

3) 정신건강사회복지의 이해

정신건강의 개념이 사회문화적으로 구성되는 것이라서 하나의 개념으로 정의하기 어려운 것처럼, 정신건강사회복지의 개념도 하나로 정의하는 것은 한계가 있다. 정신건강에 대한 관점이 '치료모델'에서 사회적 인권 관점의 '성장모델'로 변화해 온 것처럼, 정신건강의 정의도 어디에 초점을 두는가에 따라 다음과 같이 협의의 정의와 광의의 정의가 가능하다. 협의의 정신건강사회복지는 의료 사회사업 분야의 하나로 주로 정신병원 중심의 치료 및 재활과 관련된 현장에서 수행되는 사회사업 행위 및 서비스를 의미한다. 치료모델이나 재활모델 관점의 정신건강사회복지는 이러한 협의의 정의에 가깝다. 광의의 정신건강사회복지는 치료 중심의 의료 현장을 넘어 지역사회의 다양한 실천의 장에서 일어나는 치료, 재활, 예방, 증진과 관련된 다양한 스펙트럼의 사회사업 행위 및 서비스를 의미한다. 사회모델과 인권 모델 관점의 성장모델을 지향하는 정신건강사회복지는 이러한 광의의 정의에 가깝다. 정신건강사회복지의 대상, 문제, 장소, 과정, 목적 등의 구성요소에 따라 정신건강사회복지의 범위를 살펴보면 〈표 1-2〉와 같다.

표 1-2 협의 및 광의의 정신건강사회복지

구분		협의	광의
패러다임		• 치료모델, 재활모델	• 사회모델, 인권모델
접근		• 선별적 접근 • 치료 및 재활 관점 접근	• 보편적 접근 • 회복관점 접근
운영 및 전달체계		• 보건복지부 정신건강정책국 중심의 전달체계	• 보건복지부 정신건강정책국을 포함한 모든 부서와 정부 부처의 운영 및 전달체계
특성	대상	• 정신질환자(장애인), 위험군	• 모든 국민
	문제	• 정신질환(장애)	• 생태체계 항상성에 영향을 주는 다양한 스펙트럼의 신체, 심리, 사회, 환경적 요인들
	장소	• 정신병원, 정신과 외래진료소, 정신요양시설, 상담센터, 지역사회정신건강복지센터, 정신재활시설, 알코올상담센터 등	• 지역사회의 다양한 기관 및 자원
	과정	• 직접적인 정신질환의 치료 및 정신장애 재활과 관련된 약물치료, 상담치료, 사례관리 등	• 정신질환자 및 장애인의 회복과 사회구성원의 자아실현을 지원하는 제반 과정
	목적	• 정신과적 증상의 치료와 재활을 통한 기능회복	• 지역사회 독립생활을 통한 회복과 사회통합을 통한 자아실현

(1) 대상(person)

치료모델에 입각한 협의의 정신건강사회복지의 대상은 정신적 · 사회적 측면에서 전문가의 도움을 받기 위해 정신과에 찾아오는 정신장애인이다. 광의의 정신건강사회복지의 대상은 신체, 심리, 사회적 안녕 상태의 유지 및 증진을 위한 욕구를 가지고 도움을 받고자 하는 지역사회의 모든 사람이다.

(2) 문제(problems)

협의의 정신건강사회복지가 해결하고자 하는 문제는 정신질환과 이로 인한 기능상의 저하로 대표되는 정신장애이다. 광의의 정신건강사회복지의 문제는 안녕상태의 형성 및 유지를 위해서 필요한 치료, 재활, 증진, 예방과 관련된 다양한 스펙트럼의 신체적 · 심리적 · 사회적 · 경제적 · 환경적 요소들이다.

(3) 장소(place)

협의의 정신건강사회복지의 장소는 정신병원, 정신과 외래진료소, 정신요양시설, 상담센터, 지역사회정신건강복지센터, 정신재활시설, 알코올상담센터 등이다. 광의의 정신건강사회복지의 장소는 협의의 장소들을 포함하여 지역사회의 다양한 사회복지 및 관련 기관을 포함한다.

(4) 과정(process)

협의의 정신건강사회복지의 과정은 직접적인 정신질환의 치료 및 정신장애 재활과 관련된 약물치료, 상담치료, 사례관리 등이다. 광의의 정신건강사회복지의 과정은 치료, 상담, 재활 과정을 넘어서 사회적 역할 수행, 긍정적 자세 형성 및 자아실현을 지원하는 제반 과정을 포함한다.

(5) 목적(purpose)

협의의 정신건강사회복지의 목적은 정신과적 증상의 치료와 정신장애 재활을 통한 기능회복이다. 광의의 정신건강사회복지의 목적은 증상의 치료와 기능의 재활을 넘어 당사자가 사회구성원으로서 역할 수행을 통한 회복(recovery)과 이를 통한 자아실현이다.

6. 맺음말

이 장의 주요 목적은 사회복지와 정신건강사회복지에 대한 이해이다. 이를 위해 복지국가가 왜 등장하게 되었고 사회복지학의 특성이 무엇인가에 대해서 고찰하였다. 복지국가에 대한 이해와 사회복지학에 대한 이해를 기반으로 정신건강 및 정신건강사회복지의 개념에 대해서 살펴보았다. 건강에 대한 관점 및 개념 변화에 따라 통합적 안녕 상태의 중요한 영역인 정신건강의 중요성은 나날이 강조되고 있다. 사회복지학의 기능은 거시적 · 중시적 · 미시적 접근을 통해 사회구성원의 안녕 상태를 회복하고 유지하는 것이다. 사회복지학의 이러한 기능은 정신건강에 대한 심도 있는 이해와 정신건강 증진을 위한 사회복지적 개입 없이는 달성하기 어렵다. 따라서 사회복지 교과목 중에서도 정신건강사회복지도 나날이 그 중요성을 더해가고 있다. 이 교재는 정신건강과 정신건강사회복지에 대한 학생들의 이해를 도모하고자 다음과 같이 구성된다.

- 제2장 정신건강사회복지의 주요 관점과 패러다임
- 제3장 정신건강복지법과 정신건강복지정책
- 제4장 정신건강복지전달체계
- 제5장 정신건강의 사정
- 제6장 문제 중심의 사정체계와 강점 중심의 사정체계
- 제7장 정신건강복지법에 근거한 실전영역
- 제8장 정신건강사회복지의 실천 방법
- 제9장 생애주기별 정신건강 이해와 실천
- 제10장 인권보장과 실천윤리
- 제11장 중독
- 제12장 자살
- 제13장 트라우마와 재난 정신건강

• 제14장 정신건강사회복지의 발전 방향

토론주제

1. 복지국가의 등장 배경과 특성에 대해서 논하시오.

2. 사회복지학의 등장 배경에 대해서 이해하고, 사회복지학의 특성 및 영역에 대해서 논하시오.

3. 사회과학의 한 분야로 정신건강사회복지의 등장 배경을 설명하고, 정신건강사회복지의 협의 및 광의의 개념을 설명하시오.

4. 사회복지학의 한 분야로서 정신건강사회복지학의 특성 및 영역에 대해서 논하고, 정신장애와 정신질환의 개념에 대해서 설명하시오.

5. 정신건강사회복지 패러다임의 역사적 전개 과정을 설명하시오.

6. 정신건강사회복지의 구성요소를 협의와 광의로 구분하여 비교 · 설명하시오.

제2장

정신건강사회복지의 주요 관점과 패러다임

정신건강사회복지의 실천 방향은 그 기저에 있는 관점과 패러다임에 따라 변해 왔다. 정신질환 혹은 정신장애를 어떻게 정의하고, 그 원인과 해결의 초점을 어디에 두는지, 누구의 관점을 강조하는지, 그리고 어떤 실천 원칙과 방향을 지향할 것인지가 관점과 패러다임에 따라 변해 왔다. 이 장에서는 개인과 환경 간의 상호작용에 초점을 두는 정신건강사회복지의 주요한 토대로서 네 가지 관점에 대해 살펴보고자 한다. 즉, 지역사회정신건강, 정신건강증진, 회복의 관점과 다학제 간 팀워크에 대해 다룰 것이다.

1. 지역사회정신건강

1) 지역사회정신건강의 개념

서구에서는 1950년대 탈원화 이후 지역사회정신건강으로 패러다임이 전환되었다. 지역사회정신건강은 치료 장소의 이동 변화뿐만 아니라 그에 따른 관점, 대상, 내용, 접근방법의 전면적인 전환을 가져왔다(양옥경, 1996).

첫째, 치료 장소가 병원과 시설에서 지역사회로 이동하였다. 병원이나 시설은 정신장애인을 사회로부터 격리함으로써, 인간으로서의 일상적인 삶을 박탈한다. 병원과 시설은 치료 목적이라는 명분하에, 그리고 집단생활이라는 조건상 필연적으로 통제적일 수밖에 없다. 따라서 지역사회로의 치료 장소 이동은 정신장애인 개인의 자유와 인간다운 삶을 보장하기 위한 기본 전제가 된다.

둘째, 정신장애의 원인 및 치료에 대한 관점이 확장되었다. 병원이나 시설에서는 환경이라는 요소가 배제된 채 한 개인의 증상이나 행동에만 초점을 맞추게 된다. 하지만 지역사회정신건강에서는 정신질환의 발병과 회복 과정에 있어 가족, 학교, 직장, 지역사회, 제도 등이 상호 영향을 미치는 맥락까지 다차원적으로 이해할 수 있고, 그에 따른 다각적인 개입이 강조된다.

셋째, 정신장애의 개입 대상이 확대되었다. 정신장애의 치료와 회복에 있어 개인과 환경 간의 상호작용을 강조하게 될 때, 개입 대상도 다차원적으로 확대된다. 즉, 치료의 협력자인 가족, 의미 있는 관계로서의 친구나 동료, 더불어 살아가야 하는 이웃 주민, 삶에 영향을 미치는 제도에 이르기까지 개인부터 환경까지 개입 대상이 확대된다.

넷째, 정신장애에 대한 개입내용이 예방과 옹호까지 확장되었다. 병원이나 시설에서는 증상의 치료 혹은 관리에만 초점을 두었다면 지역사회정신건강은 한 개인의 발병에서 자립까지 연속선상에서 다양한 개입을 하게 된다. 즉, 예방, 조기발견, 증상 치료, 심리상담, 사회적 기능 재활, 위기개입, 주거와 고용지원, 사회적 지지,

교육과 인식개선, 권리 옹호, 제도개선에 이르기까지 다양한 개입이 이루어진다.

다섯째, 정신장애에 개입하는 전문 영역이 확장되었다. 개입방법이 다양해진 만큼 각 영역에서의 전문화된 인력들이 더 많이 참여하게 되었다. 즉, 의사뿐만 아니라 간호사, 임상심리사, 사회복지사, 작업치료사, 법률가, 인권활동가 등 다양한 전문인력이 참여하여 다각적인 개입을 하게 되었다. 그와 더불어 각 영역의 관점과 전문성을 효과적으로 조정하고 통합할 수 있는 다학제 간 팀워크도 강조된다.

이와 같이 지역사회정신건강은 치료 장소의 이동과 더불어 관점, 대상, 내용, 인력의 변화까지 확장되어, 더 이상 '환자'가 아닌 지역에서 독립적으로 살아가는 '전인적인 인간'으로서 정신장애인의 욕구가 더욱 강조된다.

2) 지역사회정신건강의 원칙

(1) 최소한의 규제

지역사회정신건강은 시설에서의 격리와 통제가 아닌, 인간으로서의 존엄성, 자율성, 자기결정권을 강조한다. 이는 단지 물리적인 치료 장소의 이동이 아닌, 정신장애인 스스로 어디에서, 누구와, 어떻게 살아갈지에 대해 스스로 결정하고 선택할 수 있는 진정한 의미의 인간 존엄의 실현이다.

지역사회에서 살아가더라도 지역사회정신건강의 원칙이 제대로 실현되지 못할 수 있다. 예를 들면, 주거시설에서 살아가는 경우 여전히 통제와 관리가 우선된다거나, 독립적으로 살지만 선택할 수 있는 서비스 대안이 없다면 이는 단지 지역사회라는 장소의 이동일 뿐 진정한 의미의 지역사회정신건강이라고 볼 수 없다.

지역사회에서의 존엄과 자율이 존중되기 위해 무엇보다 개인의 자기결정권이 보장될 수 있는 제도적 기반이 마련되어야 한다. 서비스는 전문가의 평가 혹은 행정적 판단에만 따르기보다 정신장애인 개개인의 욕구와 선택에 기반을 두어야 한다. 스스로 결정하는 데 어려움이 있는 경우에는 의사결정을 지원할 수 있는 제도가 함께 마련되어야 한다.

무엇보다 서비스를 제공하는 전문가의 인식개선이 필요하다. 정신장애인은 자신의 문제나 치료의 필요성을 인식할 수 있는 능력이 부족하기 때문에 전문가들이 주도적으로 판단하고 설득해야 한다는 온정주의(paternalism)적인 시각이 지배적일 때 자기결정권이 침해되기 쉽다. 자기결정능력은 사람마다 다를 수밖에 없으며, 환경적 요인에 따라 달라지기도 한다. 정신장애인이 지역사회에서 전인적으로 살아가기 위해 자신의 권리, 의지, 선호를 존중받아야 하며, 자기결정이 어려운 경우 이를 지원받을 수 있는 의사결정지원제도가 마련되어야 한다.

(2) 정상화

정상화(normalization)는 장애인을 정상적으로 만든다는 의미가 아니라, 장애인의 생활 조건이나 환경을 정상화하여 사회적 장애를 최소화한다는 의미이다. 정상화는 '장애인이 사회 주류의 기준 및 패턴과 유사한 일상생활의 패턴과 조건을 누리는 것'이다(Nirje, 1985). 정상화는 궁극적으로 가치 있는 사회적 역할을 확립하고 유지할 수 있도록 사회적 수단을 이용하는 것이다. 정신장애인의 정상화를 위해 네 가지 측면이 고려되어야 한다.

첫째, 일상생활의 정상적인 리듬으로서, 하루, 일주일 그리고 1년을 사는 데 있어 정상적인 생활 패턴을 가질 수 있는 사회적 교류와 참여 기회가 제공되어야 한다.

둘째, 정상적인 인생주기로서, 일반적인 성장·발달 과정을 경험할 수 있도록 교육, 직업, 가정생활 등이 지원되어야 한다.

셋째, 정상적인 바람과 의사표현으로서, 정신장애인도 보통 사람들이 가지는 정서, 경제, 사회, 문화적 욕구를 가지고 있다는 전제하에 표현되지 않은 바람이나 표현된 자기 의사에 대한 정상적인 이해와 존중이 이루어져야 한다.

넷째, 정상적인 주거환경으로서, 정신장애인이 더 이상 자신의 집에서 가족과 함께 살 수 없을 때 제공되는 주거시설 역시 정상적인 가정의 크기 및 위치여야 한다. 주거시설은 가능하면 일반 가정의 규모에 사회적 교류가 가능한 곳에 위치해야 한다.

(3) 사회통합

정신장애인이 물리적 공간으로서 지역사회에서 살아간다고 사회통합이 저절로 이루어지는 것은 아니다. 오히려 사회적으로 고립되거나 방치될 수 있다. 정신장애인의 사회통합은 물리적 통합뿐만 아니라 사회적 통합, 심리적 통합이 다차원적으로 이루어져야 한다(Wong & Solomon, 2002). 물리적 통합은 집이나 거주시설 밖에서 자발적으로 사회활동에 참여하는 것이고, 사회적 통합은 사람들과의 상호작용과 사회적 네트워크가 형성되는 것이다. 그리고 심리적 통합이란 사회구성원임을 스스로 인식하고 이웃들과 정서적 연대감을 형성하며 지역사회에 영향을 주고 만족하는 삶을 사는 것이다. 사회통합이 실현되기 위해 사회적 역할 수행과 지역사회 참여가 이루어질 수 있는 다양한 지원체계가 구축되어야 한다.

3) 지역사회 정신건강서비스

(1) 지역사회 정신건강서비스 원칙

지역사회 정신건강서비스를 제공하는 데 있어 다음의 네 가지 원칙이 지켜져야 한다(Test, 1981).

① 개별화된 접근

시설에서는 획일화되고 정해진 서비스가 이루어진다면, 지역사회에서는 정신장애인의 특성, 욕구, 환경 등 각자에게 맞는 개별화된 서비스가 제공되어야 한다. 이를 위해 정신장애인에 대한 욕구 사정에 근거한 서비스 계획이 수립되어야 하며, 이에 맞는 다양한 서비스 대안이 마련되어야 한다.

② 적극적인 접근

자발적으로 신청하는 경우뿐만 아니라 서비스를 필요로 하는 정신장애인에게 보다 적극적으로 접근해야 한다. 서비스에 대한 동기가 낮거나 중도 탈락한 경우에도 적극적인 아웃리치를 통해 서비스에 대한 접근성을 높여야 한다.

③ 통합적인 접근

다양한 욕구에 대응할 수 있는 서비스가 포괄적으로 이루어져야 한다. 서비스 간의 중복이나 공백이 발생하지 않도록 조정과 점검이 중요하며 이를 관리할 수 있는 책임과 역할이 명확해야 한다.

④ 지속적인 접근

정신장애인의 치료와 회복 과정에 따라 필요한 서비스가 단절되지 않고 유기적으로 연결될 수 있도록 해야 한다.

(2) 지역사회 정신건강서비스 내용

지역사회 정신건강서비스는 치료를 넘어 정신장애인이 지역사회에서 살아가는 데 필수적인 서비스가 포괄적으로 제공되어야 한다. 환자가 아닌 지역 주민으로서 살아가는 데 다음의 기본적인 서비스가 제공되어야 한다(Test, 1981).

① 위기지원

정신과적 증상의 악화 혹은 생활상의 위기에 대한 적극적인 지원이 이루어져야 한다.

② 사회기술훈련

의식주 등 일상생활에 필요한 기본적인 기능, 사람들과 더불어 살아갈 수 있는 대인관계기술, 삶의 어려움을 해결해 나가는 문제해결기술 등을 배울 수 있는 교육과 훈련이 이루어져야 한다.

③ 주거지원

주거시설부터 독립적인 주거 마련에까지 지역에서 살아갈 수 있는 다양한 형태의 주거가 마련되어야 하며, 그 주거를 유지할 수 있는 지원서비스가 함께 제공되어야 한다.

④ 고용지원

일을 통해 사회적 역할을 수행할 수 있도록 직업훈련, 취업연계, 고용 유지를 위한 지원, 일자리정책 등이 마련되어야 한다.

⑤ 소득지원

경제적 자립이 어려운 경우 소득보장 정책을 통해 적정 수준의 생계지원이 이루어져야 한다.

⑥ 신체적 건강지원

정신적 건강뿐만 아니라 신체적 질병이나 만성질환에 대해 의료서비스를 이용할 수 있어야 한다.

⑦ 정신건강서비스

약물증상관리, 위기쉼터, 단기보호 등 병원에 입원하지 않고도 지역사회에서 필요한 정신건강서비스를 이용할 수 있어야 한다.

⑧ 상담 서비스

심리정서적인 어려움이나 트라우마로부터의 회복에 필요한 상담 서비스가 이루어져야 한다.

⑨ 가족지원

가족이 회복의 지원자로서 역할을 할 수 있도록 가족교육, 상담, 지원서비스가 제공되어야 한다.

⑩ 지역사회 인식개선

정신장애인과 더불어 살아갈 수 있도록 지역주민을 대상으로 한 교육과 홍보 등 편견해소와 인식개선을 위한 노력이 함께 이루어져야 한다.

2. 정신건강증진

1) 건강증진의 이해

(1) 건강증진의 개념

'건강'에 대한 개념은 전통적으로 의학적 모델에 근거하여 정의되고 있다. 즉, 인체의 부분들은 건강한 상태에서 작동되도록 설계된 기계이며, 질병이 있다는 것은 몸이 고장 난 상태이고, 치료를 위해 고장의 원인을 찾아 교정해야 한다고 본다. 그러나 건강은 다양한 관점에서 정의될 수 있다. 사회과학자들은 사회적 역할을 강조하면서, 자율적으로 역할을 성취할 수 있는 환경에서 사는 것을 건강으로 판단하기도 한다. 이에 WHO는 건강의 정의를 단지 질병이나 장애가 없는 상태뿐 아니라 신체적 · 정신적 · 사회적 안녕이 완전히 이루어진 상태로 다차원적으로 정의한다 (WHO, 2001a).

건강증진은 '건강이 어떻게 형성되는가?'라는 질문에 대한 답을 기반으로 하고 있다. 건강증진의 목적은 사람들이 자신의 건강 결정요인을 보다 많이 통제할 수 있게 하는 데에 있다. 건강의 경제적 · 환경적 결정요인에 초점을 두며, 건강이라는 목표달성과 지속가능성 모두를 강조한다.

(2) 건강 결정요인과 건강불평등

건강은 부분적으로 흡연이나 식습관과 같이 한 개인의 삶의 방식에 영향을 받는다. 하지만 인종이나 고용처럼 개인이 선택할 수 없는 사회문화적인 요인도 중요하다. 성별, 주거환경, 사회적 유대감, 경제적 수준이나 취업 상태, 근로환경, 기후나 환경오염 등도 건강에 영향을 미치는 결정요인이 된다. 특히 빈곤은 건강에 부정적인 영향을 미치는 핵심요소이다.

건강불평등은 이와 같은 다양한 요인과 관련이 있으며, 사회적 불의의 결과로 불공평과도 연결된다. 건강증진 전문가들은 자신의 전문 분야와 상관없이 건강형

평성이라는 하나의 중요한 목표를 지향한다. 근본적인 불공평 문제가 해결된다면 건강 상태가 최상인 사람과 최하인 사람 간의 격차를 줄일 수 있다. 이를 위해 교육과 평등한 고용 기회, 안전하고 편리한 물리적 · 환경적 접근성을 높이는 것이 강조된다.

(3) 건강증진 접근

건강증진에 대한 접근은 건강한 생활방식에 대한 관심과 환경적 요소에 대한 관심이 균형을 이루어야 한다. 특히 환경적 요인은 개인이 통제하지 못하므로 사회적 관심이 중요하다. 이에 WHO는 '오타와 헌장'을 통해 건강증진에 대한 정의와 주요 접근전략을 제시하고 있다(WHO, 1986).

① 건강 지향적 공공정책

건강증진은 보건의료서비스 이상의 의미를 지닌다. 정책결정자는 정책의 결정이 건강에 미치는 영향을 인식하고, 이에 대한 책임을 갖도록 노력해야 한다. 정책의 모든 분야와 영역에서 건강증진을 의제로 삼아 건강의 중요성을 인식하고, 국민건강과 관련된 책임을 다하도록 한다.

② 지지적인 환경 조성

사람과 사람을 둘러싼 환경이 서로 밀접하게 관련되기 때문에, 건강도 사회생태학적으로 접근해야 한다. 일상생활, 직업, 여가 등 건강에 영향을 미치는 환경을 체계적으로 평가하는 것은 필수적이며, 사람들에게 긍정적으로 영향을 미치는 실천이 이루어져야 한다. 건강증진전략으로 자연환경을 보호하고 보존하기 위한 세계적인 책임도 강조된다.

③ 지역사회 활동 강화

건강증진은 이를 우선순위로 하는 구체적이고 효과적인 지역사회 행동을 통해 이루어지며, 의사결정, 전략수립, 실행을 통해 달성될 수 있다. 이 과정에서 지역사회 역량강화, 주체의식, 자신의 노력과 운명에 대한 통제력이 중요하다.

④ 개인의 기술 개발

건강증진을 위해 건강과 관련된 정보와 교육을 제공하고 생활기술을 향상시켜 개인과 사회의 발전을 돕는다. 이를 통해 사람들이 자신의 건강과 환경을 더 많이 통제하고 건강에 도움되는 선택의 기회를 늘린다.

⑤ 보건의료서비스의 방향 재정립

개인, 지역사회단체, 보건 전문가, 서비스 기관과 정부는 건강증진을 위한 보건서비스의 책임을 공유하고 있다. 그러므로 건강증진을 위해 보건의료서비스 체계를 구축하는 데 함께해야 한다. 보건의료서비스는 문화적 요구를 존중하고, 더 건강한 삶에 대한 개인 및 지역사회 요구를 지원하고, 건강 분야와 더 폭넓은 사회, 정치, 경제 및 환경 분야와 열린 소통을 해야 한다.

2) 정신건강증진

(1) 정신건강과 정신건강증진

정신건강은 단순히 정신질환이 없는 상태 이상을 의미한다. 즉, '한 개인이 자신의 능력을 실현하고 일상적인 삶의 스트레스에 대처하고 생산적으로 일할 수 있으며, 자신이 속한 지역사회에 기여할 수 있는 안녕 상태'이다(WHO, 2001a).

정신건강은 건강증진의 필수 영역으로 그 중요성이 강조되고 있다. 정신건강은 신체건강과 삶의 질에 영향을 주는 결정적 요인이며 전인적인 건강과 안녕을 증진시키기 위한 주요한 요소이다. 정신건강은 정신질환의 발생을 감소시킬 뿐만 아니라 교육 성과와 노동 생산성을 향상시키며, 가족 간 관계를 개선하고 지역사회를 보다 안전하게 만들 수 있게 한다.

건강이나 질병과 마찬가지로 정신건강도 여러 가지 사회적 · 심리적 · 생물학적 요소 간의 작용으로 나타난다. 빈곤, 교육 수준, 경제적 수준, 가족관계, 학교나 직장 생활, 지역사회 환경 등이 정신건강에 영향을 미친다.

하지만 아직까지 정신건강을 현실 세계의 문제와 동떨어진 것으로 생각하거나 생물학적 문제로만 바라보는 경우가 많다. 정신건강증진을 위해 공중보건적 접근이 필요한데, 건강증진, 질병과 장애의 예방, 치료와 재활을 강화하는 활동이 함께 이루어져야 한다.

(2) 정신건강증진과 신체건강

정신건강은 신체건강과 다양한 메커니즘을 통해 긴밀하게 연결되어 있다. 신체가 건강하지 않을 때 정신건강에 미치는 부정적인 영향과 정신건강이 나빠져 신체건강에 미치는 부정적인 영향은 비슷하다. 정신적 · 신체적 건강과 기능이 사회적 · 환경적 영향과 상호작용하면서 장기간에 걸쳐 상호 영향을 주는 경로는 두 가지로 설명될 수 있다(WHO, 2001b).

첫째, 직접적으로 신경 내분비계나 면역기능과 같은 생리학적 체계를 통해서이다. 불안하고 우울한 기분은 내분비계나 면역기능에 부정적인 변화를 촉진시켜 신체 질병의 취약성을 높인다. 정신건강이 좋지 않으면 면역기능이 저하되고 특정 질병이 유발되거나, 조기 사망에 이르게 되기도 한다. 둘째, 건강 행동을 통해서이다. 건강 행동은 적절하게 먹고, 규칙적으로 운동하고, 적절하게 자고, 흡연하지 않고, 안전한 성생활을 하고, 안전벨트를 하고, 의학적 치료를 적절하게 받는 등의 행동을 포함한다. 우울증이나 낮은 자아존중감이 흡연, 폭음, 거식증, 안전하지 못한 성관계와 관련이 있어 여러 질환에 노출될 위험성을 높인다.

생애주기 접근을 통해 보면, 신체적 · 정신적 건강의 사회적 변화를 이해할 수 있다. 성장과정에서 만약 불평등하고 불리한 상황에 놓이게 된다면 성인기에 발병할 확률과 조기사망의 위험성은 높아질 수 있다. 따라서 생물학적 · 사회적 · 경제적으로 특정 시기에 사람들을 건강 위험요인으로부터 보호할 수 있는 정책들, 특히 복지정책들이 요구된다.

정신건강과 신체건강이 서로 근본적으로 연결되어 있으므로, 정신건강증진은 한 사회의 건강 상태를 변화시킬 때 고려해야 할 중요한 요인이다. 즉, 정신이 건강하지 않고는 건강할 수 없다. 건강과 행동은 생물학적 · 정신적 · 사회적 요소 모두에 영향을 받기 때문에 사회적 요소를 지원하지 않고 개인의 사회기술이나 자기통제력을 훈련시키는 등의 개인적 개입만으로는 장기적인 변화를 가져오기 어렵다.

(3) 정신건강증진 목적과 활동

정신건강증진의 목적은 개인적 · 사회적 · 환경적 수준의 요인을 증진시키고 악화되지 않도록 하는 것이다. 각 국가는 이러한 개념에 근거하여 정신건강과 안녕을 증진시키기 위한 정책적 틀을 발전시키고 있다. [그림 2-1]은 호주의 빅토리아 건강증진재단에서 개발한 틀이다. 이 틀은 사회통합, 차별과 폭력으로부터의 자유, 경제적 참여라는 정신건강과 관련된 세 가지 주요 요인으로부터 시작하여, 다양한 인구 집단을 대상으로 다양한 분야의 참여를 통해 성과를 가져오고자 한다(WHO, 2014). 정신건강증진의 가장 핵심은 정신건강에 영향을 미치는 사회적 · 경제적 결정요인을 강조하는 것이다.

① 사회통합의 증진

사회적 통합이란 지지적인 관계를 맺고 단체활동과 시민활동에 참여하는 것이다. 사람들은 사회적 네트워크를 통해 사회적 지지와 사회 참여의 기회를 얻을 수 있으며, 친밀한 대인관계를 맺을 수 있는 의미 있는 역할과 자원, 기회를 만들 수 있다. 사회통합을 증진하기 위해 지역사회의 역량을 강화하고 참여와 소속의 기회를 의식적이고 조직적으로 확대해야 한다.

② 차별과 폭력의 감소

차별과 폭력은 정신건강에 부정적인 영향을 미치게 된다. 차별을 감소시키기 위해 법과 제도적인 개혁이 필요하며, 집단 간의 긍정적인 접촉 경험을 통해 편견을 감소시킬 수 있다. 폭력은 권력 간 불균형적인 관계에 뿌리내리기 때문에 문화적 · 정치적 · 사회적 측면에서의 체계 변화가 필요하다.

③ 경제적 참여의 증가

경제적 참여는 단순히 완전고용의 문제일 뿐만 아니라 안전, 적절한 임금, 직업에 대한 만족 등 적절한 수준의 고용을 포함한다. 저소득, 저학력, 제한된 교육, 불안정한 고용, 스트레스가 심한 근무환경, 실업, 열악한 주거환경, 폭력, 열악한 물리적 환경, 참여 제한 등과 같이 정신건강을 악화시키는 사회경제적 조건을 변화시켜 나가야 한다.

정신건강과 실천을 위한 주요 요인		
사회통합	차별과 폭력으로부터의 자유	경제적 참여
• 지지적 관계 • 집단활동 참여도 • 시민참여	• 다양성의 가치 인정 • 신체적 안전 • 자기결정과 자신의 삶에 대한 통제	• 직업 • 교육 • 주거 • 소득

↓

인구 집단 및 실천영역	
인구 집단	건강증진 활동
• 아동 • 청년 • 여성과 남성 • 노인 • 원주민 공동체 • 다문화 공동체 • 시골 지역 거주자	• 조사, 모니터링, 평가 • 독립생활기술 향상 • 조직개발 • 지역사회 역량강화 • 의사소통과 홍보 • 법적 옹호와 정치 개혁

↓

분야 및 실천					
주거 교통	지역사회 기업	교육 공공	직장 학교	스포츠, 예술, 여가 지방정부	건강 사법

↓

중기적 성과		
개인	조직 및 지역사회	사회
• 소속감 증진 • 자존감 향상 • 자기결정과 통제력 고양	• 조직의 접근성과 책무성 • 안전하고 지지적이며 통합적인 환경	• 통합적이고 지지적인 공공정책과 프로그램 • 입법적 기반 • 자원배분

↓

정신건강증진

↓

장기적 이득		
개인	조직 및 지역사회	사회
• 불안과 우울 감소 • 약물 오남용 감소 • 신체건강증진	• 직장, 가정, 학교의 생산성 증가 • 폭력과 범죄 감소	• 건강불평등 감소 • 삶의 질과 기대수명 향상

그림 2-1 정신건강과 안녕의 증진을 위한 빅토리아 건강증진재단의 틀

출처: WHO (2014).

3. 회복

1) 회복의 의미

1980년대 이후 정신장애인 당사자 운동의 확대와 더불어 회복 패러다임이 대두되었다. 회복은 의료적 관점의 증상 치료에 초점을 둔 '결과'로서의 개념뿐만 아니라, 일상적 도전에 대응하며 개인에게 의미 있는 삶을 다시 만들어 가는 '과정'으로서의 개념이 더욱 강조되었다(Deegan, 1998). 특히 장기간의 추적 연구결과들을 통해 정신장애에 대한 '만성화 패러다임'이 정신건강서비스의 부정적인 산물이며, 사회적 낙인의 결과라는 주장이 강조되었다. 즉, 약물치료 중심의 접근과 전문가들이 가진 비관적인 예후는 오히려 정신장애인이 꿈과 삶의 목표를 포기하게 만드는 결

과를 가져왔다. 반면에 증상을 가지고 살아가면서도 얼마든지 삶을 회복할 수 있다는 희망은 정신장애인이 주체적으로 자신의 삶을 끌어 나가는 데 강력한 힘으로 작용한다.

회복 패러다임은 전통적인 정신건강체계가 증상 치료와 기능 재활이라는 전문가 중심의 '결과적 회복'을 강조해 왔던 것과 달리, 당사자가 주체적으로 경험하는 '과정으로서의 회복'을 강조한다. 이는 치료와 재활을 넘어선 '삶의 회복'을 의미한다.

회복이란 삶에 대한 희망을 가지고 일, 관계, 사회 참여 등 각자에게 의미 있는 삶을 살면서 정체성과 삶에 대한 통제력을 회복하는 것이다(WHO, 2017). 회복은 더 이상 '치료되는 것' 또는 '정상으로 돌아가는 것'을 의미하지 않는다. 회복이란 정신적·정서적 고통을 경험함에도 불구하고 삶의 새로운 의미와 목적을 얻고, 스스로 방향을 정하고, 결정하는 자율적인 삶을 살도록 역량강화되는 것이다.

회복은 삶의 목표와 태도, 감정이 변하는 매우 개인적이고 독특한 과정이며, 질병으로 인한 제약을 지니고 있으면서도 만족스럽고 희망적이며, 공헌하는 삶을 살아가는 방식이다(Anthony, 2000). 이는 정신장애인이 자신이 가진 장애의 한계 내에서 그리고 장애의 한계를 넘어서 새로운 자기인식 및 목적의식을 회복해 나가는 생생한 인생경험을 의미한다. 회복은 단선적인 것이 아니며 역동적이고 극히 고유한 과정이다. 또한 회복은 치유, 희망, 역량강화, 관계 형성과 같은 내적 조건과 인간으로서의 권리, 치유에 도움이 되는 문화, 그리고 회복 지향적인 서비스와 같은 외적 조건들이 상호작용하는 과정이다.

회복의 의미를 더 잘 이해하기 위해서는 회복에 대해 일반적으로 잘못 이해하고 있는 것을 살펴볼 필요가 있다(WHO, 2017).

첫째, 회복은 완치 혹은 증상이 없는 상태를 의미하지 않는다. 증상이 있어도 여전히 회복할 수 있고 의미 있는 삶을 영위할 수 있다.

둘째, 회복은 전문가 혹은 다른 사람들이 해 주는 것이 아니다. 삶의 여정에서 다른 사람의 도움이나 안내를 받을 수는 있지만, 회복은 당사자가 주도하는 것이다.

셋째, 회복은 재활의 새로운 이름이 아니다. 재활은 여전히 의료적 모델이라는 틀안에서 이루어지고, 정신장애인이나 그 개인이 원하는 삶을 중심에 두지 않는다.

넷째, 회복은 이론적 모델이 아니다. 회복은 교과서의 이론으로서만 존재하지 않으며, 매우 실용적이고, 정신건강 영역 혹은 관련 서비스에 손쉽게 적용될 수 있다.

다섯째, 회복은 이전에도 늘 해 왔던 것이라고 생각해서는 안 된다. 회복이라는 용어가 흔하게 사용됨에도 불구하고 아직까지 제대로 실천되고 있지 못하다. 회복은 기존의 정신건강 체계 및 서비스에 대해 비판적으로 다시 생각해 보는 것이다.

여섯째, 회복 접근이 정신건강서비스 중단의 이유가 되어서는 안 된다. 개인의 선택과 책임이라는 회복의 가치가 자칫 서비스를 중단하거나 예산을 축소하는 등 공적 책임의 회피를 정당화하는 수단이 되어서는 절대 안 된다.

일곱째, 회복 접근이 정신질환의 책임을 개인에게 돌리고, 개인을 비난하는 방식이 되어서는 안 된다. 정신적 스트레스를 초래하거나 회복에 중요한 장애물이 되는 사회적 불평등, 차별, 인권 침해 등의 사회적 차원에 대해 인식해야 한다. 회복을 진정으로 촉진하기 위해 더 큰 차원에서의 정책 및 제도적 개혁과 사회적 정의에 대해 인식해야 한다.

2) 회복의 요소

회복의 핵심요소는 연결(connectedness), 희망(hope), 정체성(identity), 삶의 의미(meaning in life), 역량강화(empowerment), 위험감수(risk-taking)이다(Leamy et al., 2011; WHO, 2017).

(1) 연결: 회복은 사람들을 다시 연결시킨다

포용(inclusion)은 단지 정신건강서비스를 받는 것 이상을 의미한다. 지역사회에서 다른 사람들과 동등하게 기회, 서비스, 자원에 접근할 수 있어야 한다. 회복지원 서비스는 지역사회 공동체에 기반을 두어야 하며, 정신장애인의 참여를 지원하는 데 있어 개인 차원을 넘어 사회 전체가 관여해야 한다. 관계는 모든 사람의 삶에서 핵심이다. 친구, 가족, 파트너, 전문가, 동료 등 모두가 회복을 지원하는 데 중요한 역할을 한다. 의미 있는 관계 맺음은 회복에 큰 힘이 된다.

(2) 희망: 회복은 미래에 대한 희망과 낙관이다

희망은 회복의 핵심요소이다. 희망이 없다면 회복의 여정을 포기할 수 있다. 더 나은 미래가 불가능하며, 삶에 대한 기대와 활동들을 포기해야 한다는 말을 듣게 되면 누구나 희망을 잃어버리게 된다. 인생과 환경이 바뀔 수 있다는 믿음은 회복 접근의 핵심이다. 회복을 지원하는 가족, 친구, 전문가들은 성공적 경험을 발견해 주고 꿈과 열망을 격려해야 한다.

(3) 정체성: 회복은 자신의 정체성을 유지하는 것이다

정체성은 개인적으로 그리고 타인과 사회와의 관계 속에서 자기 자신을 어떻게 바라보는가로 폭넓게 정의할 수 있다. 일단 정신질환으로 진단받게 되면, 자신에 대한 정체성을 상실했다고 느낄 수 있다. 회복 접근은 정체성을 위험에 빠뜨릴 수 있는 자기낙인을 극복하고, 스스로의 정체성을 다시 연결하고, 재정의하도록 도와주는 것이다.

(4) 삶의 의미: 회복은 삶의 의미를 발견하고 재정립할 수 있도록 지지한다

삶의 의미와 목적은 사람마다 모두 다르며, 다양한 방식으로 발견된다. 예를 들면, 자기가 원하는 일을 하는 것, 사람들과의 강한 유대 혹은 공동체 소속감을 만드는 것, 영성을 통해 마음의 평안을 얻는 것 등 삶의 의미는 다양할 수 있다. 꿈과 열망을 갖게 되는 것은 회복의 핵심요인으로서, 삶의 의미와 충만함을 발견할 수 있도록 해 준다.

(5) 역량강화: 회복은 사람을 역량강화시키고 통제권을 되찾게 해 주는 긍정적인 메시지이다

통제력은 회복의 핵심이다. 정신장애인은 치료와 돌봄에 대한 결정권한을 부정당하는 경험을 많이 한다. 회복 접근은 스스로 결정할 수 있는 권리를 포함하여 법적 능력을 행사할 권리를 존중한다. 이를 위해 필요한 경우 의사결정의 지원을 받을 수 있어야 한다.

스스로를 도울 수 있는 기술을 발전시키는 것은 회복에 힘이 된다. 회복기술은 자신의 삶과 행복을 이해하고 통제할 수 있도록 한다. 회복은 삶의 오르막과 내리막을 다룰 수 있게 되는 것이다. 삶의 여정에서 부정적인 사건이나 행복을 저해하는 촉발요인을 잘 관리할 수 있는 기술을 발전시켜 나가야 한다.

(6) 위험감수: 회복은 위험을 감수하는 것이다

회복의 여정에 나서려면 위험감수가 필요하다. 정신장애인도 모든 사람들과 마찬가지로 실수를 저지르고 위험을 감수할 자유가 있다. 회복지향 실천에서는 전문가, 가족 혹은 지원자들이 정신장애인이 위험을 감수할 권리를 받아들이도록 한다. 정신장애인이 새로운 시도와 목표 성취를 하기 위해서는 긍정적인 위험감수를 할 수 있는 창조성과 용기가 필요하다.

3) 회복을 촉진하는 요소와 방해하는 요소(WHO, 2017)

(1) 회복을 촉진하는 요소

회복을 촉진하는 요소는 크게 정체성 회복, 관계, 참여 및 의미와 목적 찾기, 서비스와 지지의 네 가지이다. 즉, 자신에 대한 긍정적인 정체성을 회복하고, 신뢰와 희망을 주는 관계를 맺으며, 지역사회에 참여하면서 삶의 의미와 목적을 찾고, 지지적이며 충분한 서비스를 이용할 수 있을 때 회복이 촉진된다.

표 2-1 회복을 촉진하는 요소

정체성 회복	관계
• 자신감 • 희망과 낙관주의 • 자기수용, 책임감, 믿음과 존중 • 자기효능감 • 자기인식 • 낙인을 넘어선 성장 • 힘과 자기결정권 되찾기 • 소속감 • 사회 행동 • 영성 • 대처 • 통제권	• 우정 • 지지적인 가족관계 • 친밀한 관계 • 육아 • 동료 • 반려동물 • 서비스 전문가(비판적인 친구) • 상호 신뢰와 인정 • 희망적인 관계
참여, 의미와 목적 찾기	**서비스와 지지**
• 가치 있는 존재 • 의미 있는 역할에의 참여 • 자원봉사, 취업, 사회생활, 학업 • 자신과 자신의 상태에 대한 배움 • 공동체 참여 • 지역사회와 주거 • 실천과 창의성 • 타인의 경험	• 정보제공 및 통제력 • 연속성과 유연성 • 치료와 다양한 요법 • 안전 • 동료지원 • 관계, 태도 그리고 힘 • 주거와 지역사회 지원 • 재정적 안전

(2) 회복을 방해하는 요소

회복을 방해하는 요소는 정형화, 낙인 및 차별, 빈곤, 서비스의 부족, 독립과 통제의 상실, 지역사회 지지의 결핍이다.

① 정형화

정신장애에 대해 잘못된 편견, 예를 들면 정신질환자는 폭력적이고 위험하며 무능하다는 정형화된 인식은 정신장애인의 자존감에 상처를 주고 회복을 방해할 수 있다.

② 낙인과 차별

정신장애인을 지역사회에서 배제하고 삶의 기회를 박탈하거나 혹은 지원받을 가치가 없다고 간주할 때, 이는 회복에 방해가 된다.

③ 빈곤

개인이나 가족의 필요를 충족하지 못할 때, 이는 정서적 스트레스 요인이 될 수 있다.

④ 질적인 건강서비스의 부족

건강을 유지하고 회복을 촉진하기 위해서는 적절한 건강서비스와 치료 및 지원체계에 접근할 수 있어야 한다.

⑤ 독립과 통제의 상실

서비스가 정신장애인의 독립과 통제를 상실하도록 하고 무기력화시킴으로써 오히려 회복에 방해가 될 수 있다.

⑥ 지역사회 서비스와 지원의 부족

지역사회에서 의미 있는 삶을 살아가기 위해 주거, 고용, 교육, 독립생활을 위한 지원, 동료지원 등의 다양한 서비스와 지원이 필요하다. 이러한 지원이 없이는 사회에서 배제될 수 있고 회복에도 부정적인 영향을 미치게 된다.

4) 회복지향 정책과 실천

회복지향은 많은 국가에서 정신건강체계를 개선하고 향상시켜 나가는 데 중요한 정책 원리가 되고 있다. 정신건강 정책, 서비스 기준, 조직의 지침이 회복지향으로 전환되어 가고 있으며, WHO(2017)에서도 QualityRights를 통해 회복지향(recovery oriented)의 지역 기반 서비스와 국가정책을 강조하고 있다.

미국, 영국, 호주, 네덜란드, 뉴질랜드, 독일 등 이미 많은 서구 국가에서 국가 정신건강정책의 비전으로 '회복'을 명시적으로 강조하고 있으며, 정신장애인이 지역사회에서 살아갈 수 있도록 주거, 고용, 교육 등의 실제적인 기회 제공을 강조하고 있다. 증상의 감소와 같은 의료적 관점에서 벗어나 의미 있는 삶과 가치 있는 역할을 다시 시작할 수 있도록 지원하며, 정신장애인 당사자의 선택과 참여를 강조하고 있다. 전문가 중심의 전통적인 서비스 체계에서 회복지향 서비스가 확산될 수 있도록 교육과 기술적 지원을 제공하며, 회복의 핵심요인으로서 동료지원을 정신건강서비스의 한 요소로 확대하고 있다.

정신건강 전문가의 회복지향 실천(recovery-oriented practice)은 기존의 의료적 모델에서 벗어나 개별성, 협력, 강점, 역량강화 중심의 실천을 강조하고 있다. 즉, 회복이 정신장애인 각 개인의 고유한 과정임을 인식하고, 정신장애인이 주도적이고 적극적으로 참여할 수 있도록 하며, 강점 중심의 실천과 역량강화를 위한 제도적 지원을 강조한다.

(1) 자기결정권 존중

회복지향 서비스는 정신장애인 각자의 고유한 회복 여정을 지원하고 역량을 강화하는 것을 목표로 한다. 이를 위해 정신장애인이 자기 삶을 통제하고, 의미 있는 삶의 목표를 찾아 나가며, 삶의 모든 영역에 대해 스스로 결정할 수 있도록 지원해야 한다.

(2) 인권증진

회복지향 서비스는 평등, 차별 금지, 법적 능력, 고지된 동의, 사회 통합 등 장애인권리협약에 명시된 핵심 인권 원칙을 도모한다. 특히 정신장애인에 대한 강제적 치료는 회복의 목표에 정면으로 위배되며, 자기결정권을 존중하고 모든 차별을 없앨 수 있는 제도 마련이 필요하다.

(3) 트라우마 다루기

회복지향 서비스는 정신장애인이 삶의 과정에서 그리고 정신건강체계에서 경험한 부정적인 경험과 트라우마를 다룬다. 유년기 혹은 일생에 걸쳐 경험한 폭력, 학대와 방임뿐만 아니라 강제입원 및 치료에서의 폭력이나 강압도 포함된다.

(4) 개별화된 지원

회복의 과정은 개인마다 독특하고 다양하다. 회복지향 서비스는 개인의 가치, 선호, 경험에 맞는 개별화된 지원이 이루어져야 한다. 인간의 삶을 구성하는 다양한 삶의 영역에 관심을 가지고, 각자에게 의미 있는 삶의 목표를 이루어 갈 수 있도록 지원한다. 특히 회복 경험에 있어 정신장애인 스스로가 삶의 전문가임을 인정하고, 삶의 통제력과 주체성을 회복해 나갈 수 있도록 지원한다.

(5) 강점과 자산에 초점

회복지향 서비스는 결핍이나 문제가 아닌, 정신장애인이 이미 가지고 있는 강점과 자산에 기반을 두어 접근한다. 전통적인 접근에서 전문가는 '수리공'이 되어 고치고 문제를 정상화시키는 것에 초점을 둔다. 회복지향 서비스에서 전문가는 회복의 '조력자'로서 정신장애인 스스로가 해결책을 가지고 있다는 인식을 갖고, 강점과 잠재력을 발견하고 발전시켜 나간다. 또한 더 넓은 지역 공동체와 기관이 자산으로서의 역할을 할 수 있도록 연계한다.

4. 다학제 간 팀워크

1) 다학제 간 팀워크

협력은 일반적으로 '함께 일하는 것'으로, 둘 이상의 구성원이 조직의 공통적인 목표를 달성하기 위해 서로의 활동을 상호 의존적으로 조정하고 협동하는 과정이다. 다학제적 팀워크는 다양한 영역의 전문직들이 자신의 기술과 전문성을 활용하여 공동의 목적을 달성하기 위해 상호 의존적인 활동을 하는 능동적인 행위이다.

다학제적 팀워크를 이루는 구성요소는 다음의 다섯 가지로 살펴볼 수 있다(Bronstein, 2003). 첫째, 상호의존성으로서, 목표 달성 및 과제 해결을 위해 서로 다른 분야의 전문가들은 상호 의존하게 된다. 따라서 각 전문 분야 간의 차이점에 대해 분명하게 이해하며, 타 전문가의 역할을 알고 효과적으로 활용할 수 있어야 한다. 상호 신뢰할 수 있도록 지속적으로 소통하며, 동료 전문가의 의견 및 지식에 대해 존중할 수 있어야 한다. 둘째, 각자의 영역에서 독립적으로 일하는 것보다 상호 협력했을 때 더 많은 것을 성취할 수 있는 구조를 만들어야 한다. 협력에 참여한 전문가들이 각자의 전문성을 최대로 발휘하되, 상호 협력할 줄 아는 전문성을 함께 가짐으로써 더 큰 효과를 만들어 낼 수 있다. 셋째, 유연성으로서, 각 전문 영역이 상호의존성을 넘어 고유한 역할이 모호해지는 의도적 현상이다. 서로의 요구사항에 대해 적극적이고 신속하게 반응하며, 갈등과 의견충돌을 생산적으로 타협하는 과정을 거치면서 각자의 고유한 역할을 유연하게 조정하게 된다. 넷째, 목표의식 공유로서, 목표를 성취하기 위한 일련의 과정, 즉 개념 정의, 계획수립, 전략개발, 추진 과정 등에 대한 책임을 함께하는 것이다. 목표의식을 공유하기 위해 각 전문 직역에 대한 책임감을 가지고 서로의 의견을 합의해 나가야 한다. 다섯째, 과정에 대한 반응으로서, 협력 과정에 참여하는 전문가들이 서로 관심을 갖고 피드백을 줄 수 있어야 한다. 협력적 관계, 협업 과정, 효과성과 효율성에 대해 상호 의사소통하며 평가활동을 구체화한다.

2) 정신건강 영역의 다학제 간 팀워크

정신건강 영역에서는 전통적으로 의사, 사회복지사, 간호사, 임상심리사, 작업치료사 등 다양한 전문가 간의 상호 협력적인 팀워크가 강조되어 왔다. 정신질환의 원인, 과정 그리고 결과에 있어 의료-심리-사회적인 통합적 접근을 필요로 한다. 또한 지역사회에서 정신장애인이 독립적으로 살아가기 위해 다차원적이고 포괄적인 지원이 함께 이루어져야 한다.

전문직 간의 협력 형태에는 의사결정 구조와 활동의 통합 정도에 따라 다학문적(multi-disciplinary) 팀워크와 학제 간(inter-disciplinary) 팀워크로 나눌 수 있다(Germain, 1984). 다학문적 팀워크는 근본적으로 팀 내에 위계 구조가 있어 특정 전문직의 책임하에 다른 전문직의 활동이 조정되는 것이다. 반면 다학제 간 팀워크는 모든 전문가들이 동등한 의사결정권을 가지고 서로의 역할과 기능을 상호 의존하여 통합하는 것이다.

정신건강 영역에서는 많은 경우 위계 구조 속에서 의사가 주도적인 의사결정권을 가짐으로써 다학제 간 팀워크가 실제적으로 이루어지기 쉽지 않다. 정신의학이 기본토대가 되면서 치료 방향의 결정이나 치료계획의 수립 시 의사의 견해가 중요하게 반영되고, 여타 전문직이 동등한 결정권을 행사하기에 한계가 있어 불균형적인 권력관계가 작동할 수 있다.

다학제적 팀워크가 이루어진다는 것은 단지 같은 장소에서 함께 일을 하는 것을 넘어 문제와 욕구에 대한 사정 공유, 적절한 정보 교환, 팀 교육, 윤리적 의사결정, 개입계획 수립, 과업과 책임 할당, 점검과 조정, 결과 평가의 과정이 함께 협력적으로 수행되어야 한다.

3) 다학제 간 팀워크의 요소

다학제 간 팀워크가 효과적으로 이루어지기 위해서는 다음의 요소들이 고려되어야 한다(권진숙 외, 2020; 민소영, 2018).

(1) 효과적인 팀워크 요소

① 목적 공유

각 전문 직역 간에 관점이나 이해의 차이는 여전히 남아 있을 수 있지만 공동의 목적을 달성하기 위해 하나의 팀이라는 인식을 갖는 것이 중요하다. 그럴 때 각 직역의 특성을 내세우기보다 상호 소통하면서 공감할 수 있는 결론을 내리고 합의된 의견을 서로 수용할 수 있게 된다.

② 상호 이해 및 신뢰

각 전문직 간의 고유한 역할과 강점에 대해 알고, 각자의 강점이 정신장애인의 회복에 중요하다는 것을 이해해야 한다. 서로의 전문성을 존중하고 신뢰할 때 협력의 동기가 높아질 수 있다. 이를 위해 각 전문 영역의 훈련 과정에서 타 직역에 대한 이해 교육이 이루어져야 한다.

③ 리더십

팀 리더는 개방적인 의사소통을 통해 구성원들이 어떤 의견이든 자유롭게 내놓을 수 있는 분위기를 조성하고, 논의를 통해 내려진 최종 결정에 대해 존중하며 신뢰하는 자세가 필요하다. 또한 각 팀원의 역할과 업무에 대해 지속적으로 파악하여 피드백하고 전문 영역이나 개인 특성을 고려하여 업무를 조정하는 합리적인 조직 운영이 중요하다. 팀 리더는 팀워크와 갈등 조정 등을 위한 리더십 훈련이 되어야 한다.

④ 구성원의 역량

효과적인 팀워크를 위해서는 무엇보다 팀 구성원 개개인의 역량이 중요하다. 각 구성원이 맡은 업무에 대해 책임감을 가지고, 배우고 수용하는 자세를 가지며, 전문적 역량을 발휘할 수 있어야 한다. 각 전문 영역이 공통의 목적 달성을 위한 각자의 역할을 충실히 수행할 수 있을 때 서로에 대한 존중과 이해, 협력의 동기가 생길 수 있다.

⑤ 활발한 의사소통

팀 구성원 간 서로의 업무에 대한 내용을 공유하거나 필요시 도움을 요청하고, 의견 차이가 있을 경우 솔직하게 의사를 표현하여 논의하고 합의점을 찾아가는 것이 중요하다.

(2) 효과적인 팀워크를 방해하는 요소

① 관점과 인식의 차이

각 전문 영역에 따라 대상자의 문제에 대한 관점과 개입의 방향에 대한 인식이 다를 수 있다. 충분한 의사소통 과정을 통해 상호 이해와 협의의 과정이 이루어지지 못할 경우 갈등의 요인이 되거나 심할 경우 소통이 단절되기도 한다.

② 역할 혼동과 기대의 불일치

역할과 그에 따르는 책임이 모호하거나 역할 기대와 수행 간의 차이가 크면 혼란이 가중될 수 있다. 특히 각 직역 간 고유한 업무보다 공통 업무에 치중하게 되면 역할과 정체성의 혼동을 경험하기도 한다. 전문 영역 간의 역할과 기대를 명확히 정립하는 것이 필요하다.

③ 위계적 조직 구조

전문 영역별로 위계적 구조화가 되어 있거나 동일 학제로 구성되어 있으면서 협력관계가 부족할 때 영향력, 힘, 통제력, 공간과 예산에 있어 전문직 간의 경쟁 혹은 종속적 관계가 생기게 된다. 이는 전문 영역 간 혹은 개인 간의 단절과 고립을 초래하거나 불필요한 갈등을 유발하여 결과적으로 서비스의 효과성을 떨어뜨리게 된다.

④ 권위주의적 조직문화

특정 개인이나 전문 영역에 지나치게 권력이 주어지거나 일방적이고 권위적인 조직문화가 있는 경우 협력에 장애가 된다. 조직의 특성상 리더에게 권위가 부여될 수 있지만, 의사소통이나 의사결정은 참여적이고 민주적으로 이루어지는 것이 바람직하다.

⑤ 교육 · 훈련의 부족

훈련 과정에서 타 직역의 전문성에 대해 충분히 교육받지 못하거나 팀워크에 대한 이해를 갖지 못할 경우, 실제 현장에서 각 전문 영역의 특성을 고려하지 않고 업무를 수행하거나 각자 전문직의 독립성과 자율성만을 주장할 경우 팀워크가 제대로 이루어질 수 없다.

4) 다학제 간 팀워크에서 정신건강사회복지사의 역할

정신건강 영역의 경우 각 전문직의 역할이 명확하게 구분되기도 하지만 유연하게 조정될 경우도 많다. 특히 지역사회에서는 정신건강사회복지사, 정신건강임상심리사, 정신건강간호사, 정신건강작업치료사가 정신건강전문요원으로서 공통된 역할을 할 때가 더 많다. 따라서 전문요원으로서의 역할뿐만 아니라 팀워크 시 정신건강사회복지사로서의 전문 영역에 대한 이해도 중요하다.

「정신건강복지법」상의 정신건강사회복지사의 고유 업무는, 첫째, 정신질환자 등에 대한 사회서비스 지원 등에 대한 조사, 둘째, 정신질환자 등과 그 가족에 대한 사회복지서비스 지원에 대한 상담 · 안내이다. 정신건강사회복지사는 '정신건강' 전문가로서뿐 아니라 '사회복지'전문가로서의 역할이 보다 강화되어야 한다. 기존의 정신의료적 역량, 즉 정신과적 면담, 증상 및 치료에 대한 의료적 · 임상적 개입뿐만 아니라 사회보장, 인권과 권익옹호, 법과 정책에 대한 역량이 필요하다(권자영 외, 2018).

사회복지실천의 기본관점인 생태체계적 관점과 강점 관점에 기반을 두고, 병리 모델이 아닌 인권 기반의 회복 관점을 지향해야 한다. 정신질환을 개인과 환경 간의 상호작용으로 바라보고, 개인의 변화뿐만 아니라 사회환경 및 제도적 변화를 위해 목소리를 내고 사회 행동에 참여할 수 있어야 한다. 정신건강사회복지사로서의 고유한 역할과 전문성이 전제되지 않으면, 자칫 치료의 보조자 혹은 행정의 실행자에 머물 수 있다.

개인과 환경 간의 상호작용에 초점을 두는 사회복지는 정신건강에 대해서도 통합적인 관점을 가져야 한다. 이를 위해 이 장에서는 지역사회 속에서 인간으로서의 존엄, 자율, 자기결정권을 강조하는 지역사회정신건강, 건강불평등의 사회적 요인들을 정책적으로 감소시키기 위한 정신건강증진, 증상의 치료를 넘어 개인에게 의미 있는 삶을 회복해 나가는 회복 관점, 그리고 이러한 통합적인 접근을 위한 다학제 간 팀워크에 대해 살펴보았다. 각 관점에서 공통적으로 강조하는 것은 정신장애를 생물학적 · 의료적 관점으로 협소하게 정의해서는 안 된다는 것이다. 정신장애는 개인의 생물학적 · 심리학적 요인뿐만 아니라 관계, 경제, 문화, 제도의 환경적 요인들이 복합적으로 상호작용한 결과이자 과정이다. 따라서 정신건강사회복지는 다차원적인 맥락에서, 특히 사회환경적 요인의 상호작용에 보다 관심을 가지고 적극적으로 실천해 나가야 한다.

토론주제

1. 지역사회정신건강이 단지 장소의 이동이 아닌, 전인적인 인간으로서의 삶을 보장하기 위해서 어떠한 지원이 이루어져야 하는가?
2. 신체건강과 정신건강은 어떻게 상호 영향을 주고받으며, 정신건강증진을 위해 어떠한 사회적 변화가 필요한가?
3. 회복 패러다임이 기존의 치료 및 재활 접근과는 어떠한 차이를 가지는가?
4. 회복의 핵심요소는 무엇이며, 특히 위험감수는 어떠한 의미를 가지는가?
5. 다학제 간 팀워크에서 정신건강사회복지사의 고유한 역할은 어떠해야 하는가?

제3장

정신건강복지법과 정신건강복지정책

법은 정책이나 제도의 근간이 된다. 사회복지제도, 정책, 서비스 등은 사회복지와 관련된 법들에 근간을 두고 있다. 사회복지제도가 법의 영향을 받는 것처럼, 정신건강 관련 정책, 제도, 서비스는 정신건강 관련 법의 영향을 받는다. 이러한 점을 염두에 두고 이 장에서는 우리나라를 중심으로 정신건강복지 관련 법과 정신건강복지정책의 관계에 대해서 고찰한다.

1. 정신건강복지법과 정신보건법의 전개 과정

1) 정신보건법 제정의 배경 및 의의

「정신보건법」 제정(1995. 12.) 이전 정신질환에 대한 사회적 접근은 격리와 수용에 그쳤다. 정신질환에 대한 의학적 진단과 처방, 약물치료와 재활서비스 등이 제공되는 현재의 상황을 고려한다면 당시 정신질환자는 최소한의 건강과 인간다운 삶이 보장되지 않는 반인권적 처우를 받고 있었던 것이다.

당시 정신질환과 관련하여 사회적 관심은 두 가지 방향에서 고조되었다.

첫째, 정신질환에 대한 미신적 혹은 종교적 접근을 취하던 미인가 수용시설(기도원 등)에서 정신질환자는 인간다운 삶을 보장받지 못한 채 감금되어 있었다. 이런 사실이 언론을 통해 보도되면서 사회적으로 큰 반향을 불러일으켰다. 1980년대 미국 등 선진국에서는 이미 불필요한 장기시설수용과 입원을 탈피하여 외래치료와 재활 및 주거지원 등 지역정신보건이 활성화되었으나 국내의 정신질환자들은 미인가 종교시설 등에 수용 및 감금된 채 적절한 치료도 받지 못하고 학대와 방임 등 반인권적 처우를 받고 있다는 사실은 큰 충격으로 다가왔기 때문이다(양옥경, 2006). 따라서 정신질환자에 대한 적절한 치료와 인권보장이 중요한 정책적 화두로 등장하게 되었다.

둘째, 간헐적으로 정신질환자에 의한 강력범죄가 일어나 정신질환을 치안문제 차원에서 접근하는 사회적 움직임이 있었다. 정신질환은 그 특성상 환자가 스스로 치료를 받아야 한다는 인식(병에 대한 통찰력, 병식)이 낮고, 치료가 지연되면 정신질환의 증상으로 인해 자신이나 타인에게 위험한 행동을 할 개연성이 높으므로 비자발적 치료(강제치료)를 시행하기 위한 법적 근거가 필요하다는 사회적 공감대가 형성되었다(박은정, 1992). 그러나 지속적인 연구가 이루어졌지만 정신질환이 강력범죄를 유발하는 원인일 수 있다는 가설은 지지되지는 않았다(최기홍, 2017; Elbogen & Johnson, 2009). 더구나 범죄를 예방하기 위해 정신질환자들을 선별해 비자발적인 입원 및 치료를 제공하는 조치는 실제는 위험하지 않은 정신질환자까지도 사회로부터 격리하여 그들의 자유와 인권을 침해하는 문제가 있으므로 주의가 요구된다. 그럼에도 「정신보건법」 제정 전 우리 사회는 정신질환이 강력범죄의 원인이므로 정신질환자에 대해 강제적 치료, 즉 강제입원을 통해 사회의 안전을 확보할 필요가 있다는 주장이 지지를 받았고, 정신질환자의 비자발적 입원의 중요한 조건 중 하나는 정신질환으로 인해 자신 및 타인의 안전에 해를 끼칠 위험이었다.

요약하면, 「정신보건법」 제정의 배경은 정신질환자에 대한 적절한 치료의 필요성과 인권침해로부터의 보호, 정신질환자에 의한 범죄를 예방하기 위한 치안적 고려가 결합된 결과라 할 것이다.

「정신보건법」이 제정된 것은 몇 가지 정책적 의의가 있다.

첫째, 정신질환자의 인권보호를 위한 법적 근거가 마련되었다는 점이다. 「정신보건법」은 법에 근거하지 않은 정신질환자의 수용을 엄격히 금지하고 있으며, 치료 및 요양 중에도 개인의 자유와 기본적 인권을 최대한 보장하도록 규정하고 있기 때문이다.

둘째, 정신질환자의 입원치료에 대한 절차가 공식화되었다는 점이다. 특히 스스로 병에 대한 통찰력이 부족하여 치료를 거부하는 경우에 적용할 수 있는 다양한 비자발적인 입원절차를 규정하여 치료를 촉진할 수 있게 되었다. 물론 보호의무자, 의료기관, 행정기관, 경찰 등에 의한 비자발적인 입원을 보장한 것은 정신질환자의 치료 및 입원에 대한 자기결정을 제한하는 부정적 의미가 있으나 치료를 촉진하는 법적 근거를 제공함으로써 환자의 치료를 결정하거나 담당하는 다양한 주체를 법적으로 보호할 수 있게 되었다.

셋째, 정신질환자의 재활서비스 및 정신질환의 예방과 정신건강증진을 법으로 규정하여 지역정신보건사업을 위한 법적 근거를 제공했다는 점이다. 법 제정 당시 지역사회에서 정신질환자의 재활을 위한 서비스가 존재하지 않았고, 중독문제, 자살문제, 우울증 등 다양한 정신건강 문제의 예방과 조기개입을 위한 서비스 체계가 없었으므로 보건소를 중심으로 지역정신보건사업을 수행하도록 규정했다. 지속적인 법 개정을 거치면서 정신보건센터(현 정신건강복지센터) 운영을 통해 보다 책임성 있는 지역정신보건사업을 위한 전달체계 구축을 위한 법적 근거를 마련하게 되었다.

넷째, 「정신보건법」의 제정으로 정신질환자를 위한 치료, 재활, 사회적 보호와 관련하여 국가와 사회의 책무가 법으로 규정되었다는 점이다. 물론 초기 「정신보건법」에 규정된 국가와 사회의 책무는 다분히 선언적인 규정에 그쳐 그 책무의 구체성이 떨어지고, 국가의 책무를 모니터링할 절차도 명확하지 않아 한계가 있었다.

2) 정신보건법의 개정과 정신건강복지법 제정

1995년「정신보건법」이 제정된 후 수차례 법 개정을 거쳤으며, 법 개정은 정신건강복지정책의 변화를 반영하기도 하고, 향후 정책적 변화를 안내하기도 하였다.

1차 법 개정(1997. 12.)은 정신요양시설을 폐지하고 정신요양병원 또는 사회복귀시설로 전환하도록 하였던「정신보건법」(1995. 12.)의 내용을 수정하여 정신요양시설을 유지할 수 있도록 하였다. 이는 정신요양시설을 정신요양병원으로 전환하도록 하는 기존의 법 규정이 정신의료기관의 정신병상을 급격히 증가시키는 부작용을 가져올 수 있다는 우려 때문이었다.

2차 법 개정(2000. 1.)은 정신질환의 범위에 알코올 및 약물중독을 포함하였으며, 5년마다 정신질환자 실태조사를 실시하도록 규정했다. 또한 정신의료기관의 시설, 장비, 종사자의 수와 자격, 의료기관의 규모 제한(300인 이상 신설 또는 증설 제한) 등 정신의료서비스 기준을 최초로 도입했다.

3차 법 개정(2004. 1.)을 통해 지역정신보건사업을 담당하는 '정신보건센터' 설치 규정을 신설하고, 정신의료기관 시설기준을 위반할 경우 폐쇄 또는 사업정지 등 행정규제를 도입했다.

4차 법 개정(2008. 3.)을 통해 국가, 광역 및 기초 자치단체별로 정신건강계획을 수립하여 정신건강증진사업을 수행하도록 규정하였고, 보호의무자에 의한 입원에 대한 규제를 강화하고, 외래치료명령제를 도입했다. 정신보건시설에 대한 평가규정을 신설하고, 사회복귀시설의 유형을 일부 변경했다. 특히 정신보건시설에 대한 '인권교육' 의무를 새롭게 규정하였다.

법의 전면 개정을 통해 2016년 5월 제정된「정신건강증진 및 정신질환자 복지서비스 지원에 관한 법률(정신건강복지법)」은 정신질환자의 범위를 일상생활기능의 장애를 동반하는 중증 정신질환자로 축소하고, 비자발적 입원에 대해 입원적합성심사를 도입하고 자의입원과 보호의무자에 의한 입원의 중간 성격을 갖는 '동의입원'을 신설함으로써 비자발적 입원에 대한 규제를 강화했다. 특히 이 법률은 정신질환자를 위한 '복지서비스의 제공'에 관한 규정을 신설하였다. 복지서비스 제공

표 3-1 「정신보건법」의 개정 과정과 주요 변경 내용

법 개정	정신건강증진	치료 및 요양	재활 및 복지
「정신보건법」 (1995. 12.)		• 동의입원, 평가입원, 시·도지사에 의한 입원, 응급입원	• '사회복귀시설' –생활훈련시설 –작업훈련시설
1차 개정 (1997. 12.)		• 입원유형 개정 –'자의입원' '보호의무자에 의한 입원' '시·도지사에 의한 입원' '응급입원' • '정신요양병원' 폐지	
2차 개정 (2000. 1.)	• 정신질환의 범위에 알코올 및 약물중독 포함 • 정신질환자 실태조사 규정 신설	• 정신의료기관 시설·장비·종사자·규모에 관한 기준 도입	
3차 개정 (2004. 1.)	• '정신보건센터' 규정	• 정신의료기관의 시설기준에 따른 행정규제 도입	• '사회복귀시설' 관리권한을 기초자치단체로 이양
4차 개정 (2008. 3.)	• 국가, 광역, 기초 단위의 정신건강계획 수립 및 정신건강증진사업 시행 규정 신설	• '보호의무자에 의한 입원' 요건 강화(2인의 동의) • '시·도지사에 의한 입원'에서 '시·군·구청장에 의한 입원'으로 변경 • '외래치료명령' 도입	• '정신보건시설평가' 규정 신설 • '사회복귀시설' –생활시설 –지역사회재활시설 –직업재활시설
		• 정신보건시설의 '인권교육' 의무 규정	
「정신건강복지법」 제정 (2016. 5.)	• '정신건강증진' 규정 • '정신질환자' 개념 축소 • '정신보건센터'에서 '정신건강복지센터'로 변경	• '동의입원' 도입 • '입원적합성심사' 도입	• '정신재활시설' –생활시설 –재활훈련시설 • '복지서비스의 제공' 신설

규정이 신설된 것은 2014년부터 정신장애인복지지원에 관한 법률의 제정을 옹호했던 정신장애인 당사자 중심의 연대활동의 영향으로 제안되었던 '정신장애인 복지서비스 지원에 관한 법률(안)'을 입법하는 대신 「정신건강복지법」에 '복지서비스

의 제공'에 관한 장을 신설하는 것으로 타협하였기 때문이다(김문근, 2016). 이로써 「정신보건법」은 '정신건강증진'과 '정신질환자에 대한 복지지원'이라는 두 가지 성격을 지니는 「정신건강복지법」으로 다시 태어났다.

2. 정신건강복지법의 이념과 구성

현재 정신건강복지 관련 정책과 전문적 실천을 규정하는 법률은 「정신건강복지법」이다. 이 법은 앞서 살펴본 바와 같이 1995년 12월 제정된 「정신보건법」이 전면 개정되어 2016년 새롭게 제정된 법률이다.

1) 법의 이념

「정신건강복지법」 제2조는 이 법의 기본이념을 다음과 같이 9개 항으로 제시하였는데, 그 대상을 모든 국민, 모든 정신질환자, 미성년자 정신질환자, 정신건강증진시설 등에 입원 등을 하고 있는 모든 사람 등으로 지칭하고 있다.

첫째, 모든 국민을 정신질환으로부터 보호하고 최적의 치료를 받을 권리를 보장하는 것이 이 법의 기본이념이다. 모든 국민은 아직 정신질환을 경험하지 않는 사람과 모든 정신질환자를 포괄한다. 특히 정신질환자 중 이 법에서 특별히 다루고 있는 미성년자인 정신질환자와 정신건강증진시설에 입원하고 있는 사람을 포함한다. 즉, 이 법은 모든 국민의 정신건강에 대한 권리 혹은 정신건강증진에 대한 권리의 보장을 기본이념으로 제시하고 있다.

둘째, 모든 정신질환자에게 인간으로서의 존엄과 가치 및 최적의 치료를 보장하고, 그들을 부당한 차별로부터 보호하는 것, 즉 정신질환자의 '인권보호'가 이 법의 핵심이념이다. 정신질환자에 대한 사회적 편견과 낙인, 차별은 어느 사회를 막론하고 심각한 문제가 되고 있다. 정신질환자는 정규교육, 직업(고용), 주거(지역사회거주), 사회서비스 등의 영역에서 차별과 배제를 경험하기 쉽다. 정신질환자는 위험

표 3-2 「정신건강복지법」의 이념

① 모든 국민은 정신질환으로부터 보호받을 권리를 가진다.
② 모든 정신질환자는 인간으로서의 존엄과 가치를 보장받고, 최적의 치료를 받을 권리를 가진다.
③ 모든 정신질환자는 정신질환이 있다는 이유로 부당한 차별대우를 받지 아니한다.
④ 미성년자인 정신질환자는 특별히 치료, 보호 및 교육을 받을 권리를 가진다.
⑤ 정신질환자에 대해서는 입원 또는 입소(이하 "입원 등"이라 한다)가 최소화되도록 지역 사회 중심의 치료가 우선적으로 고려되어야 하며, 정신건강증진시설에 자신의 의지에 따른 입원 또는 입소(이하 "자의입원 등"이라 한다)가 권장되어야 한다.
⑥ 정신건강증진시설에 입원 등을 하고 있는 모든 사람은 가능한 한 자유로운 환경을 누릴 권리와 다른 사람들과 자유로이 의견교환을 할 수 있는 권리를 가진다.
⑦ 정신질환자는 원칙적으로 자신의 신체와 재산에 관한 사항에 대하여 스스로 판단하고 결정할 권리를 가진다. 특히 주거지, 의료행위에 대한 동의나 거부, 타인과의 교류, 복지서비스의 이용 여부와 복지서비스 종류의 선택 등을 스스로 결정할 수 있도록 자기결정권을 존중받는다.
⑧ 정신질환자는 자신에게 법률적 · 사실적 영향을 미치는 사안에 대하여 스스로 이해하여 자신의 자유로운 의사를 표현할 수 있도록 필요한 도움을 받을 권리를 가진다.
⑨ 정신질환자는 자신과 관련된 정책의 결정과정에 참여할 권리를 가진다.

하고, 무능력하며, 회복되지 않고, 쉽게 식별 가능하다는 등 사회적 편견이 존재하기 때문이다. 특히 정신질환자를 범죄와 연관 지어 이들을 사회로부터 격리 · 배제하려는 경향이 있으며, 정신질환자는 각종 법률에 의해 운전면허증이나 직업 관련 자격증 취득을 제한받는 경우가 많다(국가인권위원회, 2019). 그러므로 정신질환자의 기본 인권보호라는 이 법의 이념은 중요한 의미를 갖는다.

셋째, 모든 정신질환자에 대해 입원과 입소의 최소화, 지역사회 중심의 치료, 자기결정에 따른 입원 및 입소 보장, 입원 및 입소 중 자유로운 환경과 기본권, 자기결정권, 의사표현 및 의사결정에 조력을 받을 권리 등을 규정하고 있다. 정신질환자는 약물치료 및 사례관리, 위기개입, 재활지원 등을 통해 지역사회에서 생활할 수 있다. 하지만 시민들, 보호자, 정신건강전문가, 정책 담당자 등이 정신질환자는 누구나 입원치료를 받아야 하고, 지역사회에서 함께 살아가기 어렵다는 인식을 갖고 있다면 정신질환자는 불필요한 입원 및 시설수용에 노출되기 쉽다. 그 결과, 가족과 함께 살거나 지역사회에 거주하며 다양한 사회적 삶에 참여할 기회를 박탈당하게 된다. 그러므로 정신질환이 있더라도 가능한 한 가족과 함께 거주하거나 지역사회에 거주하며 치료 및 재활서비스를 이용하고, 교육, 직업, 문화, 여가 등 지역사회에 참여할 수 있도록 보장하는 것이 사회의 중요한 책무라 하겠다.

넷째, 미성년 정신질환자에 대해 치료, 보호, 교육을 받을 권리를 특별히 강조하고 있다. 미성년이라는 발달상의 특징과 정신질환자라는 건강상의 특징은 이중적인 취약성을 구성하기 때문에 이 법은 이들의 특수한 욕구인 치료, 보호, 교육에 대한 권리보장을 강조한다.

끝으로 이 법은 정신질환자들이 그들에게 영향을 끼치는 정책결정 과정에 참여할 권리의 보장을 법 이념으로 강조하고 있다. 대부분의 장애인정책은 장애인 당사자의 참여 없이는 정책결정이 정당화되기 어렵다. 장애인 당사자의 강력한 권익옹호활동을 통해 '우리 없이는 우리에 대한 어떤 정책도 있을 수 없다(Nothing About Us Without Us)'는 경구는 당연시되고 있고, 국제장애인권리협약도 이를 뒷받침하기 때문이다(Callus & Camilleri-Zahra, 2017). 하지만 정신건강복지정책은 전통적으로 '정신보건정책'이었고, 정책결정은 주로 정신의료를 연구하거나 담당하는 정신의학전문직에 의해 주도되어 온 것이 사실이다. 이러한 정신보건정책은 정신질환자 또는 정신장애인을 마치 비인격적 존재 혹은 사물처럼 대상화하여 치료의 방법이나 절차를 당사자의 선호나 자기결정이 아닌 전문직의 결정 또는 행정기관의 결정으로 왜곡시켰다. 그렇기에 정책결정에 대한 당사자의 참여보장은 이들의 인권을 보호하고 사회통합을 지원하기 위해 무엇보다 중요하다 하겠다.

2) 법의 목적

「정신건강복지법」 제1조에 따르면 이 법은 모든 국민의 정신건강증진과 정신질환자의 인간다운 삶을 보장하는 데 그 목적이 있다. 좀 더 구체적으로 살펴보면, 국민의 정신건강증진을 위해 정신질환의 예방과 치료, 정신건강 친화적인 환경을 조성하고 정신질환자의 인간다운 삶을 보장하기 위해 그들을 위한 재활, 복지, 권리 등을 보장하는 것이 「정신건강복지법」의 목적이라 할 수 있다.

3) 법의 주요 내용

(1) 국가와 지방자치단체의 책무

이 법은 국민의 정신건강증진과 정신질환자의 인간다운 삶을 보장하기 위해 국가와 지방자치단체의 5대 의무를 규정하고 있다.

① 국민 정신건강증진 및 정신질환의 예방과 치료, 정신질환자의 재활 및 장애극복과 사회적응 촉진을 위한 연구, 조사, 지도, 상담 등 필요한 조치의 시행
② 정신건강복지센터와 정신건강증진시설, 사회복지시설, 학교 및 사업장 등을 연계하는 정신건강서비스 전달체계 확립
③ 정신질환자 및 가족의 권익향상, 인권보호 및 지원서비스에 관한 종합시책 수립과 추진
④ 정신질환자 및 가족에 대한 차별과 편견 해소, 권리 구제를 위한 적극적 조치의 시행
⑤ 정신질환자 및 가족의 재활과 자립을 지원하기 위한 정신건강증진사업에 대한 정보제공과 필요한 시책의 추진

한편 이와 같은 책무를 수행하기 위해 국가는 '정신건강복지기본계획'(국가계획)을 수립할 의무가 있으며, 보건복지부와 광역 및 기초 자치단체는 국가계획을 시행하기 위하여 실행계획을 수립하여 시행할 책무가 있다(법 제7~8조). 또한 국가는 5년마다 정신질환의 역학 실태, 정신질환자의 사회경제적 상태, 복지서비스, 가족의 사회경제적 상황 등의 실태를 조사할 책무가 있다(법 제10조).

(2) 보호의무자의 책무

「정신건강복지법」 제39조는 정신질환자의 보호의무자에게 몇 가지 중요한 책무를 부과하고 있다. 이 법에서 '보호의무자'는 「민법」 규정에 의한 후견인 또는 부양의무자를 말한다.

첫째, 보호의무자는 정신질환자에 대한 치료, 요양, 사회적응훈련 등을 지원하여야 하며, 재산상의 이익 등 권익을 보호하고, 정신질환자를 유기하지 않을 의무 등 포괄적 보호제공의무를 요구받고 있다.

둘째, 보호의무자는 정신질환자가 자신 또는 타인을 해치지 않도록 지도, 감독할 책임을 부여받고 있다. 이는 단지 정신질환자를 보호하는 데서 그치지 않고 정신질환자로 인해 발생할 수 있는 타인들의 안전에 대한 책임까지 보호의무자에게 부여하고 있는 것이다.

이러한 법 규정은 정신질환자의 건강관리, 경제적 부양, 일상적인 돌봄과 지도감독을 통해 정신질환자 및 타인의 안전을 확보할 삼중적 책임을 보호의무자에게 부과한 것으로 볼 수 있다. 이 같은 보호의무자의 책임은 정신질환자의 가족에게는 지나치게 과중하다. 그래서 보호의무자에게 부과된 책임을 사회가 분담할 수 있도록 법률의 개정과 보호의무자에 대한 지원서비스가 필요하다. 그렇지 않을 경우 보호의무자는 정신질환자 보호부담을 감당하지 못해 정신의료기관 입원이나 정신요양시설 입소 등을 보호대안으로 선택하게 되므로 결과적으로 정신질환자의 지역사회에 통합되어 살아갈 권리가 침해될 개연성이 높다(김문근, 2009, 2019).

(3) 정신건강증진시설의 장의 의무

정신의료기관, 정신요양시설, 정신재활시설을 포괄하는 정신건강증진시설의 장은 다음과 같은 몇 가지 의무를 담당한다(「정신건강복지법」 제6조).

첫째, 정신질환자가 입원 또는 재활서비스 이용을 하려는 경우 정신건강증진시설의 장은 「정신건강복지법」에 의한 권리 및 권리행사 방법을 알리고, 권리보장에 필요한 서류를 구비해 두어야 한다.

둘째, 정신건강증진시설에서 퇴원 및 퇴소하는 정신질환자에게는 정신건강복지센터에 대해 안내하고, 지역사회 거주 및 치료와 관련한 자원에 관한 정보를 제공해야 한다.

셋째, 치료, 재활, 보호 과정에서 정신질환자의 의사를 존중해야 한다.

넷째, 입원 또는 거주 중인 정신질환자에게 인간으로서의 존엄과 가치 및 자유로운 생활을 보장하여야 한다.

정신건강증진시설의 장은 시설에 입소(입원)하고 있거나 시설을 이용하는 정신질환자 및 정신장애인의 인권을 보장하기 위해 우선 이용자에게 권리 및 권리행사 방법을 안내하고 교육하고 지원해야 한다. 법적으로 보장되는 권리라 하더라도 이를 잘 알지 못하거나 이용절차에 대한 지원을 받지 못한다면 실제 권리보호를 요구하거나 공식절차를 거쳐 외부의 인권보호기관 및 권익보호기관의 지원을 받기 어렵기 때문이다. 정신건강복지 분야는 '정신질환'에 대한 체계적인 지식을 근거로 전문적 권위를 행사하는 전문직이 주요한 의사결정을 주도적으로 담당한다. 정신건강의학과 전문의나 정신건강전문요원(간호사, 임상심리사, 사회복지사), 기타 전문직은 정신의학적 지식을 근거로 정신질환자 및 정신장애인을 위해 최선의 선택을 스스로 내리는 경향이 있기 때문이다. 사실 누구나 자신의 복리에 관한 사항을 스스로 결정하는 것은 그 자체로 주관적 행복감을 좌우한다. 비록 전문가들이 정신질환자나 장애인을 위해 최선의 결정을 내린다 해도, 당사자의 관점은 다를 수 있으므로 전문가에 의한 대리결정은 당사자가 스스로 결정할 권리를 억압하는 것으로 결코 바람직하지 않다. 정신질환자 및 정신장애인은 질병의 증상이 매우 중한 급성기가 아닌 대부분의 상황에서 스스로 결정을 내릴 만한 능력을 지니고 있으므로 치료나 재활을 이유로 이들의 자기결정을 억압하는 것은 법률적 · 윤리적으로 허용될 수 없다.

(4) 정신의료 및 요양

「정신건강복지법」은 정신질환자의 입원치료 및 정신요양시설 입소에 관한 절차를 세밀하게 규정하고 있다. 「정신건강복지법」은 기본적으로 자발적인 입원치료를 권장하고 있지만 비자발적인 입원치료절차 또한 규정하고 있다. 「정신건강복지법」은 자발적인 입원으로 '자의입원'과 '동의입원'을 규정하고 있으며, 비자발적인 입원으로 '보호의무자에 의한 입원(보호입원)' '특별자치시장 · 특별자치도지사 · 시장 · 군수 · 구청장에 의한 입원(행정입원)' '응급입원' 등을 규정하고 있다. 각 입원 유형이 적용되는 상황이나 절차상의 특징을 비교해 본다면 〈표 3-3〉과 같다. 각 유형별 입원이 어떤 상황에 적용될 수 있는지, 입원절차와 퇴원절차는 어떠한지 기본적인 사항을 잘 이해한다면 정신질환자의 입원치료를 지원하거나 입원치료 상황에서 환자 및 보호의무자의 권익을 보호하는 데 유용할 것이다.

「정신건강복지법」 제40조에 따르면 입원규정은 정신의료기관뿐만 아니라 정신요양시설에도 동일하게 적용된다. 정신요양시설은 의료기관이 아님에도 정신의료기관과 동일한 입원규정이 적용되는 것은 다소 불합리한 점이 있다. 하지만 정신요양시설도 정신질환자를 시설에 수용함으로써 지역사회로부터 분리시키고 개인의 신체적 자유와 기본적 인권을 침해할 수 있다는 점은 동일하므로 정신요양시설 입소에 정신의료기관 입원규정을 적용하는 것은 정신질환자의 인권보호에 기여할 수 있다.

특히 「정신건강복지법」은 보호입원, 행정입원, 응급입원 등의 비자발적인 입원을 규제하는 몇 가지 핵심적인 절차를 규정하고 있다.

첫째, 보호입원은 보호의무자 2인 이상의 신청을 요건으로 함으로써 일부 보호자에 의한 부당한 입원신청을 방지하고 있다. 과거 부부갈등이나 부모와 자녀 사이의 재산다툼 등으로 인해 보호의무자 1인이 자기의 이익을 위해 정신질환자를 의료기관에 입원시키는 인권침해 사례가 빈번했기 때문이다.

둘째, 정신의료기관의 전문의 진단은 반드시 2인 이상의 진단이 일치해야 치료입원이 보장된다. 이 또한 전문의 진단의 부정확성이나 전문의 이해관계에 의한 부당한 입원을 견제하기 위한 장치이다.

셋째, 전문의의 진단을 통해 정신질환의 치료가 필요하며 동시에 자신의 건강 또는 안전이나 다른 사람에게 해를 끼칠 위험성이 존재하는 경우에만 비자발적인 입원이 정당화된다. 과거 「정신보건법」은 위험성이 예상된다는 조건을 충족하지 않더라도 치료의 필요성만으로도 보호의무자에 의한 입원을 허용하여 환자의 인권

표 3-3 「정신건강복지법」의 입원 유형별 적용 상황과 입원 및 퇴원 절차

입원 유형	적용될 수 있는 상황	입원절차	퇴원절차
자의입원 (법 제41조)	스스로의 결정에 의해 입원치료를 희망하는 상황	• 본인의 입원신청	• 본인의 퇴원신청
동의입원 (법 제42조)	스스로의 결정에 의해 입원치료를 신청하는 상황	• 본인의 입원신청과 보호의무자의 동의	• 본인 또는 보호의무자의 퇴원신청 • 본인과 보호의무자의 의견이 불일치하면 전문의의 진단에 따라 즉시퇴원 또는 다른 유형의 입원으로 전환
보호입원 (법 제43조)	2인 이상의 보호의무자가 입원치료를 신청하는 상황	• 보호의무자 2인 이상의 입원신청과 전문의의 진단으로 진단입원(2주 이내) 실시 • 전문의 2인의 일치된 진단에 근거해 치료입원(3개월 이내) 실시 • 입원적합성심사(1개월 이내) 실시 • 계속입원심사를 통해 계속입원 결정	• 입원적합성심사 결과 부적합 시 퇴원 • 본인 또는 보호의무자의 퇴원신청 시 즉시 퇴원 • 계속입원심사에서 퇴원명령이 있으면 퇴원
행정입원 (법 제44조)	보호의무자가 없거나 명확하지 않은 상황에서 전문의 또는 정신건강전문요원이 지방자치단체장에게 입원을 신청하는 상황	• 정신건강의학전문의 진단에 근거해 진단입원(2주) 실시 • 전문의 2인의 일치된 진단에 근거해 치료입원(3개월 이내) 실시 • 입원적합성심사(1개월 이내) 실시 • 계속입원심사를 통해 계속입원 결정	• 입원적합성심사 결과 부적합 시 퇴원 • 행정기관장에 의한 입원의 해제 시 퇴원 • 계속입원심사에서 퇴원명령이 있으면 퇴원
응급입원 (법 제50조)	정신질환으로 인해 자신이나 타인의 안전에 위험을 끼칠 수 있는 급박한 상황	• 발견자가 의사 및 경찰관의 동의를 얻어 입원신청 • 의료기관이 보호의무자에 입원사실 통보 • 전문의의 진단에 따라 즉시 퇴원 또는 다른 유형의 입원으로 전환	• 전문의의 진단에 따라 입원이 불필요하다면 즉시퇴원

을 침해한다는 비판을 받은 바 있다. 「정신건강복지법」에서는 인권보호를 위해 두 가지 조건을 동시에 충족하는 경우에 한해 비자발적 입원을 허용하고 있다.

넷째, 입원 후 1개월 이내에 외부의 독립된 조직을 통해 입원적합성심사를 거쳐야 치료입원이 정당화된다. 과거 「정신보건법」에서 정신의료기관 입원은 정신건강의학전문의의 결정에 따르도록 하였다. 하지만 정신건강의학전문의는 소속된 정신의료기관과 재정적인 측면에서 이해관계가 일치하므로[1] 비자발적 입원이 필요하지 않은 경우에도 입원을 결정할 동기가 존재했다. 입원적합성심사위원회는 국공립정신의료기관의 정신건강의학전문의, 법률전문가, 정신건강복지센터의 정신건강전문요원, 정신건강증진시설 전문가, 가족이나 회복된 동료지원가 등을 포함하여 독립적인 조직으로 운영하므로 개별 의료기관에 의한 부당한 입원결정을 견제하기가 용이할 수 있다.

끝으로, 정신의료기관이 최초 입원기간을 초과해서 계속입원을 실시하려면 반드시 지방자치단체장 산하의 정신건강심사위원회의 계속입원심사를 통해 계속입원 승인을 받아야 한다.

한편 과거 「정신보건법」(2008)과 「정신건강복지법」(2016)은 자신 또는 타인에게 위험한 행동을 한 경력이 있는 정신질환자가 퇴원하는 경우 지방자치단체장이 '외래치료명령'을 통해 외래치료를 강제했다. 하지만 이 규정이 실제 널리 활용되지 않아 2019년 「정신건강복지법」 개정을 통해 '외래치료지원'제도로 변경하였다. 이 제도는, 첫째, 정신의료기관장이 보호입원 또는 행정입원을 통해 입원한 환자가 자신 또는 타인에게 해를 끼치는 행동을 한 경우 행정기관장에게 외래치료지원을 청구할 수 있다. 둘째, 정신의료기관장 또는 정신건강복지센터의 장은 '정신질환자 중 정신병적 증상으로 인하여 자신 또는 다른 사람에게 해를 끼치는 행동을 하여

1) 정신건강의학전문의는 소속된 정신의료기관의 종사자로 보수를 받는데, 정신의료기관은 입원환자를 통해 수익을 얻는다. 그러므로 정신건강의학전문의는 소속된 의료기관의 재정적 안정을 위해 불필요한 입원을 결정할 수도 있다. 과거 「정신보건법」은 정신건강의학전문의가 이런 이해관계로부터 독립적이고 자유로우며 윤리적 기준을 엄격히 유지하리라 가정하였기에 부당한 입원으로 인한 인권침해를 예방할 수 없었다(김문근, 2007).

정신의료기관에 입원한 사람 또는 외래치료를 받았던 사람으로서 치료를 중단한 사람'을 발견한 경우 행정기관장에게 '외래치료지원'을 청구할 수 있다(법 제64조). 정신건강심사위원회 심사를 통해 외래치료지원이 필요한 것으로 결정되면 행정기관장은 1년 이내의 기간을 정해 외래치료지원을 명령하게 된다. 외래치료지원이 결정된 사람이 외래치료에 순응하지 않을 경우 행정기관장은 해당 환자를 지정정신의료기관에 의뢰해 진단을 받게 하고, 진단결과에 따라 자의입원, 동의입원, 보호입원, 행정입원 등의 조치를 취할 수 있으며, 외래치료를 위해 발생하는 비용의 전부 또는 일부를 지원할 수 있다.

(5) 재활 및 복지서비스 지원

과거「정신보건법」에 비해 2016년 제정된「정신건강복지법」은 정신질환자의 재활 및 복지서비스 지원에 한층 비중을 두어 규정하고 있다.

우선 재활서비스는 정신재활시설이 제공하는데, 정신재활시설의 유형과 주요사업(서비스)은 〈표 3-4〉와 같다. 생활시설, 공동생활가정, 지역사회전환시설은 주거를 제공하는 시설이지만 그 기능에 차이가 있다. 지역사회전환시설은 정신의료기관 퇴원 후 안정적인 사회복귀를 위해 주거를 제공하며 생활훈련, 사회적응훈련 등 재활서비스를 제공한다. 이에 비해 공동생활가정은 6인 이하의 소규모 시설로 완전한 독립생활이 어려운 정신질환자들을 대상으로 자립능력 향상을 위한 재활 및 지원서비스를 제공한다. 생활시설은 가정에서 생활하기 어려운 정신질환자를 위해 생활지도, 교육, 직업재활 등 재활서비스를 제공하여 가정으로의 복귀, 지역사회에서의 자립과 적응능력을 향상시키기 위한 재활서비스를 제공한다.

한편「정신건강복지법」제4장은 국가 및 지방자치단체가 정신질환자를 위해 다양한 복지서비스를 개발하고 지원할 것을 규정하고 있다. 즉, 정신질환자를 위한 고용 및 직업재활을 위한 조치, 문화·예술·여가·체육활동 등의 지원, 지역사회 거주·치료·재활 등의 통합적인 지원, 가족에 대한 정보제공과 교육 등을 규정하고 있다. 하지만 이러한 법 규정은 복지서비스의 구체성이 없고, 복지서비스를 위한 재원 마련 등도 규정하지 않아 실효성이 떨어진다. 그럼에도 이러한 복지서비스

표 3-4 「정신건강복지법」의 정신재활시설 유형(시행규칙 별표 10)

종류		사업
생활시설		가정에서 생활하기 어려운 정신질환자 등에게 주거, 생활지도, 교육, 직업재활훈련 등의 서비스를 제공하며, 가정으로의 복귀, 재활, 자립 및 사회적응을 지원하는 시설
재활훈련 시설	주간재활시설	정신질환자 등에게 작업·기술지도, 직업훈련, 사회적응훈련, 취업지원 등의 서비스를 제공하는 시설
	공동생활가정	완전한 독립생활은 어려우나 어느 정도 자립능력을 갖춘 정신질환자 등이 공동으로 생활하며 독립생활을 위한 자립역량을 함양하는 시설
	지역사회 전환시설	지역 내 정신질환자 등에게 일시 보호 서비스 또는 단기 보호 서비스를 제공하고, 퇴원했거나 퇴원계획이 있는 정신질환자 등의 안정적인 사회복귀를 위한 기능을 수행하며, 이를 위한 주거제공, 생활훈련, 사회적응훈련 등의 서비스를 제공하는 시설
	직업재활시설	정신질환자 등이 특별히 준비된 작업환경에서 직업적응, 직무기능향상 등 직업재활훈련을 받거나 직업생활을 할 수 있도록 지원하며, 일정한 기간이 지난 후 직업능력을 갖추면 고용시장에 참여할 수 있도록 지원하는 시설
	아동·청소년 정신건강 지원시설	정신질환 아동·청소년을 대상으로 한 상담, 교육 및 정보제공 등을 지원하는 시설
중독자재활시설		알코올중독, 약물중독 또는 게임 중독 등으로 인한 정신질환자 등을 치유하거나 재활을 돕는 시설
생산품판매시설		정신질환자 등이 생산한 생산품을 판매하거나 유통을 대행하고, 정신질환자 등이 생산한 생산품이나 서비스에 관한 상담, 홍보, 마케팅, 판로개척, 정보제공 등을 지원하는 시설
종합시설		2개 이상의 정신재활시설이 결합되어 정신질환자 등에게 생활지원, 주거지원, 재활훈련 등의 기능을 복합적·종합적으로 제공하는 시설

에 대한 규정이 법에 포함되고 「정신보건법」이 「정신건강증진 및 정신질환자 복지서비스 지원에 관한 법률」로 법 명칭이 변경되어 '복지서비스 지원'이 강조된 것은 적지 않은 의미를 지닌다. 향후 법 개정을 통해 복지서비스의 구체적인 유형과 지원절차, 재원 등에 대한 규정을 강화할 필요가 있을 것이다.

(6) 권익보호

「정신건강복지법」의 이념은 정신질환자의 다양한 권익을 적절하게 보호하는 데 있다. 이를 위해 법 제7장은 권익보호 및 지원에 관해 규정하고 있다. 법이 규정한 정신질환자의 주요 권익보호 내용은 〈표 3-5〉와 같다. 「정신건강복지법」은 이러한 권익보호규정에 명시된 권리 외에도 정신의료기관 등에 대한 입원 및 퇴원, 처우개선에 관한 규정 등에도 폭넓게 규정되고 있다.

표 3-5 「정신건강복지법」의 권익보호 규정(법 제7장)

권익보호 영역	권익보호의 내용
입원 등의 금지	• 응급입원 외에는 전문의의 대면 진단에 의하지 않은 입원 및 입원기간 연장 금지
권익보호	• 정신질환자 또는 정신질환자 경력에 근거한 교육, 고용, 시설이용 기회의 제한, 박탈, 기타 불공평한 대우 금지 • 정신질환자 또는 보호의무자, 보호자의 동의 없이는 녹음, 녹화, 촬영 금지 • 전문의의 지시에 근거한 치료, 재활 목적이 아닌 노동의 금지
인권교육	• 정신건강증진시설의 장과 종사자의 인권교육 의무 • 인권교육기관의 지정 및 예산지원, 인권교육 미준수에 따른 규제
비밀누설 금지	• 정신질환자 또는 정신건강증진시설 관련 직무 수행 또는 수행하였던 사람은 직무와 관련하여 알게 된 다른 사람의 비밀누설 및 공표 금지
수용 및 가혹행위 등의 금지	• 법에 근거해 정신질환자를 보호할 수 있는 시설 외 장소에 정신질환자 수용 금지 • 정신건강증진시설에 입원 중이거나 이용 중인 사람에 대한 폭행 및 가혹행위 금지

특수치료 제한	• 전기충격요법, 인슐린혼수요법, 마취하최면요법, 정신외과요법, 기타 대통령령으로 정하는 특수치료에 대해 정신의료기관 내 협의체를 통해 결정하되, 본인 또는 보호의무자에게 필요한 정보를 제공한 후 본인의 동의를 받아야 함(의사능력이 미흡한 경우 보호의무자의 동의)
통신과 면회의 자유 제한의 금지	• 치료목적으로 전문의의 지시에 따른 경우가 아니면 통신과 면회의 자유 제한 금지 • 치료목적으로 전문의의 지시에 따른 통신과 면회의 자유 제한은 최소한의 범위에서 시행
격리 등 제한의 금지	• 치료 또는 보호의 목적으로 전문의의 지시에 의한 경우가 아니라면 격리시키거나 묶는 등 신체적 제한을 금지 • 격리 등 신체적 제한을 할 경우에는 자신 또는 타인을 위험에 처하게 할 가능성이 뚜렷하게 높고, 신체적 제한 외의 방법으로 위험회피가 곤란하다고 판단되는 경우에 한해 실시
작업치료	• 치료, 재활 및 사회적응에 도움이 된다고 인정되는 경우 건강상태와 위험성을 고려하여 보건복지부령으로 지정하는 작업 실시 • 작업은 본인의 신청 또는 동의한 경우에 한해 전문의가 지시한 방법으로 실시
직업훈련 지원	• 정신질환으로부터 회복된 사람이 능력에 적당한 직업훈련을 받도록 지원하고, 적합직종을 개발 · 보급하기 위해 노력
단체 · 시설의 보호 · 육성	• 국가 또는 지방자치단체장은 정신질환자의 사회적응 촉진과 권익보호를 목적으로 하는 단체 또는 시설을 보호 · 육성하고 필요한 비용을 지원
경제적 부담 경감	• 국가 또는 지방자치단체장은 정신질환자와 보호의무자의 경제적 부담을 줄이고 정신질환자의 사회적응을 촉진하기 위해 의료비 경감 · 보조 또는 그 밖의 필요한 지원 제공

3. 정신건강복지법과 정신질환자의 권리

정신질환자는 다양한 권리를 지니고 있다. 「정신건강복지법」은 정신질환자의 다양한 권리와 관련하여 어떻게 규정하고 있는지 살펴보자. 「정신건강복지법」의 이념, 입원규정, 복지서비스 지원규정, 권익보호규정 등은 모두 정신질환자의 권리와 직접적인 관련이 있다.

1) 정신건강에 대한 권리

「정신건강복지법」 이념에 따르면 모든 국민은 정신질환으로부터 보호받을 권리가 있고, 정신질환자는 최적의 치료를 받을 권리가 있다. 또한 「정신건강복지법」은 정신건강의 증진과 정신질환의 예방, 치료 등 정신건강증진사업 수행을 국가 및 지방자치단체의 책무로 규정하고 있다. 그러므로 「정신건강복지법」은 정신건강에 대한 권리를 모든 국민 및 정신질환자의 권리로 규정하고 있다.

2) 신체적 자유에 관한 권리

비자발적인 입원과 관련한 세밀한 규정들은 원하지 않는 의료기관 입원이나 시설입소로 침해될 수 있는 신체적 자유권 보호와 관련한 규정으로 볼 수 있다. 특히 법 제6장의 퇴원의 청구 및 심사에 관한 규정과 법 제7장의 권익보호 관련 규정은 수용의 금지, 가혹행위 금지, 특수치료 제한, 격리 등 제한의 금지를 다루고 있는데, 이러한 규정은 모두 정신질환자의 신체의 자유에 대한 권리를 보호하기 위한 것이다. 정신질환의 치료가 중요하다 하더라도 최소한도로 자유를 제한하는 대안(least restrictive alternative)을 선택해야 한다는 것은 WHO가 1991년 발표한 정신질환자의 권리를 보장을 위한 기본원칙이며, 1950년대 이후 확대된 지역사회 중심 정신보건의 기본원칙이다.

3) 자유로운 의사소통 및 자기결정에 관한 권리

정신질환자는 정신의료기관에 입원하고 있거나 정신요양시설 또는 주거를 제공하는 시설(생활시설, 공동생활가정, 지역사회전환시설)에 거주하는 동안 치료 또는 재활을 이유로 외부와의 자유로운 의사소통(면회, 서신교환, 자유로운 전화 등)을 제한받기 쉽다. 하지만 「정신건강복지법」은 치료 및 요양 중 자유로운 의사소통과 의사표현의 권리보장을 강조하고 있다. 설사 치료 목적에서 외부와의 자유로운 의사소통이 제한되어야 하는 경우에도 이를 최소화하도록 규정하고 있다.

정신질환자는 의사결정능력이 있음에도 정신질환이 있다는 이유로 입원치료 및 퇴원에 관한 결정, 특수치료에 대한 결정 등에 대한 권리를 보장받지 못한 채 정신건강의학전문의 및 보호의무자, 행정기관장 등의 결정에 따라야 하는 객체로 전락하기 쉽다. 정신질환에 대한 전문적 진단과 처방은 전적으로 전문의에게 의존하며, 입원 및 퇴원에 관한 결정은 전문의의 진단, 보호의무자의 동의, 주로 전문의와 공무원, 정신건강전문가, 법률가 등으로 구성되는 정신건강심사위원회나 입원적합성심사위원회에 의존하게 된다. 하지만 최근 정신장애인에 대한 의사결정지원의 제도화가 추진되고 있다. 이러한 변화는 입원치료에 관한 결정이나 기타 중요한 의사결정 과정에서 적절한 정보제공과 지원을 통해 최대한 당사자의 자기결정을 지원하는 제도적 장치가 필요하다는 국제적인 인권규범에 따른 정책대응이다.

4) 평등한 처우에 대한 권리

「정신건강복지법」은 법의 이념에서 정신질환이 있거나 과거에 정신질환 경력이 있다는 이유만으로 부당한 차별을 당하지 않는다고 규정하고 있다(법 제2조). 또한 교육, 고용, 시설이용 등에 대한 차별이나 배제로부터 정신질환자들이 보호받을 권리를 규정하고 있다(법 제69조). 하지만 연구에 의하면 여전히 정신질환자들은 각종 자격증 취득에 제한을 받고 있으며, 사회의 편견과 낙인의 영향으로 지역사회에 통합되어 지역주민으로 살아가는 데에도 어려움이 따른다(국가인권위원회, 2019). 그러므로 평등한 처우에 대한 권리는 정신질환자의 삶을 위해 무엇보다 중요하다.

5) 복지지원 및 근로, 교육, 문화에 대한 권리

「정신건강복지법」은 정신질환자에 대한 경제적 부담의 경감(법 제79조), 복지서비스 지원, 근로에 대한 지원, 교육 및 문화에 대한 권리 등을 규정하고 있다(법 제33~38조). 이러한 권리들은 정신질환자가 지역사회에 통합되어 살아가는 데 있어 필요한 다양한 욕구의 충족과 관련이 있다.

6) 지역사회에 통합되어 살아갈 권리

정신질환이 있더라도 가능한 한 지역사회에 통합되어 치료받는 것을 정신질환자의 핵심적인 권리로 보장해야 한다는 것이 「정신건강복지법」의 기본이념이다. 그렇다면 입원치료나 정신요양시설 수용은 가능한 한 단기간에 그쳐야 한다. 하지만 우리나라 정신질환자의 입원기간 및 시설수용기간은 주요 선진국에 비해 과도하게 길어 장기입원(수용)은 심각한 문제로 인식되어 왔으며, 쉽게 개선되지 않고 있다(국가인권위원회, 2021).

사실 정신질환자들은 정신의료기관이나 정신요양시설에서 퇴원(퇴소)하더라도 지역사회의 소규모 공동생활가정 등에 거주하며 자립생활을 위한 과도기를 거치는 경우가 많다. 그런데 여전히 전국적으로 이러한 소규모 주거시설의 확충이 충분하지 않아 접근성이 낮다(강상경 외, 2020). 또한 이러한 소규모 주거시설에 대한 지역주민의 편견과 차별은 극심하다. 그러므로 정신질환자의 지역사회에 통합되어 살아갈 권리를 실현하기 위해 사회의 편견과 차별 개선 노력이 요구된다.

7) 인간으로서의 존엄과 가치에 대한 권리

「정신건강복지법」은 정신질환자 및 보호의무자에 대해 '녹음 · 녹화 · 촬영 금지'를 규정하고 있으며(법 제69조 제2항), 관련 종사자에게 비밀누설 금지의무를 규정하고 있다(법 제71조). 이 같은 규정은 「헌법」이 보장하는 인간의 존엄과 가치에 대한 권리보장과 깊은 관련이 있다. 정신질환자에 대한 사회적 편견과 낙인, 차별이 존재하므로 녹음, 녹화, 촬영은 그들의 명예를 손상시키거나 사생활을 노출시킴으로써 인격적인 존엄과 가치를 손상시키기 쉬우므로 이러한 행위들을 금지 또는 제한하고 있는 것이다.

4. 정신건강복지계획과 정신건강복지정책

1) 정신보건법 제정 이후 주요 정신건강복지정책

2008년 개정된 「정신보건법」은 국가, 광역 및 기초지방자치단체가 각각 정신건강계획을 수립해 이를 실시하도록 규정했다. 사실 국가의 정신건강정책은 1995년 「정신보건법」 제정 이후 공식화되었으며, 이후 보건정책인 국민건강증진종합계획의 하위 정책으로 포함되었다. 2016년에는 최초로 범정부적인 정신건강종합대책이 별도로 발표되면서 정신건강복지정책이 정립되었다. 「정신보건법」 제정 이후 정부의 정신건강정책의 주요 내용을 분석해 보면 〈표 3-6〉과 같은 변화를 알 수 있다.

이러한 정책적 변화를 연대기적으로 살펴보면, 우리나라 정신건강복지정책은 크게 네 가지 영역으로 구분할 수 있다.

첫째, 전체 국민을 대상으로 하는 정신건강증진정책을 추진해 왔다. 1995년 「정신보건법」이 제정될 때부터 우리나라 정신건강복지정책의 궁극적 목표는 전체 국민의 정신건강증진이었다. 정신질환을 특정한 사람에게만 발생하는 일로 여기거나 정신건강 문제를 치료를 통해 회복 가능한 질병으로 인식하지 못하는 등 국민의 인식 부족이 정신건강증진과 정신질환예방에 가장 큰 걸림돌로 간주되었기 때문이다. 이런 상황에서 정부는 스트레스와 가벼운 우울증, 각종 재난으로 인한 트라우마 등 국민 누구나 정신건강 문제에 취약할 수 있다는 점을 홍보하고, 정신건강 문제를 조기에 발견하고 치료적 개입이 이루어질 수 있도록 지원하는 정책을

표 3-6 각 시기별 주요 정신건강복지정책

시기	정책목표	주요정책
1996~2010	• 정신건강증진 및 정신질환의 예방 • 지역사회 중심의 포괄적인 정신보건사업체계 구축 • 효과적이고 형평성 있는 치료 · 재활 · 거주서비스 체계 구축 • 정신질환자 권익보호 및 인식개선	• 정신보건센터 확충 • 알코올상담센터 및 알코올중독관리서비스 확충 • 자살예방교육 및 조기발견상담, 사후관리체계 구축 • 아동청소년 정신건강증진 및 예방사업 • 정신질환자 사회복귀지원 및 인권보호 강화 • 정신질환 편견해소를 위한 교육 및 홍보
2011~2015	• 국민인식 개선 및 정신건강증진 • 조기개입을 통한 정신건강증진 • 중증 정신질환자 사회통합 촉진 • 자살위험 없는 안전한 사회 구현 • 알코올중독 문제의 적극적 관리	• 정신질환 범위의 축소 및 정신과 이용접근성 제고 • 생애주기별 정신건강검진 도입 • 직장 및 학교 기반 정신건강증진체계 구축 • 자살예방 조기개입체계 구축 • 중독예방체계 개선 • 효과적인 입원치료체계 구축 • 공공정신보건 인프라 강화
2016~2020	• 국민 정신건강증진 • 중증 정신질환자 지역사회 통합 • 중독으로 인한 건강 저해 및 사회 폐해 최소화 • 자살위험 없는 안전한 사회구현	• 인식개선을 통한 정신건강서비스 이용 제고 • 정신건강 문제 조기발견 및 개입 강화 • 생애주기별 정신건강 지원체계 구축 • 조기 집중치료로 만성화 방지 • 중증 · 만성 정신질환자 삶의 질 향상 • 정신질환자 인권강화 • 중독예방을 위한 사회적 환경 조성 • 중독문제 조기선별 · 개입체계 구축 • 중독자 치료회복지원 강화 • 전사회적 자살예방 환경 조성 • 맞춤형 자살예방서비스 제공 • 자살예방정책 추진기반 강화

펼쳤다.

둘째, 중증 정신질환자를 대상으로 치료 및 재활지원과 인권보호 정책을 추진해 왔다. 「정신보건법」 제정 당시부터 정신질환자의 인권보호는 중요한 정책목표였다. 정신의료기관이 아닌 무허가 시설에 수용하여 기본적 인권을 침해하거나, 적법 절차를 준수하지 않은 채 정신질환자를 정신의료기관 또는 정신요양시설에 입원(입소)시키거나, 입원(입소) 중 다양한 기본권을 침해하는 행위 등으로부터 정신질환자를 보호하는 것은 중요한 정책과제였다. 한편 지역사회에서는 정신질환자에 대한 편견과 낙인, 차별 등을 해소하는 것이 중요한 정책과제였다.

셋째, 다양한 중독문제의 예방과 조기개입 및 재활지원 정책을 펼쳐 왔다. 초기에는 알코올중독 문제의 예방과 재활에 중점을 두었으나 점차 약물중독, 인터넷 중독, 도박중독 등을 포괄하는 중독예방 및 재활 정책을 강화하였다.

넷째, 자살문제의 예방과 조기발견과 개입, 사후관리 정책을 강화해 왔다. 우리나라는 OECD 주요 국가 중 자살률이 가장 높은 국가로 자살문제의 예방과 조기개입 및 사후관리는 정부의 정신건강복지정책의 최우선 순위 중 하나였다.

2) 제2차 정신건강복지기본계획(2021~2025)

2021년 1월 제2차 정신건강복지기본계획 '온국민 마음건강 종합대책(2021~2025)'이 발표되었다. 이는 2016년에 발표된 정신건강종합대책(제1차 정신건강기본계획)에 이은 범정부 차원의 정신건강복지정책이다. 정책의 내용은 앞선 시기의 주요 정신건강복지정책들을 계승하고 있으나 정책문제 현황과 개입전략, 세부정책을 보다 일관성 있게 제시하고 있으며, 새로운 정책적 접근에 대해서는 시범사업 등의 근거를 구체적으로 제시하고 있다는 점에서 차이가 있다. 제2차 정신건강복지기본계획의 구성은 [그림 3-1]과 같다.

제2차 정신건강복지기본계획은 6대 정책목표를 제시하고 있다. 첫째, 코로나19 확산이라는 특수한 정책환경을 고려하여 이전의 정신건강복지정책과 달리 코로나19 심리방역을 통한 국민의 회복탄력성 증진을 정책목표로 설정하고 있다. 향후에도 유

비전	마음이 건강한 사회, 함께 사는 나라
정책 목표	1. 코로나19 심리방역을 통한 대국민 회복탄력성 증진 2. 전 국민이 언제든 필요한 정신건강서비스를 이용할 수 있는 환경 조성 3. 정신질환자의 중증도와 경과에 따른 맞춤형 치료환경 제공 4. 정신질환자가 차별 경험 없이 지역사회 내 자립할 수 있도록 지원 5. 약물중독, 이용 장애 등에 대한 선제적 관리체계 마련 6. 자살 충동, 자살 수단, 재시도 등 자살로부터 안전한 사회 구현

추진전략	핵심과제
전 국민 정신건강증진	1. 적극적 정신건강증진 분위기 조성 2. 대상자별 예방 접근성 제고 3. 트라우마 극복을 위한 대응역량 강화
정신의료서비스/ 인프라 선진화	1. 정신질환 조기인지 및 개입 강화 2. 지역 기반 정신 응급 대응체계 구축 3. 치료 친화적 환경 조성 4. 집중 치료 및 지속 지원 등 치료 효과성 제고
지역사회 기반 정신질환자의 사회통합 추진	1. 지역사회 기반 재활 프로그램 및 인프라 개선 2. 지역사회 내 자립 지원 3. 정신질환자 권익 신장 및 인권 강화
중독 및 디지털 기기 이용장애 대응 강화	1. 알코올중독자 치료 및 재활서비스 강화 2. 마약 등 약물중독 관리체계 구축 3. 디지털 기기 등 이용장애 대응 강화
자살로부터 안전한 사회 구현	1. 자살 고위험군 발굴과 위험요인 관리 2. 고위험군 지원 및 사후관리 3. 서비스 지원체계 개선
정신건강정책 발전을 위한 기반 구축	1. 정책 추진 거버넌스 강화 2. 정신건강관리 전문인력 양성 3. 공공자원 역량강화 4. 통계 생산체계 정비 및 고도화 5. 정신건강 분야 전략적 R&D 투자 강화

그림 3-1 제2차 정신건강복지기본계획의 개요

사한 감염병이 예상되며, 그 과정에서 감염병과 관련한 심리적 트라우마를 예방하고 정신건강을 증진하기 위한 정책적 노력은 지속적으로 중요할 것으로 예상된다.

둘째, 정신건강복지정책은 이제 중증 정신질환자나 정신질환 고위험군에 국한하지 않고 전체 국민을 대상으로 필요할 때 언제든지 정신건강서비스를 이용할 수 있는 환경을 조성하는 것을 정책목표로 제시하고 있다. 이를 위해 전국민을 대상으로 생애주기별로 정신건강 위험요인을 관리하고 필요한 정신건강지원을 제공하며, 다양한 취약 집단 및 고위험 집단에 대한 정신건강서비스 및 심리상담 서비스 지원을 강화할 계획이다. 아울러 정신질환에 대한 조기인지 및 조기발견을 위해 국가 건강검진에 우울증 검진을 포함하여 실시하고, 일반 의료를 담당하는 최일선 의료기관인 동네 의원의 정신건강 문제 선별과 의뢰를 촉진하는 정책을 펼칠 계획이다.

셋째, 정신질환을 중증도에 따라 첫 발병 환자(초발 환자), 급성기/응급 환자, 회복기 환자, 만성/재활기 환자 등으로 분류하여 맞춤형 치료를 제공할 수 있는 의료체계를 갖추는 것을 정책목표로 지향하고 있다. 특히 초발 환자 및 급성기 환자에 대한 집중치료를 표준화하고 그에 부합하는 건강보험수가 지원을 통해 정신질환의 치료효과를 높이는 정책을 실시할 예정이다. 그동안 이러한 구분 없이 정신의료기관이 운영됨에 따라 환자는 정신건강 상태에 적합한 치료를 받지 못했고, 그에 따라 치료효과도 저조하며, 장기입원으로 이어지는 문제가 있었다.

넷째, 정신질환자가 차별 없이 지역사회에 통합되고 자립할 수 있도록 정신질환 및 정신장애의 중증도에 따라 정신재활시설의 유형을 다양화하고, 주거지원을 위해 주거시설을 확충하고 공공임대주택을 지원하며, 직업재활시설 확충과 공공일자리지원사업, 사회적 농업 등을 활용해 고용지원을 강화할 예정이다. 특히 지역사회자립 지원을 위해 요구되는 복지서비스를 개발하고, 공공후견인 지원을 강화할 예정이다. 뿐만 아니라 정신질환에 대한 편견을 개선하며, 정신질환자에 대한 불합리한 차별의 개선, 정신질환자 권익옹호 및 자기결정 지원, 정신의료기관 입원적합성심사 강화 등을 주요 정책으로 제시하고 있다.

다섯째, 다양한 중독문제에 대한 선제적 관리체계 구축이 주요 정책목표이다. 이를 위해 알코올중독, 약물중독, 인터넷 및 스마트 기기 이용장애 등 다양한 중독

문제에 대해 예방 및 선별을 통한 조기개입을 강화하고, 치료 및 재활서비스를 개발하며, 중독서비스 전달체계의 개선 및 확충을 추진할 예정이다. 중독서비스 전달체계 개선은 광역 정신건강복지센터 내 중독팀 신설, 중독관리통합지원센터의 확대설치 및 인력확충, 중독전문의료기관 지정 확대 및 중독전문 정신재활시설 확충을 중심으로 추진할 예정이다.

여섯째, 자살로부터 안전한 사회를 만드는 것이 중요한 정책목표로 제시되어 있다. 이를 위해 사회 내 자살위험요인에 대한 관리, 자살 고위험군 발굴과 선제적 개입, 자살 고위험자 선별 및 지원을 위해 '생명지킴이 교육'을 지속적으로 실시하고, 자살예방 상담전화(1393) 및 자살예방센터의 자살예방 대응역량 강화를 추진할 예정이다.

이러한 국가의 정신건강복지정책 목표의 달성을 위해 중앙정부 수준에서는 보건복지부를 중심으로 다양한 관련 부처 사이의 협력체계 구축, 중앙정부와 지방자치단체 간의 협력체계 구축 등 정책추진을 위한 거버넌스 강화가 중요하다. 뿐만 아니라 정신건강복지 전문인력 양성, 전략적인 연구개발 투자 강화 등을 추진할 예정이다.

5. 정신건강복지법 및 정책의 한계와 개선방안

국내의 「정신건강복지법」과 정신건강복지정책은 다양한 한계를 지니고 있다. 그동안 지속적으로 제기된 문제들을 살펴보면 다음과 같다.

첫째, 「정신건강복지법」은 '정신건강증진을 위한 보건법'의 성격이 강하고, '정신건강복지정책'은 정신건강을 증진하고 정신질환을 예방, 치료, 재활을 지원하는 '정신보건정책'의 성격이 두드러진다. 법과 정책의 주요 내용은 정신건강증진, 정신질환의 예방과 치료 및 재활에 초점을 맞추고 있다. 2016년 제정된 「정신건강복지법」은 '복지서비스의 제공'에 관한 장을 신설했음에도 불구하고 법의 이념과 법의 주요 내용은 의료와 재활에 초점을 맞추고 있다.

둘째, 「정신건강복지법」과 정신건강복지정책은 관련 정책 분야와 긴밀한 연계 및 거버넌스 체계의 구축이 미비하다. 예컨대, 1년 이상의 치료에도 불구하고 일상생활에 어려움을 겪는 사람은 「정신건강복지법」에서는 '정신질환자'로 규정된다. 하지만 이들은 「장애인복지법」에 근거해 '정신장애인'으로 등록된 경우가 대부분이다. 그런데 「장애인복지법」 제15조는 정신장애인에 대해 「정신건강복지법」에 따른 복지서비스를 이용하도록 규정하고 있다. 하지만 「정신건강복지법」은 '정신장애인'이 아닌 '정신질환자'에 대한 치료와 재활에 중점을 두고 있으며, 정신건강복지정책 또한 정신장애인을 위한 동등한 복지지원에 대한 인식은 취약하다. 뿐만 아니라 정신장애인을 위한 권익옹호기관, 자립생활지원센터, 평생교육과 문화여가를 지원하는 정신장애인복지관 등은 「정신건강복지법」 및 정신건강복지정책에서 누락되어 있다. 따라서 「정신건강복지법」에 '정신질환자'뿐 아니라 '정신장애인'을 그 적용대상으로 규정해야 하고, 정신질환자에 대한 복지서비스 지원이 아니라 '정신장애인의 지역사회자립생활과 사회통합을 위한 복지지원'에 대해 명시적으로 규정하여야 한다. 특히 「장애인복지법」에 규정된 장애인권익옹호기관 및 자립생활지원센터, 장애인복지관 등에 상응하는 서비스 및 시설 유형을 「정신건강복지법」에 도입하는 것이 필요하다.

셋째, 정신장애인을 위한 통합적인 정책과 서비스 지원을 위해 장애인복지전달체계와 정신건강전달체계 사이의 유기적인 연계와 통합적 거버넌스가 필요하다. 장애인복지기본계획에 정신건강복지기본계획의 복지지원에 관한 내용이 반영되어야 할 것이고, 반대로 장애인복지기본계획의 정신장애인에 관한 주요 내용이 정신건강복지기본계획에 반영되어야 한다. 뿐만 아니라 다른 유형의 장애인과 정신장애인 사이의 인권 및 복지 격차를 해소하기 위해 장애인복지정책 모니터링 과정에서 정신건강복지정책 모니터링을 강화해야 한다.

넷째, 장애인복지 분야에 일반화되어 있는 장애인 당사자에 의한 정책 논의 및 결정, 모니터링 과정에 대한 주체적인 참여보장을 정신건강복지정책에도 그대로 적용할 필요가 있다. 현재 정신건강복지정책 논의 및 결정, 모니터링 과정에 당사자의 참여는 형식적이고 명목적인 수준에 그치고 있어 실질적 참여를 보장할 필요가 있다.

다섯째, 중앙정부의 정신건강복지정책이 광역 및 기초지방자치단체까지 일관성 있게 전달되고 적용되도록 하기 위한 정책적 수단이 확보되어야 한다. 비록 「정신건강복지법」은 광역 및 기초지방자치단체 수준에서 국가의 정신건강복지기본계획에 대한 실행계획 수립을 의무로 규정하고 있으나 이를 촉진하고 유인할 정책수단은 부족한 현실이다. 지방자치단체에 대한 재정지원 및 정책평가에 따른 유인을 제공하여 정책실행을 보장할 필요가 있다.

토론주제

1. 「정신보건법」 제정(1995)의 배경 및 의의를 논하시오.
2. 「정신건강복지법」 제정(2016)의 배경 및 의의를 논하시오.
3. 「정신건강복지법」의 주요 이념 중 특히 정신장애인의 사회통합을 위해 중요한 것은 무엇인지 논하시오.
4. 「정신건강복지법」의 강점과 한계를 논하시오.
5. 국내외 정책환경 변화를 고려할 때 향후 「정신건강복지법」의 발전 방향에 대해서 논하시오.
6. 전체 국민을 위한 정신건강복지정책과 정신질환자를 위한 정신건강복지정책은 어떤 차이가 있는지 논하시오.

제4장

정신건강복지전달체계

사회복지전달체계는 사회복지정책을 서비스로 전환하는 과정에서 필요한 모든 조직의 구조적이고 체계적인 배열을 의미한다. 서비스로 국한한다면 사회복지전달체계는 서비스 공급자와 소비자를 연결하는 조직적인 배열을 의미한다(이준영, 2010). 좀 더 넓은 의미에서 본다면 전달체계는 서비스 전달을 위한 정책과 재원, 인력 등을 모두 포함하는 서비스 전달의 통로(채널)라 할 수 있다(이철수 외, 2008).

사회복지전달체계의 핵심적인 기능은 적합한 대상자에게 규정된 서비스 및 급여를 정확하고 효과적으로, 그리고 효율적으로 전달함으로써 정책적 목적을 달성하는 것이다. 이를 위해 모든 전달체계는 잠정적 이용자에게 서비스 및 급여에 대해 정보를 제공하여 서비스 전달체계 접근을 지원하고, 적절한 절차와 기준을 마련하여 욕구를 사정하고 이용자격을 결정하며, 다양한 서비스 및 급여를 전문성을 갖춘 조직과 인력을 통해 제공하되, 충분히 제공하여 이용자의 욕구를 충족시킴으로써 건강과 사회적응, 사회통합, 삶의 질 등을 향상시키는 기능을 요구받는다. 이 장에서는 정신건강복지전달체계에 대해서 고찰한다.

1. 정신건강복지전달체계

1) 정신건강복지전달체계의 개념과 기능

전달체계의 개념과 기능에 관한 이론에 의하면 정신건강복지전달체계는 정신건강복지정책을 실현하기 위해 전문적인 정신건강복지서비스 및 급여를 적절한 대상자에게 전달하는 제반 조직 및 인력으로 구성되는 일련의 체계를 의미한다. 이러한 정신건강복지전달체계를 통해 전문적인 서비스와 급여를 제공받는 잠정적 이용자 및 대상은 정신건강복지급여의 성격이 무엇인가에 따라 다른데, 정신건강을 증진하는 서비스나 지원은 '전체 국민'이 잠정적 이용대상이며, 정신질환과 중독문제, 자살문제 등의 예방과 관련한 지원은 이러한 문제를 경험할 가능성이 있는 '고위험군'이 대상이 된다. 그에 비해 전문적인 치료, 재활, 요양 등의 서비스는 정신건강 문제를 진단받은 '정신질환자' 또는 '정신장애인'이 잠정적 대상이 된다(강상경, 2013).

한편 사회복지전달체계의 일반적 기능을 고려할 때 정신건강복지전달체계 또한 이용자 진입, 욕구사정과 이용자격 결정, 정신건강복지서비스 및 급여의 제공 등을 요구받는다고 볼 수 있다. 「정신건강복지법」(2016), 정신건강사업 안내(보건복지부, 2021a), 강상경(2013), 강상경 외(2017) 등의 내용을 종합적으로 분석해 본다면 정신건강복지전달체계는 다음과 같은 기능을 담당하거나 요구받고 있다.

첫째, 중앙정부(보건복지부), 광역 및 기초지방자치단체 등 정신건강복지전달체계는 정신건강복지정책을 수립하고 시행하는 기능을 담당한다. 즉, 「정신건강복지법」과 국가 및 지방자치단체 수준의 정신건강복지정책을 수립하고, 정책을 실행하는 과정에서 재원을 조달하고 분배하며, 전달체계 각 단위에 필요한 인력을 확보·운영하며, 정책실행에 대해 주기적인 평가를 실시한다.

둘째, 정신건강복지전달체계는 정신질환으로 진단받은 사람들을 대상으로 약물치료, 외래치료, 입원치료, 요양, 사례관리 등을 담당한다. 정신건강 문제는 치료를 필요로 하는 의료문제로 규정되므로 적절한 치료의 보장은 정신건강복지전달체계의 핵심적 기능이다. 특히 정신건강복지전달체계는 정신의료기관 퇴원 후 지역사회로 복귀한 정신질환자의 지속적인 건강관리를 위해 지역사회 사례관리기능을 담당한다.

셋째, 정신질환은 만성화되고, 오랫동안 치료를 지속하더라도 기능이 저하되어 사회기술, 직업적 기능, 자립생활기능이 저하되므로 정신건강복지전달체계는 만성 정신질환자 및 정신장애인을 위해 재활서비스 및 자립생활지원 기능을 담당한다.

넷째, 정신건강복지전달체계는 정신질환 및 정신장애에 대한 사회적 편견과 낙인, 다양한 사회적 차별로부터 정신질환자 및 정신장애인의 인권을 보호하고 실현하는 기능을 담당한다. 즉, 정신건강복지전달체계는 비자발적인 입원, 정신의료기관 및 정신요양시설 입원(입소), 지역사회의 재활서비스 이용, 사회서비스 이용, 직업 및 주거 확보 등과 관련한 차별과 인권유린으로부터 정신질환자 및 정신장애인을 보호하는 기능을 요구받고 있다.

다섯째, 정신건강복지전달체계는 정신건강을 증진하고 정신질환을 예방하기 위해 전체 국민 및 고위험군을 대상으로 정신건강에 관한 인식개선, 서비스 홍보, 예방교육, 조기개입 등을 담당한다. 특히 스트레스, 우울증, 트라우마, 자살문제, 중독문제 등 누구나 경험할 수 있는 정신건강 문제에 대해 국민들에게 경각심을 심어주고, 예방과 조기치료를 위한 정보와 안내를 제공하며, 지역사회 수준에서 상담 및 사례관리체계를 운영한다.

끝으로 정신건강복지전달체계는 정신건강 문제 실태, 정신건강복지정책, 서비스, 프로그램 등에 대한 연구, 개발, 평가 등의 기능을 담당한다. 국립정신건강센터와 같이 연구개발을 전담하는 조직이 있지만 광역자치단체 수준에서 존재하는 광역정신건강복지센터, 기초정신건강복지센터 등은 서비스를 전달하기도 하지만 그 과정에서 정신건강 문제에 관한 자료를 수집하며, 서비스 및 정책을 평가하는 기능도 수행한다.

2) 우리나라 정신건강복지전달체계의 현황(2021년 현재)

정신건강복지전달체계는 관점에 따라 다양하게 표현할 수 있겠지만 보건복지부가 공식적으로 밝힌 전달체계의 현황은 [그림 4-1]과 같다. 정부는 이 전달체계를 '정신건강서비스 전달체계'(보건복지부, 2021a)로 부르고 있어, 「정신건강복지법」 시행 이후에도 '복지'에 관한 인식은 부족하다고 볼 수 있다. 다음에서는 정부의 정신건강복지서비스 전반을 「정신건강복지법」이 '정신건강증진'으로 정의하고 있기에 '정신건강증진 전달체계'로 표기하였다.

중앙정부 수준에서는 보건복지부가 정신건강복지 사무를 담당하며, 정신건강복지정책과 관련한 연구개발, 인력양성 등을 담당하는 국립정신건강센터와 정신건강복지사업 전반에 관한 자문과 기술지원을 담당하는 중앙정신보건사업지원단을

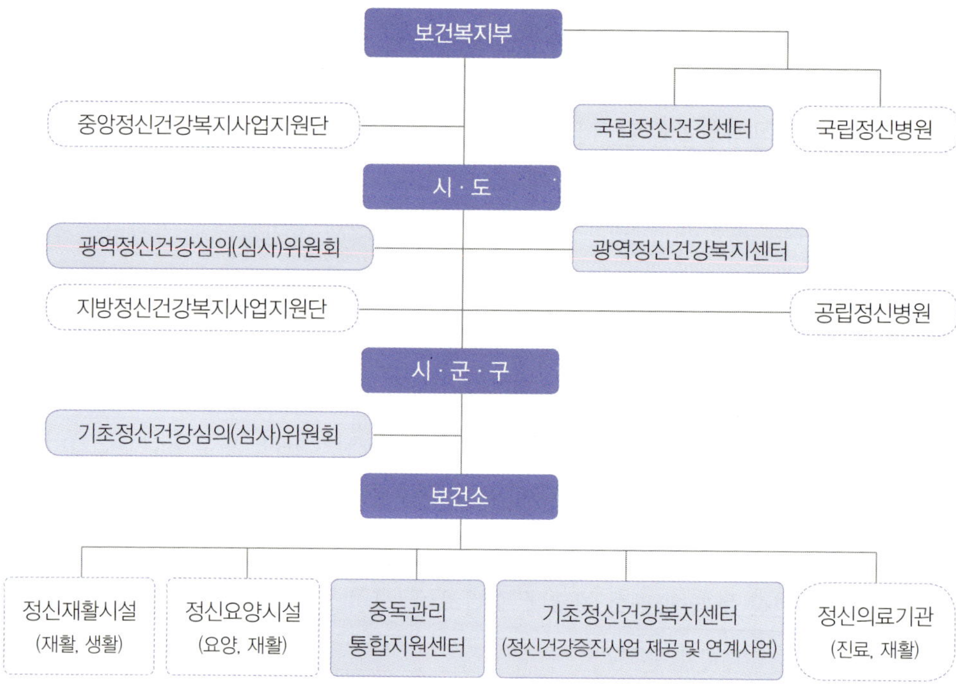

그림 4-1 정신건강증진 전달체계 현황

출처: 보건복지부(2021a).

지원조직으로 두고 있다. [그림 4-1]에는 나타나 있지 않으나 트라우마에 대한 체계적인 연구와 개입을 위해 국가트라우마센터 및 권역별 트라우마센터가 운영되고 있다(「정신건강복지법」 제15조의2). 트라우마센터는 재난이나 그 밖의 사고로 정신적 충격을 받은 트라우마 환자의 심리적 안정과 사회적응을 지원하는 데 목적이 있으며, 국가트라우마센터는 트라우마를 경험하는 사람들을 위한 심리지원 지침을 개발하고, 심리평가, 심리상담, 심리치료를 제공하며, 트라우마 관련 조사연구, 트라우마 대응을 위한 협력체계 구축 등의 역할을 담당한다. 권역별 트라우마센터(수도권 · 호남권 · 영남권 · 강원권 · 충청권)는 해당 권역 내에서 재난이 발생할 시 정신건강복지센터 · 보건소 등의 기관과 상호 협력하여 피해자에 대한 심리지원을 제공한다(보건복지부, 2021a).

광역지방자치단체 수준에서는 시 · 도의 정신건강복지정책 및 주요 사업을 담당하는 실행조직으로 광역정신건강복지센터를 지원조직으로 두고 있으며(「정신건강복지법」 제15조), 시 · 도 정신건강복지정책과 관련한 다양한 안건을 논의 및 심사하기 위해 광역정신건강심의(심사)위원회를 운영한다(「정신건강복지법」 제53조).

기초지방자치단체 수준에서는 시 · 군 · 구의 보건소가 지역정신건강복지사업을 담당하며, 정신건강에 관한 다양한 사안을 심의 및 의결하고, 관내 정신의료기관 및 정신요양시설의 입원(입소)에 대한 퇴원(퇴소)신청에 대한 심사, 처우개선 등에 관한 심사를 담당하기 위해 기초정신건강심의(심사)위원회를 운영한다(「정신건강복지법」 제53조). 한편 시 · 군 · 구는 지역정신건강복지사업을 담당하는 실행조직으로 정신건강복지센터를 직접 운영하거나 위탁 운영하며(「정신건강복지법」 제15조), 알코올중독 등 주요 중독문제의 예방과 재활을 지원하기 위해 중독관리통합지원센터를 운영한다(「정신건강복지법」 제15조의3). 치료 및 재활을 담당하는 정신의료기관은 국 · 공립 정신의료기관과 민간의료기관(종합병원 정신과, 정신병원, 정신건강의학과의원)으로 구분된다. 장기간 요양보호를 제공하는 정신요양시설과 지역사회재활을 지원하는 정신재활시설 등은 민간 비영리 법인 및 개인이 운영하며 중앙정부 및 지방자치단체로부터 운영보조금을 지원받는다.

3) 정신건강증진 전달체계 현황

전국적으로 지역정신건강증진 전달체계 구축 현황은 지역적으로 격차가 존재한다. 특히 정신의료기관 퇴원 후 재활서비스를 제공하는 정신재활시설은 직업재활 및 주거서비스를 위해 중요한 서비스 전달체계이지만 울산, 강원, 전남, 경남 등은

표 4-1 지역정신건강증진 전달체계 현황(2019년)

(단위: 개)

시·도	정신의료기관				정신요양 시설	정신재활 시설	정신건강복지센터		중독관리 통합지원 센터	자살예방 센터
	종합병원 정신과	병원 정신과	정신 병원	정신과 의원			광역센터	기초센터		
서울	39	26	3	423	3	112	1	25	3	2
부산	22	5	21	111	3	18	1	16	3	–
대구	8	18	–	69	3	14	1	8	2	–
인천	15	15	3	55	2	12	1	10	5	1
광주	7	12	1	38	4	12	1	5	5	–
대전	9	8	–	62	4	29	1	5	3	–
울산	2	8	–	18	1	2	1	5	2	–
세종	–	–	1	8	1	3	–	1	–	–
경기	34	62	15	262	6	55	1	37	7	3
강원	9	13	–	25	–	4	1	18	3	–
충북	7	12	3	29	4	10	1	14	1	–
충남	4	2	17	35	10	23	1	16	2	1
전북	5	13	–	46	4	21	1	14	2	–
전남	12	11	7	21	4	3	1	21	2	–
경북	13	29	–	31	5	21	1	24	2	–
경남	10	19	12	48	4	4	1	20	5	–
제주	4	3	1	18	1	6	1	2	2	–
합계	200	256	84	1,299	59	349	16	241	49	7

출처: 국립정신건강센터(2020c).

타 지역에 비해 시설이 적어 접근성이 떨어질 수밖에 없어 확충이 요구된다. 중독관리통합지원센터 또한 서울, 부산, 대구 등은 지역의 인구 대비 센터 설치가 부족하여 접근성이 낮으며, 경북, 충북, 충남 등과 같이 넓은 지역에 걸쳐 있는 자치단체는 중독관리통합지원센터에 대한 지리적 접근성이 더욱 열악하여 확대 설치가 시급한 것으로 볼 수 있다.

(1) 정신의료 및 정신요양 전달체계의 주요 기능과 한계

우리나라 정신의료기관의 병상 소유구조는 공공소유가 10% 미만에 불과하며, 의료병상의 대부분을 민간이 소유하고 있으므로 민간의료기관의 운영논리에 따라 정신의료서비스가 왜곡될 개연성이 높다. 민간의료기관이 적정 수익을 창출하려면 입원환자를 증가시키고 입원기간을 증가시키는 것이 유리하므로 불필요한 입원 또는 불필요한 장기입원이 나타날 수 있다. 뿐만 아니라 많은 행정절차를 발생시키지만 안정적인 입원으로 이어지기 어려운 응급입원에 대해서는 민간의료기관이 소극적으로 대응하기 쉽다. 하지만 공공의료기관을 확대하기에는 이미 정신의료기관 병상공급이 과다하다는 평가가 있어 정부는 입원규제를 강화하고, 의료기관의 병실환경 규제를 강화하고, 응급입원 및 급성기 입원환자에 대한 집중치료의 의료수가를 인상하는 정책을 추진하고 있다(제2차 정신건강복지기본계획, 2021).

바람직한 의료서비스의 방향은 적절한 기간 내에 효과적 치료를 제공하여 급성증상을 안정화시킨 후 정신질환자를 신속하게 퇴원시켜 지역사회에 통합되어 재활 및 자립을 시도할 수 있도록 뒷받침하는 것이다. 이번 제2차 정신건강복지기본계획(2021~2025)에 따르면 정부는 정신질환자를 첫 발병 환자(초발 환자), 급성기/응급 환자, 회복기 환자, 만성/재활기 환자 등으로 구분하여 각 대상 집단에 따라 적합한 치료를 보장하기 위해 정신병상을 급성기병동, 회복기병동, 만성재활병동으로 구분해 운영하는 정책을 추진할 예정이다. 이러한 정책은 그동안 의료기관에 맡겨 둔 결과 치료효과는 담보하지 못한 채 장기입원만 심화되는 문제를 해결하기 위한 시도로 볼 수 있다.

오랫동안 정신의료기관은 장기입원문제로 인해 비판을 받아 왔는데, 최근에는 퇴원 후 지속적인 외래치료 및 재활지원을 통해 정신질환자의 사회복귀를 촉진하기 위해 병원기반 사례관리서비스와 낮병원 중심의 재활서비스 확대가 이루어질 예정이다. 제2차 정신건강복지기본계획(2021~2025)을 통해 정부는 이 두 가지 사업에 대해 의료수가를 지원함으로써 정신의료기관이 지역사회 사례관리 및 정신재활서비스 제공에도 기여하도록 유인하는 정책을 추진할 예정이다. 하지만 이 같은 병원기반 사례관리와 낮병원 중심의 재활서비스는 기존의 정신건강복지센터의 사례관리, 정신재활시설의 재활서비스와 중복되는 면도 있어 향후 기능 분담과 연계・협력을 위한 구체적 방안을 마련하는 것이 필요할 것이다.

한편 정신요양시설은 의료기관과 달리 보호 및 재활서비스를 제공하지만 정신의료기관과 동일한 입원절차를 따른다. 하지만 정신요양시설의 기능이 무엇인가에 대해서는 다양한 기대가 교차하고 있다. 시설의 명칭으로 인해 '장기요양(long term care)'을 제공하는 기관이라는 인식이 있는가 하면, 현행 「정신건강복지법」은 사회복귀를 위한 재활훈련을 제공하는 기능을 요구하고 있으며, 실질적 기능은 장기거주를 제공하는 데 있다는 분석도 있다(김문근, 2016). 특히 정신요양시설은 정신질환자의 사회복귀를 지원해야 한다는 기대에도 불구하고 시설은 100명 이상 대규모로 운영되는 경우가 많고, 보호제공자가 없는 무연고자가 장기간 입소하는 경우도 많으며, 60세 이상 입소자도 많아 탈시설을 통해 지역사회복귀를 지원하기가 쉽지 않다는 연구결과도 있다(김문근, 하경희, 2016). 그럼에도 일부 입소자는 소득보장, 직업재활, 주거서비스 등의 지원이 가능하다면 지역사회에 통합되어 살아가기를 희망하고 있으며, 실제 자립생활이 가능한 정도의 건강과 기능을 지니고 있다(조한진 외, 2017).

장기적으로는 정신요양시설의 기능을 지역사회 자립생활이 용이하지 않은 노년기 정신장애인을 위한 주거시설 또는 장기요양시설 기능으로 명확하게 재설정하는 정책적 변화가 필요하다. 제2차 정신건강복지기본계획(2021~2025)도 정신요양시설을 주거시설로 기능을 전환하는 정책방안을 포함하고 있다.

(2) 지역정신건강증진 전달체계의 주요 기능과 한계

현재 지역정신건강증진 전달체계는 정신건강복지센터, 정신재활시설, 중독관리통합지원센터, 자살예방센터, 트라우마센터 등을 중심으로 구성되어 있다. 정부는 정신건강복지정책 초기부터 지역사회정신건강체계 구축을 주요 정책으로 추진해 왔으며, 과거에 비해 각 지역에 이러한 정신건강증진 관련 시설과 센터의 확충에 진전이 있었다. 하지만 중독관리통합지원센터는 전국에 50여 개밖에 설치되어 있

표 4-2 정신재활시설 설치 현황

(단위: 개, %)

시·도	전체	거주형 정신재활시설					이용형 정신재활시설		아동·청소년 정신건강 지원시설
		생활시설	공동생활 가정	지역사회 전환시설	종합시설	중독자 재활시설	주간 재활시설	직업 재활시설	
전국	348(100.0)	19(100.0)	188(100.0)	7(100.0)	20(100.0)	4(100.0)	85(100.0)	15(100.0)	10(100.0)
서울	114(32.8)	–	63(33.5)	4(57.1)	1(5.0)	3(75.0)	27(31.8)	6(40.0)	10(100.0)
부산	13(3.7)	–	2(1.1)	–	2(10.0)	–	6(7.1)	3(20.0)	–
대구	18(5.2)	–	7(3.7)	–	1(5.0)	1(25.0)	9(10.6)	–	–
인천	11(3.2)	–	6(3.2)	–	–	–	4(4.7)	1(6.7)	–
광주	12(3.4)	1(5.3)	4(2.1)	–	–	–	7(8.2)	–	–
대전	29(8.3)	2(10.5)	20(10.6)	–	2(10.0)	–	5(5.9)	–	–
울산	2(0.6)	–	–	–	–	–	2(2.4)	–	–
세종	3(0.9)	1(5.3)	2(1.1)	–	–	–	–	–	–
경기	55(15.8)	1(5.3)	39(20.7)	3(42.9)	1(5.0)	–	9(10.6)	2(13.3)	–
강원	5(1.4)	1(5.3)	3(1.6)	–	–	–	1(1.2)	–	–
충북	11(3.2)	2(10.5)	5(2.7)	–	1(5.0)	–	3(3.5)	–	–
충남	24(6.9)	4(21.1)	17(9.0)	–	1(5.0)	–	1(1.2)	1(6.7)	–
전북	21(6.0)	2(10.5)	8(4.3)	–	8(40.0)	–	2(2.4)	1(6.7)	–
전남	3(0.9)	1(5.3)	1(0.5)	–	1(5.0)	–	–	–	–
경북	19(5.5)	3(15.8)	10(5.3)	–	1(5.0)	–	5(5.9)	–	–
경남	4(1.1)	1(5.3)	–	–	1(5.0)	–	2(2.4)	–	–
제주	4(1.1)	–	1(0.5)	–	–	–	2(2.4)	1(6.7)	–

출처: 국립정신건강센터(2020c).

지 않고, 자살예방센터 및 트라우마센터 등은 광역 수준의 전달체계 구축도 미비하다.

광역 및 기초 정신건강복지센터 설치는 전국적으로 완료되었다고 볼 수 있는데, 변화하는 정신건강복지 환경 속에서 다양한 사업을 담당하면서 기능의 과부하가 발생하고 있다. 그동안 중증 정신질환자 사례관리 및 위기대응체계 구축에 초점을 맞추고, 다양한 정신질환 예방 및 정신건강증진사업을 확대하는 과정에서 항상 인력과 예산의 부족을 만성적인 문제로 경험할 수밖에 없었다. 2019년 봄 정신질환자 범죄사건이 연이어 발생하자 정부가 사례관리 및 위기대응을 위한 전문인력 충원을 추진하였고, 이에 전문인력 증원은 어느 정도 진전이 있었다. 하지만 정신건강복지센터는 지역정신건강증진사업을 담당하는 허브기관으로서 전국민 대상의 정신건강증진사업과 중증 정신질환자를 위한 사례관리 및 위기지원서비스, 중독, 자살, 트라우마 관련 사업 등을 병행해야 하는 지역이 많아 그 역할과 기능의 정립이 여전히 중요한 과제로 남아 있다. 정신건강복지센터는 그 특성상 포괄적인 정신건강사업을 담당하고 있어 자살문제, 정신질환자 위기대응, 트라우마 심리지원 등 그때그때 부상하는 주요 정신건강 문제 중심으로 업무의 비중이 변화되는 한계가 있다. 또한 정신건강복지센터는 지역에 따라 민간법인이 위탁 운영하거나 기초자치단체가 보건소를 통해 직접 운영하는데, 종사자의 안정적인 고용과 처우가 보장되지 않아 재직기간이 짧으므로 전문성이 축적되기 어려워 양질의 서비스를 제공하기에 한계가 있다(전진아, 2020).

또한 2017년 시행된 「정신건강복지법」에 따르면 정신건강복지센터는 단지 과거의 '정신건강증진센터' 또는 '정신보건센터'가 담당하던 중증 정신질환자 사례관리, 주간재활, 정신건강증진사업 등을 담당하는 데 그쳐서는 안 되고, 중증 정신질환자 또는 정신장애인이 지역사회에 통합되어 살아가는 데 필요한 '지역사회자립생활'과 관련된 실질적인 복지지원을 제공해야 한다. 하지만 법 시행 후 4년이 경과하는 2021년 현재 근본적인 변화는 없다. 일부 연구자는 현재 「정신건강복지법」 체계는 정신장애인을 위한 복지에 대한 이해가 부족하고, 복지지원을 담당할 전달체계 자체가 부재하다고 보고 있다(이용표, 배진영, 2021). 복지지원의 실효성을 기대하려면 정신건강복지체계 내에 충분한 복지서비스가 확충되어야 하고, 정신건강복지센터가 복지욕구를 사정하여, 적합한 욕구가 확인된 정신장애인 등에게 복지서비스를 지원해야 한다. 하지만 현재 법령에는 복지서비스 신청, 욕구 및 자격사정, 서비스 전달에 대한 구체적 규정이 없다.

정신재활시설은 정신질환자가 사회적 기능을 향상시키고, 직업재활, 독립주거를 위한 주거재활, 교육, 문화, 여가, 권익옹호 및 의사결정지원, 자립생활지원 등을 통해 지역사회에서 살아갈 수 있도록 지원하는 복합적 기능을 요구받고 있다. 하지만 전국적으로 시설 현황의 지역적 편차가 크고, 특히 직업재활시설, 중독자재활시설, 아동청소년시설, 지역사회전환시설 등은 전국적으로 극소수에 불과해 정신의료기관에서 퇴원한 정신질환자들이 최소한의 재활서비스도 보장받지 못하는 지역이 많다(강상경 외, 2020).

중독관리통합지원센터는 2000년 알코올중독의 예방, 치유, 재활을 담당하기 위해 시범 운영하였던 알코올중독상담센터가 전국적으로 확대되면서, 2014년부터 알코올, 도박, 인터넷, 마약의 4대 중독문제를 통합적으로 다루는 지역사회기관으로 자리매김하였다. 센터는 중독문제를 지닌 사람들에 대한 발견, 등록, 사례관리, 재활 프로그램 제공, 가족지원, 예방교육 등을 담당한다(보건복지부, 2021a).

2. 정신건강복지예산의 구성과 현황

이용자가 부담하는 비용과 민간 분야의 기부금 등 민간재원을 제외한 정신건강복지 분야 공적 재원은 건강보험재원, 의료급여재원, 정부의 일반 재원, 정부의 특별기금, 지방자치단체 재원 등으로 분류할 수 있다. 특히 공적 재원은 어떤 정책 혹은 서비스(급여)인가에 따라 상이한 재원을 기반으로 하고 있다.

첫째, 정신의료기관을 통해 전달되는 정신질환의 치료(입원 및 외래치료) 및 재활서비스 급여는 국민건강보험재원과 의료급여재원을 통해 충당된다.

둘째, 지역정신건강증진사업, 마약치료사업, 자살예방 및 생명존중문화조성 사

표 4-3 정신건강 분야 재원 현황(2021년) (단위: 천 원)

구분		의료보장 재원		보건복지부 예산	국민건강증진 기금	지방자치단체 재원
		건강보험	의료급여			
정신질환 진료비(입원)[1]		1,954,608,212	39,335,522			
정신질환 진료비(외래)[1]		1,191,362,859	30,166,949			
정신건강증진	지역 정신건강증진				91,900,000	자료부재[2]
정신건강증진	정신건강증진 사업관리[3]			5,800,000		
정신건강증진	자살예방 및 생명존중문화 조성				36,800,000	
정신요양시설 운영지원				91,200,000		자료부재
정신재활시설 운영지원						자료부재
정신보건시설 확충[4]				13,100,000		
안산마음건강센터 설치				11,900,000		
연구·개발				6,200,000		
합계		3,145,971,071	69,502,471	128,200,000	128,700,000	

1) 2019년도 의료비지출통계를 활용하였다.

2) 지방자치단체의 지원예산은 통합된 통계자료가 존재하지 않는다.

3) 마약중독자 치료보호, 국가입퇴원시스템 운영, 절차보조인 지원비, 행정입원 및 응급입원 비용지원, 외래치료 지원제 비용 등을 포함한다.

4) 정신요양시설 및 정신재활시설 기능보강, 국립정신병원 격리병실 구축, 정신요양시설 감염관리 환경 개선 등을 포함한다.

출처: 보건복지부(2020).

업 등의 재원은 국민건강증진기금과 지방자치단체 재원을 통해 충당된다. 즉, 지역 정신건강복지센터, 중독관리통합지원센터, 자살예방센터 등은 중앙정부의 국민건강증진기금과 지방자치단체 재원을 혼합하여 운영된다.

셋째, 정신요양시설은 정부와 지방자치단체의 재원이 혼합되어 운영된다. 정신요양시설 운영지원은 2005년 지방자치단체 사업으로 전환되어 지방자치단체 재원으로 운영되다 2015년부터 다시 중앙정부 지원사업으로 환원되어, 현재 중앙정부와 지방자치단체의 재원이 혼합되어 운영되고 있다. 운영지원예산은 서울시는 중앙정부와 지방자치단체가 50:50, 그 외의 지방자치단체는 70:30의 비율로 보조금을 분담하여 시설운영을 지원한다.

넷째, 정신재활시설은 광역 및 기초지방자치단체 재원을 통해 운영된다. 2005년 이전에는 정신재활시설 운영지원은 중앙정부와 지방자치단체의 재원을 혼합하여 이루어졌으나 2005년부터 중앙정부의 지원 없이 지방자치단체의 재원만으로 운영되고 있다. 광역자치단체와 기초자치단체의 정신재활시설 운영재원 분담도 각 지역마다 상이한데, 인천을 제외한 6대 광역시는 광역시가 정신재활시설 운영비를 전액 부담하지만 강원, 충북, 경남, 제주 등은 기초자치단체가 정신재활시설 운영비를 전액 부담한다. 그 외 광역자치단체는 7~30% 정도를 분담하고 있다(강상경 외, 2020).

그 외 트라우마센터 설치, 연구개발 등은 보건복지부 일반회계 재원을 통해 운영된다.

이러한 정신건강복지 분야의 공적 재원은 그 유형에 따라 정책적 효과나 의미가 다르다. 우선 정신질환의 치료를 위한 재원은 각각 국민건강보험재원과 의료급여재원에서 지원되는데, 국가 의료보장제도의 안정성에 힘입어 가장 안정적인 재원이라 할 수 있다. 특히 의료급여재원을 지원받는 의료급여 수급 정신질환자들은 입원치료에 소요되는 이용자 부담 비용이 거의 발생하지 않으므로 보호의무자들은 보호부담을 덜기 위해 입원치료를 과도하게 이용할 우려가 있다(김문근, 2019). 뿐만 아니라 건강보험재원이나 의료급여재원은 오로지 치료비용만 지원하며 지역사회에서 필요한 재활서비스 비용은 지원하지 않아 입원치료에 대한 의존을 조장하기 쉽다. 제2차 정신건강복지기본계획(2021~2025)에 따르면 정부는 병원기반 사례관리 및 낮병원에 대해 의료수가지원을 강화하여 사례관리 및 재활서비스에 대한 건강보험재원 및 의료급여재원을 투입하는 방향으로 정책전환을 시도하고 있다. 이러한 정책전환은 지역사회 사례관리 및 재활서비스를 확대하는 데 기여할 수도 있겠지만 현재 사례관리 및 재활서비스를 제공하고 있는 정신건강복지센터 및 정신재활시설과 불필요한 경쟁과 갈등을 야기하여 지역사회의 통합적인 정신건강증진사업에 부정적 영향을 줄 우려도 있다.

보건복지부 일반 재원은 안정적 재원이지만 대부분이 정신요양시설 운영지원에 투입되고 있으며, 정신요양시설 및 정신재활시설의 기능보강(시설 신축) 지원사업, 기타 지역정신건강증진 관련 공공사업비에 국한되어 있어 한계가 있다.

정신건강증진사업은 정부의 국민건강증진기금과 지방자치단체 재원이 혼합되어 지원되는데, 이 두 가지 재원은 각각 중앙정부 수준 및 지방자치단체 수준에서 경쟁하는 사업이 있으므로 재원을 증가시키기는 쉽지 않다.

다양한 재활서비스를 제공하는 정신재활시설 운영재원은 광역 및 기초지방자치단체에서 부담하는데, 6대 광역시를 제외하면 대부분의 광역자치단체의 운영비 지원비율은 15%에 그치며, 광역자치단체가 전혀 재정지원을 하지 않는 곳도 있으므로 중소도시 및 군단위의 기초자치단체의 재정에 의존하게 되므로 재정이 취약하다. 특히 정신재활시설은 지역적으로 균등하게 설치되어 있지 않아 접근성 격차가 큰데, 기초자치단체가 정신재활시설을 설치, 운영하는 것은 적지 않은 어려움이 따른다(강상경 외, 2020). 예컨대, 6인 이내의 공동생활가정 하나를 신설하여 운영한다 하더라도 연간 1억 원 이상의 재원이 소요되므로 기초자치단체에서 정신재활시설을 확대하기는 쉽지 않을 것이다.

2019년을 기준으로 우리나라 지역사회정신건강을 위해 투입된 재정규모는 〈표 4-4〉와 같다. 이 표에서 제시하는 정신건강예산은 정신질환에 대한 치료비용은 제외되어 있다. 즉, 정신건강복지센터, 정신재활시설, 자살예방센터, 중독관리통합지원센터 등과 관련한 재정을 합산한 것이다(국립정신건강센터, 2020c). 광역자치단체별로 인구 1인당 연간 투입된 재정의 규모는 2,909원(세종)부터 8,865원(전북)에

표 4-4 지역사회 정신건강예산 집행 현황(2019년)

시·도	인구 수 (명)	정신건강예산 (천 원)	인구 1인당 지역사회 정신건강예산(원)
전국	51,709,098	278,672,839	5,389
서울	9,662,041	51,300,286	5,309
부산	3,372,763	15,159,383	4,495
대구	2,432,442	9,581,590	3,939
인천	2,943,992	9,923,885	3,371
광주	1,493,571	11,630,978	7,787
대전	1,508,753	10,936,233	7,249
울산	1,146,561	4,807,473	4,193
세종	331,136	963,287	2,909
경기	13,237,797	70,323,347	5,312
강원	1,516,629	12,209,343	8,050
충북	1,625,607	11,414,098	7,021
충남	2,187,752	16,218,788	7,413
전북	1,803,291	15,985,544	8,865
전남	1,772,926	9,074,488	5,118
경북	2,664,642	14,406,343	5,406
경남	3,349,656	10,501,653	3,135
제주	659,539	4,236,120	6,423

출처: 국립정신건강센터(2020c).

이르기까지 격차가 크다. 특히 세종, 경남, 인천, 대구 등은 다른 광역자치단체에 비해 지역사회정신건강예산 투입이 저조하여 개선이 요구된다.

3. 정신건강복지인력체계와 정신건강복지전문요원

한 국가의 정신건강복지정책, 프로그램 및 서비스의 성패를 좌우하는 핵심적 요소는 양질의 전문인력이라 할 수 있다. 정신건강복지 분야는 크게 의료, 심리, 복지 관련 인력을 통해 정신건강증진시설 및 지역정신건강복지사업을 운영하고 있다. 「정신건강복지법」은 전문인력으로 정신건강의학과 전문의, 정신건강전문요원을 규정하고 있다. 정신건강전문요원은 그동안 정신건강간호사, 정신건강사회복지사, 정신건강임상심리사의 3개 전문직이 존재했으나 최근 「정신건강복지법」 개정(2020. 4. 7.)으로 2022년부터 '정신건강작업치료사'가 새롭게 배치될 예정이다.

2019년 현재 우리나라 정신건강증진시설에 배치되어 있는 인력은 〈표 4-5〉와 같다. 상근인력 중 정신과 전문의 및 정신건강전문요원을 합한 전문인력은 총 9,096명에 달한다. 전문인력의 구성은 전문의 38.6%, 정신건강사회복지사 28.9%, 정신건강간호사 24.8% 순으로 나타났다. 전문인력 외 상근인력은 총 1만 4,252명으로, 간호사 36.1%, 사회복지사 16.6%, 전공의 3.8% 등이며, 기타 정신건강증진시설 운영에 필요한 인력(영양사, 기타 보조인력)이 41.5%로 나타났다.

현재 정신건강전문인력의 지역별 현황은 〈표 4-6〉과 같다. 전국의 인구규모 및 정신건강증진시설의 설치 현황의 차이 때문에 지역별로 정신건강전문인력 또한 차이를 나타내고 있다. 전문인력 9,096명 중 약 69%가 정신의료기관에 종사하고 있으며, 정신건강복지센터 19.2%, 정신재활시설 7.9%, 정신요양시설 2% 등의 순으로 전문요원이 배치되어 있다.

이와 같은 다양한 정신건강복지전달조직에서 정신건강의학전문의 외에 정신건강복지 관련 업무를 담당하기 위해 전문적인 지식과 기술을 갖춘 인력을 「정신건강복지법」은 '정신건강전문요원'으로 정의하고 있다. 「정신건강복지법」은 정신건강전문요원의 수련 및 자격취득 요건, 보수교육(연간 12시간 이상) 등에 대해 규정하고 있다.

표 4-5 정신건강 관련 전문인력 현황(2019년)

(단위: 명)

구분		상근인력 총계	전문 인력 계	정신과 전문의	정신건강전문요원				전공의	간호사	사회 복지사	임상 심리사	기타
					계	간호사	사회복지사	임상심리사					
총계		23,348	9,096	3,511	5,585	2,257	2,633	695	541	5,157	2,361	285	5,908
기관 종류	정신의료기관	17,670	6,264	3,511	2,753	1,407	796	550	541	4,580	475	213	5,597
	종합병원 정신과	3,253	1,300	672	628	305	91	232	449	967	136	134	267
	병원 정신과	6,963	2,215	933	1,282	699	453	130	62	2,394	176	20	2,096
	정신병원	2,983	946	339	607	337	225	45	29	914	63	3	1,028
	국립	473	241	26	215	189	14	12	22	36	0	0	174
	공립	77	27	11	16	6	9	–	0	31	0	0	19
	사립	2,433	678	302	376	142	202	32	7	847	63	3	835
	정신과의원	4,471	1,803	1,567	236	66	27	143	–	305	100	56	2,206
	정신요양시설	1,152	190	0	190	124	62	4	0	165	667	0	130
	정신재활시설	1,302	719	0	719	152	529	38	0	7	480	6	90
	정신건강복지센터	2,930	1,745	0	1,745	535	1,113	97	0	384	656	58	87
	광역	311	232	0	232	52	166	14	0	12	51	4	12
	기초	2,619	1,513	0	1,513	483	947	83	0	372	605	54	75
	중독관리통합지원센터	222	138	0	138	35	97	6	0	17	58	6	3
	자살예방센터	72	40	0	40	4	36	0	0	4	25	–	–
권역	수도권	9,879	4,248	1,711	2,537	976	1,255	306	312	1,830	907	170	2,412
	전라권	3,181	1,304	429	875	403	388	84	50	665	388	37	737
	경상권	6,562	2,266	925	1,341	433	682	226	101	1,860	503	50	1,782
	강원권	738	256	95	161	114	32	15	25	200	97	9	151
	충청권	2,988	1,022	351	671	331	276	64	53	602	466	19	826

출처: 국립정신건강센터(2020c).

표 4-6 정신건강 전문인력 지역별 현황(2019년)

(단위: 명)

구분	상근인력 총계	정신건강 전문인력 계	정신의료기관	정신요양시설	정신재활시설	정신건강복지센터		중독관리통합지원	자살예방센터
						광역	기초		
전국	23,348	9,096	6,264	190	719	232	1,513	138	40
서울	4,051	1,951	1,359	8	277	31	240	12	24
부산	1,765	713	501	5	51	21	128	7	0
대구	1,239	457	326	7	42	13	63	6	0
인천	1,127	411	317	4	17	7	51	11	4
광주	841	385	222	31	22	19	62	29	0
대전	762	300	176	13	42	18	44	7	0
울산	391	143	86	–	5	8	40	–	0
세종	86	33	19	–	–	0	10	0	0
경기	4,701	1,886	1,192	16	107	31	493	35	12
강원	738	256	182	0	5	8	57	4	0
충북	804	244	162	12	19	13	35	3	0
충남	1,336	445	357	27	25	8	24	4	0
전북	998	450	281	21	61	14	70	3	0
전남	1,076	370	279	14	8	14	52	3	0
경북	1,387	398	285	13	19	9	72	0	0
경남	1,780	555	456	11	12	7	60	9	0
제주	266	99	64	4	5	11	12	3	0

출처: 국립정신건강센터(2020c).

정신건강전문요원은 정신건강임상심리사, 정신건강간호사, 정신건강사회복지사의 3개 직종이 법에 규정되어 있다. 2022년 4월 시행되는 개정 법률은 기존의 3개 정신건강전문요원 외에 '정신건강작업치료사'를 신설하였으며, 이들은 치료, 재활, 사회적응을 목적으로 행하는 작업요법을 담당한다. 「정신건강복지법」이 규정한 기존 3개 직종의 공통 업무 및 고유 업무는 〈표 4-7〉과 같다.

표 4-7 정신건강전문요원의 업무범위

<table>
<tr><th>구분</th><th>공통 업무</th><th>고유 업무</th></tr>
<tr><td>정신건강 임상심리사</td><td rowspan="3">• 정신재활시설의 운영
• 정신질환자 등의 재활훈련, 생활훈련 및 작업훈련의 실시 및 지도
• 정신질환자 및 가족의 권익보장을 위한 활동 지원
• 행정입원을 위한 진단 및 보호의 신청
• 정신질환자 등에 대한 개인별 지원계획의 수립 및 지원
• 정신질환 예방 및 정신건강복지에 관한 조사 · 연구
• 정신질환자 등의 사회적응 및 재활을 위한 활동
• 정신건강증진사업 등의 사업 수행 및 교육
• 그 밖에 보건복지부장관이 정하는 정신건강증진 활동</td><td>• 정신질환자 등에 대한 심리평가 및 심리교육
• 정신질환자 등과 그 가족에 대한 심리상담 및 심리안정을 위한 서비스 지원</td></tr>
<tr><td>정신건강 간호사</td><td>• 정신질환자 등의 간호 필요성에 대한 관찰, 자료수집, 간호 활동
• 정신질환자 등과 그 가족에 대한 건강증진을 위한 활동의 기획과 수행</td></tr>
<tr><td>정신건강 사회복지사</td><td>• 정신질환자 등에 대한 사회서비스 지원 등에 대한 조사
• 정신질환자 등과 그 가족에 대한 사회복지서비스 지원에 대한 상담 · 안내</td></tr>
</table>

출처: 「정신건강복지법 시행령」 별표2(2021. 6. 현재).

정신건강전문요원은 직역에 관계없이 정신재활시설을 운영할 수 있고, 다양한 정신재활훈련 및 사회적응지원 활동, 정신질환자 및 가족을 위한 권익옹호활동, 행정입원 과정에서 진단 및 보호의 신청, 개인별 지원계획 수립, 정신건강증진활동, 정신건강 관련 연구조사활동 등을 담당할 수 있다. 정신건강심리사는 심리교육, 심리평가, 심리상담과 지원서비스를 고유 업무로 하며, 정신건강간호사는 정신질환자에 대한 관찰과 자료수집, 간호활동, 환자 및 가족을 위한 정신건강증진활동의 기획과 진행을 고유 업무로 한다. 그에 비해 정신건강사회복지사는 사회서비스 지원을 위한 조사, 사회복지서비스 지원을 위한 상담과 안내를 담당한다.

「정신건강복지법」의 규정에 따라 정신건강전문요원은 1급과 2급으로 자격이 구

표 4-8 정신건강전문요원 2급 수련자격 및 수련과정 현황

전문요원	수련자격 요건	이론교육 내용	수련시간
정신건강 간호사	•「의료법」에 의한 간호사 면허 보유자 •「의료법」에 의한 정신전문간호사 자격 보유자	지역사회간호, 건강사정 및 진단, 정신간호중재 및 치료, 발달단계별 정신간호, 간호연구	• 총 1,000시간(1년) –이론교육 150시간 –실습 830시간 –학술활동 20시간
정신건강 사회복지사	• 사회복지사 1급 보유자	정신보건기초, 사정 및 평가, 정신의학, 사회사업치료, 정신건강 문제, 사회복귀서비스	
정신건강 임상심리사	• 심리학 학사 이상 취득한 사람 • 임상심리사 2급 보유한 사람	개인심리치료, 심리평가, 정신사회재활이론, 면담기법, 정신병리학, 정신약물학	

출처:「정신건강복지법 시행령」별표 1, 동 시행규칙 별표 1.

분되며, 2급 자격을 취득하기 위한 수련자격 요건과 수련기준은 〈표 4-8〉과 같다.[1] 3개 전문요원 모두 일정한 자격을 갖춘 사람에게 수련자격이 부여되며, 수련은 1년 동안 150시간의 이론교육, 830시간의 실습, 20시간의 학술활동을 포함하며, 수련과정을 거친 후 각 전문직역별로 실시하는 자격시험을 통과해야 한다.

정신건강전문요원 배출 누계는 [그림 4-2]와 같다. 2018년 현재 총 1만 5,703명의 전문요원이 배출되어 있으며, 정신건강간호사 2급, 정신건강사회복지사 2급, 정신건강간호사 1급 순으로 많은 인력이 배출되어 있다. 직역별로는 정신건강간호사 52.1%, 정신건강사회복지사 30.3%, 정신건강임상심리사 17.6% 등의 순으로 나타났다.

2018년 현재 정신건강전문요원의 직역별 근무처 현황은 [그림 4-3]과 같다. 정신건강간호사와 정신건강임상심리사는 정신의료기관 근무비율이 가장 높은 반면, 정신건강사회복지사는 정신건강복지센터 근무비율이 가장 높다. 구체적으로 살펴보면, 정신건강사회복지사의 근무처는 정신건강복지센터 31.0%, 정신의료기관

1) 2021년 현재 정신건강작업치료사의 수련규정은 법 개정에 반영되지 않은 상황이다.

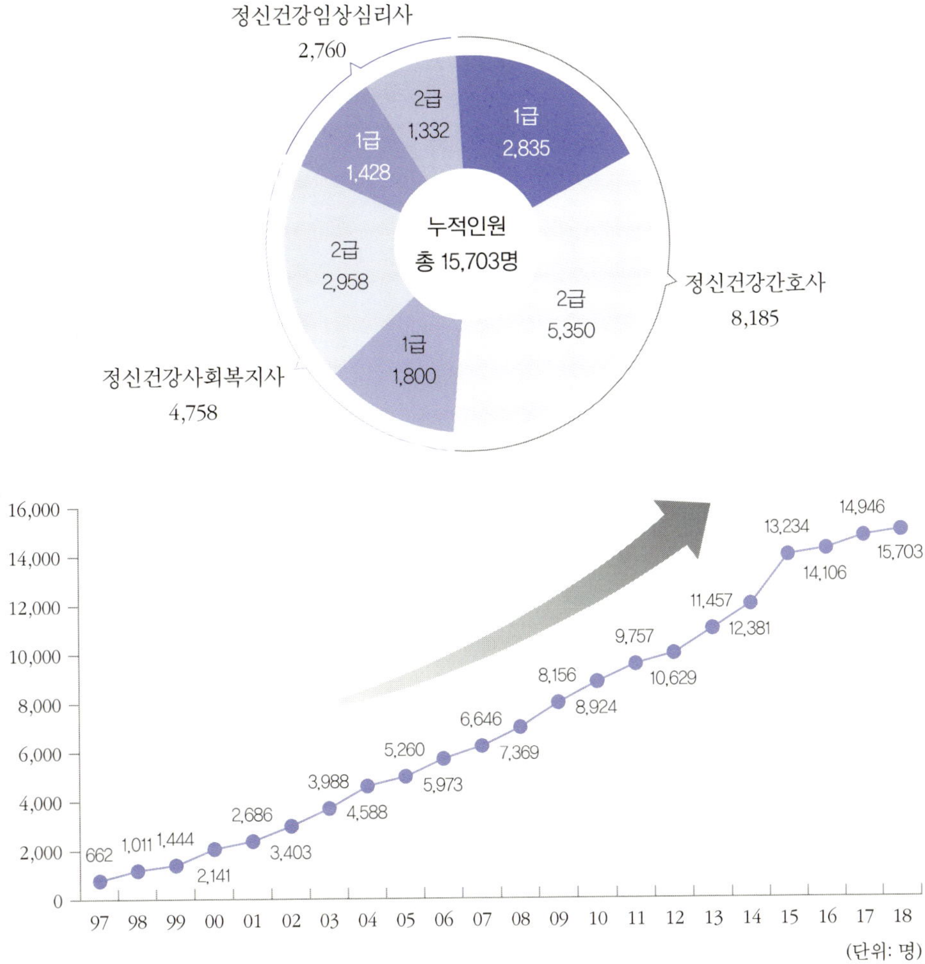

그림 4-2 정신건강전문요원 배출 누계 및 추이(2018년)

출처: 국립정신건강센터(2019).

26.7%, 정신재활시설 17.2% 등의 순으로 나타났다. 정신건강간호사는 의료기관, 국공립기관, 정신건강복지센터 등에서 주로 근무하고 있으며, 정신건강임상심리사는 정신의료기관, 정부기관, 국공립기관, 정신건강복지센터, 학교 등 다양한 현장에서 근무하고 있음을 알 수 있다.

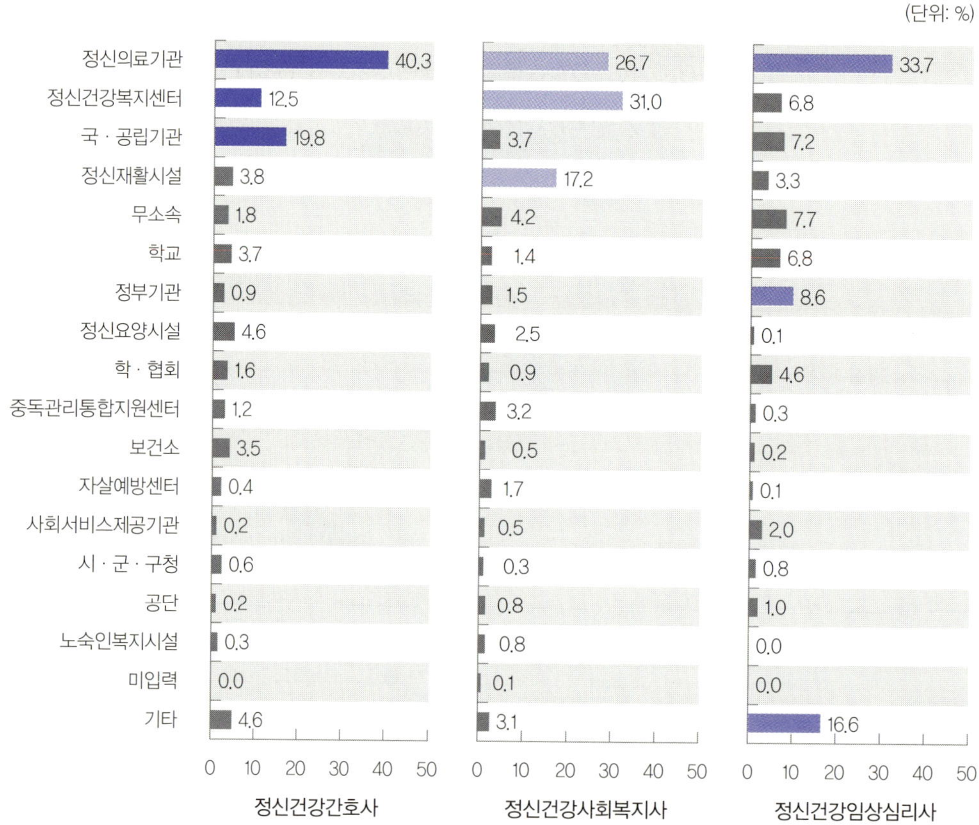

그림 4-3 정신건강전문요원 직역별 근무처 현황(2018년)

출처: 국립정신건강센터(2019).

2018년 현재 정신건강전문요원 및 정신건강사회복지사 수련 현황은 [그림 4-4]와 같다. 직역별로 살펴보면 정신건강간호 290명, 정신건강사회복지 291명, 정신건강임상심리 319명으로 나타났다. 수련자 수는 완만하게 감소하고 있는 것으로 나타났다. 정신건강사회복지사 수련자의 수련기관별 현황은 정신의료기관 60.5%, 정신재활시설 33.0%, 정신건강복지센터 5.5% 순으로 나타났다.

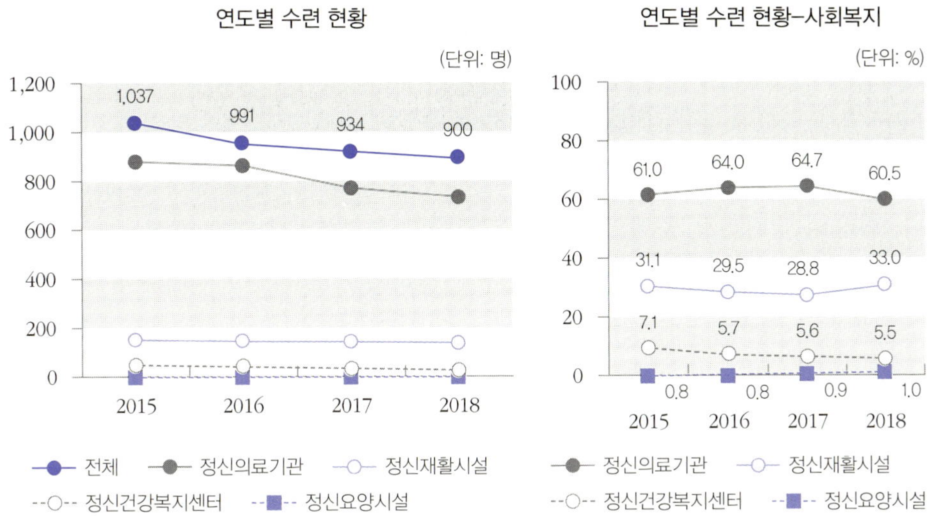

그림 4-4 정신건강전문요원 및 정신건강사회복지사 수련 현황(2018년)

출처: 국립정신건강센터(2019).

4. 정신건강복지전달체계의 개선방안

기존의 연구들을 통해 드러난 정신건강복지전달체계 개선방안을 정리하면 다음과 같다. 첫째, 정신의료기관은 입원치료 및 장기입원 중심의 운영을 탈피할 수 있는 방안이 요구된다. 그동안 정신의료기관은 급성증상을 효과적으로 치료하여 정신질환자를 신속하게 퇴원시킴으로써 사회복귀를 촉진해야 하는 기본적 역할에서 실패했다. 그 결과, 만성화된 정신질환자를 장기간 입원시키며 요양보호를 제공하는 한계를 벗어나지 못했다(김문근, 하경희, 2016). 치료효과를 촉진하기 위해서는 적정한 의료수가보장도 필요하다. 의료급여수가 수준이 건강보험수가에 비해 턱없이 낮으므로 양질의 치료를 제공하기 어렵다는 비판이 제기되어 왔기 때문이다. 의료급여수가를 건강보험수가 수준으로 인상시키고, 불필요한 장기입원을 억제할 수 있도록 계속입원에 대한 심사를 강화하고, 퇴원준비 및 퇴원 후 지역사회 정착을 지원하는 서비스를 강화할 필요가 있다.

둘째, 정신건강복지센터는 안정적인 운영구조의 확립과 충분한 재정지원, 복지서비스 전달과 관련한 역할 강화가 필요하다. 정신건강복지센터는 지방자치단체가 직접 운영하거나 민간법인에 위탁하여 운영하고 있는데, 운영방식이 어떠하든 전문인력의 안정적 고용과 적절한 처우를 보장하여 전문적 서비스를 전달해야 한다. 아울러 정신건강 문제의 예방과 지역주민의 정신건강증진, 정신질환자의 치료·재활·복지 지원, 자살예방, 트라우마 심리지원 등 다양한 정신건강복지서비스들을 요구받는 가운데 명확한 역할과 기능을 확립할 수 있도록 정책적 지원이 필요하다(전진아, 2020). 특히 정신질환자를 위한 복지지원기능을 강화할 필요가 있다. 2017년 「정신건강복지법」이 시행되면서 정신건강복지센터는 복지지원을 새로운 기능으로 담당하게 되었으나 복지지원기능은 구체화되지 않은 채 이전과 같이 정신건강증진 업무를 중심으로 운영되고 있기 때문이다. 특히 정신의료기관에서 퇴원하는 정신질환자의 지역사회정착과 자립생활을 위해 중요한 주거, 직업, 사회서비스 등의 지원을 중요 업무로 개발할 필요가 있을 것이다.

셋째, 다양한 재활서비스와 지역사회자립생활지원에 대한 지역적 접근성 확보가 시급하다(강상경 외, 2020). 정신질환은 입원치료 및 외래치료만으로는 완전한 회복이 어렵고, 사회적 기능과 직업적 기능, 독립적인 생활기능이 저하되어 지속적인 재활훈련과 함께 다양한 수준의 직업활동에 참여할 수 있도록 직업재활과 고용지원이 필요하다. 또한 가족의 돌봄에 의지하지 않고서 지역사회에서 자립적인 생활이 가능하도록 소규모 주거시설을 통한 독립주거훈련과 독립주거로 나아갈 수 있도록 지원주택과 같은 주거지원이 필요하다. 아울러 교육·체육·문화·여가 등 다양한 사회참여의 기회와 정신질환자 및 정신장애인을 보호하는 가족에 대한 지원서비스가 확대되어야 한다.

이러한 제반 서비스들에 대한 요구들은 우선 정신재활시설의 확충을 통해 해소할 필요가 있다. 정신재활시설을 전국적으로 확충하여 접근성을 확보하려면 그 재원을 부담해야 하는 지방자치단체의 책무성을 요구할 수 있도록 「정신건강복지법」 개정이나 정신장애인에 대한 복지지원법 제정, 지방자치단체의 관련 조례 제정 등이 선행되어야 한다.

또한 현재의 정신재활시설은 다양한 복지지원보다는 재활훈련에 중점을 두고 있어 정신질환자 및 정신장애인의 복지지원에 대한 요구에 제대로 대응하기 어려우므로 정신재활시설의 유형과 사업, 운영방식의 전면적인 개편이 필요하다. 즉, 전통적인 재활서비스 제공에 머무르지 않고 지역사회 자립생활을 위해 중요한 주거, 직업, 사회서비스, 교육 · 문화 · 체육, 가족지원 등의 기능을 강화할 수 있도록 시설의 유형을 다양화할 필요가 있다. 그리고 시설운영은 현재와 같이 이용정원을 엄격히 제한하고, 이용자를 관리하는 방식에서 벗어나 장애인복지관과 같이 정신장애인들의 폭넓은 복지욕구에 대응하여 다양한 서비스를 제공하는 '정신장애인복지관'으로 개편되어야 한다.

넷째, 중증 정신질환과 정신장애로 인해 가족에 의한 돌봄이 어려운 정신질환자 및 정신장애인을 위한 통합돌봄서비스 전달체계를 확립해야 한다. 이를 위해 고령의 중증 정신장애인을 위한 장기거주시설 또는 장기요양시설 운영이 필요하다(김문근, 하경희, 2016). 현재 정신요양시설은 지역사회자립생활이 가능한 이용자와 중증장애와 고령으로 장기요양이 필요한 이용자가 함께 수용되어 있는데, 시설의 기능을 명확히 정립하여 장기거주 혹은 장기요양에 집중하고, 그 외의 이용자들은 퇴소하여 지역사회의 소규모 주거시설 및 지원주택 등을 통해 자립생활을 할 수 있도록 지원해야 할 것이다. 또한 지역사회에서 가족의 돌봄에 의존할 수 없거나 자립생활을 희망하는 정신장애인들을 위해서도 소규모 주거시설 및 지원주택, 활동지원서비스 등을 통합적으로 제공할 수 있도록 통합돌봄전달체계 운영이 필요할 것이다. 이러한 통합돌봄지원은 정신건강복지센터나 정신재활시설 등 단일한 서비스조직으로는 가능하지 않으므로, 정신건강복지센터를 중심기관으로 하여 지역의 정신의료기관, 낮병원, 재활서비스(사회재활 및 직업재활), 주거지원서비스(공동생활가정 및 지원주택), 활동지원서비스, 기타 복지서비스 연계 등을 지원해야 할 것이다. 정부는 2019년부터 통합돌봄시범사업을 진행하고 있으며, 향후 통합돌봄을 전국적으로 확대할 예정인데, 정신건강 분야에서도 바람직한 통합돌봄전달체계 개발과 운영이 필요할 것이다(관계부처 합동, 2021).

한편 현재 정신건강복지전달체계 내에 정신장애인의 권익을 옹호할 수 있는 고유한 전달체계를 확립하는 것이 필요하다. 국가인권위원회가 정신질환자 및 정신장애인을 위해 차별금지 및 권리구제, 인권보호를 위해 직접적인 개입과 정책제안 등의 기능을 담당하고 있으나 장애인복지전달체계의 장애인권익옹호기관 및 자립생활지원센터와 같이 정신장애인이 참여할 수 있는 고유의 권익옹호체계가 존재하지 않는다. 그러므로 비자발적인 입원 등과 관련하여 절차지원이나 의사결정지원 등을 담당하고, 정신장애인의 권익을 옹호할 별도의 기관이 필요하다. 최근 이러한 배경에서 「정신건강복지법」 개정안이 발의되어, 중앙정신질환자권익옹호기관 설립과 '동료지원가' 도입이 논의되고 있다.[2] 따라서 정신건강복지체계 내에 정신장애인의 권익을 옹호하고, 자립생활을 지원할 수 있으며, 당사자가 주도적으로 참여할 수 있는 권익옹호체계 구축이 필요하다.

토론주제

1. 정신건강복지전달체계의 개념과 기능을 설명하고, 우리나라 정신건강복지전달체계의 현황에 대해서 설명하시오.
2. 우리나라 정신건강복지전달체계의 강점과 한계를 논하시오.
3. 전달체계 관점에서 우리나라 정신건강복지 예산의 구성과 현황을 이해하고, 보건의료 분야와 복지 분야의 예산 배분 현황 및 문제점에 대해서 논하시오.
4. 우리나라 정신건강복지 인력체계의 구성과 현황을 이해하고, 인력 현황 및 문제점에 대해서 논하시오.
5. 우리나라 정신건강복지전달체계의 개선방안을 재정 및 인력을 중심으로 논하시오.

2) 김근영(2020. 11. 17.). 정신장애인 자기결정권 강화 지원 '정신건강복지법' 개정안 발의. 마인드포스트. http://www.mindpost.or.kr/news/articleView.html?idxno=4624

제5장

정신건강의 사정

이 장에서는 정신적 건강 상태나 정신질환의 수준을 파악하고 필요시 이에 적절히 개입하기 위한 기준에 대해 알아본다. 정신질환을 분류하기 위해 개발된 도구들은 진단과 치료의 목적으로 임상 현장에서 정신과적 개입의 필요성을 판단하는 데 널리 사용된다. 대표적인 정신장애 및 질병 분류체계의 종류와 특징을 알아보고 활용도에 대해 살펴본다. 또한 개인의 정신건강 상태나 수준을 이해하기 위한 다양한 사정도구를 그 목적에 따라 예방 및 진단을 위한 도구와 치료 및 개입을 위한 도구로 구분하여 정신건강을 사정하고 평가하는 구체적인 방법과 내용에 대해 학습한다.

1. 정신건강 분류체계

실증적 · 경험적 자료에 기초하여 정신질환의 범위와 기준을 정하고 분류하려는 데에는 다음과 같은 목적이 있다. 첫째, 진단의 목적이다. 병의 원인이나 증상 등의 임상정보를 얻음으로써 질환의 공통적 특성을 파악하는 데 활용한다. 또한 임상가들 간에 합의되거나 일관된 정보를 갖고 질환에 대한 이해를 공유함으로써 보다 간결하고 명료한 의사소통을 하는 데 도움이 된다. 둘째, 치료적 개입을 위한 목적이다. 정신질환의 특성에 따른 치료나 개입의 필요성, 치료 방법이나 치료기간, 난치성의 정도나 회복 여부와 같은 임상적 판단의 근거자료가 된다. 셋째는 정신질환을 예방하려는 목적이다. 정신질환의 발병 이전에 정신건강 수준을 확인하고 적절한 대처를 통해 정신질환으로의 이환을 예방하는 데 기여할 수 있다. 정신질환의 진단과 분류를 위해 사용되고 있는 대표적인 분류방식을 살펴보면 다음과 같다.

1) 정신질환의 진단 및 통계 편람(DSM)

정신질환의 진단 및 통계 편람(Diagnostic and Statistical Manual of Mental Disorders: DSM)은 전 세계적으로 통용되고 있는 가장 대표적인 진단지침서이다. 미국정신의학회(American Psychiatric Association)가 1952년에 처음 발간하였으며, 다양한 정신질환을 진단하는 데 있어서 표준화된 정의와 기준을 적용하려는 목적으로 만들어졌다. 신체질환과 마찬가지로 정신질환도 시대와 사회의 변화에 따라 다르게 인식되며 사회적 수용도도 달라지기 때문에, 새로운 진단명이 포함되거나 이전에는 정신장애로 분류되었으나 제외되기도 하면서 개정이 이루어지고 있다. 2013년도에 다섯 번째 개정판인 DSM-5가 발행되었고, 2016년에 DSM-5 업데이트 버전이 모바일 앱과 eBook 등의 디지털판과 함께 발간되었다. 2013년도에 DSM-5가 개정되면서 이전과 달라진 주요 내용은 다음과 같다.

(1) 다축체계(multi-axial system)의 삭제

정신질환을 종합적으로 진단하려는 목적으로 정신질환의 진단 및 통계 편람(DSM)에는 5개의 축[1축 정신건강 및 물질남용장애(mental health and substance use disorders), 2축 성격장애와 정신지체(personality disorders and mental retardation), 3축 일반적인 의학적 상태(general medical conditions), 4축 주거, 고용 등 심리사회적 및 환경적 문제(psychosocial and environmental problems: housing, employment), 5축 전반적인 기능(Global Assessment of Functioning: GAF)]이 구성되어 있었다. 그러나 생리심리사회적 정보를 얻기 위해 구성된 여러 축의 개념적 불명확성이나 정신의학적 사정 이외의 축에 대한 정신의료인들의 활용도가 적기 때문에 진단의 유용성이나 실용도가 떨어진다는 이유로 5판 개정 시에 삭제되었다. 임상진료 현장에서 다축체계의 기능을 보완하면서 정신장애를 종합적으로 이해하기 위해서는 통합적 진단이 이루어질 수 있는 팀접근 등의 필요성이 커졌다.

(2) 주요 및 하위 진단범주 구성의 변화

질환의 심각도나 원인, 증상 등 유사 질환들 간의 공통점을 공유할 수 있도록 하기 위해 개별 질환 중심의 범주 구분을 스펙트럼장애와 같이 '군(classes)'으로 묶어 연속선상의 배치가 가능하도록 하였다. 이 과정에서 개별 진단들 간의 이동이나 질환군의 삭제 또는 추가가 되면서 진단체계의 재구성이 이루어졌다. 신경발달장애(neurodevelopmental disorders)의 경우에는 자폐성스팩트럼장애, 지적발달장애, 주의력결핍 과잉행동장애, 틱장애 등을 포함하는 새로운 범주로 구성되었다(Substance Abuse and Mental Health Services Administration, 2016). 물질관련장애는 물질관련 및 중독장애로 명칭을 바꾸고 게임이용장애(gambling disorder)를 추가하였다. 불안장애에 속했던 강박장애는 강박 및 관련 장애라는 새로운 범주를 구성하고, 기분장애는 양극성 및 관련 장애와 우울장애로 기존 범주를 둘로 나누었다. 현재 DSM-5는 20개의 진단범주를 분류기준으로 삼고 있다. 널리 알려지고 유병률이 높은 순서에 따라 구성한 목록은 〈표 5-1〉과 같다(American Psychiatric Association, 2013b).

정신질환의 진단 및 통계 편람(DSM)에 대한 비판 가운데 하나는 과잉진단(diagnostic inflation)의 위험성이다. 진단기준들이 과도하게 적용되면서 일상적 수준의 경미한 상태까지도 정신질환으로 분류하여 진단율이 높아졌을 뿐만 아니라 그에 따른 약물사용률과 치료율이 불필요하게 높아진다는 비판이 있다. 사람들이 겪는 정신적인 문제는 사별, 상실, 가난, 차별, 트라우마 등 여러 사회심리적 환경

표 5-1 DSM-5 진단기준 목록

- 신경발달장애(Neurodevelopmental Disorders)
- 조현병 스펙트럼 및 기타 정신병적 장애(Schizophrenia Spectrum and Other Psychotic Disorders)
- 양극성 및 관련 장애(Bipolar and Related Disorders)
- 우울장애(Depressive Disorders)
- 불안장애(Anxiety Disorder)
- 강박 및 관련 장애(Obsessive-Compulsive and Related Disorders)
- 외상 및 스트레스 관련 장애(Trauma-and Stressor-Related Disorders)
- 해리장애(Dissociative Disorders)
- 신체증상 및 관련 장애(Somatic Symptom and Related Disorders)
- 급식 및 섭식장애(Feeding and Eating Disorders)
- 배설장애(Elimination Disorders)
- 수면-각성 장애(Sleep-Wake Disorders)
- 성기능부전(Sexual Dysfunctions)
- 성별 불쾌감(Gender Dysphoria)
- 파괴적, 충동조절 및 품행 장애(Disruptive, Impulse-Control, and Conduct Disorders)
- 물질관련 및 중독 장애(Substance-Related and Addictive Disorders)
- 신경인지장애(Neurocognitive Disorders)
- 성격장애(Personality Disorders)
- 변태성욕장애(Paraphilic Disorders)
- 기타 정신질환(Other Mental Disorders)

출처: American Psychiatric Association (2013b).

이 복합적으로 작용하고 있기 때문에, 진단안내서에 따라 정신질환을 생물학적 증상기준으로 협소하게 판단하고 지나치게 의존하는 것을 경계해야 한다는 주장이다. 정신질환으로 진단하지 않을 수 있는 일상생활의 문제까지 치료가 필요한 것으로 과잉 진단하고 치료하는 데 이용되면서 증상기반의 진단기준이 갖는 유발효과가 있을 수 있다. 실제로 DSM-IV의 양극성장애 II와 아스퍼거장애가 추가된 이후에, 양극성장애와 자폐성장애의 진단율이 각각 40% 증가하는 팬데믹 현상이 나타났다는 자료도 보고되고 있다(박도영, 2013; Simon, 2014).

2) 국제질병분류(ICD)

국제질병분류(International Classification of Diseases: ICD)는 세계보건기구(World Health Organization)에서 출간한 질병의 분류기준이다. 1893년에 첫 국제분류기준으로 제시되었던 사망요인 국제목록(International List of Causes of Death)으로부터 발전된 형태이다. 국제연합(UN) 산하의 세계보건기구(WHO)에서는 전 세계 국가들의 건강 수준 향상을 위한 공익적 목적을 갖고, 국가들이 어느 정도 같은 기준을 갖고 질병을 진단하고 치료하도록 국제표준을 제시하고자 하였다. 정신질환에 한정하여 분류체계를 제시하고 있는 정신질환의 진단 및 통계 편람(DSM)과는 달리, 국제질병분류(ICD)는 모든 질환을 포함하고 있다. 현재 150여 개국에서 40여 개가 넘는 언어로 번역해서 일차 서비스 제공자들을 비롯해 건강 또는 장애 관련 영역에서 폭넓게 사용되고 있다.

국제질병분류(ICD)의 가장 최신 버전인 제11차 개정판(ICD-11)은 2018년 6월 처음 소개되었고, 국제기구의 승인을 거쳐 2022년 1월 1일부터 공식적으로 사용하고 있다. ICD-11은 디지털 환경에서 사용할 수 있는 온라인 기반의 접근성을 확보하고 있다. 또한 활용 분야 간 일관성과 상호호환성을 갖도록 하기 위해 관련 용어를 비롯하여 타 분류체계와 연동 가능한 구성적 특징을 갖는다.

ICD-11에 포함된 26개의 질병대분류에서 정신질환은 정신적, 행동적, 신경발달장애(mental, behavioral or neurodevelopmental disorders)에 포함되어 있다(WHO, 2019). ICD-11에서는 정신질환을 "정신적 · 행동적 기능에 영향을 미치는 심리적 · 생물학적 또는 발달상의 문제로 인해 개인의 인지 · 정서 · 행동에 심각한 임상적 어려움이 발생하는 상태"로 정의하고 있다. ICD-11에서는 F-코드 영역이 증상 중심에서 병인요인(etiological factors) 중심으로 재구성된 특징이 있다(Reed et al., 2019). 예를 들어, 이전에는 강박장애가 일반적인 호소 증상의 공통점에 근거하여 불안장애에 포함되었으나, ICD-11에서는 강박장애의 신경생물학적 요인의 특징을 우선적으로 고려하여 불안장애와 구분하고 강박 및 관련 장애라는 별도의 범주로 구성하였다.

우리나라에서는 1938년 인구동태조사에서 국제질병분류(ICD)를 처음 사용하기 시작하였고, 통계청은 「통계법」(제22조 표준분류 제1항)에 따라 한국표준질병사인분류(KCD)를 작성 · 고시하고 있다. 한국표준질병사인분류(KCD)는 우리나라의 모든 질병, 상해 및 사망원인에 대한 의무기록 자료와 통계조사의 기준이 되고 있으며, 이에 따라 진단서 및 의료비용 청구서의 발급이나 보험금 지급이 이루어지고 있다. 한국표준질병사인분류(KCD)에 F-코드로 들어 있는 정신 및 행동 장애의 질환별 세부 분류체계를 살펴보면 〈표 5-2〉와 같다(통계청, 2021).

표 5-2 한국표준질병사인분류(KCD)의 정신 및 행동 장애

V. 정신 및 행동 장애(Mental and behavioral disorders, F00-F99)
F00-F09 증상성을 포함하는 기질성 정신장애(Organic, including symptomatic, mental disorders)
F10-F19 정신활성물질 사용에 의한 정신 및 행동 장애(Mental and behavioral disorders due to psychoactive substance use)
F20-F29 조현병, 분열형 및 망상장애(Schizophrenia, schizotypal and delusional disorders)
F30-F39 기분[정동]장애(Mood [affective] disorders)
F40-F48 신경증성, 스트레스-연관 및 신체형 장애(Neurotic, stress-related and somatoform disorders)
F50-F59 생리적 장애 및 신체적 요인들과 수반된 행동증후군(Behavioral syndromes associated with physiological disturbances and physical factors)
F60-F69 성인 인격 및 행동의 장애(Disorders of adult personality and behaviour)
F70-F79 정신지체(Mental retardation)
F80-F89 정신발달장애(Disorders of psychological development)
F90-F98 소아기 및 청소년기에 주로 발병하는 행동 및 정서 장애(Behavioral and emotional disorders with onset usually occurring in childhood and adolescence)
F99 상세불명의 정신장애(Unspecified mental disorder)

출처: 통계청(2021).

3) 국제기능 · 장애 · 건강분류(ICF)

앞의 표준분류체계들이 의학적 또는 생물학적인 측면의 질환을 강조하는 개념이라면, 세계보건기구(WHO)가 2001년에 발표한 국제기능 · 장애 · 건강분류(International Classification of Functioning, Disability and Health: ICF)는 사회적 · 물리적 환경을 강조하며 건강의 개념을 폭넓게 적용한 국제분류이다. 장애를 의료적 관점에서 신체기능과 구조를 중심으로 파악할 뿐 아니라 활동과 참여의 관점에서 기능 수행의 여러 영역을 포괄하면서 건강 관련 상태를 이해하고자 한다. WHO가 제시한 국제분류체계인 국제질병분류(ICD)와 국제기능 · 장애 · 건강분류(ICF)의 정보를 상호 보완적으로 활용한다면, 질병이나 건강 상태의 진단을 제공하는 기준과 장애와 관련한 기준을 함께 고려할 수 있다는 장점이 있다(사회보장정보원, 2016).

국제기능 · 장애 · 건강분류(ICF)에 앞서, 1980년에 WHO는 국제장애분류(International Classification of Impairments, Disabilities, and Handicaps: ICIDH)를 만들었으며, 신체적 · 개인적 · 사회적 세 차원의 기능수준에 따라 장애의 개념을 손상, 불능, 불리로 제시한 바 있다. 손상(impairment)은 일차 장애로서, 심신의 구조적 · 기능적 손상 자체를 의미한다. 불능(disability)은 개인적 차원에서 손상으로 인해 일상생활의 활동을 수행하는 데 제약이 있는 이차 장애를 의미한다. 불리(handicap)는 3차 장애로서, 손상과 불능으로 인하여 사회적 차원에서 경험하는 편견, 차별과 같은 불이익을 의미한다.

1997년에 개정된 국제장애분류-2(ICIDH-2)에서는 장애의 개념을 손상(impairment), 활동제한(activity limitation), 참여제약(participation restrict)이라는 용어로 사용한다. 신체기능과 신체구조의 문제로부터 개인 및 사회생활의 기능적 활동과 참여 정도를 종합적으로 개념화했다. 장애의 개념이 확대되었을 뿐만 아니라 환경적 맥락과 환경과의 상호작용이 강조되었다. 이 국제장애분류-2(ICIDH-2) 개정판은 수정 · 보완을 거쳐 2001년에 세계보건총회(WHA)에서 국제기능 · 장애 · 건강분류(ICF)로 국제적 사용승인을 받게 되었다(WHO, 2013). 이때 건강의 구성요소라는 개념을 도입하여, 기존의 국제장애분류(ICIDH)에서 사용하던 용어를 긍정적인 형태인 신체기능과 구조, 활동, 참여로 변경하고, 기능과 장애에 영향을 미치는 배경이 되는 환경요인을 추가하였다. 〈표 5-3〉은 국제장애분류(ICIDH), 국제장애분류-2(ICIDH-2), 국제기능 · 장애 · 건강분류(ICF)에서 제시하고 있는 장애의 개

표 5-3 분류체계의 장애 개념 비교

분류체계	장애 개념		
ICIDH (1980)	1차 장애 손상(impairment)	2차 장애 불능(disability)	3차 장애 불리(handicap)
ICIDH-2 (1997)	손상(impairment)	활동제한 (activity limitation)	참여제약 (participation restrict)
ICF (2001)	신체기능과 구조	활동	참여

표 5-4 ICF의 1단계 분류(정신기능)의 2단계 분류(일반 정신기능 및 특정 정신기능)

1단계 범주와 코드	일반 정신기능	특정 정신기능
2단계 범주와 코드	• b110 의식기능 • b114 지남력 기능 • b117 지적 기능 • b122 전반적 정신사회적 기능 • b126 기질과 성격기능 • b130 에너지와 욕동기능 • b134 수면기능 • b139 기타 명시된 일반적 정신기능 및 상세불명의 일반적 정신기능	• b140 주의력기능 • b144 기억기능 • b147 정신운동기능 • b152 감정기능 • b156 지각기능 • b160 사고기능 • b164 높은 수준의 인지기능 • b167 언어의 정신기능 • b172 계산기능 • b176 복잡한 동작을 순서화하는 정신기능 • b180 자아경험과 시간경험기능 • b189 기타 명시된 특정 정신기능 및 상세불명의 특정 정신기능 • b198 기타 명시된 정신기능 • b199 상세불명의 정신기능

출처: 사회보장정보원(2016).

념을 비교한 표이다.

국제기능·장애·건강분류(ICF)의 구성을 살펴보면, 1단계에는 신체기능 8개, 신체구조 8개, 활동과 참여 9개 그리고 환경요인 9개의 총 34개 범주로 되어 있다. 2단계는 각각의 코드에 대한 세부내용이 기술되어 있으며 총 362개의 코드로 이루어져 있다(조상은 외, 2017). 〈표 5-4〉는 정신건강과 관련한 1단계와 2단계의 코드를 제시한 목록이다.

2. 기능별 사정도구

앞에서 살펴본 질병 및 정신질환의 분류체계는 전체적인 건강 상태나 질환에 대한 공용의 범주와 기준으로서 역할을 한다. 이에 비해, 여기에서 소개하는 사정도구는 개별적인 정신건강 상태나 특정 상황을 파악하려는 목적을 갖고 다양한 대상과 상황에 적합한 도구를 선택적으로 활용한다는 특징이 있다. 〈표 5-5〉에서 보는 바와 같이, 사정도구는 다양한 목적을 갖고 일반적인 정신건강의 수준으로부터 치료적 필요성이나 위기개입 상황을 판단하는 근거로 사용하고 있다. 적용대상도 일반인으로부터 아동, 청소년, 노인 등 생애주기별 대상에 따라 적합한 도구를 활용할 수 있다. 여기에서는 예방 및 진단의 목적과 치료 및 개입의 목적으로 크게 구분하고, 각각에 해당하는 대표적인 정신건강 관련 사정 및 평가도구들을 살펴보고자 한다.

표 5-5 정신기능 분야의 평가 및 사정도구의 분류

목적	사정내용	대상
• 증진 및 예방 • 조기개입 • 진단 • 치료 • 위기개입	• 삶의 질 · 웰빙 • 정신건강 일반 • 우울 · 불안 · 스트레스 • 정신증 판별 • 위험도평가	• 일반인(지역주민 등) • 생애주기별 대상(아동, 청소년, 노인 등) • 특성군별(직장인, 군인 등)

1) 예방 및 진단을 위한 도구

예방 및 진단을 목적으로 정신건강의 기능수준이나 문제의 심각도 등을 파악하는 데 활용하기 위한 사정도구들이 다양하게 개발되고 있다. 〈표 5-6〉은 정신건강의 사정 또는 평가영역을 일반적인 정신건강의 수준, 우울 · 불안 및 스트레스, 정신증, 전반적인 기능수준 등으로 구분하여 제시하고 있다.

표 5-6 정신기능 분야의 평가 및 사정도구

분류	도구명	설명
정신건강 일반	한국판 세계보건기구 삶의 질 척도 (WHOQOL-BREF)	World Health Organization Quality of Life Assessment Instrument의 한국어판. 청소년 이상을 대상으로 신체적 건강, 정신적 건강, 사회적 관계, 환경, 전반적인 삶에 대해 개인이 지각하는 삶의 질 수준을 측정하는 도구
	로젠버그 자아존중감척도 (RSES)	Rosenberg Self Esteem Scale의 한글번역본. 자신을 수용하고 스스로를 가치 있는 인간으로 느끼는 정도를 평가. 총점이 높을수록 자존감이 높음을 의미
우울 · 불안 스트레스	한국어판 정신건강 선별도구 (K-10)	Kessler Psychological Distress Scale의 한국어판. 성인(노인)을 대상으로 우울 또는 불안, 스트레스를 측정하여 정신건강 영역의 문제 여부를 파악
	지각된 스트레스 척도 (PSS)	Perceived Stress Scale의 한국어판. 청소년 이상을 대상으로 개인이 실제로 느끼고 해석하는 스트레스의 전반적인 수준을 평가
	한국판 펜실베이니아 걱정질문지-아동용	The Penn State Worry Questionnaire for Children (PSWQ-CK)의 한국어판. 8~12세 아동을 대상으로 걱정의 정도와 통제가능성을 기준으로 해석
	역학연구를 위한 우울척도 (CES-D)	The Center for Epidemiologic Studies Depression Scale의 한국어판. 성인 대상의 우울 정도를 측정하며 지역사회 정신건강기관에서 널리 활용
	우울증 건강설문 (PHQ-9)	The Patient Health Questionnaire-9의 한국어판 우울 선별도구. 우울의 심각도 수준을 구분

	노인 우울 척도 (GDS)	Geriatric Depression Scale의 한국어판 노인 우울척도. 정상, 가벼운 우울증, 심한 우울증으로 구분
	범불안장애 척도 (GAD−7)	Spitzer 등의 범불안장애 측정도구인 GAD−7의 한글번역본으로 청소년 이상 대상
정신증	간편정신상태 평정척도 (BPRS)	Brief Psychiatric Rating Scale의 한국판. 정신병리의 주요 차원을 신속히 측정하기 위해 개발된 척도. 정신병리의 진단 및 치료경과를 평가하기 위해 활용
	정신증 고위험군 선별도구 (KPQ−16)	Prodromal Questionnaire의 한국어판. 4개의 하위척도(양성증상, 음성증상, 와해증상, 일반증상)로 구성. 지각의 이상이나 사고장애, 음성증상 등을 측정
	청년 정신건강 선별도구 (CAPE−15)	Community Assessment of Psychic Experiences(CAPE−15)의 한국어판. 성인(청년)을 대상으로 피해사고나 기괴한 경험, 지각이상 등을 측정
기능수준	총괄기능평가척도 (GAF)	Global Assessment of Functioning Scale의 한국어판. 심리적 · 사회적 · 직업적 기능에 대한 상태를 평가하는 도구
	전반적 임상 인상척도 (CGI−S)	Clinical Global Impression-Severity의 한국어판. 전반적인 임상 기능을 평가하는 데 사용하는 도구로, 환자의 치료 과정 및 연구에서 증상의 중증도, 치료율, 치료효과 등을 측정

출처: 국립정신건강센터(2020a)에서 재구성.

(1) 한국어판 정신건강 선별도구(K−10)

재가복지서비스 이용자를 대상으로 개발한 정신건강 선별도구(김용석, 2011)로서, 케슬러(Kessler) 등이 개발한 척도를 한국어판으로 구성한 것이다. 우울이나 불안, 스트레스 경험을 확인하여 정신건강 영역의 문제가 있는가를 판단하는 데 활용하며, 정신건강전문가가 아니어도 일반 서비스 현장에서 용이하게 사용할 수 있다는 장점이 있다.

표 5-7 한국판 정신건강 선별도구(K10)

지난 1년 동안 귀하가 가장 우울 또는 불안했거나 스트레스가 가장 많았던 한 달을 떠올려 보십시오. 만약 그런 시기가 없었다면 지난 12개월 중 대표적인 달을 떠올려 주십시오.		한달 내내	한달 중 대부분	한달 중 절반 정도	한달 중 며칠	전혀 없었다
1	아무런 이유 없이 기운이 없던 적이 얼마나 됩니까?	1	2	3	4	5
2	신경이 예민했던 날은 얼마나 됩니까?	1	2	3	4	5
3	신경이 너무 예민해서 귀하를 안정시킬 수 있는 것이 아무것도 없다고 느끼신 적이 얼마나 됩니까?	1	2	3	4	5
4	희망이 없다고 느끼신 적이 얼마나 됩니까?	1	2	3	4	5
5	안절부절못하거나 조바심을 냈던 적은 얼마나 됩니까?	1	2	3	4	5
6	안절부절못하거나 조바심을 내서 가만히 앉아 있을 수 없다고 느끼신 적이 얼마나 됩니까?	1	2	3	4	5
7	우울했던 적이 얼마나 됩니까?	1	2	3	4	5
8	우울하여 기운을 북돋울 수 있는 것이 아무것도 없다고 느끼신 적이 얼마나 됩니까?	1	2	3	4	5
9	매사가 힘들다고 느끼신 적은 얼마나 됩니까?	1	2	3	4	5
10	자신을 가치 없는 사람처럼 느끼신 적은 얼마나 됩니까?	1	2	3	4	5

출처: 김용석(2011).

(2) 역학연구를 위한 우울척도(CES-D)

역학연구를 위한 우울척도(Center for Epidemiologic Studies Depression Scale: CES-D)는 1977년에 래들로프(Radloff) 등에 의해 미국 국립정신보건원(National Institute of Mental Health: NIMH)에서 개발한 척도이다. 일반인의 우울증을 평가하고 우울장애를 선별하려는 목적으로 개발되었으며, 다양한 집단을 대상으로 도구의 내적 신뢰도나 타당도가 검증되었다. 역학연구를 위한 우울척도(CES-D)는 세계적으로 많은 역학 연구에서 사용되고 있으며, 문항이 간결하여 국내에서도 우울 고위험군 선별을 위해 폭넓게 활용되고 있다. 우울 정서, 긍정적 정서, 신체적 증상 및 둔마된 행동, 대인관계 요인 등의 총 20개 문항으로 구성되어 있으며, 증상의 존재 여부를 2주를 기준으로 측정하고 있다(이산 외, 2016). 한국판 K-CES-D는 18세 이상 65세까지를 측정대상으로 하며, 우리나라 사람들의 우울 감정과 우울 증상의 언어표현에 맞게 문항을 수정하여 개발하였다(조현주 외, 2007).

표 5-8 역학연구를 위한 우울척도(CES-D)

지난 일주일간 나는		거의 드물게 (1일 이하)	때로 (1~2일)	상당히 (3~4일)	대부분 (5~7일)
1	평소에는 성가시지 않았던 일이 성가시게 느껴졌다.				
2	별로 먹고 싶지 않았다. 입맛이 없었다.				
3	가족이나 친구가 도와주더라도 울적한 기분을 떨칠 수 없었다.				
4	나도 다른 사람만큼 기분이 좋았다.				
5	하고 있는 일에 집중하기가 어려웠다.				
6	우울했다.				
7	모든 일마다 힘들게 느껴졌다.				
8	미래에 대해 희망적으로 느꼈다.				
9	내 인생은 실패작이라고 생각했다.				
10	무서움을 느꼈다.				
11	잠을 설쳤다.				
12	행복했다.				
13	평소보다 말을 적게 했다.				
14	외로움을 느꼈다.				
15	사람들이 불친절했다.				
16	인생이 즐거웠다.				
17	울음을 터뜨린 적이 있다.				
18	슬픔을 느꼈다.				
19	사람들이 나를 싫어한다고 느꼈다.				
20	일을 제대로 진척시킬 수 없었다.				

출처: 전겸구 외(2001).

표 5-9 역학연구를 위한 우울척도(CES-D) 절단점

점수	분류	설명 예시
0~15	정상	유의한 수준의 우울감이 나타나지 않습니다.
16~20	경미한 우울	다소 경미한 수준의 우울감이 있으나 일상생활에 지장을 줄 정도는 아닙니다. 다만, 이러한 기분상태가 지속될 경우 개인의 신체적 · 심리적 대처능력을 저하시킬 수 있습니다. 그러한 경우, 가까운 지역센터나 전문기관을 방문하시기 바랍니다.
21~24	중한 우울	중한 수준의 우울감이 파악됩니다. 이러한 높은 수준의 우울감은 흔히 신체적 · 심리적 대처능력을 저하시키며 개인의 일상생활을 어렵게 만들기도 합니다. 가까운 지역센터나 전문기관을 방문하여 보다 상세한 평가와 도움을 받아 보시기 바랍니다.
25~60	심한 우울	심한 수준의 우울감이 파악됩니다. 전문기관의 치료적 개입과 평가가 필요합니다.

출처: 전겸구 외(2001).

(3) 총괄기능평가척도(GAF)

총괄기능평가척도(Global Assessment of Functioning Scale: GAF)는 정신건강 분야의 임상가나 의사가 심리적 · 사회적 · 직업적 기능수준 전반을 일정 기간을 정해 평가하는 도구이다. 지난 1개월 동안 기능수준이 가장 낮았던 1주일 중 최저의 기능수준에 해당하는 점수를 기입하여 평가하며, 신체적 기능 손상은 포함하지 않는다. 구조화된 문항에 따라 진단을 하는 검사도구가 아니기 때문에 비전문가가 평가하는 경우 타당도가 낮아질 수 있다는 단점이 있다(이준영 외, 2006).

표 5-10 총괄기능평가척도(GAF)

점수	설명
100~91	전반적인 활동에서 최우수 기능, 생활의 문제를 잘 통제하고 있고 개인의 많은 긍정적인 특질로 인하여 타인의 모범이 되고 있음. 증상 없음
90~81	증상이 없거나 약간의 증상(예: 시험 전 약간의 불안)이 있음. 모든 영역에서 잘 기능하고 다양한 활동을 하고 있고 흥미를 느끼고 있음. 사회적인 효율성이 있고, 대체로 생활에 만족. 일상의 문제나 관심사 이상의 심각한 문제는 없음(예: 가족과 가끔 말싸움)
80~71	만약 증상이 있다면, 일시적이거나 심리사회적 스트레스에 대한 예상 가능한 반응임(예: 가족과의 논쟁 후 집중하기가 어려움). 사회적 · 직업적, 학교 기능에서 약간의 손상 정도 이상은 아님(예: 일시적인 성적 저하)
70~61	가벼운 몇몇 증상(예: 우울한 정서와 가벼운 불면증) 또는 사회적 · 직업적, 학교 기능에서 약간의 어려움이 있음(예: 일시적인 무단결석 또는 가정 내에서 도벽). 그러나 일반적인 기능은 꽤 잘되는 편이며, 의미 있는 대인관계에서 약간의 문제가 있음
60~51	중간 정도의 증상(예: 무감동한 정서와 우회증적인 말, 일시적인 공황상태) 또는 사회적 · 직업적, 학교 기능에서 중간 정도의 어려움(예: 친구가 없거나 일정한 직업을 갖지 못함)이 있음
50~41	심각한 증상(예: 자살 생각, 심각한 강박적 의식, 빈번한 소매치기) 또는 사회적 · 직업적, 학교 기능에서 심각한 손상(예: 친구가 없거나 일정하게 직업을 갖지 못함)이 있음
40~31	현실 검증력과 의사소통에서의 장애(예: 말이 비논리적이고, 모호하고, 부적절하다), 또는 일이나 학교, 가족관계, 판단, 사고, 정서 등 여러 방면에서 주요 손상이 있음(예: 친구를 피하는 우울한 사람, 가족을 방치하고, 일을 할 수 없고, 나이 든 아동이 나이 어린 아동을 빈번하게 때리고, 집에서 반항하고, 학업에 실패함)
30~21	망상과 환각에 의해 심각하게 영향받는 행동, 또는 의사소통과 판단에 있어서 심각한 손상, 지리멸렬, 전반적으로 부적절하게 행동하기, 자살에의 몰입이 있거나, 또는 거의 전 영역에서 기능할 수 없음(예: 하루 종일 침대에 누워 있음, 직업과 가정과 친구가 없음)
20~11	자신이나 타인을 해칠 약간의 위험(예: 죽음에 대한 명확한 예견 없이 자살을 시도, 빈번하게 폭력적이고 조증의 흥분상태), 또는 최소한의 개인위생을 유지하는 데 실패(예: 대변을 묻힘), 또는 의사소통의 광범위한 손상(예: 대개 부적절하거나 말을 하지 않음)이 있음
10~1	자신이나 타인을 심각하게 해칠 지속적인 위험(예: 재발성 폭력), 또는 최소한의 개인위생을 유지함에 있어서 지속적인 무능, 또는 죽음에 대해 명확한 기대 없는 심각한 자살행동이 있음

출처: 이준영 외(2006).

(4) 전반적 임상 인상척도(CGI)

전반적 임상 인상척도(Clinical Global Impression: CGI)는 미국정신건강연구소(National Institute of Mental Health)에서 지원하는 임상시험에서 약물시험 전후의 환자의 전반적인 기능을 사정하기 위해 개발되었다. 전반적 임상 인상척도(CGI)를 대표하는 CGI-S(Clinical Global Impression-Severity)는 지난 일주일간의 평균적인 증상, 행동, 기능의 심각도를 7점 척도로 평가하는데, 모든 정신질환에 적용 가능하며 점수측정이 빠르고 간단해서 임상에서의 활용도가 높다(김진용 외, 2007). 그러나 사용자가 그간의 임상경험에서 접했던 모든 환자를 기준으로 비교하면서 해당 환자가 어떤 수준인가를 평가하는 것이기 때문에 주관성이 높은 것으로 평가된다.

표 5-11 전반적 임상 인상척도(CGI-S) 판정

구분	상태
정상(Normal)	병의 징후가 없음
경계선(Borderline Ill)	미묘한, 포착하기 어려운 또는 의심스러운 상태
경도(Mildly Ill)	약간의 기능 손상과 더불어 분명히 드러나는 증상들
중등도(Moderately Ill)	눈에 띄는, 그러나 중간 정도의 기능장애를 유발하는 증상들
판별가능(Markedly Ill)	두드러지게 기능장애를 유발하는 뚜렷한 증상들
중증도(Severely Ill)	혼란스러운, 파괴적, 분열적 병적 상태, 증상으로 자주 영향을 받는 행동과 기능. 자주 도움을 필요로 하는 상태
최중증도(Extremely Ill)	광범위한 일상 기능들을 극적으로 방해하는 병적 상태

출처: Busner & Targum (2007).

2) 치료 및 개입을 위한 도구

(1) 비자의 입원 판단 근거인 자 · 타해 위험성 기준

정신질환으로 인한 자 · 타해 위험성은 자신의 의지에 반하더라도 비자의입원이 가능한 기준이 되기 때문에 임상적으로 중요한 판단이 필요하다. 자해나 타해의 위험은 신체적인 것으로 국한하여 해석하는 것이 일반적이다. 그러나 일본의 경우는

표 5-12 보건복지부령에 따른 자 · 타해위험 기준

② 법 제43조 제2항 제2호에서 "보건복지부령으로 정하는 기준에 해당하는 위험"이란 다음 각 호의 어느 하나에 해당하는 경우를 말한다. 이 경우 해당 위험 기준을 판단하는 때에는 정신질환자의 질병, 증세, 증상, 기왕력, 행위의 성격 또는 건강이나 안전에 미치는 영향 등을 종합적으로 고려하여야 한다.

1. 본인 또는 타인의 건강 또는 안전에 중대하거나 직접적인 위해를 가하는 경우
2. 본인 또는 타인의 건강 또는 안전에 중대하거나 직접적인 위해를 가할 개연성이 높다고 인정되는 경우
3. 본인 또는 타인의 건강 또는 안전에 상습적인 위해를 가하는 경우
4. 본인의 건강이나 안전에 중대하거나 급박한 위험이 있는 경우
5. 본인의 건강이나 안전에 중대하거나 급박한 위험의 개연성이 높다고 인정되는 경우

출처: 국가법령정보센터(https://www.law.go.kr).

자해가 스스로 생명, 신체를 해하는 행위만을 의미하지만 타해는 생명, 신체뿐 아니라 명예, 재산 등의 침해와 방화 등 사회적 법익의 침해도 폭넓게 포함하고 있다(홍선미 외, 2020). 우리나라는 「정신건강복지법」 제43조 제2항 제2호 및 「정신건강복지법 시행규칙」 제34조 제2항에서 자 · 타해위험의 법적 기준을 〈표 5-12〉와 같이 제시하고 있다. 보건복지부고시에서는 자신 또는 타인을 해할 기준에 대해 〈표 5-13〉과 같이 제시하고 있으나, 자 · 타해 위험성의 해석과 판단의 모호성에 대한 논란은 지속되고 있다.

표 5-13 보건복지부고시에 따른 자신 또는 타인을 해할 위험의 기준

보건복지부고시 제97-18호

1. "자신 또는 타인을 해할 위험"의 인정기준
   가. 정신병으로 인하여 의식장애가 심한 상태: 의식의 혼탁과 지남력, 기억력, 충동조절능력 상실 등의 증상이 심하여 자신 또는 타인을 해할 위험이 높은 상태
   나. 정신병으로 인한 망상에 의해 행동이 지배당하는 상태: 다음에 열거한 망상이 심하여 그 망상에 따라 행동하면서 자신 또는 타인을 해할 가능성이 높은 상태

1) 자신을 누가 해치려 한다는 피해적 내용의 망상이 심한 경우(피해망상, 추적망상, 음독망상, 조정망상 등)
2) 자신은 살아야 할 가치가 없다는 비관적 내용을 포함하는 망상이 심한 경우(죄책망상, 빈곤망상, 허무망상, 자살사고 등)
3) 자신은 누구보다도 위대하기 때문에 무슨 일도 할 수 있다는 내용의 망상이 심한 경우(과대망상)
4) 서로 연결이 되지 않는 각종 망상을 동시에 가지고 있어서 극도의 정신혼란을 보이는 경우

다. 정신병으로 인한 환각에 의해 행동이 지배당하는 상태: 다음에 열거한 내용의 환각이 있어서 그 환각에 따라 행동하면서 자신 또는 타인을 해할 가능성이 높은 상태
1) 환자에게 어떤 행동을 하라고 지시하는 내용의 환각
2) 환자를 비난하는 내용의 환각
3) 환자를 자극하여 흥분시키는 내용의 환각

라. 정신병으로 현실판단능력이 심하게 손상되어 예측 불가능한 행동을 할 가능성이 높은 상태

마. 심한 우울증으로 삶의 의욕을 상실하여 자해의 가능성이 높은 상태

바. 정신병의 증상으로 극도로 흥분하여 난폭한 행동을 하는 상태

출처: 국가법령정보센터(https://www.law.go.kr).

(2) 치료 단계(Phase of Care) 판정

진단명 중심의 질병분류체계는 정신질환의 특징과 환자의 증상을 파악하고 임상연구와 통계에 활용하기 위한 목적으로 활용되고 있으나, 정신건강 현장에서는 입원을 비롯한 실제적인 치료적 판단을 위한 기준들이 중요하게 고려되고 있다. 환자의 발병 시기, 재발 여부, 난치성 여부 및 회복 가능성 등에 따라 임상적 판단을 해야 하며, 이에 따라 자원 및 인력 투입의 양과 기간이 달라질 수 있기 때문이다.

호주에서 개발한 치료 단계(Phase of Care)는 치료의 시급성과 기능회복의 정도에 따라 다섯 단계로 나누어 환자의 치료목표를 구분하고 있다(Australian Institute of Health and Welfare, 2018). 이와 같은 환자분류체계는 질환의 특성이나 진단기준과 같은 질병의 분류보다는, 실제적인 임상적 소견과 치료적 개입 수준에 따라 치

표 5-14 한국형 치료주기모델의 치료 단계(Phase of Care)

구분	설명
급성 (Acute)	이 단계는 정신과적 증상으로 인한 행동과 자·타해위험이 증가하는 시기로 병의 시작이거나, 재발 혹은 악화를 보이며 잦은 평가가 요구된다. 증상의 시작 혹은 악화에 대한 적절한 치료의 시작 혹은 입원의 초기 단계이며, 일반적으로 치료시작 이후 30일 정도의 기간이다. 치료의 초점은 증상의 중증도와 환자의 고통을 경감시키는 것에 있다.
아급성 (Subacute)	이 단계는 급성기 이후 단계로 일반적으로 치료시작 이후 30일에서 90일까지의 기간이며, 증상의 경감과 개인적·사회적·직업적 기능을 향상시키거나 정신사회적 적응을 촉진시키는 것을 목표로 한다.
치료저항성 (Treatment resistant)	이 단계는 적절한 치료에도 불구하고 3개월 이상 심각한 증상이나 잦은 재발 보이는, 독립적 생활이 불가능한 환자를 대상으로 한다. 치료는 추가적인 기능 저하를 막고 자·타해위험을 줄이는 것을 목표로 하며, 증상의 관리에 초점이 있다. 장기간의 임상적 노력이 필요하다. GAF 30점 이하를 보인다.
잔류형 (Residual symptoms)	이 단계는 3개월 이상 적절한 치료를 받았으며 증상의 일정한 호전을 보였으나, 기능에 영향을 줄 만큼의 증상이 남아 있는 환자를 대상으로 한다. 이 단계에서의 치료는 증상의 경감보다는 개인적·사회적·직업적 기능을 향상시키거나 정신사회적 적응을 촉진시키는 것을 목표로 한다. GAF 30~50점 사이이다.
사회적 입원 (Social admission)	이 단계는 3개월 이상 적절한 치료를 받았으며 상당한 증상의 호전을 보였으나, 사회적 환경에 의해 입원을 지속하는 환자를 대상으로 한다. GAF 50점 이상이다.
평가	이 단계는 개입/치료의 필요를 결정하거나 개입/치료가 가능하도록 정보를 수집하는 것을 목표로 한다.

출처: 손지훈 외(2018).

료대상자를 구분하는 기준을 제공하며 정신사회적 기능수준을 함께 고려하고 있다는 특징이 있다.

한국형 치료주기모델은 〈표 5-14〉에서 보는 것처럼 6단계 분류체계로 되어 있다. 치료기간을 30일 이내, 30~90일, 3개월 이상으로 구분하고, 증상의 변화 수준과 이에 따른 주요 개입 특성에 따라 6개의 단계로 나누어 환자의 치료적 위치를 제시하고 있다. 6개의 세부 단계별 구분을 재조합하여 Phase I(급성기/아급성기), Phase II(치료저항성), Phase III(잔류형/사회적 입원)의 3단계로 구성하기도 한다. Phase I의 급성기를 5단계로 세분화하고 Phase II와 III을 합쳐서 정신질환 치료군을 7단계로 재조합한 모델도 개발되어 있다(손지훈 외, 2018).

(3) 치료군 판정도구(MHCT)

영국에서 개발한 치료군 판정도구(Mental Health Clustering Tool: MHCT)는 환자를 비롯하여 서비스 이용자가 필요로 하는 의료서비스의 요구도를 평가하고 이를 충족시키기 위한 의료서비스 제공량을 결정하는 데 활용하는 분류체계이다(NHS England, 2016/2017). 평가일을 기준으로 2주간의 위험과 욕구, 기능적 장애 수준과 병력 등을 분석하여 임상가가 비슷한 특성(심각성, 복합성, 급성도, 예후 등)으로 모아진 21개의 치료군(cluster)으로 구성된 의사결정나무(decision tree)에 매칭하는 방식이다. 치료군은 크게 비정신증(Non-Psychotic, 정신증적 증상은 없으나 경증에서 중증도의 우울이나 불안 증상 경험), 정신증(Psychosis, 정신병적 증상 또는 정신증 증상의 과거력, 기능장애 등 동반), 기질적(Organic, 인지장애와 기능적 손상)으로 구분하고 이를 다시 8개와 21개의 하위 치료군으로 분류하고 있다. 이들 치료군을 바탕으로 의료비 지급이 이루어지는데, 의료적 필요는 치료의 단계나 시간에 따라 변하는 특성이 있기 때문에 반복적 평가를 통해 결정한다(손지훈 외, 2018).

(4) 응급위기개입을 위한 평가도구

정신과적 응급위기상황에서는 정신질환의 상태를 평가하고 개입의 필요성과 시급성을 판단하는 도구가 필요하다. 정신과적 개입을 위한 위기 평정척도(Korean Crisis Rating Instrument for Psychiatric Intervention)는 국내에서 개발한 척도로서, 자·타해위험의 수준과 폭력성의 강도, 고의성, 기능수준 등을 평가하고 있다. 이 척도에서는 〈표 5-15〉와 같이 위기의 수준을 극도의 위기, 위기, 고위험, 주의, 위기상황 아님으로 분류하고 있다.

그 외 정신과적 응급위기상황에서의 물리적·임상적 위험성(dangerousness) 수

표 5-15 정신과적 개입을 위한 위기 평정척도(CRI)에 따른 위기 수준

결과		제공서비스
A	극도의 위기	정신건강전문요원, 경찰, 119 구급대원 공조하여 정신과 응급입원 필요
B	위기	현재 또는 과거 자살/자해 경험이 있는 경우 정신과 외래치료 및 전문기관 연계 필요(단, 단순 폭력상황이라고 판단되는 경우 경찰에 인계)
C	고위험	현재 자 · 타해위험은 없으나 과거(최근) 자 · 타해 이력이 있고 정신과적 증상이 관찰되는 경우로 고위험군에 해당. 정신상태, 기능수준, 지지체계 결과를 고려하여 집중관리 필요
D	주의	과거 자 · 타해위험은 있으나 현재 뚜렷한 정신과적 증상이 없는 경우, 또는 과거 자 · 타해위험은 없으나 현재 의심되는 정신과적 문제나 증상이 관찰되는 경우로 주의 관찰 필요
E	위기상황 아님	위기상황 아님

출처: 국립정신건강센터(2020b).

준뿐만 아니라 지지체계(support system)와 협조능력(ability to coorperate) 등 위기관리 및 대응능력을 파악하기 위한 도구로 위기분류 평가척도(Crisis Triage Rating Scale: CTRS)(〈표 5-16〉 참조)가 있다. 정신건강복지센터와 같은 현장에서 자 · 타해위험에 대한 대응 수준을 판단하는 데 많이 활용되고 있다. 특히 〈표 5-17〉과 같이, 위기분류 평가척도(CTRS)의 점수표에 따라 제시되어 있는 정신건강복지센터와 경찰 및 소방의 대응 지침은 현장 대응 시 유용한 가이드라인이 되고 있다.

표 5-16 정신과적 응급상황 대응을 위한 위기분류 평가척도(CTRS)

번호	Rating A: 위험성(dangerousness)
1	• 자살 및 자해 사고를 표현하거나 관련된 환청이 있음 • 현 병력기간 중에 자살시도가 있음 • 예측 불가능하게 폭력적이거나 충동적임
2	• 1과 동일하나 자살사고나 관련된 행동으로 인해 스스로 고통스러워함 • 폭력적 · 충동적 행동의 과거력은 있으나 현재는 징후 없음
3	• 자해 및 타해 사고를 양가적으로 표현하거나 효과적이지 않은 몸짓만을 취하였음
4	• 자해 및 타해 사고 혹은 행동이 부분적으로 있거나 기왕력으로 있었음 • 행동조절에 대한 욕구가 분명하거나 행동을 조절할 수 있음
5	• 자해 및 타해 사고나 행동의 과거력 및 위험이 없음
번호	**Rating B: 지지체계(support system)**
1	• 가족, 친구, 다른 형태의 지지체계 전혀 없음 • 관련 기관에서 필요한 지지를 즉각적으로 제공할 수 없음
2	• 약간의 동원이 가능한 지지체계는 있으나 그 효과는 제한되어 있음
3	• 이용 가능한 잠재적인 지지체계는 있으나 제대로 기능하기에는 어려움이 있음
4	• 관심이 있는 가족, 친구, 다른 형태의 지지체계가 있으나 필요한 지지를 제공하는 능력과 의지는 다소 불명확함
5	• 관심 있는 가족, 친구, 다른 형태의 지지체계가 필요한 지지를 제공하는 능력과 의지가 있음
번호	**Rating C: 협조능력(ability to cooperate)**
1	• 협조가 불가능하거나 완강하게 거부적임
2	• 약간의 관심을 보이거나 도움을 주려는 노력을 이해함
3	• 개입을 수동적으로 받아들임
4	• 도움을 원하나 양가적이거나 동기가 강하지 않음
5	• 적극적으로 치료를 원하고 협조하려고 함

출처: 보건복지부, 경찰청, 소방청, 국립정신건강센터(2018).

표 5-17 위기분류 평가척도(CTRS)에 따른 정신건강복지센터 · 경찰 · 소방의 대응지침

점수	정신건강복지센터	경찰	소방
A(3~9) 극도의 위기	• 즉각적인 서비스가 필요. 입원조치 필요 • 명백한 정신질환이나 알코올중독으로 인한 위기상황에서는 현장에 출동하더라도 정상적인 의사소통이 불가능함. 입원조치가 우선 필요	• 입원조치 필요: 센터 현장 출동 개입 없이 즉시 입원 권고(필요시 소방 협조)	• 입원조치 필요: 센터 현장 출동 개입 없이 경찰관과 함께 정신의료기관으로 이송
B(10) 고위험	• 2시간 이내 접촉 필요. 입원이 가능할 수 있으며 외래를 이용한 치료 권유(예: 폭력적이며 반복적이진 않으나 급성적이고 심한 스트레스) * 9~10점인 경우는 좀 더 면밀한 임상적 평가가 필요함. 현장 출동을 통한 즉각적인 개입 필요	• 정신건강복지센터 현장 출동 시까지 고위험자 보호조치: 필요시 응급입원 등 조치	• 응급조치나 이송이 필요한 경우 협조
C(11) 중간 위기	• 12시간 이내의 접촉 필요. 외래를 이용한 치료 권유(예: 혼란스러운 행동) • 현장 출동뿐만 아니라 전화상담, 내소상담, 가정방문 등의 위기개입 약속 등 다양한 방법으로 개입 필요	• 정신건강 관련 기관에 연계 및 상담 안내	• 정신건강 관련 기관에 연계 및 상담 안내
D(12~13) 낮은 위기	• 48시간 이내의 개입 필요 • 대기기간 동안 자 · 타해의 위험이 낮은 경우로 전화상담, 내소상담, 가정방문 등의 방법으로 위기개입	• 정신건강 관련 기관에 연계 및 상담 안내	• 정신건강 관련 기관에 연계 및 상담 안내

E(14~15) 위기상황 아님	• 2주 이내에 개입 가능 • 대기기간 동안 자·타해의 위험이 낮은 경우로 전화상담, 내소상담, 가정방문 등의 방법으로 정신건강서비스 제공	• 정신건강 관련 기관에 연계 및 상담 안내	• 정신건강 관련 기관에 연계 및 상담 안내
G	• 개입 종료	• 개입 종료	• 개입 종료

출처: 보건복지부, 경찰청, 소방청, 국립정신건강센터(2018).

토론주제

1. 정신질환의 대표적인 진단도구인 정신질환의 진단 및 통계 편람 제5판(DSM-5)은 최근 어떠한 변화가 있으며 그 의미는 무엇인지 토의해 보시오.

2. 국제기능 · 장애 · 건강분류(ICF)가 다른 분류방식과 차별화하고 있는 점은 무엇이며, 정신장애를 이해하는 데 있어서 어떠한 유용성을 갖고 있는지 토의해 보시오.

3. 스트레스나 우울 · 불안과 같은 정신건강 문제를 확인하기 위해 활용할 수 있는 도구들에는 어떠한 것들이 있는지 복습해 보시오.

4. 자 · 타해 위험성을 판단하는 법적 기준을 살펴보고, 정신질환자 비자의 입원의 요건이 되는 기준으로서 그 타당성을 논의해 보시오.

5. 정신과적 응급상황에서의 대응 수준을 파악하는 데 활용되는 위기분류 평가척도(CTRS)(〈표 5-16〉 참조)의 항목 구성의 적절성에 대해 토의해 보시오.

제6장

문제 중심의 사정체계와 강점 중심의 사정체계

통합적 관점에서 정신건강은 신체적 · 심리적 · 사회적 · 환경적 요인 등 다양한 요인에 따라 결정된다. 정신건강에 대한 평가는 질병이나 장애 중심의 치료적 접근과 예방과 증진을 목적으로 긍정특성에 대한 진단 및 분류를 하는 증진적 접근이 있다. 현재 치료적 관점의 질병 위주 진단체계로 가장 많이 사용되는 것은 DSM-5 (Diagnostic and Statistical Manual of Mental Disorders, 5th edition; APA, 2013a)이고, 강점 중심의 정신건강 분류체계로는 VIA(Virtue in Action; Peterson & Seligman, 2004)가 있다. 이 장에서는 이러한 정신건강 사정체계에 대해서 고찰한다.

1. 서론

정신건강 특성에 대해서 분류하는 것은 장점과 단점이 있다. 블래시필드와 드래건즈(Blashfield & Draguns, 1976)는 ① 공통적인 용어의 제공, ② 효과적 정보제공,

③ 체계적 연구의 용이성, ④ 원인의 이해증진 등을 분류의 장점으로 제시하였다. 이들에 따르면 진단분류체계의 장점은 특정 정신건강의 특성들에 대한 공통적인 용어를 기반으로 의사소통의 효과성을 높이고, 개념적 정의에 기반한 체계적 연구의 용이성을 높여서 연구를 통한 원인이나 결과에 대한 이해증진을 도모할 수 있다는 점이다.

정신건강에 대한 문제 중심의 분류는 부작용이 동반된다. 조현병과 같이 사회적으로 부정적 인식이 있는 정신과 진단분류는 환자의 고유한 특성이나 개인정보를 간과하고 개인을 진단분류의 집단으로 인식하게 하여 특정 분류에 대한 고정관념을 형성하고, 이로 인해 비인격화나 비인간화가 일어날 가능성을 높인다. 정신장애 진단분류에 첨부된 이러한 부정적 고정관념은 그 진단범주에 속하는 사람들에 대한 낙인 가능성을 높이고, 사회적 상호작용 과정을 통해서 주변 사람은 물론이고 당사자까지도 부정적 고정관념을 내면화하게 하여 자기충족적 예언(self-fulfilling prophecy)을 초래할 가능성이 있다. 이러한 분류의 부정적 영향은 결과적으로 당사자의 예후나 회복 효과에 대한 당사자와 사회의 부정적 선입견을 유발하여 장기적으로 회복 가능성을 저해하는 결과를 초래한다.

이러한 부정적 분류의 부정적 영향에 대한 반성으로 등장한 분류체계가 긍정심리학 관점에서 성격 강점에 대한 진단에 초점을 둔 정신건강에 대한 긍정 분류체계인 VIA(Virtue in Action; Peterson & Seligman, 2004)이다. VIA는 성격적 강점과 덕성을 6개의 대범주로 분류하고, 대범주 아래 24개의 강점을 분류하고 있다. 6개의 대범주는 지혜, 자애, 정의, 용기, 절제, 초월의 핵심 성격 강점을 포함한다. VIA 분류체계는 기존의 질병 중심 분류체계의 문제점을 인식하고 질병 관점의 한계를 극복하기 위한 대안으로 최초로 개발된 체계적인 강점 분류체계라는 점에서 그 의의가 있다.

2. 문제 중심 사정체계: DSM-5

DSM-5에는 다음과 같은 20개의 정신장애 대범주가 있다. ① 신경발달장애(Neurodevelopmental Disorders), ② 조현병 스펙트럼 및 기타 정신병적 장애(Schizophrenia Spectrum and Other Psychotic Disorders), ③ 양극성 및 관련 장애(Bipolar and Related Disorders), ④ 우울장애(Depressive Disorders), ⑤ 불안장애(Anxiety Disorders), ⑥ 강박 및 관련 장애(Obsessive-Compulsive and Related Disorders), ⑦ 외상 및 스트레스 관련 장애(Trauma-and Stressor-Related Disorders), ⑧ 해리장애(Dissociative Disorders), ⑨ 신체증상 및 관련 장애(Somatic Symptom and Related Disorders), ⑩ 급식 및 섭식장애(Feeding and Eating Disorders), ⑪ 배설장애(Elimination Disorders), ⑫ 수면-각성 장애(Sleep-Wake Disorders), ⑬ 성기능부전(Sexual Dysfunctions), ⑭ 성별 불쾌감(Gender Dysphoria), ⑮ 파괴적, 충동조절 및 품행 장애(Disruptive, Impulse-Control, and Conduct Disorders), ⑯ 물질관련 및 중독 장애(Substance-Related and Addictive Disorders), ⑰ 신경인지장애(Neurocognitive Disorders), ⑱ 성격장애(Personality Disorders), ⑲ 변태성욕장애(Pharaphilic Disorders), ⑳ 기타 정신질환(Other Mental Disorders).

여기서는 DSM-5를 기준으로 사회복지 영역의 정신건강 전문영역에서 자주 접할 수 있는 진단분류를 중심으로 다음과 같은 진단분류에 대해서 살펴본다. ① 신경발달장애, ② 조현병 스펙트럼 및 기타 정신병적 장애, ③ 양극성 및 관련 장애, ④ 우울장애, ⑤ 불안장애, ⑥ 강박 및 관련 장애, ⑦ 외상 및 스트레스 관련 장애, ⑧ 파괴적, 충동조절 및 품행 장애, ⑨ 물질관련 및 중독 장애, ⑩ 신경인지장애의 핵심적 내용을 중심으로 소개한다. 여기에 포함되지 않은 정신장애는 직접 DSM-5를 참고하길 바란다.

1) 신경발달장애

신경발달장애(Neurodevelopmental Disorders)에 포함되는 진단분류들은 생애초기 발달기에 주로 시작되는 장애들의 집합이다(APA, 2013a). DSM-5를 기준으로 유아, 아동 및 청소년기에 처음 진단되는 장애들을 분류하면 지적장애(Intellectual Disabilities), 자폐스펙트럼장애(Autism Spectrum Disorders), 주의력결핍 과잉행동장애(Attention-Deficit/Hyperactivity Disorders), 특정학습장애(Specific Learning Disorders), 운동장애(Motor Disorders), 틱장애(Tic Disorders), 기타 신경발달장애(Other Neurodevelopmental Disorders)로 대분된다. 이러한 대분류의 세부적인 진단분류는 직접 DSM-5를 참고하기를 바라고, 여기서는 정신보건 종사자들이 현장에서 자주 접하게 되는 주요 장애들을 중심으로 살펴본다.

(1) 지적장애

지적장애(Intellectual Disabilities)는 DSM-IV에서 '정신지체'로 진단되던 장애로, 생애초기 발달과정에서 시작되며 개념, 사회, 실행 등의 영역에서 지적 기능과 적응기능에 어려움이 발생한 상태를 말한다. 과거에는 정신박약, 정신저하, 저능 등으로 불리기도 했으며, 특징은 유의하게 낮은 지능, 적응행동의 결함 또는 장애 등이다. 진단기준은 ① 표준화된 지능검사로 확인된 지적 기능(추론, 문제해결, 계획, 추상적 사고, 판단, 학업, 경험 학습 등)의 결함, ② 적응기능의 결함으로 인해 다양한 일상활동(의사소통, 사회참여, 독립생활 등)의 기능제약, ③ 지적 결함과 적응기능의 결함은 생애 초기 발달 동안에 시작되는 것의 세 가지이다. 앞에서 정신장애 진단이 증상과 기능의 상호관계하에서 내려진다고 한 것처럼, 지적장애도 지적 기능 결함(증상)과 일상활동기능 제약(기능)의 관계에서 부조절 현상이 나타날 때 내려진다. 지적장애의 유병률은 약 1% 정도로 추정되며, 진단 시 주의할 점은 진단의 척도로 사용하는 지능검사가 피험자의 연령, 인구사회학적 또는 문화적 배경을 반영하고 있는지, 즉 피험자의 배경을 고려할 때 지능검사의 척도가 얼마나 객관성이 있는지에 대한 충분한 고려가 있어야 한다. 아직까지 지적장애는 그 원인이 명확하지 않지만 주로 생물학적인 요인, 심리 · 사회적 요인 및 이들 요인이 복합적으로 작용해서 발병하지 않나 추정하고 있다. 통계에 따르면 지적장애의 원인은 약 5% 정도가 유전적 요인에 의해 설명되고, 약 30% 정도가 임신 중의 약물이나 감염에 의한 수정란의 변화에 의해, 약 10% 정도는 임신 중의 부적절한 영양 공급에 의해, 그리고 약 15~20% 정도는 환경적 요인이나 다른 정신장애(예: 자폐)에 의해 설명된다(APA, 2013a).

지적장애 판단은 ① 개념적 영역(Conceptual domain), ② 사회적 영역(Social domain), ③ 실행적 영역(Practical domain)의 세 영역에 대해서, 심각도 수준을 ① 경도(mild), ② 중등도(moderate), ③ 고도(severe), ④ 최고도(profound)의 네 수준으로 진단한다. 경도인 경우에는 교육이 가능한 수준이고, 중등도인 경우는 지원이 필요하지만 훈련이 가능한 수준이며, 고도나 최고도의 경우는 지원뿐 아니라 완전한 보호를 필요로 하는 정도이다.

앞의 지적장애의 세부 분류에 대해서 간략히 부연설명을 하면, 경도 지적장애는 성인이 되어서도 초등학생 정도의 학습능력과 사회적 기능을 습득하고, 정신연령은 9~12세 정도에 머무르게 되나, 원조를 받아 가며 독립적인 생활을 할 수 있다고 판단된다. 중등도 지적장애의 정신연령은 약 4~8세 정도이나 훈련을 통하여 기본적인 의사소통능력이나 단순한 작업이 가능하다. 고도 지적장애는 정신연령이 약 2~3세에 불과하며 언어발달이나 신변처리능력이 부족하여 생활 전반에서 보호가 필요하다. 최고도 지적장애는 정신연령이 약 2세 미만이며 언어의 발달의 한계로 의사소통이 거의 불가능하며, 운동기능 발달의 한계로 거의 모든 기본적인 생활

표 6-1 지적장애의 심각도 수준

심각도 수준	개념적 · 사회적 · 실행적 영역	특징
경도	각 영역에 대해 심각도 수준을 평가함(DSM-5 참고)	교육가능급(educatable)
중등도		훈련가능급(trainable)
고도		보호급(care group)
최고도		완전보호급(complete care group)

이나 신변처리에 개호가 필요하다.

(2) 자폐스펙트럼장애

생애초기 발달 과정에서는 언어, 운동능력, 집중력, 지각, 현실 파악능력 등 발달의 여러 가지 분야에서 심각하고 전반적인 장애를 나타내는 전반적인 발달장애 현상이 나타날 수 있다. 이러한 장애의 가장 대표적 유형이 자폐스펙트럼장애(Autism Spectrum Disorder)이다. 자폐스펙트럼장애의 원인에 대한 이해는 다양하며 심리적 요인, 생물학적 요인, 생화학적 요인 및 유전적 요인에 이르기까지 복합적인 원인으로 본다. 자폐증의 임상적인 양상은 사회적 관계 발달의 장애, 의사소통 및 언어장애, 행동장애 및 놀이장애, 동일성의 유지 및 변화에 대한 저항, 지각장애, 과잉운동, 자해행위 등 광범위하다. 자폐스펙트럼장애의 유병률은 약 1%로 추정되고, 위험요인은 인과관계는 불명확하지만 환경적 요인과 유전적 · 신체적 요인들과 상관관계를 나타낸다. DSM-5에 나타난 자폐스펙트럼장애의 진단기준은 〈표 6-2〉와 같다.

표 6-2 자폐스펙트럼장애의 DSM-5 진단기준

A. 다양한 상황 속에서 사회적 의사소통이나 상호작용에 지속적 결함이 있는 경우
  1. 사회적-감성적 상호성 결핍(Deficits in social-emotional reciprocity)
  2. 사회적 상호작용을 위한 비언어적인 의사소통 행동의 결함(Deficits in nonverbal communicative behaviors used for social interaction)
  3. 관계 발전, 유지 및 관계에 대한 이해의 결함(Deficits in developing, maintaining, and understanding relationships)

B. 다음과 같은 '제한적이고 반복적인 행동 홍미, 활동(Restricted repetitive patterns of behavior, interests, or activities)' 등이 최소 두 가지 이상 나타남
  1. 반복적인 운동성 동작, 물건사용, 또는 말하기(Stereotyped or repetitive motor movements, use of objects, or speech)

2. 동일성에 대한 고집, 일상적인 것에 대한 융통성 없는 집착, 또는 의례적인 언어나 비언어적 행동 양상(Insistence on sameness, inflexible adherence to routines, or ritualized patterns of verbal or nonverbal behavior)
3. 강도나 초점에 있어서 비정상적으로 극도로 제한되고 고정된 흥미(Highly restricted, fixated interests that are abnormal in intensity or focus)
4. 감각 정보에 대한 과잉 또는 과소 반응, 또는 환경의 감각 영역에 대한 특이한 관심(Hyper-or hypo-reactivity to sensory input or unusual interest in sensory aspects of the environment)

C. 증상은 반드시 초기 발달 시기부터 나타나야 함(Symptoms must be present in the early developmental period)

D. 이러한 증상은 사회적 · 직업적 또는 다른 중요한 현재의 기능 영역에서 임상적으로 뚜렷한 손상을 초래해야 함(Symptoms cause clinically significant impairment in social, occupational, or other important area of current functioning)

E. 이러한 장애는 지적장애 또는 다른 발달장애로 더 잘 설명되지 않음(These disturbances are not better explained by intellectual disability)

F. 자폐스펙트럼장애의 심각도 수준은 ① 1단계: 지원이 필요한 수준, ② 2단계: 많은 지원을 필요로 하는 수준, ③ 3단계: 상당히 많은 지원을 필요로 하는 수준으로 구분된다.

(3) 주의력결핍 과잉행동장애

DSM-5의 주의력결핍 과잉행동장애(Attention-Deficit/Hyperactivity Disorder)의 특징적 증상은 낮은 집중력, 짧은 집중기간, 충동성 및 과잉운동이다. 발생빈도는 연구들에 따라서 미국에서 약 2~20% 정도로 추정되며 초등학교 저학년 학생의 경우 약 3% 정도로 추정된다(APA, 2013a). 특이한 점은 발생의 빈도가 남자아이들이 여자아이들보다 약 6~8배 정도 높게 나타난다는 것이다. 다른 정신장애와 마찬가지로 주의력결핍 과잉행동장애의 정확한 원인은 아직 명확하게 밝혀지지 않고 있지만, 원인으로 추정되는 요소는 출생 전, 출생 시, 출생 후의 뇌 손상, 신경전달 물질계통의 이상, 유전적 요인, 성숙지연, 심리적 요소, 사회적 요소들이 있는데, 최근에는 이러한 심리, 사회, 생물학적 요인들이 복합적으로 주의력결핍 과잉행동장애의 원인이 되는 것이 아닌가 하는 이해가 지배적이다. 주의력결핍 과잉행동장애의 주된 임상적인 증상은 주의력 결핍, 과잉행동, 지각운동장애, 감정적 불안정, 운동조화장애, 충동성, 기억과 사고장애 등이며 DSM-5에 따른 구체적인 진단기준은 〈표 6-3〉과 같다.

표 6-3 주의력결핍 과잉행동장애의 DSM-5 진단기준

A. 임상적 증상: 주의력 결핍과 과잉운동 및 충동증상

1. 주의력결핍증상(Inattention): 지난 6개월간 다음에 나열된 9개의 증상 중 최소 6개를 나타낼 때
   a. 세부 집중을 하지 못함(Fails to give close attention)
   b. 집중을 유지하기 어려움(Difficulty sustaining attention)
   c. 다른 사람들 말을 귀 기울여 듣는 데 어려움(Difficulty listening to others)
   d. 지시를 따라 하지 못함(Fails to follow instructions)
   e. 주어진 일이나 활동을 조직화하는 데 어려움(Difficulty organizing tasks or activities)
   f. 임무를 수행하는 것에 거부감(Reluctant to engage in tasks)
   g. 임무수행에 필요한 것들을 자주 잃어버림(Often loses things necessary for tasks)
   h. 외부자극에 쉽게 산만해짐(Easily distracted by extraneous stimuli)
   i. 일상적 활동을 자주 잊어버림(Often forgetful in daily activities)
2. 과잉행동-충동증상(Hyperactivity-Impulsity): 지난 6개월간 다음에 나열된 9개 증상들 중 최소 6개 이상을 나타낼 때
   a. 손발을 가만히 있지 못함(Fidgets with hands or feet)
   b. 부적절하게 자리를 뜸(Leaves seats inappropriately)
   c. 부적절하게 과도한 달리기나 기어오름(Excessively runs about or climbs inappropriately)
   d. 놀거나 여가활동을 조용히 하는 데 어려움(Difficulty playing or engaging in leisure activities quietly)
   e. 전동기에 의한 것같이 행동(Acts as if "driven by motor")
   f. 지나치게 말을 많이 함(Talks excessively)
   g. 질문이 끝나기 전에 불쑥 대답함(Blurts out answers before questions have been completed)

h. 차례를 기다리는 데 어려움(Difficulty awaiting turn)

i. 다른 사람을 침해하거나 간섭하거나 방해함(Interrupts or intrudes on others)

B. 위의 증상들이 12세 이전에 나타남(cf. DSM-IV에서는 7세 이전)

C. 위의 증상들로 인해 집 학교 등의 최소 2개 이상의 상황에서 기능상의 장애가 나타남 [Impairment from symptoms is present in two or more settings(e.g., home and school)]

D. 학교, 공부, 직업상의 기능 수행에 있어 장애가 나타남(Clear evidence of impairment in social, academic, or occupational functioning)

2) 조현병 스펙트럼 장애

DSM-5에 포함된 조현병과 기타 정신병적 장애들에는 ① 조현형(성격)장애[Schizotypal(personality) Disorder], ② 망상장애(Delusional Disorder), ③ 단기 정신병적 장애(Brief Psychotic Disorder), ④ 조현양상장애(Schizophreniform Disorder), ⑤ 조현병(Schizophrenia), ⑥ 조현정동장애(Schizoaffective Disorder), ⑦ 물질/약물치료로 유발된 정신병적 장애(Substance/Medication-induced Psychotic Disorder), ⑧ 다른 의학적 상태로 인한 정신장애(Psychotic Disorder due to Another Medical Condition), ⑨ 다른 정신장애과 연관된 긴장증(Catatonia Associated with Another Mental Disorder), ⑩ 다른 의학적 상태로 인한 긴장성 장애(Catatonia Disorder due to Another Medical Condition), ⑪ 명시되지 않은 긴장증(Unspecified Catatonia), ⑫ 달리 명시된 조현병 스펙트럼 및 기타 정신병적 장애(Other Specified Schizophrenia Spectrum and Other Psychotic Disorder), ⑬ 명시되지 않는 조현병 스펙트럼 및 기타 정신병적 장애(Unspecified Schizophrenia Spectrum and Other Psychotic Disorder) 등이 포함된다.

이 장에서는 조현병 스펙트럼 장애(Schizophrenia spectrum and other psychotic disroders) 중에서 정신건강 실천 현장에서 가장 많이 접할 수 있고 관심의 대상의 되는 조현병을 중심으로 고찰한다. 조현병 스펙트럼 장애의 주요 증상으로는 ① 자신과 세계에 대한 잘못된 강한 믿음인 '망상(delusion)', ② 왜곡된 비현실적 지각인 '환각(hallucinatoins)', ③ 비논리적이고 혼란스러운 생각이나 언어(Disorganized thinking or speech), ④ 상황이나 맥락에 부적응적인 엉뚱하고 심하게 혼란스럽거나 비정상적인 행동(Grossly disorganized or abnormal motor behavior), ⑤ 음성 증상들(negative symptoms) 등이 있다.

조현병의 개념에 대해서는 논자에 따라서 이견이 있을 수 있으나 일반적으로 사고, 정동, 지각, 행동 등 전반적이고 다양한 측면에서 와해를 초래하는 뇌기능장애라는 것이 일반적 견해이다(APA, 2013a). 조현병의 평생 유병률(lifetime prevalence)은 우리나라를 포함해서 전 세계적으로 전 인구의 약 0.5~1% 정도로 파악된다. 발병률이 가장 높은 연령대는 남자의 경우 15~24세, 여자의 경우 25~34세로 약간의 성별 차이가 있다. 또한 사회적 측면에서는 경제적으로 가난한 사람들이 상대적으로 부유한 사람보다 유병률이 높은 것으로 나타나, 조현병의 원인이 심리적·신체적 요인에 의해서만이 아닌 사회적 측면도 있는 것으로 판단된다. 구체적으로 조현병의 생물학적 요인으로는 유전, 신경전달물질 관련 생화학적 요인(예: 도파민 가설), 대뇌의 기능과 손상 등을 예로 들 수 있다. 발달적 및 심리학적 요인으로는 프로이트식의 구순기나 전생식기 등에 있어서 인격 성장의 고착이나 심한 내적 갈등으로 인한 지각, 사고, 대인관계의 문제를 들 수 있다. 사회적 요인으로는 사회경제적 스트레스가 또한 위험요인 중의 하나로 파악되고 있다. 즉, 다른 정신장애와 마찬가지로 조현병의 원인도 복합적인 것이 아닌가 하는 가설이 현재로서는 가장 설득력이 있다.

조현병의 주요 증상으로는 ① 사고과정(thought process)과 사고내용(thought content)상의 장애로 특징지어지는 사고의 장애, ② 부적절한 감정표현(inappropriate affect), 정서의 둔화(emotional bluntness), 무감동(apathy) 등으로 특징지어지는 정동의 장애, ③ 주변의 사물이 이상하게 변형되어 보이고 소리가 전과는 다르게 들리는 지각의 장애, ④ 망상, 환각, 관계망상, 초조감 등의 양성증상(positive symptoms)과 감정둔마, 자폐증, 사회적 격리, 철퇴 및 자발성의 감소 등을 수반하는 음성증상(negative symptoms) 등이 있다. DSM-5를 기준으로 증상적 특징과 진단기준을 정리하면 〈표 6-4〉와 같다.

표 6-4 조현병의 증상과 DSM-5 진단기준

A. 증상의 특징: 진단을 위해서는 다음 증상들 중 1, 2, 3 중의 최소 하나를 포함해서 최소 2개 이상 나타나야 함

1. 망상(Delusions): 자신과 세계에 대한 잘못된 강한 믿음
2. 환각(Hallucinations): 시각(visual), 청각(auditory), 후각(olfactory), 지각(sensory) 등으로 인한 왜곡된 비현실적 지각
3. 와해되고 비조직적인 생각이나 말(Disorganized thinking or speech)
4. 심하게 혼란스럽거나 비정상적인 행동(긴장증 포함)(Grossly disorganized or abnormal motor behavior including catatonia)
5. 음성증상(Negative symptoms, i.e., affective flattening, avolition, etc.)

B. 이러한 증상으로 인한 사회적 · 직업적 기능저하(Social/occupational dysfunction)

C. 증상의 지속기간(Duration)

1. 최소 6개월[1)](Continuous signs of the disturbance persist for at least 6 months)
2. 최소 한 달 이상 위의 증상들이 나타남(With at least one months of symptoms in A)

D. 조현정동장애나 정동장애와 겹치지 않을 것(Schizoaffective and mood disorder exclusion)

E. 정신활성물질 사용이나 기타 질병으로 인한 유사증상 제외(Substance/GMC exclusion)

F. 전반적 발달장애와의 관계(Relationship to a pervasive Developmental Disorder)

1. 만약 기존에 자폐증이나 다른 전반적 발달장애가 있다면, 확실한 망상이나 환각이 최소 한 한 달간 지속될 때 조현병으로 진단할 수 있다.

1) 증상 지속기간에 따른 감별진단은 다음과 같다. 단기정신병적 장애(brief psychotic disorder)는 하루 이상 1개월 미만, 조현형양상장애(schizophreniform disorder)는 최소 한 달 이상 6개월 미만이다.

조현병은 성인기 정신장애 중에서 개인이나 가족 차원에서뿐 아니라 국가적 사회적 차원에서 회복지원을 위한 비용이 가장 많이 들어가는 가장 심각한 장애 중의 하나이다. 조현병은 청소년기에서 청년기로의 생애 전환기에 많이 발생하는 질병으로 한 개인의 생애주기적 발달에도 매우 심각한 부정적 영향을 끼친다. 20대 전후에 초발하는 것이 특징인데, 조현병이 발병할 경우 증상으로 인한 일상생활기능 저하로 사회적 관계, 학업, 직업생활 등에 치명적 영향을 준다. 따라서 조현병을 미

리 예방하고 조기 개입하고 지속적으로 회복을 지원하는 것은 개인적 차원에서뿐 아니라 사회적 차원에서도 매우 중요하다.

3) 정동장애: 양극성장애와 우울장애

정동장애(affective disorder)는 기분장애라고도 불리며, 우울과 조증 등의 기분상의 장애로 인해 정신운동, 인지기능, 대인관계 등에 영향을 받는다(APA, 2013a). 정동장애는 성인에서 가장 흔히 보고되고 있는 정신장애로 평생 유병률(lifetime prevalence)은 남자의 경우 10%, 여자의 경우 20% 정도로 남녀 간의 성차를 보인다. 다른 정신장애와 마찬가지로 정동장애 또한 유전적 · 생물학적 · 사회경제적 요인 등이 복합적으로 작용하여 유발된다고 생각된다. 심리학적 요인으로는 행동이론의 관점에서 볼 때 부적응적인 정동증상은 학습된 무기력(learned helplessness) 상태로 해석되고, 인지이론의 관점에서는 부정적 생활경험, 부정적 자기평가, 세계에 대한 비관주의적 인식, 무력감 등 자신과 환경에 대한 부정적 인지의 상태로 이해될 수 있다.

정동장애와 관련된 DSM-5상의 진단분류는 크게 두 가지로 나누어져 있다. 하나는 '양극성장애 및 관련 장애(Bipolar and Related Disorders)이고, 다른 하나는 우울장애(Depressive Disorders)이다. 정동장애는 주요우울 증상삽화와 조증이나 경조증 삽화들이 어떠한 조합으로 발현하는가에 따라서 진단이 결정된다. 따라서 정동장애 진단을 위해서는 다음에 제시된 정동장애의 증상과 진단기준을 기반으로 '① 임상적 증상의 특징은 우울증, 조증, 혼합형 증상 중 어느 것이 강하게 나타나는가? ② 증상의 표현이 주기적인가 아닌가? ③ 정동증상이 질병이나 정신활성물질의 사용 등으로 직접 설명이 가능한가?' 등의 기준에 대해 고민하고 판단해야 한다. 여기서는 실천 현장에서 가장 많이 접할 수 있는 주요우울증과 양극성장애를 중심으로 정동장애를 고찰한다. 정동장애의 진단은 정동증상이 우울증이 특징적인 증상인지, 조증이 특징적인 증상인지, 아니면 혼합형이 특징적인 증상인지에 대한 판단에서 시작된다. 우울증, 조증, 혼합형의 임상적 증상의 특징을 요약하면 〈표 6-5〉와 같다.

표 6-5 정동장애의 증상과 DSM-5 진단기준

• 주요우울 증상(Major Depressive Episode)

A. 다음에 나열된 아홉 가지 증상 중 최소 5개 이상의 증상이 지난 2주간에 나타나고, 이로 인한 기능상의 장애가 나타날 때 우울증이라고 진단할 수 있음. 단 5개 이상의 증상들 중 1. 우울한 기분(depressed mood)이나 2. 관심이나 즐거움의 저하(loss of interest or pleasure) 중 하나의 증상은 반드시 나타나야 함

1. 거의 하루 종일, 거의 매일 나타나는 우울한 기분(Depressed mood most of the day, nearly everyday)
2. 관심과 즐거움의 감소(Diminished interest or pleasure)
3. 눈에 띄는 몸무게 감소(Significant weight loss)
4. 거의 매일 불면증 또는 수면과다증(Insomnia or hypersomnia nearly everyday)
5. 거의 매일 불안정한 몸동작이나 몸동작 기능의 저하(Psychomotor agitation or retardation nearly every day)
6. 거의 매일 피곤과 에너지 부족(Fatigue or loss of energy nearly everyday)
7. 거의 매일 무가치감과 지나치고 부적절한 죄의식(Feelings of worthlessness or excessive or inappropriate guilt nearly everyday)
8. 거의 매일 사고력이나 집중력의 저하(Diminished ability to think or concentrate or indecisiveness, nearly everyday)
9. 죽음에 대한 반복적인 생각, 구체적 계획이 없는 자살에 대한 생각, 또는 구체적 계획이 있는 자살 생각(Recurrent thought of death, recurrent suicidal ideation without a specific plan, or a suicide attempt or a specific plan for committing suicide)

B. 이러한 증상으로 사회적·직업적 또는 다른 중요한 기능영역에서 현저한 기능저하가 나타남(Functional impairment due to the symptoms)

C. 이러한 증상들이 물질의 생리적 효과이거나 다른 의학적 상태에 의한 것이 아님(Not due to the direct effects of substance or GMC)

E. 주요 상실(예: 사별, 재정적 파탄, 자연재해로 인한 상실, 심각한 질병이나 장애)에 대한 반응과 유사함. 이러한 경우도 주의 깊게 다루어져야 함

• 조증과 경조증(Manic Episode & Hypomanic Episode): 조증과 경조증의 임상적 증상의 특징은 유사하나 지속기간이 조증은 최소 1주일, 경조증은 최소 4일로 차이가 있다.

A. 최소 1주일 동안(조증)/최소 4일 동안(경조증) 비정상적이고 지속적으로 조증을 보이는 경우(A distinct period of abnormally and persistently elevated, expansive, or irritable mood, lasting at least 1 week/4 days)

B. 다음 중 최소 3개의 증상을 보일 때[Three(or more) of the following]
1. 증가된 자존감과 과대망상증(Inflated self-esteem or grandiosity)
2. 감소된 수면욕구(Decreased need for sleep)
3. 평소보다 말수가 많고 말을 계속해서 함(More talkative than usual or pressure to keep talking)
4. 비약적 생각들이나 연속적 사고(Flight of ideas or thought racing)
5. 집중하지 못하는 산만함(Distractibility)
6. 증가된 목표 지향적 행동(Increase in goal-directed activity)
7. 지나친 쾌락 지향적인 활동에 참가(Excessive involvement in pleasurable activities)

C. 기분장애가 사회적 · 직업적 기능의 현저한 손상을 초래할 정도로 심각

D. 이러한 증상들이 물질의 생리적 효과이거나 다른 의학적 상태에 의한 것이 아님(Not due to the direct effects of substance or GMC)

〈표 6-5〉에서 정리된 진단기준에 따라서 우울증과 조증에 대한 진단이 가능하다. 간단하게 소개하면 다음과 같다.

(1) 우울장애 진단

주요우울장애(major depressive disorder)는 〈표 6-5〉에서 정리된 A~E까지의 조건을 만족시킬 때 진단된다.

(2) 제1형 양극성장애

제1형 양극성장애(bipolar I disorder)는 〈표 6-5〉에서 제시했듯이 ① 조증 증상이 독자적으로 나타나거나(bipolar I disorder, manic), ② 조증 증상과 우울증 증상이 함께 나타날 때(bipolar I disorder, mixed) 진단할 수 있다.

(3) 제2형 양극성장애

제2형 양극성장애(bipolar II disorder)는 경조증 증상과 우울증 증상이 함께 나타날 때 진단된다.

4) 불안장애

불안이란 심리적으로 불쾌한 불안한 느낌으로 가슴 두근거림, 진땀 등 관련된 신체적 증상과 과민성이나 서성댐 등의 행동증상을 동반한다. 불안장애(Anxiety Disorders)의 평생 유병률은 약 5~10% 정도이다(APA, 2013a). 불안장애도 다른 정신장애와 마찬가지로 심리학적 · 생물학적 · 사회적 요인들에 의한 복합적 원인들에 의해서 생기는 것으로 이해하는 것이 일반적인 견해이다. DSM-5에 나타나는 불안장애는 ① 분리불안장애(Separation Anxiety Disorder), ② 선택적 함구증(Selective Mutism), ③ 특정공포증(Specific Phobia), ④ 사회불안장애/사회공포증(Social Anxiety Disorder/Social Phobia), ⑤ 공황장애(Panic Disorder), ⑥ 공황발작 명시자(Panic Attack Specifier), ⑦ 광장공포증(Agoraphobia), ⑧ 범불안장애(Generalized Anxiety Disorder), ⑨ 물질/약물치료로 유발된 불안장애(Substance/Medication-Induced Anxiety Disorder), ⑩ 다른 의학적 상태로 인한 불안장애(Anxiety Disorder Due to Another Medical Condition), ⑪ 달리 명시된 불안장애(Other Specified Anxiety Disorder), ⑫ 명시되지 않은 불안장애(Unspecified Anxiety Disorder)가 있다. 여기서는 공황장애(Panic Attack)와 광장공포증(Agoraphobia)을 중심으로 살펴본다.

DSM-5에서 공황장애와 광장공포증은 임상적 증상에서는 따로 고찰하고 있으나 실질적인 진단에서는 두 가지를 연계하여 진단 내리고 있다. 즉, 특정 상황과 관계되는 광장공포증 증상을 수반하지 않으면서 공황장애의 증상만을 나타낼 때는 '광장공포증을 수반하지 않는 공황장애(Panic disorder without agoraphobia)'를 진단하고, 특정 상황과 관계되는 광장공포의 증상을 나타내면서 공황장애 증상을 나타낼 때는 '광장공포증을 수반하는 공황장애(Panic disorder with agoraphobia)', 공황장애의 경험이 없으면서 광장공포증의 증상만을 나타낼 때는 '공황병력이 없는 광장공포증(Agoraphobia without history of panic disorder)'이라고 진단한다. 이러한 구체적인 진단을 위해서는 〈표 6-6〉과 〈표 6-7〉에 요약된 공황장애와 광장공포증의 임상적 특징을 알아야 한다.

표 6-6 공황장애의 DSM-5 진단기준

A. 다음에 나열된 최소 네 가지의 증상이 수 분 이내에 최고조에 달하며 이러한 증상으로 인해 일정 기간 두려움과 불편함을 겪음[A discrete period of intense fear or discomfort, in which four(or more) of the following symptoms developed abruptly and reached a peak within minutes]

1. 가슴박동 수 증가(Palpitations, pounding heart, or accelerated heart rate)
2. 발한(Sweating)
3. 떨림 또는 후들거림(Trembling or shaking)
4. 호흡곤란(Sensations of shortness of breath or smothering)
5. 질식감(Feeling of choking)
6. 가슴 통증이나 불쾌감(Chest pain or discomfort)
7. 메스꺼움 또는 복부 불편감(Nausea or abdominal distress)
8. 어지러움, 불안정한 느낌 또는 현기증(Feeling dizzy, unsteady, lightheaded, or faint)
9. 춥거나 화끈 거리는 느낌(Chills or hot flushes)
10. 무감각 등의 감각이상[Paresthesias (numbness or tingling sensations)]
11. 이인증 또는 비현실감(Derealization or depersonalization)
12. 스스로 통제할 수 없거나 미칠 것 같은 두려움(Fear of losing control or going crazy)
13. 죽음의 공포(Fear of dying)

B. 적어도 1회 이상의 발작 이후에 1개월 이상 다음 중 한 가지 이상의 조건을 만족해야 함

1. 추가적인 공황발작이나 그에 대한 결과에 대한 지속적인 걱정
2. 발작과 관련된 행동으로 현저하게 부적응적인 변화가 일어남

C. 장애는 물질의 생리적 효과나 다른 의학적 상태에 의한 것이 아님

D. 장애가 다른 정신장애로 더 잘 설명되지 않음

표 6-7 광장공포증의 DSM-5 진단기준

A. 다음 다섯 가지 상황 중 두 가지 이상의 경우에서 극심한 공포와 불안을 느낌[Marked fear or anxiety about two(or more) of the following five situations]
   1. 대중교통을 이용하는 것(Using public transportation)
   2. 열린 공간에 있는 것[Being in open spaces(e.g., parking lots, marketplace, bridges)]
   3. 밀폐된 공간에 있는 것[Being in enclosed places(e.g., shops, theaters, cinemas)]
   4. 줄을 서 있거나 군중 속에 있는 것(Standing in line or being in crowd)
   5. 집 밖에 혼자 있는 것(Being outside of the home alone)

B. 공황 유사 증상이나 무능력하거나 당혹스럽게 만드는 다른 증상이 발생했을 때 도움을 받기 어렵거나 그 상황에서 벗어나기 어려울 것이라는 생각 때문에 그런 상황을 두려워하고 피함(The individual fears or avoids these situations because of thoughts that escape might be difficult or help might not be available in the event of developing panic-like symptoms or other incapacitating or embarrassing symptoms)

C. 광장공포증 상황은 거의 대부분 공포와 불안을 야기함(The agoraphobic situations almost always provoke fear or anxiety)

D. 광장공포증 상황을 피하거나 동반자를 필요로 하거나 극도의 공포와 불안 속에서 견딤(The agoraphobic situations are actively avoided, require the presence of a companion, or are endured with intense fear or anxiety)

E. 광장공포증 상황과 그것의 사회문화적 배경을 고려할 때 실제로 주어지는 위험에 비해 공포와 불안의 정도가 극심함(The fear or anxiety is out of proportion to the actual danger posed by the agoraphobic situations and to the sociocultural context)

F. 공포, 불안, 회피 반응은 전형적으로 6개월 이상 지속됨(The fear, anxiety, or avoidance is persistent, typically lasting for 6 months or more)

G. 공포, 불안, 회피가 사회적 · 직업적 또는 다른 중요한 기능 영역에서 임상적으로 현저한 고통이나 손상을 초래함(The fear, anxiety or avoidance causes clinically significant distress or impairment in social, occupational, or other important areas of functioning)

H. 만약 다른 의학적 상태가 동반된다면 공포, 불안, 회피 반응이 명백히 과도해야 함(If another medical condition is present, the fear, anxiety, or avoidance is clearly excessive)

I. 공포, 불안, 회피가 다른 정신장애로 더 잘 설명되지 않음(The fear, anxiety, or avoidance is not better explained by the symptoms of another mental disorder)

좀 더 구체적으로 진단의 범주를 살펴보자. 광장공포증을 수반하지 않는 공황장애(Panic Disorder without agoraphobia)의 경우 다음의 조건들을 만족할 때 진단이 가능하다. 첫째, 반복되는 예기치 못한 공황발작(Recurrent unexpected panic attacks), 둘째, 공황발작 후 1개월 동안 ① 또 다른 공황발작에 지속적 우려(Persistent concern about having additional attack), ② 공황발작의 의미나 결과에 대한 염려(Worry about the implications of the attack or its consequences), ③ 공황발작과 관련해서 행동상의 상당한 변화가 생기는 증상(A significant change in behavior related to the attacks)의 3개 중 최소한 하나의 증상이 나타날 때, 광장공포증을 수반하지 않는 공황장애라고 진단한다. 셋째, 이러한 증상은 광장공포증과 관계없이 나타나야 하며(Absence of agoraphobia), 넷째, 이러한 증상들이 정신활성물질이나 질병 상태와는 상관이 없어야 하며(The panic attacks are not due to the direct effects of substance or GMC), 다섯째, 이러한 증상들이 다른 정신장애에 의해서 설명되지 않아야 한다(Not better accounted for by other mental disorders). 광장공포증을 수반하는 공황장애(Panic disorder with agoraphobia)는 다른 모든 조건은 동일하나 세 번째 조건만 다르다. 즉, 공황발작이 광장공포증과 함께 나타날 때(Presence of agoraphobia)는 광장공포증을 수반하는 공황장애라고 진단된다.

공황병력이 없는 광장공포증(Agoraphobia without history of panic disorder)은 다음과 같은 조건에서 진단된다. 첫째, 공황장애의 증상이 올 것 같은 불안이 특정한 상황에 처했을 때 나타날 때(The presence of agoraphobia related to fear of developing panic-like symptoms), 둘째, 증상의 기준이 공황장애의 기준에는 맞지 않을 때(Criteria have never been met for panic disorder)(증상의 기준이 공황장애의 기준에 맞을 때는 광장공포를 수반하는 공황장애로 진단됨), 셋째, 이러한 증상이 직접적인 신체적 영향이나 질병 상황, 정신활성물질의 영향이 아닐 때(The disturbance is not due to the direct physiological effects of a substance) 진단된다.

5) 강박 및 관련 장애

강박 및 관련 장애(Obsessive-Compulsive and Related Disorders)에는 다음과 같은 범주들이 포함된다. ① 강박장애(Obsessive-Compulsive Disorder), ② 신체이형장애(Body Dysmorphic Disorder), ③ 수집광(Hoarding Disorder), ④ 발모광[Trichotillomania(Hair-Pulling Disorder)], ⑤ 피부뜯기장애[Excoriation(Skin-Picking) Disorder], ⑥ 물질/치료약물로 유발된 강박 및 관련 장애(Substance/Medication-Induced Obsessive-Compulsive and Related Disorder), ⑦ 다른 의학적 상태로 인한 강박 및 관련 장애(Obsessive-Compulsive and Related Disorder Due to Another Medical Condition), ⑧ 달리 명시된 강박 및 관련 장애(Other Specified Obsessive-Compulsive and Related Disorder), ⑨ 달리 명시되지 않은 강박 및 관련 장애(Unspecified Obsessive-Compulsive and Related Disorder).

여기서는 가장 많이 들어 본 적이 있는 강박장애에 대해서 알아본다. 강박장애는 본인의 의지와 상관없이 강박적 사고(obsession)나 강박적 행동(compulsion)이 반복적으로 나타나는 상태를 일컫는다. 강박적 증상들은 일반인들도 종종 경험할 수 있으나, 정신장애로 진단되는 유병률은 약 0.5% 이상인 것으로 추정된다(APA, 2013a). 논자에 따라서 차이가 있을 수 있으나, 강박증의 원인은 뇌기능적 요인이나 유전적 · 생화학적 요인 등의 생물학적 요인과 심리적 · 사회적 요인 등 다른 정신장애의 요인과 유사하다. DSM-5에 의하면 일반적으로 〈표 6-8〉에 제시된 상황에서 강박장애 진단을 내릴 수 있다.

표 6-8 강박장애의 DSM-5 진단기준

A. 강박사고나 강박행동 혹은 둘 다 존재하며(Presence of obsessions, compulsions, or both)

1. 강박사고는 다음 1과 2와 같이 정의된다(Obsessions are defined by 1 and 2).

1-1. 반복적이고 지속적인 생각, 충동, 또는 심상이 장애 시간의 일부에서는 침투적이고 원치 않는 방식으로 경험되며 대부분 현저한 불안이나 괴로움을 유발함 (Recurrent or persistent thoughts, urges, or images that are experienced, at some time during the disturbance, as intrusive and unwanted, and that in most individuals cause marked anxiety or distress)

1-2. 이러한 반복적이고 지속적인 생각, 충동, 심상을 경험하는 사람은 이를 무시하거나 억압하려고 시도하며, 또는 다른 생각이나 행동을 통해 이를 중화시키려고 노력함(The individual attempts to ignore or suppress such thoughts, urges, or images, or to neutralize them with some other thought or action)

2. 강박행동은 다음 ①과 ②와 같이 정의된다(Compulsions are defined by ① and ②)

2-1. 예를 들어, 손 씻기나 정리정돈하기, 확인하기와 같은 반복적 행동과 기도하기, 숫자세기, 속으로 단어 반복하기 등과 같은 정신적인 행위를 개인이 경험하는 강박사고에 대한 반응으로 수행하거나 엄격한 규칙에 따라 수행함(Repetitive behaviors(e.g., hand washing, ordering, checking) or mental acts(e.g., praying, counting, repeating words silently) that the individual feels driven to perform in response to an obsession, or according to rules that must be applied rigidly)

2-2. 행동이나 정신적인 행위들은 불안감이나 괴로움을 예방하거나 감소시키고, 또는 두려운 사건이나 상황의 발생을 방지하려는 목적으로 수행됨. 그러나 이러한 행동이나 행위들은 그 행위의 대상과 현실적인 방식으로 연결되지 않거나 명백하게 지나침(The behaviors or mental acts are aimed at preventing or reducing distress or preventing some dreaded event or situation; however, these behaviors or mental acts are not connected in a realistic way with what they are designed to neutralize or prevent or are clearly excessive)

B. 강박사고나 강박행동은 시간을 소모하게 만들어(예: 하루에 1시간 이상), 사회적 · 직업적 또는 다른 중요한 기능 영역에서 임상적으로 현저한 고통이나 손상을 초래한다(The obsession or compulsion are time-consuming or cause clinically significant distress or impairment in social, occupation, or other important areas of functioning).

C. 강박 증상은 물질(예: 남용약물, 치료약물)의 생리적 효과나 다른 의학적 상태로 인한 것이 아니다(The obsessive-compulsive symptoms are not attributable to the physiological effects of a substance or another medical condition).

D. 장애가 다른 정신장애로 더 잘 설명되지 않는다(The disturbance is not better explained by the symptoms of another mental disorder).

6) 외상 및 스트레스 관련 장애

외상 및 스트레스 관련 장애(Trauma-and Stressor-Related Disorders)에는 다음과 같은 범주들이 포함된다. ① 반응성 애착장애(Reactive Attachment Disorder), ② 탈억제성 사회적 유대감 장애(Disinhibited Social Engagement Disorder), ③ 외상후 스트레스 장애[Posttraumatic Stress Disorder(includes PTSD for children 6 years and younger)], ④ 급성 스트레스 장애(Acute Stress Disorder), ⑤ 적응장애(Adjustment disorders)-우울기분동반(With depressed mood), 불안동반(With anxiety), 불안 및 우울 기분 함께 동반(With mixed anxiety and depressed mood), 품행장애 동반(With disturbance of conduct), 정서 및 품행장애 함께 동반(With mixed disturbance of emotions and conduct), 명시되지 않은 경우(unspecified), ⑥ 달리 명시된 외상 및 스트레스 관련 장애(Other specified trauma and stressor-related disorder), ⑦ 명시되지 않는 외상 및 스트레스 관련 장애(Unspecified Trauma-and Stressor-Related Disorder). 여기서는 일반인들도 많이 들어 본 외상후 스트레스 장애를 중심으로 살펴본다.

외상후 스트레스 장애는 생명을 위협하는 천재지변이나 재난이 발생했을 때 심한 감정적 또는 신체적 스트레스를 경험하며, 그 자체가 정신적 외상이 되어 이에 수반되는 다양한 정신적 증상을 보이는 장애를 말한다. 일반 인구 중 약 1% 안팎의 사람들이 겪는 것으로 추정되며 재난을 당한 사람의 약 50~80% 정도가 이 장애를 경험하는 것으로 보고되고 있다(APA, 2013a). 주된 원인은 다른 장애와 마찬가지로 사회적 환경, 피해자의 개인적인 성향과 생물학적 취약성 등으로 간주된다. DSM-5에 의하면 일반적으로 다음의 조건이 충족될 때 외상후 스트레스 장애 진단을 내릴 수 있다. 특이한 점은 7세 이상 아동, 청소년 및 성인 대상 진단범주와 6세 이하 아동의 외상후 스트레스 장애 진단 범주를 구분하고 있다는 점이다.

표 6-9 외상후 스트레스 장애(7세 이상 아동, 청소년, 성인)의 DSM-5 진단기준

A. 실제적이거나 위협적인 죽음, 심각한 부상, 또는 성폭력에의 노출이 다음과 같은 방식 가운데 한 가지 이상으로 나타남[Exposure to actual or threatened death, serious injury, or sexual violence in one(or more) of the following ways]
  1. 외상성 사건(들)에 대한 직접적인 경험[Directly experiencing the traumatic event(s)]
  2. 그 사건(들)이 가족, 가까운 친척 또는 친한 친구에게 일어난 것을 목격함[Witnessing, in person, the event(s) as it occurred to others]
  3. 외상성 사건(들)이 가족, 가까운 친척 또는 친한 친구에게 일어난 것을 알게 됨[Learning that the traumatic event(s) occurred to a close family member or close friend]
  4. 외상성 사건(들)의 혐오스러운 세부 사항에 대해 반복적이거나 지나친 노출의 경험[Experiencing repeated or extreme exposure to aversive details of the traumatic event(s)]

B. 외상적 사건(들)이 일어난 후에 시작된 외상성 사건(들)과 관련이 있는 침습 증상의 존재가 다음 중 한 가지(또는 그 이상)에서 나타남[Presence of one(or more) of the following intrusion symptoms associated with the traumatic event(s), beginning after the traumatic event(s) occurred]
  1. 외상성 사건(들)의 반복적·불수의적이고, 침습적인 고통스러운 기억[Recurrent, involuntary, and intrusive distressing memories of the traumatic event(s)]
  2. 꿈의 내용과 정동이 외상성 사건(들)과 관련되는 반복적으로 나타나는 고통스러운 꿈[Recurrent distressing dreams in which the content and/or affect of the dream are related to the traumatic event(s)]
  3. 외상성 사건(들)이 재생되는 것처럼 그 개인이 느끼고 행동하게 되는 해리성 반응(예: 플래시백)[Dissociative reactions(e.g., flashbacks) in which the individual feels or acts as if the traumatic event(s) were recurring]
  4. 외상성 사건들을 상징하거나 닮은 내부 또는 외부의 단서에 노출되었을 때 나타나는 극심하거나 장기적인 심리적 고통[Intense or prolonged psychological distress at exposure to internal or external cues that symbolized or resemble an aspect of the traumatic event(s)]
  5. 외상성 사건(들)을 상징하거나 닮은 내부 또는 외부의 단서에 대한 뚜렷한 생리적 반응[Marked physiological reactions to internal or external cues that symbolize or resemble an aspect of the traumatic event(s)]

C. 외상성 사건(들)이 일어난 후에 시작된, 외상성 사건(들)과 관련이 있는 자극에 대한 지속적인 회피가 다음 중 한 가지 또는 두 가지 모두에서 명백함[Persistent avoidance of stimuli associated with the traumatic event(s), beginning after the traumatic event(s) occurred, as evidenced by one or both of the following]

1. 외상성 사건(들)에 대한 또는 밀접한 관련이 있는 고통스러운 기억, 생각 또는 감정을 회피 또는 회피하려는 노력[Avoidance of or efforts to avoid distressing memories, thoughts, or feelings about or closely associated with the traumatic event(s)]
2. 외상성 사건들에 대한 또는 밀접한 관련이 있는 고통스러운 기억, 생각, 또는 감정을 불러일으키는 외부적 암시(사람, 장소, 대화, 행동, 사물, 상황)를 회피 또는 회피하려는 노력[Avoidance of or efforts to avoid external reminders (people, places, conversations, activities, objects, situations) that arouse distressing memories, thoughts, or feelings about or closely associated with the traumatic event(s)]

D. 외상성 사건(들)이 일어난 후에 시작되거나 악화된, 외상성 사건(들)과 관련이 있는 인지와 감정의 부정적 변화가 다음 중 두 가지(또는 그 이상)에서 나타남[Negative alterations in cognitions and mood associated with the traumatic event(s), beginning or worsening after the traumatic event(s) occurred, as evidenced by two(or more) of the following]

1. 외상성 사건(들)의 중요한 부분을 기억할 수 없는 무능력[Inability to remember an important aspect of the traumatic event(s)]
2. 자신, 다른 사람 또는 세계에 대한 지속적이고 과장된 부정적인 믿음 또는 예상(Persistent and exaggerated negative beliefs or expectations about oneself, others, or the world)
3. 외상성 사건(들)의 원인 또는 결과에 대하여 지속적으로 왜곡된 인지를 하여 자신 또는 다른 사람들 비난함[Persistent, distorted cognitions about the cause or consequences of the traumatic event(s) that lead the individual to blame himself/herself or others]
4. 지속적으로 부정적인 감정 상태(Persistent negative emotional state)
5. 주요 활동에 대해 현저하게 저하된 흥미 또는 참여(Markedly diminished interest or participation in significant activities)
6. 다른 사람과의 사이가 멀어지거나 소원해지는 느낌(Feelings of detachment or estrangement from others)
7. 긍정적 감정을 경험할 수 없는 지속적인 무능력(Persistent inability to experience positive emotions)

E. 외상성 사건(들)이 일어난 후에 시작되거나 악화된 외상성 사건(들)과 관련이 있는 각성과 반응성의 뚜렷한 변화가 다음 중 두 가지(또는 그 이상)에서 현저하게 나타남[Marked alterations in arousal and reactivity associated with the traumatic event(s), beginning or worsening after the traumatic event(s) occurred, as evidenced by two(or more) of the following]

1. 전형적으로 사람 또는 사물에 대한 언어적 또는 신체적 공격성으로 표현되는 민감한 행동과 분노폭발(Irritable behavior and angry outbursts typically expressed as verbal or physical aggression toward people or objects)
2. 무모하거나 자기파괴적인 행동(Reckless or self-destructive behavior)
3. 과각성(Hypervigilance)
4. 과장된 놀람반응(Exaggerated startle response)
5. 집중력의 문제(Problems with concentration)
6. 수면 교란(Sleep disturbance)

F. 장애 진단기준(B, C, D 그리고 E)의 기간이 1개월 이상[Duration of the disturbance (Criteria B, C, D, and E) is more than 1 month]

G. 장애가 사회적 · 직업적 또는 다른 중요한 기능 영역에서 임상적으로 현저한 고통이나 손상을 초래(The disturbance causes clinically significant distress or impairment in social, occupational, or other important areas of functioning)

H. 장애가 물질(예: 치료약물이나 알코올)의 생리적 효과나 다른 의학적 상태로 인한 것이 아님(The disturbance is not attributable to the physiological effects of a substance or another medical conditions)

표 6-10 외상후 스트레스 장애(6세 이하 아동)의 DSM-5 진단기준

A. 6세 또는 그보다 어린 아동에서는 실제적이거나 위협적인 죽음, 심각한 부상 또는 성폭력에의 노출이 다음과 같은 방식 가운데 한 가지(또는 그 이상)에서 나타남

1. 외상성 사건(들)에 대한 직접적인 경험
2. 그 사건(들)이 다른 사람들, 특히 주 보호자에게 일어난 것을 생생하게 목격함
3. 외상성 사건(들)이 부모 또는 보호자에게 일어난 것을 알게 됨

B. 외상적 사건(들)이 일어난 후에 시작된 외상성 사건(들)과 관련이 있는 침습 증상의 존재가 다음 중 한 가지(또는 그 이상)에서 나타남

1. 외상성 사건(들)의 반복적·불수의적이고, 침습적인 고통스러운 기억
2. 꿈의 내용과 정동이 외상성 사건(들)과 관련되는 반복적으로 나타나는 고통스러운 꿈
3. 외상성 사건(들)이 재생되는 것처럼 그 아동이 느끼고 행동하게 되는 해리성 반응(예: 플래시백)
4. 외상성 사건들을 상징하거나 닮은 내부 또는 외부의 단서에 노출되었을 때 나타나는 극심하거나 장기적인 심리적 고통
5. 외상성 사건(들)을 상기하는 것에 대한 현저한 생리적 반응

C. 외상성 사건(들)이 일어난 후에 시작된, 외상성 사건(들)과 관련이 있는 자극에 대한 지속적인 회피가 다음 중 한 가지 또는 그 이상에서 있음

1. 외상성 사건(들)을 상기시키는 활동, 장소, 또는 물리적 암시 등을 회피 또는 회피하려는 노력
2. 외상성 사건들을 상기시키는 사람, 대화 또는 대인관계 상황 등을 회미 또는 회피하려는 노력
3. 부정적 감정 상태의 뚜렷한 빈도 증가(예: 공포, 죄책감, 슬픔, 수치심, 혼란)
4. 놀이의 축소를 포함하는 주요 활동에 대해 현저하게 저하된 흥미 또는 참여
5. 사회적으로 위축된 행동
6. 긍정적인 감정 표현의 지속적인 감소

D. 외상성 사건(들)이 일어난 후에 시작되거나 악화된 외상성 사건(들)과 관련이 있는 각성과 반응성의 뚜렷한 변화가 다음 중 두 가지(또는 그 이상)에서 현저하게 나타남

1. 전형적으로 사람 또는 사물에 대한 언어적 또는 신체적 공격성으로 표현되는 민감한 행동과 분노폭발
2. 과각성
3. 과장된 놀람반응
4. 집중력의 문제
5. 수면 교란

E. 장애의 기간은 1개월 이상이어야 함

F. 장애가 부모, 형제, 또래 또는 다른 보호자와의 관계 또는 학교생활에서 임상적으로 현저한 고통이나 손상을 초래

G. 장애가 물질(예: 치료약물이나 알코올)의 생리적 효과나 다른 의학적 상태로 인한 것이 아님

7) 물질관련 및 중독 장애 (Substance-Related and Addictive Disorders)

정신장애의 원인에 대해서 일치된 합의점을 찾기 어렵다는 것은 제4장에서 논의한 바 있으나, 경우에 따라서는 정신장애의 직접적인 원인이 상대적으로 명확한 경우가 있다. 이러한 기질적인 정신장애들의 대표적인 사례가 정신활성물질 사용으로 인한 정신장애이다. 정신활성물질이란 뇌에 영향을 주어서 의식이나 정서를 변화시키는 물질로서 합법적 약물(예: 수면제, 알코올, 담배, 커피 등)과 불법적 약물(예: 아편류, 환각제, 본드 등)로 나눌 수 있다. 정신활성물질에 의한 정신장애는 상대적으로 여성보다는 남성에게서 많이 나타나며, DSM-5에 따르면 이 범주에는 물질사용장애(substance use disorders)와 물질로 유발된 장애(substance-induced disorders)로 분류된다. 물질사용장애는 물질의존(substance dependence)과 물질남용(substance abuse)으로 구분되고, 물질로 유발된 장애는 물질중독(substance intoxication)과 물질금단(substance withdrawal)으로 대분된다. 이들 장애를 구체적으로 정리하면 〈표 6-11〉과 같다. 지면의 한계상 구체적인 장애에 대한 진단기준은 DSM-5를 참고하길 바란다.

표 6-11 물질관련장애의 DSM-5 진단기준

A. 물질사용장애(Substance Use Disorders)
   1. 물질의존(Substance dependence)
   2. 물질남용(Substance abuse)

B. 물질로 유발된 장애(Substance-Induced Disorders)
   1. 물질중독(Substance intoxication)
   2. 물질금단(Substance withdrawal)

C. 각각의 정신활성물질의 종류에 따라 앞의 A와 B에 나열된 의존, 남용, 중독, 금단증상의 네 가지 진단이 가능한데, 현장에서 많이 볼 수 있는 정신활성물질의 종류는 다음과 같은 것들이 있다.

1. 알코올관련장애(Alcohol-Related Disorders)
   1-1. 알코올사용장애(Alcohol use disorders)-예: 알코올 의존(Dependence), 알코올 남용(abuse)
   1-2. 알코올로 유발된 장애(Alcohol-induced disorders)-예: 알코올 중독(intoxication), 알코올 금단(withdrawal)
2. 암페타민관련장애(Amphetamine-Related Disorders)[1)]
3. 카페인관련장애(Caffeine-Related Disorders)
4. 대마관련장애(Cannabis-Related Disorders)
5. 코카인관련장애(Cocaine-Related Disorders)
6. 환각제관련장애(Hallucinogen-Related Disorders)
7. 흡입제관련장애(Inhalant-Related Disorders)
8. 니코틴관련장애(Nicotine-Related Disorders)
9. 아편계관련장애(Opioid-Related Disorders)
10. 펜시클리딘관련장애(Phencyclidine-Related Disorders)
11. 진정제, 수면제 또는 항불안제 관련장애(Sedative-, Hypnotic-, or Anxiolytic-Related Disorders)
12. 다중물질관련장애(Polysubstance-Related Disorder)
13. 기타(또는 미상의) 물질관련장애[Other(or Unknown) Substance-Related Disorders]

1) 2~13까지는 각각 '관련된 장애'와 '초래하는 장애'의 하위구분이 있다.

8) 신경인지장애

현재 한국 사회에서 대두되고 있는 인구구성상의 문제 중의 하나가 저출산 · 고령화 현상이다. 노화(aging)란 성숙한 유기체의 신체적 · 심리적 · 사회적 제반 기능이 시간이 경과함에 따라 소진되어 가는 과정이라고 정의된다(강상경, 2018). 노화에 따른 신체적 변화는 연령 증가에 따라 장기기능이 저하되고, 키가 줄어들며, 피하지방의 소실, 근육의 감소, 뇌의 무게 감소, 복부 피하지방의 축적, 심박출량의 감소 및 뇌의 생화학적 변화 등 전반적으로 나타난다. 노화에 따른 심리적 측면의 변화는 인지기능의 감소(예: 언어능력 감소, 반응성 감소, 기억력 감소 등), 성격상의 변화(예: 내향성, 조심성, 순응성의 증가), 죽음에 대한 지각으로 인한 인생에 대한 회상 등 다양하다. 사회적 측면에서 노화는 퇴직과 주변 사람들의 결혼이나 죽음으로 인한 사회적 관계의 이탈, 은퇴로 인한 경제적인 박탈, 사회적 관계의 축소로 인한 격리와 고독 등을 포함한다. 이러한 노화로 인한 신체, 심리, 사회적 변화와 더불어 노년기에 나타날 수 있는 정신장애는 섬망(Delirium), 주요 신경인지장애(Major NCD), 경도 신경인지장애(Minor NCD) 등이 있다. 여기서는 정신보건 현장에서 노년기 장애 중 가장 큰 관심의 대상이 되고 있는 노년기 신경인지 정신장애 분류를 고찰한다.

신경인지장애(Neurocognitive Disorders: NCD)는 지적장애가 아닌 사람이 통상적인 사회생활이나 대인관계에 장애를 초래할 정도로 기억을 비롯한 여러 인지기능의 장애가 생기는 경우를 말한다. 구체적인 증상들로는 기억, 추상적 사고, 판단 및 고등 대뇌피질 기능상의 장애증상들을 포함하는데, 통계적으로 65세 이상에서는 유병률이 약 5~7% 정도이고 80세 이상의 초고령 연령층에서는 약 20% 정도에 이른다. 노년기 신경인지장애는 대부분 치매에 해당한다. 치매의 원인 질병으로는 알츠하이머병과 다발성 경색치매, 의학적 질병에 동반하는 치매, 약물사용으로 인한 치매, 이러한 요인들의 복합에 의해서 나타나는 치매 등 매우 다양하다. 알츠하이머병의 경우 치매의 약 50%, 다발성 경색치매의 경우 치매의 약 10~20%, 양자가 공존하는 경우 약 20% 정도로 두 가지 요인이 치매와 밀접한 상관관계가 있는 것으로 사료된다(APA, 2013a).

정신장애의 분류에서 치매라고 진단하는 증상적 특징들은 다음과 같다. 첫째, 기억력장애와 인지적 장애(예: 언어, 신체 움직임, 지각기능 및 수행기능에서의 장애)에 의해서 나타나는 복합적인 인지적 장애 증상, 둘째, 이러한 증상들이 일상적인 기능장애 증상을 초래할 때 치매라고 진단 내릴 수 있다. DSM-5에 신경인지장애는 섬망과 주요 및 경도 신경인지장애가 포함되어 있다. 주요 및 경도 신경인지장애의 증상적 특징들과 구체적인 진단은 〈표 6-12〉와 〈표 6-13〉과 같다.

표 6-12 주요 신경인지장애(Major NCD)의 DSM-5 진단기준

1. 예전 상황과 비교해서 하나 또는 그 이상의 인지기능 영역에서 현저한 기능 저하의 증거가 확실함(Evidence of significant cognitive decline from a previous level of performance in one or more cognitive domains)
   - 환자, 보호자 등의 정보제공자, 임상전문가, 또는 임상평가를 통한 판단
2. 인지결손이 일상생활의 독립성을 방해함(The cognitive deficits interfere with independence in everyday activities)
3. 인지결손은 오직 섬망이 있는 상황에서만 발생하는 것이 아님(The cognitive deficits do not occur exclusively in the context of a delirium)
4. 인지결손은 다른 정신장애에 의해서 설명되지 않음(The cognitive deficits are not better explained by another mental disorder)
5. 병인에 따라서 다음 중 하나를 명시할 것(Specify whether due to)
   - 알츠하이머병(Alzheimer's disease)
   - 전두측두엽 변성(Frontotemporal lobar degeneration)
   - 루이소체병(Lewy body disease)
   - 혈관 질환(Vascular disease)
   - 외상성 뇌손상(Traumatic brain injury)
   - 물질/치료약물 사용(Substance/medication use)
   - HIV 감염(HIV infection)
   - 프라이온병(Prion disease)
   - 파킨슨병(Parkinson's disease)
   - 헌팅턴병(Huntington's disease)
   - 다른 의학적 상태(Another medical condition)
   - 다중 병인(Multiple etiologies)
   - 명시되지 않은 경우(Unspecified)
6. 다음의 경우 명시할 것
   - 행동장애를 동반하지 않는 경우
   - 행동장애를 동반하는 경우
7. 현재의 심각도를 명시할 것
   - 경도
   - 중등도

표 6-13 경도 신경인지장애(Minor NCD)의 DSM-5 진단기준

1. 예전 상황과 비교해서 하나 또는 그 이상의 인지기능 영역에서 경미한 기능 저하의 증거가 확실함(Evidence of modest cognitive decline from a previous level of performance in one or more cognitive domains)
   - 환자, 보호자 등의 정보제공자, 임상전문가, 또는 임상평가를 통한 판단
2. 인지결손이 일상생활의 독립성을 방해하지 않음(The cognitive deficits do not interfere with independence in everyday activities)
3. 인지결손은 오직 섬망이 있는 상황에서만 발생하는 것이 아님(The cognitive deficits do not occur exclusively in the context of a delirium)
4. 인지결손은 다른 정신장애에 의해서 설명되지 않음(The cognitive deficits are not better explained by another mental disorder)
5. 병인에 따라서 다음 중 하나를 명시할 것(Specify whether due to)
   - 알츠하이머병(Alzheimer's disease)
   - 전두측두엽 변성(Frontotemporal lobar degeneration)
   - 루이소체병(Lewybody disease)
   - 혈관 질환(Vascular disease)
   - 외상성 뇌손상(Traumatic brain injury)
   - 물질/치료약물 사용(Substance/medication use)
   - HIV 감염(HIV infection)
   - 프라이온병(Prion disease)
   - 파킨슨병(Parkinson's disease)
   - 헌팅턴병(Huntington's disease)
   - 다른 의학적 상태(Another medical condition)
   - 다중 병인(Multiple etiologies)
   - 명시되지 않은 경우(Unspecified)
6. 다음의 경우 명시할 것
   - 행동장애를 동반하지 않는 경우
   - 행동장애를 동반하는 경우

앞에서 제시한 것처럼 주요 신경인지장애의 경우 인지기능 저하가 현저하고 이로 인해 일상생활기능이 저하되며 독립성이 현저하게 방해를 받는 경우에 진단되고, 경도 신경인지장애의 경우는 인지기능 저하가 미미하고 대부분의 경우 일상생활 독립성에 영향을 받지 않는다.

9) 소결

우리나라 지역사회정신보건 체계에서는 사회복지사가 직접 진단을 내리는 경우는 흔하지 않으나, 정신장애인의 재활 과정을 보다 성공적으로 원조하기 위해서는 정신장애의 임상적 특징에 대해서 체계적으로 이해할 필요가 있다. 이러한 것을 염두에 두고 이 장에서는 의학적 정신장애의 분류체계를 지역사회 정신보건 현장에서 많이 접할 수 있는 진단들을 중심으로 살펴보았다. 앞에서 살펴본 정신장애 이외에도 섭식장애, 성격장애 및 기타 정신장애가 DSM-5에 포함되어 있으나 이러한 장애를 가진 사람들은 공적인 정신건강 전달체계에서는 자주 접하는 진단들이 아니라고 생각되어 이 장에서는 제외하였다. 관심 있는 사람들은 직접 DSM-5를 참고하기를 바란다. 지면의 한계상 진단분류의 핵심적인 부분을 중심으로 고찰했기 때문에 보다 구체적인 진단의 분류 또한 직접 DSM-5를 보면서 보충·첨가해야 하겠다. 그리고 실제 현장에서 진단을 내리거나 정신장애인을 이해하기 위해서는 실제 사례를 중심으로 훈련을 할 필요가 있는데, 실제적인 사례는 DSM-5 Case Book(예: Ventura, 2017)들을 참조하면 도움이 될 것이다. 결론적으로 DSM-5 진단체계의 기본은 ① 질병으로 인한 증상에 대한 사정과 ② 증상으로 인한 일상생활기능 저하에 대한 사정을 통해서 정신장애 진단을 도출하는 것이다. 서두에서 살펴본 것처럼 분류는 의사소통을 용이하게 하는 장점이 있지만 불필요한 선입견이나 낙인을 유발할 우려가 있어서 매우 신중하게 사용해야 한다.

3. 강점 중심 사정체계: VIA

DSM-5(APA, 2013a)와 같은 분류체계는 장애 중심적, 병원 중심적, 의사 중심적, 치료 중심적, 약물 중심적이다. 이러한 특성은 앞에서 살펴본 협의의 정신건강 사회복지의 개념에 맞닿아 있다. 질병모델은 정신건강증진이나 정신장애예방에는 효과적이지 못하고, 스티그마를 유발할 수 있다는 한계가 있다. 정신건강에 대한 관점이 치료모델에서 사회적 인권모델로 변화한 것에서 알 수 있듯이 정신건강에 대한 접근은 치료중심에서 성장 지향적으로 변화하였다. 이러한 변화에 부응하여 등장한 분류체계가 강점 중심 분류체계인 VIA(Virtue in Action)이다(Peterson & Seligman, 2004). 여기서는 긍정 정신건강 분류체계인 VIA를 소개한다(https://www.viacharacter.org/). VIA 분류체계를 간략하게 정리하면 〈표 6-14〉와 같다.

표 6-14 VIA 분류체계

대분류	덕성	특성
지혜	창의성	• 독창적이고 적응적인 생각과 행동을 만들어 내는 개인적인 특성
	호기심	• 새로운 정보, 지식, 경험을 얻고자 하는 욕구로 탐색적 행동을 유발하는 심리적 성향
	개방성	• 기꺼이 수용하는 열린 마음 자세로 경직된 편견적 태도와 대비되는 것으로 사실을 있는 그대로 받아들이고자 하는 객관적이고 냉철한 태도
	학구열	• 배움에 대한 사랑으로 새로운 지식이나 기술을 배우는 것에 대한 갈망이나 기술 및 지식을 익히면서 긍정 정서를 경험하는 성향
	지혜	• 지능(intelligence)과는 다른 것으로 뛰어난 수준의 지식과 판단 및 조언 능력을 의미하는 것으로 인생의 의미는 무엇이며 어떻게 살아야 하는가에 대해 현명하게 대답할 수 있는 능력

자애	사랑	• 다른 사람과 깊은 애정을 형성하고 유지할 수 있는 심리적 능력을 의미
	친절성	• 다른 사람의 행복을 위해서 배려하고 호의를 베풀며 선한 행동을 함으로써 보살펴 주려는 개인의 성향
	사회적 지능	• 다른 사람들과의 관계에서 친밀감과 신뢰감을 형성할 뿐 아니라 그들에게 영향력을 행사할 수 있는 개인적인 능력
용기	용감성	• 위험하고 위협적인 상황에서 두려움을 이겨 내고 그 상황을 극복하기 위한 적절한 행동을 자발적으로 하는 능력
	끈기	• 여러 가지 난관과 좌절에도 불구하고 목적 지향적인 행동을 자발적으로 지속하는 능력
	진실성	• 자신의 내면적 상태, 의도, 행위를 사적으로든 공적으로든 정확하게 드러냄으로써 자신에게 솔직해지려고 노력하는 인격적 특질을 의미
	활력	• 활기차고 적극적으로 살아가는 동시에 생동감과 행동력을 지니고 삶과 일을 대하는 태도
절제	용서	• 공격이나 상처를 받은 피해자가 가해자에게 나타내는 긍정적인 심리적 변화로 상대방에 대한 분노 감정과 보복 욕구를 개인이 자발적으로 내려놓는 심리적 노력
	겸손	• 자신의 장점이나 성취에 대해서 절제된 평가를 하는 일반적 태도
	신중성	• 선택을 조심스럽게 함으로써 불필요한 위험에 처하지 않으며 나중에 후회할 말이나 행동을 하지 않는 능력
	자기조절	• 지향하는 목표나 기준에 도달하기 위해서 자신의 생각, 감정, 충동, 행동을 조절하고 통제할 수 있는 능력
정의	시민정신	• 자신이 속한 집단의 이익을 추구하고자 하는 책임의식으로 사회나 조직 속에서 자신에게 주어진 임무와 역할을 인식하고 부응하려는 태도
	공정성	• 모든 사람을 편향된 개인적 감정의 개입 없이 동등하게 대하는 태도를 의미
	리더십	• 집단활동을 조직화하고 그러한 활동이 진행되는 것을 파악하여 관리함으로써 집단을 이끌어 나가는 능력

초월	감상력	• 아름다움과 탁월함에 대한 인식능력
	감사	• 자신에게 베풀어진 다른 사람의 수고와 배려를 인식하고 고마움을 느끼는 능력
	낙관성	• 미래에 대한 긍정적 태도
	유머 감각	• 인생의 역설적인 측면을 예리하게 포착하여 즐기면서 다른 사람들을 웃게 만드는 능력 • 선의적인 의도로 유머를 이해하고 만들어 내는 능력
	영성	• 인생의 초월적 측면에 대한 관심과 믿음 그리고 수행 노력을 의미

토론주제

1. 정신건강사회복지 실천과 관련해서 사정의 중요성에 대해서 논하시오.
2. 생태체계이론의 환경 속의 인간 관점에서 개인체계에 대한 사정과 환경체계에 대한 사정이 왜 중요한지 이해하고, 미시체계와 거시체계에 대한 균형 잡힌 사정 방법에 대해 논하시오.
3. 사정체계의 강점과 한계에 대해서 논하시오.
4. 문제 중심 사정체계의 긍정적 기능과 부정적 기능에 대해서 논하고, 부정적 기능을 극복하기 위한 대안적 방안에 대해서 논하시오.
5. 강점 중심 사정체계의 긍정적 기능과 부정적 기능에 대해서 논하고, 부정적 기능을 극복하기 위한 대안적 방안에 대해서 논하시오.

제7장

정신건강복지법에 근거한 실천영역[1]

「정신건강복지법」은 정신질환이 있는 사람들을 위한 의료서비스 이외에 고용 및 직업재활 지원(제34조), 평생교육 지원(제35조), 문화·예술·여가·체육활동 등 지원(제36조), 지역사회 거주·치료·재활 등 통합 지원(제37조) 그리고 가족에 대한 정보제공과 교육(제38조) 등을 규정하고 있다. 이러한 복지서비스에 관한 규정은 이전의 「정신보건법」에서는 근거가 없었으며, 2016년 「정신건강복지법」으로의 개정에 따라 추가된 영역이다. 2000년 개정된 「장애인복지법」은 정신장애인을 장애인 범주에 포함시켰으나, 당시 「정신보건법」의 적용을 받는 사람들에게 「장애인복지법」 적용을 배제함(제15조)으로써 정신장애인은 다양한 복지서비스를 이용할 기회를 상실하게 되었다. 즉, 「정신보건법」에는 복지서비스 규정을 두지 않고 「장애인복지법」의 복지서비스는 정신장애인에 대한 적용을 배제함으로써 정신장애인복지의 사각지대가

1) 이 장의 일부 내용은 이용표 등(2017)의 지역사회 정신장애인 현황조사 및 지원체계 연구의 일부 내용을 수정·보완한 것이다.

형성되었다. 이와 같은 정책적 환경에서 「정신건강복지법」은 정신장애인의 복지서비스를 확충할 수 있는 계기를 마련해 주었다.

그러나 실제 「정신건강복지법」 개정 이후에도 법 제34~38조의 서비스들이 확충되고 있지 못하다. 그 이유는 정부나 지방자치단체의 의지문제일 수도 있으며, 「정신건강복지법」의 전달체계가 그대로 보건전달체계를 유지하고 있어 복지서비스를 확충하기에 부적절한 구조이기 때문일 수도 있다. 이유가 무엇이건 간에 정신장애인에게 복지서비스를 제공하지 않을 정당성은 없다. 그렇기 때문에 정신장애인 복지서비스는 향후 제도개선을 통해 발전해 나가야 할 것이다. 이 장에서는 정신장애인 복지서비스에 대한 규범적 측면을 UN 장애인권리협약에서 제시된 국제적 기준을 통해 살펴보고, 국내법의 근거조항을 검토해 본다. 그리고 개별적 복지서비스에 대한 의의, 현황 및 문제점 그리고 발전방안을 정리해 본다.

1. 정신장애인 복지서비스에 관한 국내외의 규범

1) UN 장애인권리협약의 국제기준[2)]

UN 장애인권리협약(Convention on the Rights of Persons with Disabilities)은 국제사회가 마련한 국제인권협약으로 2006년 12월 13일 제61차 UN 총회에서 채택되었으며, 우리나라는 2007년 비준에 서명하였다. 그리고 2008년 12월 국회의 비준을 받아 2009년 1월부터 발효되었다. 이 협약은 전문 25개 조항, 본문 50개 조항 그리고 선택의정서 18개 조항으로 구성되어 있으며, 정신장애인의 생명권, 사법 접근권, 신체의 자유, 자립적 생활 및 지역사회참여권, 의사 및 표현의 자유, 사생활보호, 교육, 건강, 취업 등 전반적인 삶의 영역에 관한 권익보장을 규정하고 있다.

2) UN 장애인권리협약의 국제기준은 변용찬 등(2006)의 UN 장애인권리협약 연구에 대한 한국보건사회연구원의 번역문을 기준으로 정리하였다.

(1) 고용 및 직업재활 지원

UN 장애인권리협약의 제27조에는 장애인의 근로 및 고용에 관한 국제 인권기준을 제시하고 있다. 협약의 당사국은 다른 사람들과 동등한 조건으로 장애인의 노동권을 인정하며, 이것은 장애인이 노동시장에서 자유로이 선택하거나 수용한 직업과 장애인에게 개방적이고 통합적이며 접근 가능한 근로환경을 통하여 삶을 영위할 기회를 가질 권리를 포함한다. 그 주요 내용은 다음과 같다.

(a) 모집, 채용 및 고용, 고용 연장, 직업 개발, 안전하고 위생적인 업무환경의 조건을 포함한 모든 형태의 고용관련 제반 사안에 대해 장애를 이유로 한 차별을 금지함

(b) 다른 사람들과 동일한 조건으로 동등한 가치를 가진 일에 대한 기회균등 및 평등적 보상, 희롱으로부터의 보호를 포함한 안전하고 위생적인 작업환경, 불편사항의 시정을 포함하는 공정하고 우호적인 근로환경에 대한 장애인들의 권리를 보호함

(c) 다른 사람과 동등한 조건으로 장애인의 노동 및 노동조합의 권리를 행사할 수 있도록 보장함

(d) 일반기술 및 직업 지도 프로그램, 배치서비스와 직업 및 지속 훈련에 장애인이 효과적으로 접근할 수 있도록 보장함

(e) 구직, 취업 및 유지, 그리고 직장복귀에 대한 지원뿐만이 아니라 노동시장에서 장애인의 고용의 기회와 직업개발을 증진함

(f) 자가 고용, 기업경영, 협력개발 및 자영업의 기회를 촉진함

(g) 공공부문에서 장애인을 고용함

(h) 차별우대조처(Affirmative Action) 프로그램, 장려금 그리고 기타 조치를 포함할 수 있는 적절한 정책과 대책을 통해 민간부문에서 장애인 고용을 촉진함

(i) 사업장에서 장애인들에게 합리적인 편의제공을 보장함

(j) 공개 노동시장에서의 장애인이 직장경력을 획득하도록 촉진함

(k) 장애인을 위한 직업훈련 및 전문 재활, 직업유지 및 직장복귀 프로그램을 증진함

(2) 평생교육 지원

협약 제24조에서는 협약 당사국은 교육에 관한 장애인의 권리를 인정하고, 동등한 기회에 따라 차별 없이 이러한 교육권을 현실화하며 모든 수준에서의 통합교육체계와 평생교육을 보장할 것을 제시하고 있다. 그리고 이를 실현하기 위해, 첫째, 인간의 잠재력, 존엄에 대한 감수성, 자아존중감의 개발 극대화, 인권, 기본적인 자유 그리고 인간의 다양성에 대한 존중의 강화, 둘째, 장애인의 정신적 · 신체적 능력뿐만 아닌 인성, 재능 및 창의성의 개발 극대화, 셋째, 자유 사회 속에서 장애인의 효과적인 참여 유도 등의 방향을 제시한다. 이러한 권리를 실현하기 위해 장애인의 평생교육에 관하여 다음과 같이 규정하고 있다.

> 당사국은 장애인들이 고등교육, 직업교육, 성인교육 및 평생교육에 차별 없이 다른 사람들과 동등한 조건으로 접근할 수 있도록 보장한다. 이를 위해 당사국은 장애인에게 합리적인 편의제공을 보장한다.

(3) 문화 · 예술 · 여가 · 체육활동 등 지원

협약 제30조에서는 협약 당사국이 다른 사람들과 동등한 조건으로 장애인이 문화생활에 참여할 권리를 인정하고 모든 적절한 조치를 취하도록 규정한다. 이를 위해 접근 가능한 형태로 문화적 자료를 향유할 권리, TV 프로그램, 영화, 연극 및 기타 문화활동을 향유할 권리 그리고 극장, 박물관, 영화관, 도서관, 관광여행 서비스와 같은 문화 활동 및 관련 서비스를 위한 장소에 대한 접근성과, 국가의 중요한 기념관 및 문화적 명소 등에 대한 접근성을 최대한 향유할 권리를 보장하도록 하고 있다. 그리고 협약 당사국은 장애인이 다른 사람들과 동등한 조건으로 레크리에이션, 여가생활, 스포츠 활동에 참여할 수 있도록 하기 위해 다음과 같은 조치를 취하도록 하고 있다.

(a) 주류 스포츠 활동의 전 영역에서 장애인이 가능한 한 최대로 참여할 수 있도록 격려하고 증진한다.
(b) 장애인이 장애 특화 스포츠와 레크리에이션 활동을 조직 · 개발하고 참여할 수 있는 기회를 보장하며, 이를 위해 비장애인과 동등한 입장에서 적절한 지침, 훈련 및 자원의 공급을 보장한다.
(c) 스포츠, 레크리에이션 및 관광여행 장소에 대한 장애인의 접근성을 보장한다.
(d) 교내 활동을 포함하여 장애아동이 놀이, 레크리에이션, 여가생활 및 스포츠 활동에 평등하게 참여할 수 있도록 보장한다.
(e) 레크리에이션, 관광여행, 여가 및 스포츠 활동 조직에 관련된 서비스에 대한 장애인의 접근성을 보장한다.

(4) 지역사회 거주 · 치료 · 재활 등 통합 지원

협약 제19조는 협약의 당사국이 모든 장애인들이 다른 이들과 동등한 선택을 통해 지역사회에서 살아가는 데 있어 동등한 권리를 가지고 있음을 인정하며, 장애인들이 이러한 권리를 완전히 향유하고 지역사회 통합 및 참여를 촉진하기 위하여 효과적이고 적절한 조치를 취하도록 하고 있다. 그리고 이러한 권리를 인정하기 위하여 다음의 사항을 보장하도록 규정하고 있다.

(a) 장애인들은 다른 사람들과 동등한 조건으로 거주지 선택의 자유, 어디서 누구와 살 것인가에 대한 선택의 자유를 가지며 특정한 거주형태에서 사는 것을 강요받지 않는다.
(b) 장애인의 생활 및 지역사회 통합을 지원하고 지역사회로부터 소외 또는 격리를 예방하기 위하여 필요한 개별지원을 포함하여 장애인은 각종 가정 내 지원서비스, 주거 지원서비스 그리고 지역사회의 지원서비스에 대한 접근성이 있어야 한다.
(c) 일반인을 위한 지역사회 서비스 및 시설은 장애인에게도 동등한 조건으로 이용 가능해야 하며 장애인의 욕구에 부합되어야 한다.

2) 정신건강복지법

「정신건강복지법」은 정신질환자를 위한 복지서비스를 규정하고 있다. 이 법이 규정하고 있는 구체적인 서비스는 고용 및 직업재활 지원(제34조), 평생교육 지원(제35조), 문화 · 예술 · 여가 · 체육활동 등 지원(제36조), 지역사회 거주 · 치료 · 재활 등 통합 지원(제37조) 그리고 가족에 대한 정보제공과 교육(제38조) 등이다. 그리고 국가와 지방자치단체는 정신질환자가 정신질환에도 불구하고 잠재적인 능력을 최대한 개발할 수 있도록 정신질환자에게 적합한 서비스를 적극적으로 개발하기 위한 연구지원체계를 구축하기 위하여 노력할 의무를 부과하고 있다(제33조).

서비스 내용별로 「정신건강복지법」을 살펴보면, 정신질환자에 대한 고용 및 직업재활 지원(제34조)을 위하여 국가와 지방자치단체는 정신질환자가 자신의 능력을 최대한 활용하여 직업생활을 영위할 수 있도록 일자리 창출, 창업지원 등 고용촉진에 필요한 조치를 강구하도록 하고 있다(제34조 제1항). 그리고 보건복지부장관은 정신질환자의 능력과 특성에 적합한 직업훈련, 직업지도 등을 지원하기 위하여 필요한 조치를 강구하여야 한다(제34조 제2항).

정신질환자의 평생교육 지원을 위하여 국가와 지방자치단체는 정신질환자에게 「교육기본법」 제3조 및 제4조에 따른 평생교육의 기회가 충분히 부여될 수 있도록 특별자치시장 · 특별자치도지사 · 시장 · 군수 · 구청장별로 「평생교육법」 제2조 제2호의 평생교육기관을 지정하여 정신질환자를 위한 교육과정을 적절하게 운영하도록 조치하여야 한다(제35조 제1항). 또한 국가와 지방자치단체는 제1항에 따라 지정된 평생교육기관에 대하여 예산의 범위에서 정신질환자를 위한 교육과정 운영에 필요한 경비의 전부 또는 일부를 지원할 수 있다(제35조 제2항). 제1항에 따른 평생교육기관의 지정기준과 절차, 정신질환자를 위한 교육과정의 기준, 교육제공인력의 요건 등은 교육부장관이 보건복지부장관과 협의하여 정한다(제35조 제3항)고 규정한다. 그리고 정신질환자에 대한 문화 · 예술 · 여가 · 체육활동 등을 지원하기 위하여 국가와 지방자치단체는 이 법에서 정한 지원 외에 문화 · 예술 · 여가 · 체육활동 등의 영역에서 정신질환자에게 필요한 서비스가 지원되도록 최대한 노력하여야 할 의무를 부과하고 있다(제36조 제1항).

정신질환자의 지역사회 거주 · 치료 · 재활 등에 관한 통합 지원을 위하여 국가와 지방자치단체는 정신질환자의 지역사회 거주 및 치료를 위하여 필요한 시책을 강구하여야 한다(제37조 제1항). 그리고 국가와 지방자치단체는 정신건강증진시설에서의 퇴원 등이 필요한 정신질환자에 대한 지역사회 재활지원 등 지역사회 통합지원을 위하여 노력하여야 한다(제37조 제2항)고 규정한다.

2. 정신건강복지법의 복지서비스

1) 고용 및 직업재활 지원

(1) 의의

전통사회에서 가문과 같은 출신 집단이 한 개인의 사회적 위치나 자아정체성을 형성하는 가장 중요한 요소였다면, 현대 사회에 와서는 '직업'이 그것을 대신하게 되었다. 개인은 직업을 통하여 사회적 관계를 형성하고, 생계유지를 위한 경제적 자원을 획득한다. 그리고 직업이 사회적 준거집단을 형성하는 토대가 됨으로써 자신이 누구인지 규정하고 심리적 · 정서적 자긍심을 고취하게 된다. 이러한 직업의 중요성은 다른 한편으로 사회적 고립이나 낮은 자아정체감을 형성시키는 요인이 될 수 있다. 한 성인이 취업으로부터 배제되는 경우 사회적 관계는 매우 제한적이 되며 경제적으로 의존 상태에 놓이게 된다. 더욱이 자신이 무능하고 사회적으로 불필요한 존재라는 자기낙인을 형성할 수도 있어 개인을 불행하게 만들 수 있다. 정신장애인의 실업은 이러한 문제를 총체적으로 드러낸다. 정신장애인은 장애인 집단에서도 최하위 취업률을 보이고 매우 빈곤하며 사회적 낙인과 편견으로 무기력한 상태에 있다. 낮은 취업률은 정신장애가 있는 사람들의 의존 상태를 지속시킴으로써 가족과 사회의 부담을 가중시키고 치료와 회복을 위한 노력의 성과를 낮추는 주요 요인이 된다(하경희, 성준모, 2012).

국가 전체적으로도 정신장애인의 취업증진을 위한 적극적인 정책은 소중한 인적자원을 적재적소에 활용하고, 사회통합을 촉진하며, 복지지출 감소를 통해 재정부담을 완화할 수 있다(이용표 외, 2017). UN 장애인권리협약(CRPD)은 장애인의 자립과 지역사회통합을 위해서 고용 관련 모든 정책에서 차별을 금지하고 장애인이 능력을 최대한 발휘할 수 있는 업무환경을 조성하도록 강조하고 있다. 장애인이 비장애인과 동등한 선택권을 가지고 지역사회에서 살 수 있도록 동등한 권리를 보장받아야 하고 장애인이 지역사회에 완전히 통합되고 참여할 수 있어야 한다고 강조하고 있다. 우리나라 「정신건강복지법」도 국가와 지방자치단체에 정신질환자의 직업생활을 위한 일자리 창출, 창업지원 등 고용촉진에 필요한 조치를 강구할 의무를 부과하고 있으며(제34조 제1항), 보건복지부장관은 정신질환자의 능력과 특성에 적합한 직업훈련, 직업지도 등을 지원하기 위하여 필요한 조치를 강구하도록 하고 있다(제34조 제2항).

(2) 현황 및 문제점

〈표 7-1〉은 지난 12년(2005~2017년)간 장애인경제활동 관련 실태조사 결과이다. 이를 시계열로 살펴보면, 등록 정신장애인의 인구는 2011년 이후 정체된 상태에 있지만 경제활동참가율(2005년 17.46% → 2017년 19.2%)은 소폭 상승하였다. 실제 2014년 조사 때까지 2005년에 비해 감소하였다가 2017년에 상승하였다. 인구 대비 취업자 비율(2005년 15.9% → 2017년 15.7%)은 2014년까지 감소하는 추세를 보이다가 2017년에 와서 2005년 수준으로 회복하였다. 그러나 12년이 지났어도 정신장애인의 취업률과 취업여건은 여전히 나아지지 않고 있음을 알 수 있다. 현재의 정신장애인 경제활동참가율과 인구 대비 취업자 비율은 동일한 정신적 장애로 분류되는 지적장애인들의 경제활동참가율 35.7%, 인구 대비 취업자 비율 34.2%에 비하여 매우 낮은 수준이며 전체 장애 유형별 집단에서 최하위 집단에 속한다.

표 7-1 정신장애인 연도별 경제활동 상태 (단위: 명, %)

구분	2017년	2014년	2011년	2008년	2005년
15세 이상 인구	103,628	105,002	103,893	84,552	77,180
경제활동참가율	19.2	13.85	14.33	11.57	17.46
취업률	81.7	70.00	77.58	85.43	91.31
실업률	18.3	30.00	22.42	14.57	8.69
인구 대비 취업자 비율	15.7	9.7	11.1	9.9	15.9

출처: 이용표 외(2017).

〈표 7-2〉는 일하고 있는 정신장애인의 종사상 지위를 나타낸다. 정신장애인 실태조사(이용표 외, 2017)에서 취업자의 현재 직장(일)에서의 종사상 지위는 상용근로자 39.1% 임시근로자 34.4%, 일용근로자 15.5% 등으로 고용안정이 제대로 확보되지 못한 곳에서 일하고 있는 사람의 비율이 높았다. 이 비율은 장애인실태조사(2014)의 각각 32.%, 26.2%, 12.2%에 비해 높은 것이다. 즉, 2014년에 비하여 자영업자, 무급 가족종사자가 감소하면서 상용근로자, 임시근로자 그리고 일용근로자의 비율이 상승하였다. 즉, 인구 대비 취업자 비율은 2005년으로 회복하였으나 고용상의 지위는 호전되지 못하고 있다.

표 7-2 취업자의 현재 직장(일)에서의 종사상 지위 (단위: %)

구분		전체	상용 근로자	임시 근로자	일용 근로자	자영업자	무급 가족 종사자	모름/ 응답 거절
정신 장애인	정신장애인 실태조사(2017)	100.0	39.1	34.4	15.5	2.5	4.4	4.1
	장애인 실태조사(2014)	100.0	32.3	26.2	12.2	7.7	9.2	–
전체 장애인	장애인 경제활동조사 (2016)	100.0	43.9	15.7	11.8	24.4	4.2	–

출처: 이용표 외(2017).

한편 불안정한 종사상의 지위는 임금 수준과도 직결된다. 정신장애인 실태조사(2017)에서 취업한 정신장애인(317명)이 밝힌 직장생활을 통해 얻는 월평균 수입은 43.2만 원으로 최저임금에 훨씬 미치는 못하는 열악한 수준이었다. 이 조사의 결과는 장애인실태조사(2014)의 56.2만 원보다 적은 수준이었고, 장애인경제활동조사(2016)에서 나타난 전체장애인 근로자의 월평균 임금인 169.1만 원 대비 25.5%에 머물고 있다.

각종 지표에서 확인할 수 있는 정신장애인의 경제활동 상태의 특징은 낮은 경제활동참가율, 낮은 고용률 그리고 높은 실업률로 대변할 수 있다. 이들의 노동시장에서의 지위는 일용·임시근로자 비율이 높았고, 따라서 낮은 임금을 받고 있어 경제적으로 가장 어려운 지위에 놓여 있음을 반증한다. 이처럼 정신장애인의 경제활동 상태가 취약한 배경에는 다음과 같은 문제점이 있다.

첫째, 취업지원체계가 일반 노동시장으로 진입할 수 있는 준비와 근로동기를 부여하지 못하고 있다. 즉, 정신장애인에게 적절한 취업준비를 지원해 줄 수 있는 교육·훈련체계가 제대로 갖추어져 있지 않다. 등록장애인의 경우 장애인고용공단을 비롯한 각종 전문기관에서 공적 서비스를 받을 수 있지만, 장애등록 기준에 부합하지 않는 수많은 지역사회의 정신장애인들에게는 서비스가 제한되고 있다. 특히 정신장애인의 높은 기초생활보장 수급률에서 알 수 있는 것처럼 이들은 일하기 어려운 상황에 처해 있다. 사회적 장벽도 높지만 스스로도 일보다는 수급권을 선택하려는 경향을 가진 경우도 많다. 일할 수 있는 능력이 있는 경우에도 취업으로 인해 소득이 발생할 때 의료보장 등 수급권 탈락을 우려하여 일을 기피하는 현상을 보이기 때문이다. 이는 소득보장과 고용보장의 이원화된 정책과 제도에 기인하는 영향이 크다.

둘째, 정신장애인을 위한 취업지원 인프라가 매우 부족하다. 「장애인복지법」상의 직업재활시설에 비해 정신장애인이 이용할 수 있는 직업재활시설의 수가 매우 제한적이어서 서비스 공급량이 절대적으로 부족하다. 「정신건강복지법」 적용을 받는 사람에 대하여 「장애인복지법」의 적용을 배제할 수 있도록 하는 이원화 서비스 체계는 정신장애인에게는 장애인직업재활시설, 장애인복지관 등 공적 서비스 제공이 제한되는 관행을 가지고 있어 부족한 인프라에 더해 기존 장애인서비스 이용의 제한이라는 이중의 차별을 받고 있는 것이다. 「정신건강복지법」에는 정신질환자 직업재활시설을 설치할 수 있도록 규정되어 있지만 실제 세부 지침이 미비한 것도 제도적 지원을 어렵게 만들고 있다. 장애인직업재활시설과 비교할 때 그나마 적은 수의 정신질환자직업재활시설에 대해서도 시설의 역량강화를 위한 기능보강, 인력지원 등 공적 지원이 상대적으로 크게 부족하다. 한편 장애인직업재활기관과 정신질환자직업재활기관 간, 정신질환자직업재활기관들 간 상호 연계가 부족하고 서비스가 분절적인 것도 인프라를 활용하는 데 걸림돌이다. 정신장애인들의 취업과 애로사항을 통합적으로 지원할 수 있는 네트워크가 제대로 구축되지 않은 상태에서 관련 기관별 지원서비스들은 제각기 분절되어 있고 구인 · 구직 등 정보시스템 공유도 제대로 구현되지 못하고 있다.

셋째, 정신장애인을 위한 양질의 일자리가 매우 부족하다. 장애인 경제활동실태조사에서 나타난 것처럼 경제활동참가율, 실업률, 종사상 지위, 고용유지기간, 임금소득 수준 등 대부분의 지표에서 정신장애인은 전체인구는 물론 타 유형의 장애인들에 비해 심각한 격차를 보이고 있다. '양질의 일자리' 혹은 '괜찮은 일자리'의 구성조건은 적절한 임금(전체 근로자 중위임금의 2/3 이상), 고용안정성 및 지속성(정규직 근로자), 사회보장(4대 보험 가입 근로자) 등으로 규정할 수 있는데, 이 같은 기준으로 괜찮은 일자리에 진입 가능한 장애인은 장애인 임금근로자의 20% 미만으로 매우 낮은 수준인 것으로 파악되고 있다. 정신장애인의 경우 각종 경제활동지표를 고려할 때 양질의 일자리로 진입할 수 있는 비율은 훨씬 낮을 것으로 추정된다. 그럼에도 불구하고 타 장애 유형에 비해 정신장애인의 일자리를 확대하는 정책적 노력은 부족하다. 새로운 직업영역의 개발, 사회적 경제 등과 결합된 취 · 창업 지원책의 미비 등으로 정신장애인은 대체로 저임금의 단순노무직에 머물게 되는 악순환 상황을 반복하고 있다.

넷째, 정신장애인의 특성을 반영한 적절한 취업지원서비스가 제공되지 않고 있다. 일반적으로 정신장애인이 현재 직장에서 느끼는 가장 큰 애로사항으로 심리적 불안감이나 정신의학적 증상 때문에 직업생활 유지에 곤란을 겪으며, 증상 악화 시

본인과 보호자의 의사나 사업주의 태도 등으로 퇴사를 먼저 선택하는 경향이 있다. 이처럼 정신장애인에게 취업은 의료적 지원, 심리적 안정, 현장적응 등이 관건이라 할 수 있는데 현존하는 관련 서비스와 프로그램은 대개 이들의 특성을 제대로 반영하지 못하고 있다.

다섯째, 정신장애인은 노동시장에서 심각한 차별과 편견에 직면하고 있다. 장애인실태조사(2014)에 의하면 정신장애인은 노동시장에서 취업에서의 차별 69.8%(전체 장애인 35.8%), 직장생활 중 소득 및 임금 차별 56.8%(전체 장애인 23.9%), 직장생활 중 동료와의 관계 차별 64.7%(전체 장애인 20.0%), 직장생활에서 승진의 차별 48.6%(전체 장애인 13.3%) 등 경제활동 전반에 걸쳐 차별을 경험하고 있으며, 낙인으로 인한 기회의 제한은 전체 장애인과 비교해도 현격하다.

(3) 발전방안

현재의 정신장애인 취업 실태와 문제점을 토대로 발전방안을 제안하면 다음과 같다.

첫째, 정신장애인 취업지원 인프라를 대폭 확충해야 한다. 먼저 정신질환자직업재활시설을 확충하고 기능보강지원을 강화해야 한다. 현재 중증장애 인구 대비 장애인직업재활시설은 1,428명당 1개소가 설치되어 있는데, 이를 기준으로 하여 정신장애 인구와 대비해 보면 정신질환자직업재활시설(10개소) 설치율은 14.5%에 불과한 것이므로 최소한 59개소가 더 설치되어야 한다. 또한 정신질환자직업재활시설의 기능을 보다 활성화하기 위해서는 적어도 장애인직업재활시설들에게 지원되는 정도의 기능보강 예산이 지원되어야 한다. 정신장애인의 노동시장 초기 진입과 직업역량 강화는 담당 실무자의 역량에 따라 성패가 결정되는 경향이 있기 때문에 정신장애인 직업재활 전문인력 양성도 시급하며, 관련 교육 · 훈련 과정을 개발해야 한다.

둘째, 주간재활시설 등에 직업재활서비스 기능을 강화해야 한다. 정신질환자직업재활시설의 양적 확대를 우선 추구하되, 동시에 기존의 주간재활시설, 종합훈련시설, 입소시설 등을 중심으로 직업재활서비스 기능을 강화할 수 있는 지원방안이 마련되어야 당장의 부족한 인프라를 보완할 수 있다.

셋째, 기존 서비스가 정신장애인의 특성을 반영할 수 있도록 개선되어야 한다. 정신장애인에게는 환경의 변화에 대한 취약성이 있어 가능하면 자신이 일을 하는 곳에서 재훈련이 이루어져야 하는 특수성을 가지고 있기 때문에 전통적인 장애인 직업훈련과는 다른 접근이 필요하다. 우선 정신장애인들에게 가장 효과적인 서비스 방식으로 인정되는 지원고용을 확대하고 내실화해야 한다. 또한 정신장애인 인턴제를 확대해야 한다. 현재 장애인고용공단 등에서 중증장애인 인턴제를 시행하고 있지만, 그 대상이 한정적이므로 정신장애인 서비스 대상인원의 확대와 더불어 직무의 종류, 근로시간, 의료서비스와의 연계 등 정신장애인의 특성이 보다 충실히 반영된 제도로 재설계할 필요가 있다. 그리고 취업 후 사후관리서비스도 강화되어야 한다. 사업체에서는 치료휴가제, 직장복귀 시 인센티브, 지속적인 상담을 할 수 있도록 상담의사 지원, 동료지원가 등을 제도화하여 정신장애인이 노동시장에 계속해서 남아 있을 수 있게 하는 지원이 절실하다.

넷째, 정신장애인을 위한 신직종 개발 등 직업영역 확대를 위한 노력이 요구된다. 정신장애인의 대부분은 능력 및 경력과 무관한 단순 노무직종의 재취업 악순환이 발생하고 있다. 정신장애인의 회복 및 치료와 근로를 병행할 수 있는 새로운 직업영역을 발굴하기 위해 시간과 장소에 구애받지 않는 새로운 고용 형태 성격의 맞춤형 일자리, 사업성이 담보된 아이템에 대한 프리랜서 창업지원, 중소벤처기업부와 연계한 창작형 창업모델 개발, 일본의 챌린지 고용사업을 모델로 한 한국형 일자리사업 등을 적용해 볼 수 있다. 또한 사회적 경제(social economy) 영역에서의 일자리 개발도 확대되어야 한다. 사회적 경제조직은 세계적으로 인정된 중증장애인 고용기제이므로 장애인, 노인 등 사회적 약자와 관련한 인권, 복지, 행정, 문화, 교육, 의료, 건강 등 사회서비스 확대에 따라 성장할 가능성이 있거나 새롭게 형성되는 분야 중 시장 형성 및 사업화가 가능한 아이템을 발굴·육성하는 것이 유효할 것이다.

다섯째, 고용 및 직업재활기관들 간 연계체계를 구축하고 맞춤형 통합서비스가 제공되어야 한다. 정신장애인들은 증상을 비롯하여 각종 이유로 취업을 시도하지 않거나 취업해도 조기퇴직을 하는 등 직업생활에 어려움이 크다. 통합적으로 지원할 수 있는 조직도 부재하며, 관련 기관별 지원서비스들은 제각기 독자적으로 추진되고 분절되어 있어 이용자 중심의 개인별 통합지원체계가 구축되어야 한다. 구체적으로 지역단위에서 정신질환자직업재활시설, 주간재활시설, 종합훈련시설들은 물론 장애인고용공단, 장애인복지관 등과의 직업재활 네트워크를 구축한다면 정신장애인의 취업과 직업재활 성과를 배가할 수 있다. 또한 정보공유체계를 구축하는 노력도 시급하다. 하나의 정보시스템 안에서 구인·구직 정보와 인력풀을 공유한다면 일자리를 찾는 정신장애인, 고용주, 직업서비스 제공자 모두에게 도움이 될 수 있을 것이다. 장애인고용공단이나 고용센터의 정보 시스템을 개인정보를 보호하는 범위 내에서 최대한 개방할 필요가 있다.

여섯째, 취업 및 고용안정을 위한 제도적 지원방안이 마련되어야 한다. 우선 정신장애인 취업 및 직업재활 인식개선 활동을 정책적으로 강화해야 한다. 이를 통해 정신장애인 고용에 대한 부정적인 선입견을 완화하고 기업의 사회적 책임 이행을 위해 사업주, 인사담당자, 동료 직원을 대상으로 하는 인식개선 교육이 확대되어야 한다. 또한 정신장애인들은 취업 시 소득 발생과 함께 수급권, 특히 의료급여 대상에서 탈락할 수 있다는 우려로 취업을 기피하는 경향이 있기 때문에 근로경험 기간 인정제를 도입해 일하는 동안에도 일정 기간 의료급여수급권을 보장해야 한다. 그리고 다수의 정신장애인 근로자는 장애 또는 질병으로 인해 안정적인 직업생활을 유지하는 데 어려움을 겪고 있기 때문에 건강관리지원을 위해 근무일 중 장애 또는 질병으로 인한 치료를 위해 휴가, 조퇴 및 외출이 가능할 수 있도록 편의를 제공하여야 한다. 한편 근로능력평가에 기초한 취업 및 직업재활서비스 대상을 확대해야 한다. 「정신건강복지법」과 「장애인복지법」의 이원화체계로 미등록 정신장애인이 합법적으로 공적 서비스를 받지 못하는 제도상의 문제가 남아 있다. 이를 해결하기 위해서는 「장애인복지법」 제15조의 서비스 대상 제한규정을 폐지하거나, 장애등록 대상이 아닌 사람에 대해서는 준중증장애인 등의 자격으로 공적 서비스를 받을 수 있도록 별도의 서비스 범주를 만들어야 한다.

2) 평생교육 및 문화 · 예술 · 여가 · 체육활동 등 지원

(1) 의의

평생교육이란 전 생애에 걸쳐 행해지는 교육으로 개인의 자아실현과 삶에 대한 만족을 증진시킨다. 한편, 문화는 지적 · 정신적 · 미학적 발전의 전체적인 과정으로서, 특정한 삶의 방식 그리고 예술활동의 실천과 그 결과물 등으로 넓게 정의된다(Williams, 1983). 이렇게 다양한 측면을 가진 문화에 대한 정의는 각각의 영역이 독립적이기보다 유기적으로 연결되어 있다. 지적 · 정신적 · 미학적 발전 과정은 삶의 방식으로 구현되고 예술로 표현된다. 그리고 삶의 방식을 성찰하는 방법으로서 예술활동은 중요한 도구 혹은 매체가 될 수 있고, 역으로 그러한 성찰은 지적 · 정신적 · 미학적 발전을 이끌어 낼 수 있을 것이다. 특히 예술활동은 지적 · 정신적 · 미학적 발전에 영감을 제공하고 새로운 삶의 방식을 형성하는 계기를 제공할 수 있다는 측면에서 한 사회의 문화에서 차지하는 중요성이 크다. 이러한 의미에서 문화예술의 향유는 그 사회구성원의 삶의 질을 들여다볼 수 있는 보편적인 기준이 되고 있다(김경, 강영심, 2012). 또한 체육도 인간이 신체활동을 통해 잠재된 능력을 키우고 타인과의 협동을 배우고 건강을 도모하는 중요한 활동으로 삶의 질의 기본적 요소가 되고 있다.

평생교육 및 문화 · 예술 · 여가 · 체육활동은 UN 장애인권리협약에서 중요한 장애인의 권리로 규정되었으며, 이러한 활동은 모든 인간의 삶의 필수적인 요소로 장애인에게도 반드시 활동의 기회가 보장되어야 한다. 우리나라의 경우 2007년 「장애인 등에 대한 특수교육법」 시행으로 장애인 평생교육의 지원 근거가 마련된다. 2017년에 와서 「평생교육법」 개정으로 장애인 평생교육 관련 사항이 「평생교육법」으로 이관되었다. 최근에는 장애인 평생교육 발전을 위한 독자적인 「장애인 평생교육법」 제정이 추진되고 있다. 장애인의 문화예술활동에 대한 정부 차원의 관심은 2000년대 중반부터 구체화되었다. 문화관광부는 2005년 「문화예술교육지원법」을 제정하고 장애인 문화예술교육종합계획 수립을 위한 기초연구를 실시하였다. 그리고 2007년에는 장애인 문화 활동실태조사와 지원방안에 관한 연구가 이루어졌다. 장애인 체육활동은 2005년 「국민체육진흥법」이 개정되면서 대한장애인체육회(제34조)가 설립된 것이 장애인 체육활동 발전의 계기가 되었다. 이 법의 개정에 따라 시 · 도에도 장애인체육회가 설립되고 전문적인 행정체계가 갖추어지게 되었다. 그러나 정신장애인은 평생교육이나 문화 · 예술 · 체육활동에의 접근성문제, 정보 부족 등으로 인하여 참여기회가 적은 것이 현실이다.

(2) 현황 및 문제점

정신장애인을 대상으로 지역사회생활에서의 욕구와 서비스 이용경험을 분석한 서울시의회 연구(이용표 외, 2019)에서는 정신장애인(정신질환자)은 지역사회서비스에 대한 욕구는 높으나 이용경험이 매우 적은 것으로 나타났다. 지역사회서비스에서 60% 이상의 높은 이용욕구가 나타난 복지서비스는 1순위 여가활동(여행, 취미활동 등), 2순위 문화 · 예술활동, 3순위 평생교육, 4순위 체육활동, 5순위 취업훈련, 6순위 취업정보연결, 7순위 동료상담 등으로 나타났다. 이용욕구가 높은 서비스의 특징은 보다 나은 삶을 위한 역량개발과 관련된 서비스 욕구로 볼 수 있다. 한편, 한 번도 이용해 본 적이 없는 서비스는 1순위 평생교육, 2순위 활동보조, 3순위 가사지원, 4순위 보호작업장 이용, 5순위 직장 정보연결, 6순위 취업훈련, 7순위 동료상담, 8순위 자조모임, 9순위 체육활동 등으로 높게 나타났다. 이러한 조사결과는 정신장애인의 욕구 수준이 높은 서비스는 주로 자기역량개발과 관련된 평생교육, 문화 · 예술활동, 체육활동이며, 특히 이 서비스 중 이용경험이 적은 서비스는 평생교육, 체육활동이 높은 순위로 나타나고 있다,

정신장애인의 평생교육 및 문화 · 예술 · 여가 · 체육활동에 관한 정책상의 문제점을 정리해 보면 다음과 같다.

첫째, 2000년대 중반 이후 「평생교육법」 「문화예술교육지원법」 그리고 「국민체육진흥법」 등의 제 · 개정으로 장애인의 평생교육 및 문화 · 예술 · 여가 · 체육활동을 지원하는 법률이 제정되고 시행되었으나 정신장애인들은 서비스 이용의 기회가 매우 제한적이었다. 그 이유 중 하나는 「장애인복지법」 제15조에서 정신장애인들의 「장애인복지법」 적용을 제한할 수 있도록 했기 때문에 「평생교육법」 「문화예술교육

지원법」 그리고 「국민체육진흥법」 등의 서비스를 추진하는 주체들이 정신장애인을 제외하는 경향들이 생겨났기 때문이다.

둘째, 「정신건강복지법」에 의한 서비스 주체로 정신재활시설 중 주간재활시설이 평생교육 및 문화 · 예술 · 여가 · 체육활동의 일부를 제공할 수 있으나, 전체 지방자치단체 중 주간재활시설이 설치된 지방자치단체의 비율은 약 40%에 불과하다. 그리고 개별 시설의 규모는 장애인종합복지관과 비교하면 매우 작다. 공적으로 정신장애인의 평생교육 및 문화 · 예술 · 여가 · 체육활동의 기회를 제공하는 시설이나 서비스가 부족한 경우 장애인서비스나 일반인을 대상으로 하는 서비스를 이용할 기회가 제공되어야 하나 사회적인 편견이라는 장벽으로 인하여 정신장애인의 활동기회가 매우 제한적인 것이 현실이다.

셋째, 「정신건강복지법」 개정으로 신규 도입된 평생교육시설(제35조)은 설치되지 못하고 있다. 「정신건강복지법」상 평생교육시설 설치는 복지서비스 중 유일하게 지방자치단체에 설치의무를 규정하고 있다. 그러나 2017년 법 시행 이래 전혀 설치되고 있지 못하다.

(3) 발전방안

정신장애인 평생교육 및 문화 · 예술 · 여가 · 체육활동의 문제점을 완화하고 활동기회를 촉진하기 위한 방안을 제시해 보면 다음과 같다.

첫째, 「장애인복지법」 제15조를 폐지하여 일반 장애인들이 「평생교육법」 「문화예술교육지원법」 그리고 「국민체육진흥법」 등에 근거하여 이용할 수 있는 평생교육 및 문화 · 예술 · 여가 · 체육활동 서비스에 참여할 수 있도록 해야 한다. 즉, 모든 장애인을 대상으로 하는 평생교육 및 문화 · 예술 · 여가 · 체육활동에서 정신장애인들이 소외되지 않도록 해야 한다. 동시에 지역사회의 정신건강복지 분야에서 일하는 전문인력들이 적극적으로 일반 장애인 대상 서비스를 이용할 수 있도록 연계하여야 한다. 일반 주민들이 정신장애인을 지역사회의 평생교육 및 문화 · 예술 · 여가 · 체육활동에 받아들이도록 하는 것은 활동기회를 제공하는 것은 물론 사회통합에도 이바지할 수 있을 것이다.

둘째, 주간재활시설은 일차적으로 사회적응능력을 향상시키는 것이 시설의 주 기능이지만 이용자들의 이용기간이 장기화됨에 따라 대상자의 평생교육 및 문화 · 예술 · 여가 · 체육활동에 대한 욕구를 일부 충족할 수 있는 프로그램 및 서비스를 확대할 필요가 있다. 즉, 대상자의 욕구에 따라 초기 사회적응 프로그램과는 별도의 평생교육 및 문화 · 예술 · 여가 · 체육활동의 기회를 확대할 필요가 있다. 또한 자치구 단위로 주간재활시설은 그 부설로서 별도의 평생교육시설을 설치하는 방안도 고려해 볼 수 있을 것이다.

셋째, 「정신건강복지법」 개정으로 신규 도입된 평생교육시설(제35조)이 지방자치단체마다 설치될 수 있도록 하여야 한다. 일반적으로 평생교육의 기능은 문화, 예술이나 체육 활동을 겸하고 있기 때문에 정신질환자 평생교육시설의 확장은 정신장애인들이 평생교육 및 문화 · 예술 · 여가 · 체육활동을 증진시킬 수 있는 기회를 제공할 것이다.

3) 지역사회 주거지원

(1) 의의

일반적으로 집이라고 불리는 공간은 물리적 환경의 의미로서 주택(house)과 심리적 · 정서적인 장소로서의 주거(home)로 구분된다(손세관, 1990). 그리고 거주는 주거를 중심으로 하는 삶에 초점을 둔 개념이라고 할 수 있다. 즉, 주거가 물리적인 실체로서의 주택에 부여된 비가시적인 의미체계라면, 거주는 주거를 중심으로 구체적인 생활을 영위하는 것을 의미한다. 따라서 주거의 물리적 구조나 형식, 소유 여부, 이용의 불안정성 등은 다양한 거주문제를 발생시킬 수 있다. 그렇기 때문에 주거의 중요성을 구체적으로 인식하기 위해서는 주거의 본질적 의미에 관한 이해가 선행될 필요가 있다. 주거학연구회(2013)는 주거의 본질적 의미를 심리적 · 철학적 · 사회적 · 경제적 측면에서 검토하여 다음과 같이 다양하게 제시하고 있다. 첫째, 주거는 심리적 측면에서 자아 이미지의 확장을 의미한다. 인간은 성장하면서 의미 있는 대상이나 사람과의 상호작용을 통해 자아를 형성하게 되는데, '내 방' '우리 집' 등의 대상은 자아정체감이 내재화되는 중요한 요소를 이룬다. 둘째, 실존철학적 관점에서 내면세계와 외부세계의 교두보를 의미한다. 인간이 처한 주변세계는 불안한 곳이며 이러한 환경에 적응하기 위해서는 주거가 필요하다. 즉, 주거는 위협적이고 숙명적인 외부세계 속에서 살아가는 데 있어 내면세계에서 최종적인 피난처가 되는 것이다. 셋째, 사회적으로 주거는 거주자들의 사회적 지위의 상징이 되어 왔다. 넷째, 경제적으로는 주거는 주택이라는 하나의 생산품을 의미한다.

이와 같은 주거의 의미를 이해한다면, 자신의 주거가 없거나 불안정한 상태에 있다고 하는 것은 거주문제를 발생시킬 수 있다. 주거의 부재나 불안정성은 개인에게 사회구성원으로서의 소속감을 약화시키고, 정서적 안식처의 부재로부터 바람직하지 못한 영향을 받아 정신건강상의 문제를 야기하는 원인이 될 수 있다. 그리고 주거의 부재는 낮은 사회적 지위와 경제적 능력을 의미한다는 측면에서 사회적 위화감을 가져와 사회통합의 장애요인이 될 수 있다. 그런데 정신장애인의 경우 우리 사회에서 거주문제가 가장 두드러지는 집단이다. 즉, 그들은 정신의료기관과 정신요양시설에 격리 수용된 인구가 다른 장애인 집단과 비교하여 가장 많고, 지역사회 돌봄체계의 발전이 가장 미흡한 상황에 있다. 우리나라의 전국 장애인거주시설 입소자 수는 2017년 말 현재 2만 7,089명[3]인 데 반해, 정신요양시설 및 정신의료기관에 입원 및 입소한 정신질환자 수는 7만 7,161명(국립정신건강센터, 2018)으로 정신질환자의 격리·수용의 비율은 다른 장애 유형에 비해 상당히 높다. 그리고 지역사회 거주자의 경우에도 모든 장애 유형 중 자가소유율이 가장 낮다. 이러한 정신장애인의 주거 상황은 정신건강 문제를 악화시키고 지역사회 정착을 어렵게 하는 요인이라고 볼 수 있다.

우리나라 「헌법」 제35조에서는 "모든 국민은 건강하고 쾌적한 환경에서 생활할 권리를 가지며, 국가와 국민은 환경보전을 위하여 노력하며, 동시에 국가는 주택개발정책을 통하여 모든 국민이 쾌적한 주거생활을 할 수 있도록 노력하여야 한다."

3) 보건복지부 사회복지시설정보시스템의 시설 입소자 현황(https://www.w4c.go.kr/intro/introFcltInmtSttus.do)을 참고하였다.

라고 규정하고 있다. 즉, 「헌법」은 주거권을 사회적 기본권의 하나로 인정하고 있다. 그리고 「정신건강복지법」(제37조 제1항)에서 국가와 지방자치단체는 정신질환자의 지역사회 거주를 위하여 필요한 시책을 강구하여야 한다고 규정한다.

(2) 현황 및 문제점

먼저 「정신건강복지법」에 의한 주거를 제공하는 시설의 서비스 현황을 살펴보면, 2016년 말을 기준으로 정신의료기관은 1,449개소 병상정원 8만 3,696명으로 가장 비율이 높다. 그다음으로는 정신요양시설이 59개소 정원 1만 3,830명이다. 정신재활시설 입소생활시설과 주거제공시설(현재 폐지됨)은 정원 2,570명이며, 공동생활가정은 232명이다. 대규모 장기격리 병상인 정신의료기관과 정신요양시설의 병상 수는 9만 7,526병상으로 전체의 97.2%에 달하며, 지역사회 거주를 지원하는 시설의 자리 수는 전체의 2.8%에 불과하다. 정신의료기관을 제외하면 「정신건강복지법」에 근거하여 주거지원서비스를 제공하는 시설은 정신요양시설, 입소생활시설, 주거제공시설, 공동생활가정 그리고 지역사회전환시설 등이 있다. 〈표 7-3〉에서는 「정신건강복지법」상의 정신요양시설 및 정신재활시설의 거주조건을 비교 · 분석하였다. 비교 · 분석을 토대로 주거지원서비스의 문제점을 정리하면 다음과 같다. 첫째, 이 시설 유형 중 정신요양시설을 제외하면 모두 거주할 수 있는 기간이 제한되어 있다는 공통점을 가지고 있다. 둘째, 정신재활시설들은 거주기능을 가졌다기보다 일시적 보호기능이나 자립을 위한 훈련기능으로 운영되고 있다. 셋째, 이 시설들은 서로 간에 어떤 차별적 특성을 가지고 있는지 명확하지 않다. 즉, 각기 시설들을 이용할 수 있는 대상이 어떻게 다르며 시설별로는 어떠한 차별성이 있는 서비스를 제공하도록 설계되어 있는지 불분명하다. 넷째, 거주장소를 필요로 하는 사람들이 자신의 상황이나 욕구에 맞는 시설에 입주할 수 있도록 지원하는 체계도 부재하다. 따라서 각 시설들 간에 차별적 특성을 부여하여 정신질환자들의 다양한 욕구에 부응하는 시설의 유형화와 지원체계가 필요하다.

표 7-3 정신요양시설 및 정신재활시설의 거주조건

구분	정신요양시설	지역사회전환시설	정신질환자생활시설		정신질환자 지역사회재활시설
			입소생활시설	주거제공시설	공동생활가정
이용 대상	정신의료기관에서 의뢰된 정신질환자와 만성 정신질환자, 입소를 신청한 정신질환자와 시장·군수·구청장이 입소에 동의한 정신질환자	지역 내 정신질환자, 퇴원했거나 퇴원계획이 있는 정신질환자	가정에서 생활하기 어려운 정신질환자	일정 정도 자기관리능력을 가지고 있으나 가정에서 생활하기 어려운 정신질환자	독립적인 생활이 어려운 정신질환자
기능	• 주거제공 • 요양(care) • 사회복귀촉진 • 진료 및 투약	• 일시보호서비스 • 단기보호서비스 • 사회복귀촉진 • 주거제공 • 생활훈련 • 사회적응훈련	• 주거제공 • 생활지도 • 교육 • 직업재활	• 주거제공 • 생활지도 • 교육	• 주거제공 • 심리적 안정 • 생활안내
허용 규모	300인 이하(시장·군수·구청장이 인정하는 때에는 300명이 넘어도 운영 가능)	25인 이하	50인 이하	10인 이하	4인 이상 6인 이하
거주 기간	–	1년 이내(고령, 질병 등 부득이한 사정으로 퇴소가 어렵다고 인정되는 경우 2회까지 입소기간 연장 가능. 무연고자이거나 보호의무자로부터 부양을 받을 수 없는 경우에는 심의를 거쳐 2회 초과하여 연장 가능)	1년 이내(고령, 질병 등 부득이한 사정으로 퇴소가 어렵다고 인정되는 경우 2회까지 입소기간 연장 가능. 무연고자이거나 보호의무자로부터 부양을 받을 수 없는 경우에는 심의를 거쳐 2회 초과하여 연장 가능)	3년 이내	1년 이내(고령, 질병 등 부득이한 사정으로 퇴소가 어렵다고 인정되는 경우 2회까지 입소기간 연장 가능. 무연고자이거나 보호의무자로부터 부양을 받을 수 없는 경우에는 심의를 거쳐 2회 초과하여 연장 가능)

근거	「정신요양시설의 설치기준 및 운영 등에 관한 규칙」(보건복지부령 제380호)	「정신건강복지법 시행규칙」 별표7, 별표9, 별표10	「정신건강복지법 시행규칙」 별표7, 별표9, 별표10	–	「정신건강복지법 시행규칙」 별표7, 별표9, 별표10

출처: 이용표 외(2017).

(3) 발전방안

정신질환자의 다양한 욕구에 부합하지 못하고 이용기간이 전체적으로 제한되며 지원체계가 부재한 주거지원서비스의 문제를 극복하기 위한 정책구현의 방향은 크게 네 가지로 접근해 볼 수 있다.

첫째, 소규모 주거를 중심으로 하는 주거지원서비스와 지원체계를 확대한다. 대부분 정신질환자들은 가정과 같은 형태와 분위기의 주거를 선호한다. 또한 현실적으로도 지역사회에서 대규모 정신질환자 시설이 설치되기도 어려우며, 설치된다고 하더라도 지역사회와는 물리적으로 격리된 지역에서만 가능할 수 있다. 공동생활가정과 같은 1인 근무시설은 위기상황에 대한 대응, 종사자 휴가대체 등의 문제에서 필수적으로 지원체계를 필요로 한다. 이와 같은 지원체계가 동시에 설치되지 않는다면 다시 지역사회에서의 고립을 가지고 올 수 있다.

둘째, 주거지원서비스를 제공하는 시설들을 훈련시설과 거주시설로 분리한다. 즉, 주거지원시설의 유형을 자립을 위한 생활훈련이 필요한 정신질환자를 위한 훈련시설과 실제 장기적으로 주거와 돌봄을 동시에 필요로 하는 정신질환자를 위하여 이용기간 제한이 없는 거주시설로 구분하는 것이다. 이러한 구분은 이용기간 제한에 의해 나타나는 다른 지방자치단체로의 이동 혹은 정신의료기관으로의 회전문 현상을 방지할 수 있다. 그리고 훈련시설은 입주자를 적절하게 선발하여 훈련에 중점을 둔 프로그램을 집중적으로 실시함으로써 자립기회를 증진시킬 수 있게 된다.

셋째, 과도적 주거지원서비스를 확충한다. 장기간 입원 후 퇴원하는 정신질환자들 중 주거가 불안정한 사람들을 위한 과도적 주거지원서비스를 마련할 필요가 있다. 정신의료기관이나 정신요양시설에서 생활하고 있는 사람들은 가족과 단절되거나 가족들이 부양하기 어려운 경우가 많다. 그렇기 때문에 퇴원해도 갈 곳이 없는 상황에서 자신감을 잃은 경우가 많다. 따라서 장기입원자들이 퇴원 후 일시적으로 주거가 불안정한 상황을 해결하기 위한 과도적 주거지원서비스를 제공함으로써 자립을 위한 훈련의 기회나 다른 영구적 주거를 마련할 수 있는 동안의 보호를 위한 주거지원이 필요하다.

넷째, 공공임대주택 혹은 정신질환자가 소유하거나 임대한 주택과 최소한의 지원서비스가 결합된 지원주택을 확충한다. 즉, 독립생활이 가능하지만 거주문제를 가지고 있는 사람을 대상으로 주거 안정을 지원하는 서비스를 개발함으로써 공공재정의 효율성을 확보하는 것이다. 훈련시설이나 과도적 주거지원서비스를 받고 난 후 독립생활이 가능하지만 독자적 주거마련이나 관리에 어려움이 있는 사람들이 지원주택을 이용할 수 있도록 한다.

이와 같은 개선방안에 따른 정신장애인 주거지원서비스 개편방안은 〈표 7-4〉와 같다.

표 7-4 정신장애인 주거지원서비스 개편방안

구분	정신질환자거주시설		정신질환자 지역사회재활시설			지원주택
	입소생활시설	거주형 공동생활가정	훈련형 공동생활가정	지역사회 전환시설	단기보호 (체험홈)	
이용 대상	장애로 인한 돌봄요구의 수준이 높아 집중적인 돌봄이 필요한 정신질환자	장애로 인하여 일정 수준의 돌봄이 지속적으로 요구되는 정신질환자	장애 정도가 심각하지 않고 일정 기간 훈련을 받으면 독립생활이 가능한 정신질환자	퇴원/퇴소 후 일시적으로 주거가 불안정한 정신질환자	일시적 돌봄자 부재, 지역사회 및 독립생활 체험 등의 목적으로 이용을 원하는 정신질환자	장애 정도가 심각하지 않고 간헐적 지원으로 독립생활이 가능한 정신질환자
종사자 근무 형태	• 장애인거주시설과 동일	• 2인 근무 • 야간관리 실시	• 1인 근무 • 야간관리 없음 • 3가구 1인의 별도 관리책임자 배치	• 장애인거주시설과 동일	• 상황에 따라 적용	• 1인 3가구(6~10인) 관리 • 3가구 이상 시 별도 관리책임자 배치

기능	• 주거제공 • 생활훈련 • 집중적 돌봄서비스	• 주거제공 • 생활훈련 • 돌봄서비스	• 주거제공 • 심리적 안정 • 생활훈련	• 사회복귀촉진 • 주거제공 • 생활훈련 • 사회적응훈련	• 일시보호서비스 • 단기보호서비스	• 생활상담 • 간헐적 주거관리지원 • 위기지원
허용 규모	30인 이하	10인 이하	4인 이상 6인 이하	30인 이하	4인 이내	1인 1실 원칙 3~4인 공동거주
거주 기간	제한 없음	제한 없음	1년 이내(고령, 질병 등 부득이한 사정으로 퇴소가 어렵다고 인정되는 경우 2회까지 입소기간 연장 가능. 무연고자이거나 보호의무자로부터 부양을 받을 수 없는 경우에는 심의를 거쳐 2회 초과하여 연장 가능)	1년 이내(고령, 질병 등 부득이한 사정으로 퇴소가 어렵다고 인정되는 경우 2회까지 입소기간 연장 가능. 무연고자이거나 보호의무자로부터 부양을 받을 수 없는 경우에는 심의를 거쳐 2회 초과하여 연장 가능)	30일 이내	제한 없음

3. 맺음말

정신장애인은 1995년 「정신보건법」 제정으로 치료의 권리를 보장받기보다 치료를 명목으로 한 감금의 대상이 되었다. 이후 관행으로 이루어지던 강제입원이 합법화됨으로써 정신병상은 지속적으로 확산되었다. 10년 후 국가인권위원회가 정신장애인의 심각한 인권 상황을 개선하기 위한 정신장애인국가보고서를 발간하게 되는 시점에 와서야 지역사회 복지서비스 부재의 문제가 사회적으로는 수면 위로 떠오르게 되었다. 2016년 「정신건강복지법」 개정으로 지역사회서비스로서 정신재활시설(사회복귀시설)만을 규정하였던 시대는 막을 내렸다. 「정신건강복지법」은 고용 및 직업재활 지원(제34조), 평생교육 지원(제35조), 문화 · 예술 · 여가 · 체육활동

등 지원(제36조), 지역사회 거주 · 치료 · 재활 등 통합 지원(제37조) 그리고 가족에 대한 정보제공과 교육(제38조) 등을 법에 담았다. 앞서 살펴본 것처럼 이러한 복지서비스의 법적 근거가 마련되었지만 매우 미흡한 상태이고 시급한 확충이 필요하다. 지역사회 거주 · 치료 · 재활 등 통합 지원(제37조)의 경우 이 장에서는 주거지원만을 대상으로 논의하였다. 거주 · 치료 · 재활 등 통합 지원은 현재 추진하고 있는 지역사회 통합돌봄사업을 통해 그 발전모형이 제시되고 논의될 것이다. 실제 지역사회 통합돌봄은 고용 및 직업재활, 평생교육, 문화 · 예술 · 여가 · 체육활동, 거주, 정신재활시설 이용 그리고 외래의료서비스를 통합적으로 제공하는 전달체계를 의미한다. 이러한 사업을 통해 정신장애인 복지서비스가 발전하고 「장애인복지법」 제15조의 폐지가 이루어진다면 정신장애인의 지역사회에서의 삶은 점차 개선될 수 있을 것이다.

토론주제

1. 2016년 「정신건강사회복지법」 개정 시까지 정신장애인에 대한 복지서비스 배제를 가능하게 했던 정신보건정책 이해관계인의 관념은 어떤 것이었는지 논하시오.

2. 정신장애인의 낮은 경제활동인구 비율에 기여하는 다양한 요인에 대하여 논하시오.

3. 정신장애인의 취업을 획기적으로 활성화시킬 수 있는 단기적 정책방안과 장기적 정책방안에는 어떤 것들이 있는지 논하시오.

4. 대규모 시설에서 다수 정신장애인이 거주하는 경우에 나타날 수 있는 문제점이 무엇인지 논하시오.

5. 현재 정신의료기관의 병상을 50% 축소한다면 나머지 50%의 공공재정으로 어떠한 지역사회 서비스를 개발하거나 강화할 수 있는지 논하시오.

제8장 정신건강사회복지의 실천 방법

이 장에서는 정신건강 분야에서 사회복지사가 수행하는 업무를 중심으로 다양한 서비스 유형이나 실천 방법에 대해 알아본다. 정신건강에 대한 정보를 얻거나 정신질환으로 인한 직접적 또는 간접적 문제를 이해하고 대응하는 데 있어서 다양한 방식의 상담이나 교육이 폭넓게 이루어지고 있다. 또한 개인이나 그 가족이 겪는 복합적이며 해결하기 어려운 상황과 문제에 대해 다학제적 팀이나 지역 네트워크를 통해 개입하는 사례관리는 정신건강 분야의 중요한 실천 방법의 하나이다. 정신과적 응급상황이나 위험에 긴급하게 대처하기 위한 위기개입은 정신건강 분야의 특징적인 업무의 하나로 중요하게 고려되고 있다. 정신건강사회복지사가 일하는 현장의 특성에 맞게 다양한 개입과 실천 방법을 적절히 혼합 또는 선택하여 활용하는 역량을 갖추기 위해 이와 같은 실천 방법에 대해 학습하도록 한다.

1. 상담

1) 상담의 유형

정신건강과 관련한 가장 일반적인 서비스의 형태는 상담이다. 정신건강상담의 목적은 건강한 생활을 위해 개인적 스트레스나 기능 상태를 이해하고, 이를 회복하거나 강화하는 것이다. 상담을 통해 서비스 욕구나 정신과적 개입이 필요한 상황을 파악하고 해당 서비스를 받을 수 있도록 연계하거나 외래진료나 입원 등의 정신과적 치료서비스가 필요한 경우에는 정신의료기관으로 의뢰하게 된다. 이 때문에 지역사회 내에서 초기상담의 접근성을 높이는 것이 정신건강 문제나 질환의 조기발견과 조기개입을 위해 중요하다.

〈표 8-1〉에서 보는 바와 같이, 상담은 대상이나 제공방식, 제공주체 등에 따라 다양하게 유형을 나눠 볼 수 있다. 각 유형의 구분에 대해 살펴보면 다음과 같다.

표 8-1 상담의 유형

대상별	방식		제공주체
• 개인상담 • 집단상담 • 가족상담	대면상담	• 내소상담 • 방문상담 • 이동상담	• 정신과 전문의 • 정신건강전문요원 • 임상심리사, 상담사
	비대면상담	• 원격상담 • 상담앱	

(1) 대상

상담은 피상담자의 규모와 특성에 따라 개인상담과 집단상담, 가족상담 등으로 나누어 볼 수 있다. 개인상담은 개인과의 일대일관계를 통해 상담이 이루어지는 방식으로서, 가장 빈번하게 활용되는 상담의 형태이다. 개인의 심리정서 문제로부터 일상의 삶에서 경험하는 문제와 어려움, 특히 정신질환으로 인해 겪는 임상적 문제와 장기간의 치료와 회복 과정에서 겪게 되는 생활상의 문제, 사회적 장애 등에 대해 개인의 상황과 욕구를 분석하고 개인의 문제해결 역량이나 상황을 변화시키는 목적으로 상담을 실시한다. 개인을 대상으로 하는 경우가 일반적인 형태이나, 아동 및 청소년, 노인 등을 대상으로 하는 집단상담이나 정신장애인의 가족, 자살시도자의 가족이나 자살유가족을 대상으로 가족상담을 하는 경우도 많다. 정신건강 분야의 가족상담에서는 질환과 증상의 이해와 위기상황 대처, 사회복귀와 재활 과정에서의 가족의 부담과 지지적 역할 등이 주요하게 다루어진다.

(2) 제공방식

상담의 방식은 대면상담과 비대면상담으로 크게 나눌 수 있다. 대면상담은 서비스 제공기관이나 상담기관, 의료기관 등에 내담자가 방문하여 상담이 이루어지는 내소상담과 가정방문 등을 통한 방문상담 또는 아웃리치상담 등이 있다. 방문상담은 상담을 필요로 하는 대상자가 거주하는 가정을 방문하거나 주민시설이나 지역 내 카페 등 다양한 기관 외부의 장소에서 실시하기도 하는데, 가정방문을 통해 상담이 이루어지는 경우가 많다. 비대면상담은 전화상담이나 인터넷을 통한 사이버상담이 있다. 최근에는 화상상담 등 온라인상담의 형태도 다양해지고 있으며, 스마트폰의 상담앱을 통한 상담 방법도 개발되고 있다.

(3) 제공주체

상담의 제공주체는 의료기관의 정신과 전문의나 정신건강전문요원, 임상심리사나 상담사 등이 될 수 있다. 정신건강상담가(mental health counselor)는 내담자의 행동이나 정서, 사고 등을 이해하고 생활상의 다양한 스트레스를 분석하고 긍정적인 문제해결 및 적응방식을 익히도록 돕는 역할을 한다. 정신건강전문가의 범주에는 인지행동치료(cognitive behavioral therapy)나 정신분석치료(psychodynamic therapy), 대인관계치료(interpersonal therapy)를 하는 심리치료전문가를 포함하며, 정신과 전문의(psychiatrist)나 일반의(primary care doctor)와 같은 의료전문가와의 협업을 통해 제공되기도 된다.

2) 상담의 활용

정신건강사회복지사나 정신건강전문요원은 지역정신건강복지센터, 정신재활시설, 정신의료기관 등에서 상담업무를 담당한다. 정신건강상담이 이루어지는 세팅에 따라 상담기록에는 차이가 있다. [그림 8-1]의 상담기록지는 정신건강사업 안내(2021a)에 제시된 대표적인 양식인데, 일반인의 정신건강상담을 위한 항목보다는 중증 정신질환이나 자살과 같은 심각한 상황을 전제로 하여 구성되어 있음을 알 수 있다.

만성 정신장애인을 대상으로 정신건강서비스를 제공하는 정신건강복지센터나 정신재활시설 등에서는 상담을 통해 재활 및 사회복귀의 과정을 지지하고 안내하는 역할을 하게 된다. 지지적 상담을 통해 대인관계에 대한 부담을 줄이고 사회적 관계를 형성하고 유지하도록 돕는다. 자기관리를 위한 일상생활기술을 익히도록 행동수정 등의 상담기술도 활용한다. 또한 강점 관점(strength perspective)이나 역량강화모델(empowerment model)에 기반을 두고, 상담을 통해 정신장애인이 일상생활이나 사회적 역할을 수행하는 데에 있어서 자신감을 갖고 정신과적 증상이나 사회적 장애를 최소화하기 위한 내적 능력을 강화하도록 돕는다. 필요시 개별상담 이외에 대인관계능력을 향상시키기 위한 문제해결기술훈련이나, 역할극 · 모델링 등 사회기술훈련을 위한 집단 프로그램을 실시하며, 지역사회의 다양한 현장에서의 사회적 경험을 늘리는 기회를 갖도록 지원한다.

가족에 대한 지지적 상담과 지원도 중요하다. 만성질환을 앓는 정신장애인의 경우는 가족구성원, 특히 부모와 형제들에게 의지하며 도움을 필요로 하는 경우가 많기 때문에 이로 인해 가족들은 정서적 · 신체적 · 경제적 부담감을 느끼게 된다. 가족상담을 통해 가족에 대한 클라이언트의 지나친 의존이나 클라이언트에 대한 부담을 조절할 수 있는 가족의 문제해결역량을 기르고 가족구성원 간 의사소통을 원활히 하도록 돕는다.

<table>
<tr><th colspan="5">일반상담 기록지</th></tr>
<tr><td rowspan="6">대상자</td><td>성명</td><td></td><td>성별/나이</td><td></td></tr>
<tr><td>정보제공자</td><td colspan="3">□ 본인 □ 가족 □ 친구/이웃 □ 기관종사자 □ 기타(　　　)</td></tr>
<tr><td>의료보장</td><td></td><td>장애등록</td><td></td></tr>
<tr><td>진단명</td><td></td><td>치료병원/주치의</td><td></td></tr>
<tr><td>내과 및 기타 질환</td><td></td><td>의뢰경로</td><td></td></tr>
<tr><td>주소</td><td></td><td>전화</td><td></td></tr>
<tr><td>상담 유형</td><td colspan="4">□ 전화 □ 방문 □ 내소 □ 온라인 □ 이동상담 □ 기타(　　　)</td></tr>
<tr><td rowspan="2">상담 내용</td><td colspan="4"></td></tr>
<tr><td colspan="4">※ 기타상담유형
(□ 자살관련상담 □ 다문화가정 □ 실종아동가족 □ 북한이탈주민
□ 산전후우울증 상담 □ 재난 관련)</td></tr>
<tr><td rowspan="5">자살 세부 항목</td><td>치료력</td><td>□ 있음 □ 없음</td><td>음주 여부</td><td>□ 있음 □ 없음</td></tr>
<tr><td>과거 자살시도력</td><td>□ 있음 □ 없음</td><td>시도 횟수</td><td>(　) 회</td></tr>
<tr><td>자살계획</td><td>□ 있음 □ 없음</td><td>주변인 자살</td><td>없음</td></tr>
<tr><td>(과거) 시도방법</td><td colspan="3">□ 음독(농약, 청산가리, 수면제) □ 질식(목맴, 가스)
□ 추락(건물, 강 등) □ 운수사고(자동차, 기차 등) □ 흉기(칼 등)
□ 화상 □ 기타 □ 미상 □ 없음</td></tr>
<tr><td>시도계획방법</td><td colspan="3">□ 음독(농약, 청산가리, 수면제) □ 질식(목맴, 가스)
□ 추락(건물, 강 등) □ 운수사고(자동차, 기차 등) □ 흉기(칼 등)
□ 화상 □ 기타 □ 미상 □ 없음</td></tr>
<tr><td>주요 조치</td><td colspan="4">□ 등록관리 □ 지속상담 □ 치료연계 □ 기관연계(□ 112, 119 / □ 서비스연계)
□ 응급출동 □ 정보제공 □ 기타 조치(　　　　　)</td></tr>
<tr><td>상담 결과</td><td colspan="4">

상담자:</td></tr>
</table>

그림 8-1 일반 상담기록지

출처: 보건복지부(2021a).

한편, 정신건강복지센터나 정신재활기관, 정신의료기관에서는 중증 정신질환자 대상의 업무 비중이 큰 반면에 우울이나 불안 등 일반인들이 경험하는 심리적 문제에 대한 접근성이 떨어지기 때문에 지역주민의 일상적인 정신건강에 대응할 수 있는 상시적인 상담체계는 미흡한 상황이다. 해외에서는 지역주민에 대한 심리적 접근성을 강화하기 위해 전화상담 서비스 및 지역주민 대상 정신건강 프로그램을 운영하고 있다. 우울, 범불안장애, 공포증, 공황장애, 강박장애, 외상후 스트레스 장애, 건강불안장애 등의 문제를 가진 사람들이 정신과 치료 이전에 조기에 심리상담 서비스를 받도록 지원하고 있다. 최근에는 심장질환, 당뇨, 만성 폐쇄성 폐질환, 만성피로증후군 등의 신체질환에 따른 불안, 우울에 대한 전문적 서비스도 제공하고 있다. [그림 8-2]는 우울, 불안 등의 심리정서적인 문제를 가진 주민을 대상으로 다양한 치료 및 정신건강상담을 제공하는 심리치료접근강화(Improving Access to Psychological Therapies: IAPT)라는 프로그램의 구성도이다. 이 프로그램은 영국의 국가보건서비스(National Health Service: NHS)를 통해 제공되는 상담치료 프로그램

그림 8-2 영국 국가보건서비스(NHS)의 심리지원체계

출처: NHS England (2021) 내용 재구성.

으로서, 일반의(general practitioner)와 같은 일차 의료체계로부터 의뢰를 받아 2단계와 3단계에서 상담심리 및 임상심리 서비스를 온 · 오프라인으로 제공하고 있다. 2단계는 중등도의 불안과 우울을 호소하는 대상을 중심으로 전화상담이나 온라인 인지행동치료(Cognitive Behavioral Therapy: CBT) 프로그램 등을 제공한다. 3단계는 보다 임상적인 개입을 하며 2단계와 달리 대면으로 상담 서비스를 제공한다. 심각한 정신질환의 상태여서 보다 전문적인 치료가 필요한 경우에는 4단계 정신의료전문가에게 의뢰를 하는 방식으로 심리지원체계가 구성되어 있다.

2. 교육

교육은 대상자의 욕구를 반영하는 것이 필요하기 때문에 교육의 목적과 주제, 대상, 내용에 맞춰 체계적으로 진행하는 것이 중요하다. 정신건강 분야의 교육은 정신건강 증진 및 예방이나 정신질환 치료 및 증상 대처로부터 정신건강 인식개선이나 정신장애인 권리보호를 위한 인권교육에 이르기까지 다양한 목적을 갖고 시행되고 있다. 또한 동일한 교육적 목적을 위해서도 다양한 형식과 절차에 따라 진행될 수 있으며 교육을 제공하는 주체나 대상도 다양하게 구성이 가능하다.

표 8-2 교육의 유형

형식		제공주체	대상
대면교육	• 내방교육 • 방문교육	• 정신과 전문의 • 정신건강전문요원 • 임상심리사, 상담사	• 일반 지역주민 • 생애주기별 집단(아동 · 청소년, 청년, 노인 등) • 입원 및 외래환자와 가족 • 재가정신장애인과 가족
비대면 교육	• 원격교육 –실시간 화상강의 –비대면학습관리시스템 (LMS)		

1) 교육대상

정신건강 분야의 교육대상은 정신건강서비스에 관심이 있는 일반인으로부터 정신건강 문제의 조기발견이 필요한 아동 및 청소년, 청년으로부터 노인에 이르는 생애주기별 인구 집단, 정신의료기관의 입원 및 외래환자와 가족, 정신질환으로부터 재활 · 회복하고 있는 정신장애인과 가족 등 다양하다. 지역사회 서비스 제공기관이나 관련시설의 종사자를 대상으로 정신질환이나 정신장애인에 대한 이해도를 높이기 위한 교육과 정신건강전문가로서의 역량과 개입기술을 높이기 위한 전문적인 교육도 늘고 있다.

2) 교육제공 주체

정신과 전문의나 정신건강전문요원 등 정신건강전문가에 의해 제공되는 교육이 많으나, 정신장애인 가족이나 정신장애인 당사자가 가족교육이나 동료지원활동가 양성 과정의 교육을 담당하기도 한다. 인권교육 등은 관련 교육경력과 전문적인 훈련을 거친 전문 강사에 의해 제공되고 있다.

3) 교육방식

정신건강기관을 방문하여 교육을 받는 경우도 있으나 학교나 직장, 경로당이나 주민센터와 같이 교육생이 있는 곳을 직접 방문하여 공동장소에서 집합교육을 실시하는 경우가 많다. 온라인매체를 통한 대중의 인식개선교육도 많아졌으며 정보통신기술의 발달로 인해 비대면 원격교육도 활성화되고 있다. 비대면교육은 영상회의 소프트웨어를 활용하여 실시간 쌍방형 교육을 하는 화상강의 방식과 강의 콘텐츠를 업로드해서 강의에 활용하는 비대면 학습관리 방식(Learning Management System) 등이 있다.

4) 교육주제

정신건강 분야의 교육은 정신건강 증진 및 예방, 정신질환의 이해 및 증상 대처 등과 관련한 정신건강 교육, 정신사회재활 교육 및 훈련, 정신건강 인식개선이나 정신장애인 권리보호를 위한 인권교육 등 다양한 주제로 구성된다. 세부내용을 살펴보면 다음과 같다.

(1) 정신건강 이해 및 정신질환 관리 교육

정신건강 교육(Mental Health Education)은 정신병을 이해하고 정신건강의 문제를 겪는 자신이나 주변 사람들을 돕는 목적을 갖는다. 정신건강전문가는 일반인에게 정신건강증진 차원에서 정신건강예방교육을 실시하며 정신장애인이나 가족을 위해 질환에 대한 이해나 대처, 증상 및 치료 등에 대해 교육을 한다. 당사자가 당사자(peer-to-peer)에게 또는 가족이 가족(family-to-family)에게 제공하는 교육이 늘면서,

표 8-3 정신건강 교육 프로그램 구성 사례

회기	내용
1회기	'나는 왜 우울할까?' 자동적 사고 찾기, 우울 유발적 사고 탐색
2회기	우울감과 불안감을 가져오는 자동적 사고 속 인지적 오류 찾기
3회기	너의 마음을 들려줘, 내면의 감정 알아차리고 표현하기
4회기	기분의 늪에서 탈출하기, 부정적 감정을 감소시키는 방법들
5회기	스트레스가 우리에게 미치는 영향, 스트레스 신호를 탐지하자
6회기	나의 스트레스를 관리하는 ABC 기법
7-1회기	나를 응원하는 시간, '나도 할 수 있을까?' 나도 모르는 나의 강점
7-2회기	나를 사랑하는 시간, Love My Self, 자존감 키우기
8회기	긍정적 마음가짐을 준비하기 위한 강점 키우기
9회기	가치로 이루어진 삶, 나의 의미 있는 삶과 목표에 대해
10회기	내가 찾는 내 삶의 꿈 그리고 극복할 수 있다는 자신감

출처: 정경운 외(2020).

정신질환의 주관적 경험과 개인의 회복 과정에 관한 교육 주제도 많아지고 있다.

일반 시민을 위한 정신건강 가이드북으로부터 정신증의 조기발견을 위한 가족안내서와 같이 정신질환을 이해하고 증상에 대처 또는 관리할 수 있는 교재들도 다양하게 개발 · 보급되어 교육에 활용되고 있다(보건복지부, 국립정신건강센터, 2020a). 〈표 8-3〉은 정신건강의 어려움이 있는 성인(청년) 대상의 집단 프로그램 사례로서, 정신건강 교육 프로그램의 세부 주제에 대해 알 수 있다.

최근에 정신건강응급처치(mental health first aid)라는 명칭으로 정신건강 문제에 관한 인식과 대응을 위해 개발된 정신건강 교육 프로그램이 소개되고 있다. 교육 참가자들에게 정신건강 문제의 위험요인 및 경고 신호를 알리고 그 영향에 대한 이해를 높이고 일반적인 치료에 관한 개요를 제공하는 교육과정이다. 정신건강에 관심이 있는 지역주민을 비롯하여 학교교사, 직장인 등을 대상으로 우울증과 불안, 자살과 정신병, 중독 등의 초기 징후 파악 및 문제를 다루는 방법에 대해 알 수 있는 실용적인 학습 형태로 활용되고 있다.

(2) 정신사회재활 및 역량강화 교육

자기주장기술, 스트레스 관리, 분노조절 관리, 자아존중감 향상 프로그램 등 자가관리(self-care)를 위한 다양한 주제의 교육이 있다. 또한 정신적 · 신체적 웰빙에 도움이 되는 금주 및 금연교육, 식생활(diet)이나 운동 등 건강생활과 관련한 교육, 음악 · 미술과 같은 취미교육도 정신재활 분야의 중요한 교육 주제가 되고 있다.

당사자가 자신의 치료 및 회복 경험을 알리는 교육을 통해 다른 정신질환 당사자나 가족에게 회복의 동기를 부여하고 지지를 제공하는 교육기회도 늘고 있다. 일상생활이나 가족관계 등 삶의 여러 영역에 걸쳐 영향을 주는 정신질환에 대해 개인의 경험과 의미 등을 이야기하고 듣는 과정에서 회복과 성장이 이루어지는 교육효과가 크다. 당사자 교육가는 동료지원가 양성 과정을 거치기도 하는데, 동료지원교육 프로그램을 통해 대인관계기술이나 집단 및 팀워크 활동을 위한 의사소통기술, 동료상담기술 등을 학습하고 훈련한다. 동료지원가 활동을 통해 자신의 삶과 회복에도 긍정적인 도움을 받고 직업적 발전의 기회를 갖게 된다.

정신장애인 가족을 대상으로 가족의 회복과 상호 지지를 위한 교육을 실시한다. 정신질환에 관한 지식을 얻을 뿐만 아니라, 정신질환으로 인한 스트레스를 최소화할 수 있는 증상완화 방법과 대처기술, 문제해결 방법 등에 대한 교육이 이루어진다. 교육과정을 통해 자조집단 또는 지지집단을 형성하고 치료와 재활 과정에서 가족 상호 간에 도움을 주며 지지를 얻는 효과도 있다.

(3) 인권교육

정신건강 분야의 인권교육은「정신건강증진 및 정신질환자 복지서비스 지원에 관한 법률」에 의거해 정신건강증진시설의 장과 종사자에 대해 의무적으로 실시하는 교육이다. 동법 제70조(인권교육)에는 ① 정신건강증진시설의 장과 종사자는 인권에 관한 교육을 받아야 한다. ② 보건복지부장관은 인권교육을 하기 위하여 인권교육기관을 지정할 수 있다. ③ 보건복지부장관은 제2항에 따라 지정한 인권교육기관에 교육과정의 운영에 드는 비용의 일부를 예산의 범위에서 보조할 수 있으며, 제2항에 따라 지정을 받은 인권교육기관은 보건복지부장관의 승인을 받아 교육에 필요한 경비를 교육대상자로부터 징수할 수 있음을 규정하고 있다. 동법 시행규칙 제50조에는 인권교육 내용과 인권교육 시간, 인권교육 방법, 인권교육기관의 지정・고시, 인권교육 강사 관련 내용들이 포함되어 있다.

인권교육의 주요 내용으로는 환자의 인권 및 권익 보호에 관한 사항, 정신건강 및 정신질환 관련 법령 및 제도, 정신건강증진 및 정신질환자 보호에 관한 국제 동향, 정신건강증진시설에서의 인권침해 사례 등이 포함된다. 정신의료기관 및 정신요양시설 내 인권강화를 위한 세부 지침이나 정신질환자의 자기결정권과 종사자의 인권감수성을 높이기 위한 실무가이드 등도 중요한 교육 주제이다. 인권교육 의무화에 따라 매년 4시간 이상의 대면교육 또는 온라인교육을 수강하도록 하고 있으나, 충분한 인권감수성을 갖추고 정신보건 현장의 인권 관련 이슈에 적절히 대응하는 수준까지 가는 데에는 한계가 있다.

인권교육 제공기관은 국가인권위원회, 국립 또는 공립의 정신의료기관, 정신건강증진 또는 정신질환자 복지서비스 지원사업을 목적으로 설립된 비영리법인,「공무원 인재개발법」에 따른 교육 · 훈련기관, 「한국보건복지인재원법」에 따른 한국보건복지인재원, 그 밖에 보건복지부장관이 인권교육을 실시할 수 있는 전문성 · 인력 및 시설을 갖추었다고 인정하는 기관 · 법인 · 단체 등이 있다. 특히 국가인권위원회는 국가 기관 중 유일하게 인권교육을 소관업무로 하는 기관으로서, 「국가인권위원회법」 제19조 제5호 및 제26조에 근거하여 인권의식 향상에 필요한 인권교육을 실시하도록 되어 있다. 이에 근거하여 국가인권위원회는 현재 정신건강증진시설 종사자 의무교육 과정을 운영하고 인권강사 양성 및 보수교육 과정을 진행하고 있다.

인권교육 강사는 최근 3년 이내에 인권교육을 16시간 이상 이수한 정신건강증진시설 또는 정신건강복지센터의 장, 정신건강증진 업무를 담당하는 공무원으로서 인권교육에 관한 지식이 있는 사람 등으로 정하고 있다. 인권교육에 관한 연구(홍선미 외, 2017)에 따르면, 가장 효과적으로 인식한 인권교육은 당사자로부터 정신장애인과 그 가족의 경험을 듣고 당사자의 관점에서 인권을 토의했던 것으로 파악되었다. 인권강사의 기준과 자격을 다양하게 확대하고 실질적인 인권감수성을 높이는 교육효과에 초점을 두는 것이 필요하다.

3. 사례관리

1) 사례관리의 일반적 개념

사례관리란 다양한 문제와 함께 사회적 기능 수행의 어려움을 겪는 클라이언트에게 지역사회보호 서비스를 포괄적이고 체계적이며 지속적으로 전달하는 데 목적을 둔 일련의 통합적 문제해결 과정이다. 사례관리는 특히 탈시설화의 맥락에서 복합적이고 장기적이며 다양한 욕구를 가진 클라이언트를 대상으로 지역사회 내 서비스의 분절성을 극복하면서 이용자 관점에서 통합적인 개입을 하는 데 필요한 실천모델로 여러 사회복지 현장에 적용되고 있다(홍선미, 하경희, 2009).

사례관리에서는 복합적인 문제의 해결을 위해 다양한 주체가 참여하면서, 개입 분야나 개입 방법을 다양하게 활용하는 특징이 있다. 사례관리 모형들이 다양하게 제시되고 있는데, 사례관리의 기능 또는 사례관리자의 역할을 중심으로 분류하는 것이 가장 일반적이다. 대표적으로, 중개모형(broker model)은 지역사회 차원의 다양한 서비스 제공자로부터 자원과 서비스를 효과적으로 연계·조정하는 데 중점을 두는 모형이다. 중개모형에서는 유용한 자원을 효과적으로 전달할 수 있는 서비스 체계의 기능을 강화하면서 클라이언트에게 필요한 서비스를 다양한 서비스 제공자들로부터 연결하고 조합하는 기능이 강조되며, 사례관리자는 중개자, 조정자 역할을 주로 담당한다. 한편, 상담이나 치료와 같은 임상적 역할을 수행하면서 직접적인 서비스 연계나 전체적인 서비스 제공 과정을 함께 지원하는 임상모형(clinical model) 또는 일차적 치료자모형(supportive model)도 정신건강 분야에서 많이 활용되고 있다.

2) 정신건강 분야의 사례관리 모델

정신건강 분야에서는 사례관리를 '지역사회 내에서 정신질환자들이 건강한 삶을 영위할 수 있도록 다학제로 구성된 팀(정신건강의학과 의사, 정신건강전문요원, 간호사, 사회복지사, 임상심리사 등)이 대상자 욕구에 따라 개인의 사례관리서비스 계획을 수립하고 계획에 맞게 제공하는 서비스'로 정의하고 있다(국립정신건강센터, 2020d). 지역을 중심으로 포괄적이며 통합적인 지원을 하는 일반적인 사회복지 분야의 사례관리 개념에 비해, 이와 같은 정신건강사례관리는 다학제적 팀으로 운영이 되며 임상가로서의 사례관리자 역할이 강조되는 특징이 있다.

정신건강 분야의 대표적인 사례관리 모델로서 전 세계적으로 보급되어 있는 적극적 지역사회 치료모델(Assertive Community Treatment: ACT)은 다학제적 팀 기반의 집중사례관리(intensive case management) 모델이다. 적극적 지역사회 치료모델 ACT는 고도의 지속적인 장애를 보이는 사람들을 대상으로 하기 때문에 평균 1:10 이하로 사례담당 부담률을 제한하고 있다. 적극적 지역사회 치료모델 ACT에서 집중사례관리가 필요한 대상자를 구분하는 기능적 기준과 임상적 기준을 살펴보면 다음과 같다.

(1) 기능적 기준

- 지역사회에서 살아가는 데 기본적으로 요구되는 일상생활 과업 수행의 어려움이 큰 경우
- 지속적인 직업생활이나 가정생활에 필요한 역할 수행의 어려움을 겪는 경우
- 입·퇴거 반복 등 안정된 주거 상태를 유지하는 데 어려움이 있는 경우 등

(2) 임상적 기준

- 정신병원 입·퇴원이 반복적이고 응급서비스 사용이 높은 경우
- 기분장애, 정신병적 장애, 자살 등 지속적이고 심한 주요 증상을 가지고 있는 경우
- 약물중독 장애를 같이 갖고 있는 경우
- 최근 과거력에 체포나 구금 등 범죄와 관련한 소송절차 등에 연관될 경우
- 최소한의 주거기준 이하의 집에서 생활하거나 노숙 가능성이 많은 경우
- 장기입원 환자나 주거시설 거주자가 집중적인 지원을 통해 독립주거로 전환 가능한 경우
- 전통적인 내방서비스를 통한 지원이 어려운 경우 등

정신장애인은 정신장애로 인한 개인의 부적응문제 이외에도 가족이나, 지역사회, 사회와의 상호작용 속에서 어려움을 경험한다. 정신장애의 증상관리나 재활과 관련한 욕구 이외에도 정신장애인이 갖는 교육, 건강, 직업, 주거, 복지를 포함하는 다양한 욕구에 대한 접근이 중요하다. 이로 인해 지역사회에서는 정신장애인의 직업재활이나 고용지원, 전환지원이나 주택입주를 비롯한 주거지원, 사회 참여나 문화·여가활동을 다양하게 제공하거나 연계하는 중개모형 사례관리의 활용도가 커지고 있다. 따라서 정신건강 분야의 사례관리자는 정신질환의 증상이나 병리적 문

제에 한정하기보다는 정신장애인의 강점을 찾아 지지하며 지역사회에서 일상생활과 사회활동을 하며 스스로 살아가도록 돕는 역할로 확장하는 것이 필요하다.

3) 정신건강 분야의 사례관리 유형

사례관리자의 과도한 사례부담을 피하고 사례관리의 질을 유지하기 위해 사례관리자 1인당 적정 담당 사례 수(case load)나 사례관리자의 접촉빈도(frequency of contact)를 고려하는 것이 필요하다. 많은 사례관리 프로그램에서는 적정량의 사례 수를 30사례 정도로 보고 있다. 사례의 적정량을 유지하기 위해 빈번한 방문이나 잦은 개입을 필요로 하는 집중사례관리 대상자와 모니터링 위주의 유지관리 대상자로 구분하여 사례관리를 제공하는 방안도 활용하고 있다. 정신건강사례관리 표준매뉴얼에서는 서비스 제공빈도와 서비스 내용을 고려하여 사례관리의 서비스 필요도를 집중관리, 유지관리, 일시관리, 위기관리로 나누어 접근하고 있다(보건복지부, 국립정신건강센터, 2020b).

(1) 집중관리

정신의료기관에서 퇴원한 사례관리 대상자의 경우에는 정신질환을 포함한 임상적 문제로 인한 어려움과 질환의 재발가능성이 높은 시기이기 때문에 퇴원 및 지역사회 적응 과정에서 집중적이며 적극적인 지원이 필요하다. 정신재활사례관리 매뉴얼에 제시된 집중관리 대상자에 대한 개입내용으로는 증상 변화 대응 및 투약관리, 일상생활 점검 및 관리, 정보제공 및 서비스 연계 등이 있다. 사례관리 절차에 따라 종합적인 개별서비스계획을 세우고, 주 3회 이상 심층상담을 포함하는 서비스 제공기준을 두고 있다. 사례관리를 통한 변화를 모니터링하고, 최소 3개월에 1회 이상 이를 평가하고 조정하도록 권하고 있다.

(2) 유지관리

유지관리 대상자는 집중관리 대상자 수준의 상시적이며 적극적인 개입의 필요성은 적으나, 지속적으로 지역사회생활의 어려움이 예상되거나 도움이 필요한 경우에 해당한다. 주 2회 이상 심층상담을 실시하고, 최소 6개월에 1회 이상 개별서비스계획에 대해 평가하고 조정하는 기준을 두고 있다. 사례관리자는 증상이나 약물관리와 같은 정신과적 문제에 대해 주치의와 의사소통을 유지하면서 치료지원을 하며, 기능수준에 맞는 일상생활이나 자립생활에 필요한 서비스를 연계한다. 다양한 사회재활 프로그램이나 직업재활에 참여하도록 지원한다.

(3) 일시관리

일시관리 대상자는 정신재활기관에서 퇴소를 앞두고 주거를 비롯한 독립생활 준비를 하거나 일시적인 상황 변화에 따라 상담 및 지원 등이 필요한 경우에 해당한다. 사례관리자는 주 1회 이상의 개입을 일정 기간 실시하게 된다.

(4) 위기관리

위기관리 대상자는 즉각적인 개입이 없을 경우에 자·타해위험의 심각성과 문제가 클 것으로 판단되는 경우이다. 위기관리 대상자에 대해서는 24시간 이내에 긴급하게 개입을 하면서 즉각적인 입원치료나 외래진료를 고려하게 되며, 이때는 기관의 자체적인 개입보다는 정신건강복지센터와 경찰, 소방과의 협조체계하에 위기대응 차원의 개입을 한다(뒤에 제시한 4절 '위기개입' 참조).

4) 정신건강 현장별 사례관리의 활용

(1) 정신건강복지센터 등록사례관리

우리나라에서 현재 실시하고 있는 정신건강 분야의 사례관리 가운데 가장 대표적인 것은 정신건강복지센터의 중증 정신질환자 대상 등록사례관리이다. 정신장애인 대상의 사례관리는 정신질환 관리 및 증상 모니터링을 중요하게 고려한다. 전문 분야의 욕구와 전문기관의 특성을 반영하는 임상모형에 기초하는 동시에 지지적 상담과 교육적 개입을 강조하는 지지모형이 주로 활용되고 있다. 정신건강복지센터의 사례관리자는 지역이나 병원으로부터 의뢰받은 사례관리 대상자에 대해 정신건강복지센터를 거점으로 정신과적 증상이나 약물 관리, 일상생활 적응의 문제를 점검하고 정신재활서비스나 생활지원서비스를 연계하면서 지역사회에서 회복을 지원하는 역할을 한다. 만성 정신질환자가 오랜 기간 입원생활을 하다 퇴원을 하게 되는 경우에는 집 청소나 위생관리, 세탁법, 요리, 장보기나 음식점 이용법, 대중교통 이용법, 금전관리와 같은 일상생활의 활동을 익혀야 하기 때문에 센터 내부의 정신재활 프로그램을 통해 일상생활기술이나 사회기술을 익히는 것을 지원한다.

[그림 8-3]은 정신건강복지센터의 등록사례관리의 구성과 절차이다. 등록사례관리의 과정을 살펴보면, 초기상담-대상자 분류 및 사정평가-계획-개입-종결평가 등으로 진행한다(서울시정신건강복지센터, 2020). 지역사회 내 다양한 기관으로부터 대상자가 발굴되어 의뢰되면 정신건강복지센터에서는 사례관리를 통해 지역사회 내 적응 및 회복을 지원하게 된다. 정신건강전문요원은 의뢰된 대상자와의 초기상담을 통해 정신과적 위기상황인지 평가하고, 정신건강복지센터의 사례관리 대상으로 적합한가를 판단하게 된다. 대상자의 주요 호소내용과 정신건강전문요원의 평가를 통해 사례관리서비스 등록대상자, 단기개입 대상자, 정신건강 유관기관 연계대상자로 분류할 수 있다. 중증정신질환 사례관리 대상자로 등록하면 사정평가를 통해 개별서비스계획(Individual Service Plan: ISP)을 수립하고, 관리 유형에 따라 직접/간접서비스를 제공한다. 지역정신건강복지센터는 일상적으로는 집중사례관리 및 유지관리 대상자 중심의 사례관리서비스 체계를 운영하고 있으나, 정신응급대응이나 초발 정신질환자 개입 등에 대해서도 지역사회 내에서 주요 거점센터의 역할을 수행한다. 또한 지역정신건강복지센터는 동 주민센터나 보건소, 정신의료기관, 정신재활시설 등 다양한 지역사회 내 기관들과 긴밀한 관계를 유지하며 사각지대 발굴과 함께 사례관리 대상자가 필요로 하는 다양한 지역사회 서비스를 연계하기 위해 협력한다.

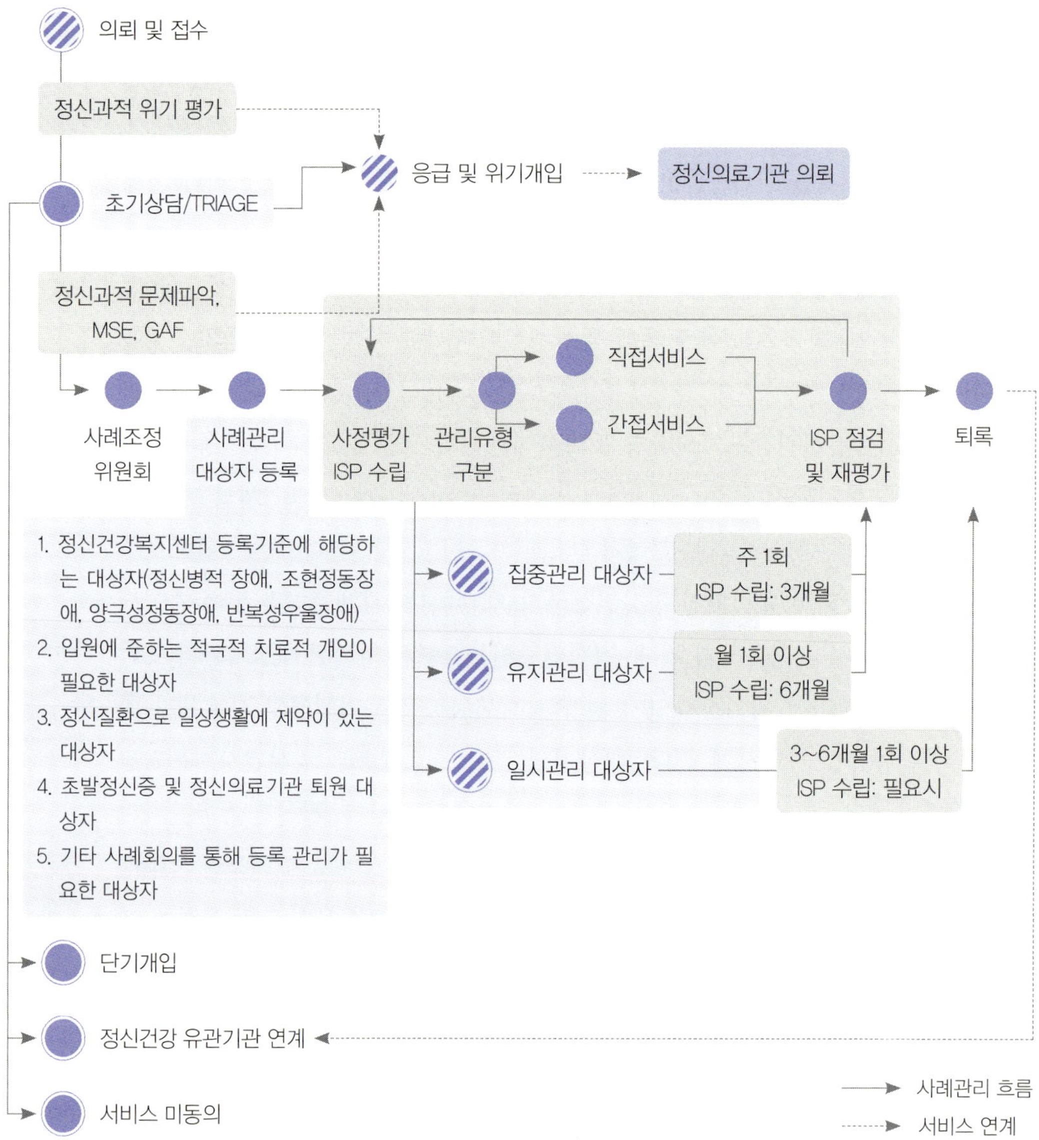

그림 8-3 정신건강복지센터 등록사례관리 모형도

출처: 서울시정신건강복지센터(2020).

(2) 정신재활기관 사례관리

정신재활시설의 사례관리는 정신질환자의 사회복귀에 초점을 두고 기본적인 일상생활을 지원하며 여러 정신사회재활서비스를 직접 제공하거나 외부 기관과 연계하여 제공한다. 독립생활을 위한 준비나 자립역량을 강화하기 위해 정신건강서비스 외에 지역사회 생활지원서비스를 포괄적으로 지원하고자 한다. 정신재활시설 사례관리 표준매뉴얼에서 제시하고 있는 정신재활 분야의 사례관리 원칙은 서비스의 개별화, 사례관리의 유연성, 서비스 제공의 포괄성, 대상자의 자율성 존중, 서비스의 지속성, 서비스의 연계성 등으로 일반 사례관리와 크게 다르지 않다(보건복지부, 국립정신건강센터, 2020b).

정신재활시설의 사례관리절차는 [그림 8-4]와 같이 초기상담 및 욕구사정, 개별서비스계획(ISP) 수립, 개입, 점검 및 평가 등으로 구성되어 있다. 정신재활기관의 사례관리의 과정은 앞에서 살펴본 정신건강복지센터의 등록사례관리 절차와 매우

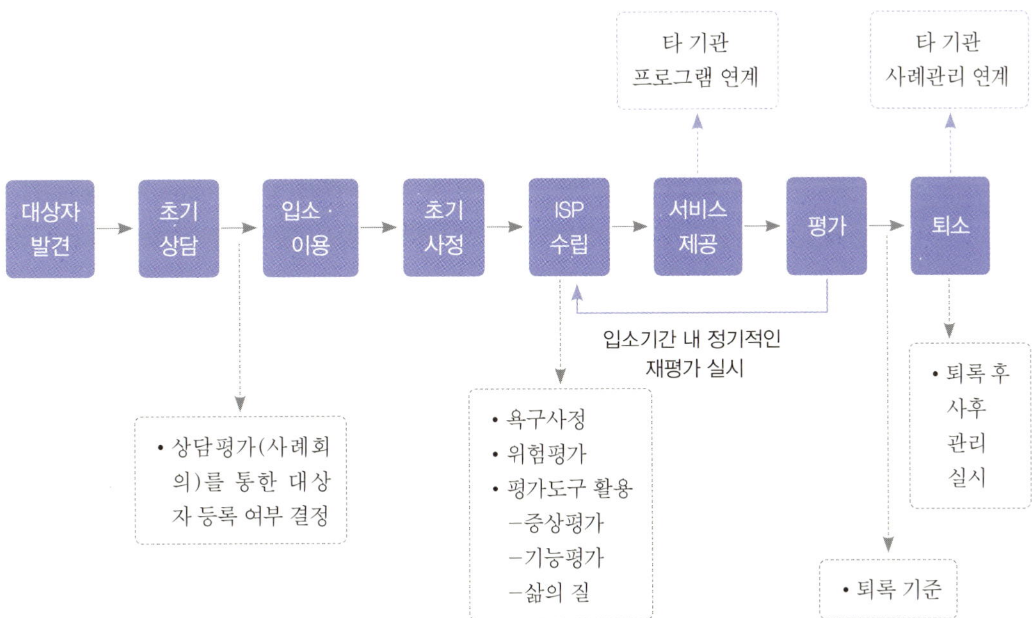

그림 8-4 정신재활시설 사례관리 모형도

출처: 보건복지부, 국립정신건강센터(2020b).

유사하지만, 지역사회 생활을 위한 사회환경적 측면이 보다 강조되는 특징이 있다. 그러나 한편으로는 기관 중심의 사례관리 특성으로 인해, 지역 기반의 사례관리에서 이루어지는 적극적인 서비스 연계와 조정보다는 정신재활기관 내부의 서비스나 제한적인 외부 자원과 서비스 위주로 사례관리 지원계획의 수립과 실행이 이루어지는 경향도 있다.

① 초기상담 및 초기사정 단계

정신재활시설 사례관리의 첫 단계는 안내와 정보제공이다. 정신재활기관 이용이나 입소 전부터 서비스 이용자와 가족에게 기관이용에 대한 절차와 사전 준비사항 등을 안내하고, 시설에서 제공하는 상담 및 재활서비스에 대해 충분히 설명하는 것부터 시작한다. 초기상담 시에는 개인 및 가족 관련 기본적인 인적사항이나 의뢰경로, 주요 정신과적 문제, 입·퇴원을 비롯한 병력과 현재의 치료정보 등의 자료를 수집하고 기록한다. 서비스의 이용이나 입소에 관한 개인정보 수집 및 이용에 대한 동의도 필요하다.

초기사정 단계에서는 주요한 욕구와 개입이 필요한 문제와 상황을 탐색하며, 일상생활이나 대인관계 기능, 직업기능 등을 파악한다. 활용 가능한 자원과 사회적 지지체계, 주변 환경, 가족의 도움 정도 등도 개별계획 수립 및 서비스 제공 과정에 중요한 정보로 알아 둔다. 필요시 가계도나 생태도와 같은 사정도구나 정신건강 검진도구 등을 적절히 활용하여 객관적인 자료를 수집한다. 정신건강 분야의 사례관리는 타 분야에 비해 개인의 발달력이나 병력, 가족력, 자살시도력 등의 임상적 정보나 위험도 평가가 중요하게 고려된다는 차이점이 있다. 정신장애인의 회복과 자립생활에 중요한 개인의 강점과 역량을 파악하며, 개인의 문제해결 방식이나 장애요인 등도 살펴본다. 정신재활시설 사례관리의 초기사정 단계에서 중요하게 파악하는 중증 정신질환의 욕구사정 항목은 〈표 8-4〉와 같으며, 파악된 내용은 다음 단계의 개별서비스계획에 적용하게 된다.

표 8-4 중증 정신질환 욕구사정 항목

영역	문항
상태평가	• 자해 및 타해위험 • 정신과적 증상 • 정신약물관리 • 스트레스 상태 • 신체질환 • 음주 및 중독문제
기본생활관리 능력	• 개인위생관리 • 일상생활관리
사회적 기능평가	• 가족지원 • 가족관계 • 사회적 관계 • 공공서비스 활용능력
사회서비스 평가	• 주거 • 경제활동지원 • 취업 및 학업욕구 • 고용 및 교육 가능성

출처: 보건복지부, 국립정신건강센터(2020b).

② 개별서비스계획 수립 단계

앞 단계에서 파악된 욕구와 기능, 강점과 자원 등을 기초로 개입목표에 따른 개입의 우선순위와 개입 방향, 개입내용 등을 정하는 단계이다. 욕구사정 항목의 심각도 수준을 참고로 우선적으로 개입할 문제영역을 파악하고 이에 대한 개입계획을 수립하게 된다. 계획에는 장기목표와 단기목표, 문제의 우선순위, 주요 서비스 제공방법과 서비스 제공주체 등을 포함하는 세부 개입계획 등을 포함하며, 구체적이며 실행 가능한 내용으로 제시한다. 자원과 강점, 가족의 욕구와 협조 수준 등도 고려하여 계획을 수립한다. 계획수립의 내용과 개입의 방향을 논의하기 위한 사례회의를 개최하여 정기적으로 계획의 진행 상황과 서비스 제공 현황을 점검하고 그 결과를 바탕으로 계획의 재수립 여부도 결정하게 된다.

③ 개입 단계

지역 기반의 사례관리와 기관 내부의 사례관리 방식에 따라 사례관리자의 개입 범위와 역할의 차이가 있으나, 일반적으로 정신건강 분야의 사례관리는 심리사회적 지원을 위한 직접서비스 제공과 주요 서비스 연계나 자원조정을 위한 간접서비스 제공을 모두 포함하고 있다. 개입 단계의 직접적 개입을 위해서는 사례관리자의 임상전문가로서의 실천기술과 역량, 경험 등이 중요한 역할을 한다. 또한 직접적인 지역복지서비스 제공 및 지원뿐만 아니라 정신과적 치료 및 정신건강서비스 관련 의뢰와 자문, 주거나 고용 등 자립지원을 위한 자원과의 연계와 조정, 지역사회 내 다양한 서비스 제공기관이나 서비스 제공자들과의 교류와 협력 등 여러 형태의 간접적 개입 역할도 중요하다. 사례관리의 실행 단계에서는 개별상담, 집단활동이나 가족교육, 사회기술훈련을 비롯한 사회복귀 지원 프로그램, 자조모임이나 동료지원 활동 등 다양한 형태의 서비스 제공활동이 개별계획에 따라 다양하게 진행되는데, 사례관리자가 직접 담당하는 경우도 있으나 전문 서비스 인력들이 분담하여 진행하게 된다.

④ 점검 및 평가 단계

점검 단계에서는 개별계획에 따른 개입내용과 변화를 주기적으로 확인하고, 종결 단계에서는 전체적인 성과를 평가하는 과정을 거친다. 사례관리 수행 과정에서 서비스의 제공 현황이나 성과뿐만 아니라 서비스 계획의 적절성이나 서비스 제공 과정에서의 장애물, 추가적인 개입의 필요성 등을 확인하고, 필요시 사례회의 등을 진행하게 된다. 종결 전에 서비스의 효과성과 만족도 등을 확인하고 사후관리의 방식과 내용을 결정하여 종결 이후의 모니터링을 하게 된다.

4. 위기개입

위기란 개인이 일상적으로 사용해 온 문제해결능력으로는 해결될 수 없는 환경이나 상황에 처하는 경우를 의미한다. 문제에 대처하는 개인의 능력은 각기 다르기 때문에 동일한 상황에 처하더라도 어떤 개인은 이를 잘 대처하고 해결하는 반면, 어떤 개인은 정서적인 혼돈과 위기를 경험한다. 일반적으로 위기상황이 되면 우울이나 불안 등 심리적인 고통을 겪게 되고, 만일 개인의 노력이나 외부의 도움을 통해 문제가 해결되지 못하는 경우에는 심각한 문제가 발생할 수 있다.

정신과적 응급상황이 발생할 경우에는 치료적 필요에 대한 신속한 판단이 필요하며 무엇보다 자해 및 타해의 위험성을 명확히 사정하는 일이 중요하다. 정신질환으로 인한 자·타해 기준 관련 법적 근거(「정신건강복지법」 제43조 제2항 제2호, 「정신건강복지법 시행규칙」 제34조 제2항)에 따르면, ① 본인 또는 타인의 건강 또는 안전에 중대하거나 직접적인 위해를 가하는 경우, ② 본인 또는 타인의 건강 또는 안전에 중대하거나 직접적인 위해를 가할 개연성이 높다고 인정되는 경우, ③ 본인 또는 타인의 건강 또는 안전에 상습적인 위해를 가하는 경우, ④ 본인의 건강이나 안전에 중대하거나 급박한 위험이 있는 경우, ⑤ 본인의 건강이나 안전에 중대하거나 급박한 위험의 개연성이 높다고 인정되는 경우가 해당된다.

정신과적 응급상황에서의 현장대응 안내(보건복지부, 2018b)에 따르면, 표준화된 사정평가도구를 활용하여 응급위기상황의 정도를 극도의 위기, 고위험, 중간 위기, 낮은 위기, 위기상황 아님으로 분류하고, 직접적 위험 및 응급상황에 대한 대처, 입원조치 등과 관련한 판단을 하게 된다. 극도의 위기는 정신과 응급입원을 고려하며, 폭력 상황이 아닌 경우에는 정신과 외래치료 및 전문기관으로 연계를 한다. 고위험이나 주의 상태는 과거 자·타해 이력은 있으나 현재 자·타해 위험성은 없는 상태로 판단한 경우로서, 정신과적 증상이나 행동에 대한 집중관리 또는 주의관찰을 요하는 수준이다. 평가 시 이름, 성별, 나이, 주소지, 보호자 연락처, 의뢰경위, 주요 증상이나 신체적 상태 등의 기본적인 정보를 파악하는 것이 필요하지만, 임무수행을 위한 최소한의 범위로 한정하고 업무 종료 후 개인정보 보호지침에 따라 처리한다.

광역 및 기초정신건강복지센터에서는 상시 정신건강 위기대응 상담업무를 위해 24시간 정신건강위기상담전화(hotline)를 운영하고 있다. 자살예방 및 정신건강상담을 실시하면서 출동서비스 등 고위험군에 대한 응급위기대응체계를 구축 · 운영하고 있다. 전국이 동일한 1577-0199 번호를 사용하며, 보건복지상담센터(129)와 자살예방전문상담센터(1393)와 협조체계를 구축하여 연계하고 있다. 핫라인을 통해 연결이 되면 이용자의 위치를 기반으로 가까운 시 · 군 · 구의 기초정신건강복지센터로 연결되며 야간이나 휴일에는 광역정신건강복지센터에서 담당한다. 정신건강전문요원이 전화상담을 실시하며, 긴급상황에 대비하여 지역 내 응급의료기관의 현황을 파악해 놓고 경찰 등의 협력기관과 상시적 대응체계를 갖추도록 한다.

정신건강 응급상황이 발생할 경우에는 정신건강복지센터의 응급개입팀에 속한 정신건강전문요원이 현장에 출동하여 정신과적 평가를 수행한다. 위기상황이 발생할 시, 경찰이나 소방의 협조와 정신의료기관으로의 연계를 전체적으로 진행하고 모니터링하는 중심 역할을 한다. 경찰뿐 아니라 자 · 타해위험이 발생할 가능성이 높거나 발생한 경우에는 구급대원이 함께 출동하여 대응한다. [그림 8-5]는 응급위기상황에서 정신건강복지센터와 경찰, 소방이 개입하는 절차와 역할을 제시한 것이다.

국민의 생명과 신체, 재산을 보호할 의무가 있는 경찰의 정신질환자 보호조치 업무는 「경찰법」 제3조(국가경찰의 임무)와 「경찰관 직무집행법」 제2조(직무의 범위)에 따른다. 「경찰관 직무집행법」 제4조(보호조치 등)에 의하면, "경찰은 명백하고 응급구호가 필요하다고 믿을 만한 상당한 이유가 있는 사람(구호대상자)을 발견하였을 때에는 보건의료기관이나 공공구호기관에 긴급구호를 요청하거나 경찰관서에 보호하는 등 적절한 조치를 할 수 있다." 경찰은 정신질환 등으로 인한 급박한 자 · 타해 위험성에 대해 정신질환자와 가족과 이웃 등 주변 사람을 안전하게 보호하기 위한 조치를 취하며, 이 과정에서 과도한 대응으로 인해 인권이 침해되는 상황이 발생하지 않도록 실체적 · 절차적 정당성을 모두 확보해야 한다. 경찰은 '임박한 직접적 위험이 있는 경우'에 한해 개입한다는 지침에 따라 위험성과 긴급성을 충족시키는 경우로 대응업무의 범위를 제한하고 있다. 정신건강 분야에서는 위험기준을 판단할 때에 정신질환자의 질병, 증상, 병력, 행위의 성격 또는 건강이나 안전에 미치는 영향 등을 종합적으로 고려하고 '향후 위험이 예측되는 경우'까지 포함하여 개

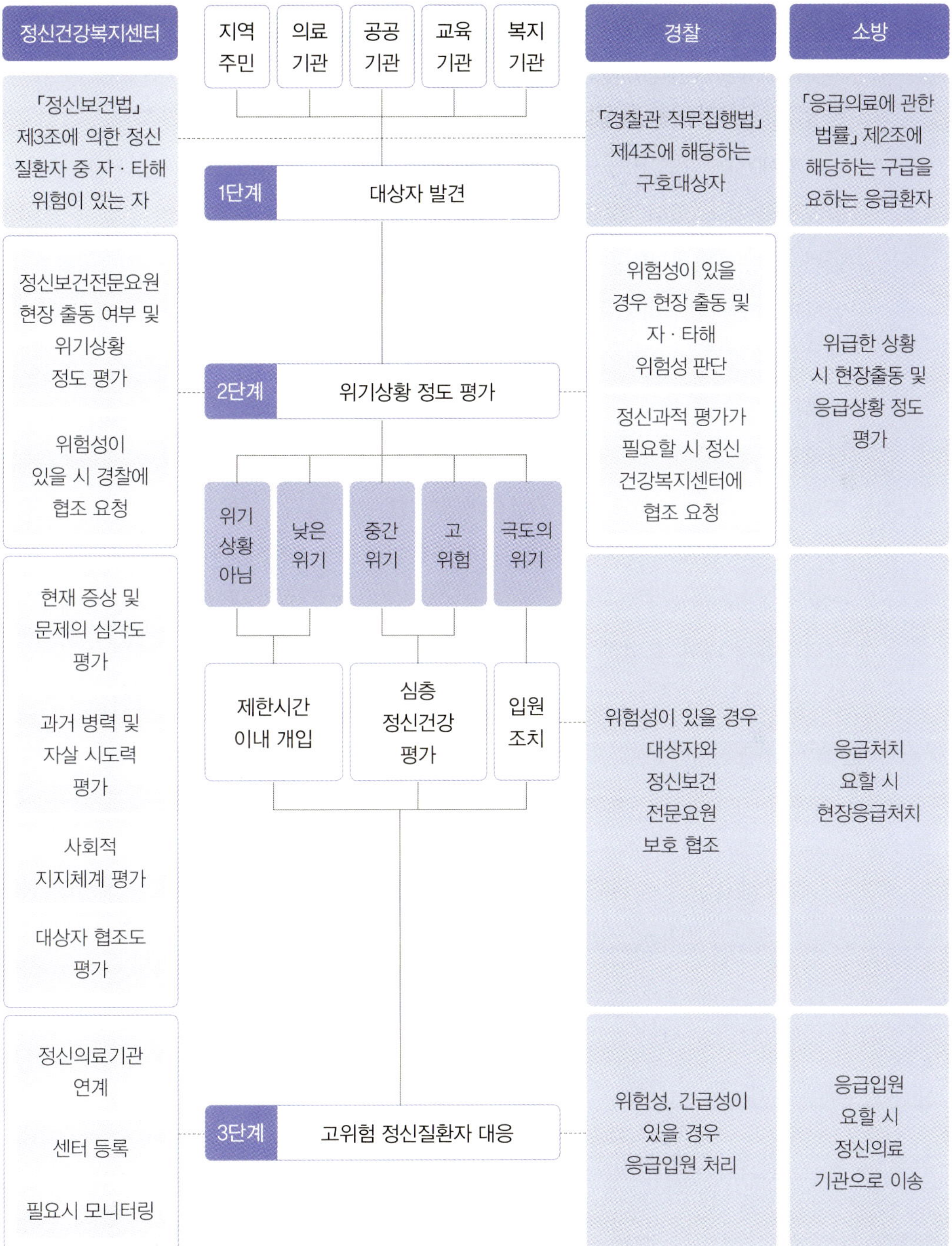

그림 8-5 응급위기개입 단계별 체계도

출처: 국립정신건강센터(2021b).

입해야 한다. 예측되는 위험성에 대한 타 분야와의 대응 상황에 차이가 있으며 이로 인해 경찰의 적극적인 협조를 이끌어 내는 데 어려움이 발생하기 때문에, 상호 간 업무의 이해도를 높이고 상시 협업체계를 잘 갖추는 노력이 필요하다.

소방에서는 「119구조 · 구급에 관한 법률」 제2조 제5호에 따라 정신과적 응급상황에 대응하고 있다. 응급환자의 기준은 '심신에 중대한 위해가 발생할 가능성이 있는 환자 또는 이에 준하는 사람으로서 보건복지부령으로 정하는 자(응급환자)를 말하며, 이를 발견하였을 때는 가능한 범위에서 응급처치를 실시하고 정신의료기관으로 환자를 이송해야 한다.' 현장에 도착한 119 구급대원은 응급처치절차에 따라 현장 안전을 확보한 후 환자를 구두로 진정시키고 상해가 발생한 경우에는 응급처치를 한다. 자 · 타해 위험성에 따라 응급입원이 필요한 경우에는 가까운 정신의료기관으로 이송하고 시장 · 군수 등에 의한 행정입원 시에는 보건복지부장관이나 지방자치단체의 장이 지정한 정신의료기관으로 이송한다. 중앙응급의료센터(National Emergency Medical Center)에서는 정신과적 응급상황에서의 현장대응 시 고위험자에 대한 적절한 치료가 가능한 병원으로의 이송을 위해 정신과적 응급입원 가능 의료기관의 실시간 정보와 정신과 폐쇄병상 등을 안내하고 있다.

토론주제

1. 정신건강 분야에서 일하는 사회복지사가 좋은 상담가로서 역할을 수행하는 데 필요한 점은 무엇인지 토의해 보시오.

2. 정신건강 분야에서 활용하는 상담기록지([그림 8-1] 참조)의 내용을 살펴보고, 변경 또는 추가할 사항이 있는지 검토해 보시오.

3. 정신장애인과 가족의 욕구가 큰 교육의 주제에는 어떠한 것들이 있을지 다양한 의견을 제시해 보시오.

4. 정신건강복지센터의 등록사례관리와 정신재활기관의 사례관리를 비교해 보고, 유사점과 차이점에 대해 토의해 보시오.

5. 정신과적 응급상황에서 정신건강복지센터의 대응팀과 경찰, 소방의 대응 과정상의 차이점은 무엇인지, 팀 협력을 잘해 나가기 위한 방법은 무엇인지 토의해 보시오.

제9장

생애주기별 정신건강 이해와 실천

인간은 영아기부터 노년기에 이르기까지 각 생애주기별로 나타나는 발달 특성과 달성해야 할 발달과제가 다르다. 그렇기에 생애주기별 발달에 문제가 생기거나 발달과제를 성취하지 못할 경우에는 생애주기별 특성에 따른 다양한 정신건강 문제를 경험할 수 있다. 그러므로 생애주기별로 다르게 나타나는 정신건강 문제에 관심을 갖고 생애주기별 맞춤형 정신건강서비스가 제공되어야 할 것이다. 국가 정신건강 정책과 서비스에 생애주기별 특성을 반영하려는 노력을 기울이고 있다. 이에 이 장에서는 생애주기별, 즉 아동·청소년기, 성인기, 노년기에 주로 발생하는 정신장애와 이와 관련된 정신건강 사업과 서비스들을 살펴보고자 한다.

1. 아동 · 청소년 정신건강

아동 · 청소년기는 성인기로 넘어가는 과도기이자 재편의 시기로서 이 시기의 정신건강은 아동 · 청소년의 현재와 미래의 삶에 영향을 미칠 수 있다. 아동 · 청소년이 경험하는 우울, 불안, 스트레스, 자살, 스마트폰/게임 과몰입 등의 정신건강 문제는 가정, 학교, 지역사회에서의 적응능력을 심각하게 손상시킬 수 있어 주요한 사회문제로 부각되고 있다. 따라서 아동 · 청소년의 건강한 정신건강 발달을 위한 적극적 예방, 치료, 지원 등의 정신건강서비스가 시급하다. 이에 아동 · 청소년기에 주로 발병하고 현장에서 자주 접하는 주요 정신장애를『정신질환 진단 및 통계 편람 제5판(Diagnostic and Statistical Manual of Mental Disorders, 5th ed.: DSM-5)』을 중심으로 살펴보고, 이와 관련된 아동 · 청소년 정신건강서비스들을 고찰하고자 한다. 여기에서는 아동 · 청소년기에 주로 나타나는 정신장애로 지적장애, 자폐스펙트럼장애, 주의력결핍 과잉행동장애, 품행장애를 살펴볼 것이다(김청송, 2015; 민성길, 2015; 홍강의, 2021; APA, 2013a).

1) 지적장애

(1) 특징 및 진단기준

과거에 정신지체, 정신박약, 저능 등으로 불리었으나, DSM-5에서는 지적장애로 명명하고 신경발달장애(Neurodevelopmental Disorders)의 하위유형 중 하나로 분류한다. 신경발달장애는 중추신경계, 즉 뇌의 발달지연이나 뇌손상 등과 관련되어 나타난 정신장애를 포함한다. 하위유형에는 지적장애, 의사소통장애, 자폐스펙트럼장애, 주의력결핍 과잉행동장애, 의사소통장애, 특정학습장애, 운동장애가 있다.

지적장애(Intellectual Disability)는 아동 발달에서 18세 이전에 시작되고 평생 지속되며, 지능 수준이 현저하게 낮아서 학습 및 사회적응에 어려움을 나타내는 경우를 말한다. 지적장애 진단을 위해 DSM-5에서는 지적 기능과 적응능력 둘 다에 결함이 있는지를 살펴본다. 지적 기능의 결함은 표준화된 지능검사에서 IQ 70 이하로, 추리, 문제해결능력, 추상적 사고, 판단, 학업성취도의 저하로 나타난다. 적응기능 결함이란 환경의 요구에 대응하는 능력, 개인적 자립성의 획득능력, 사회문화적 배경, 지역사회 상황 등에 근거하여 기대되는 사회적 책임을 완수하는 능력에서의 어려움을 말한다. 지적장애는 낮은 지능과 적응 행동의 장애뿐 아니라 각종 정서 및 행동 장애, 신경학적 장애를 동반하는 복합 또는 중복 장애이다. 지적장애를 가진 경우 사회적 판단이나 위험의 인식, 행동이나 감정 조절, 대인관계, 학교나 직장에서의 동기유발에 어려움을 겪을 수 있다. 순진하게 남을 잘 믿고 위험을 인식하지 못해서 남에게 이용당하거나, 사기를 당하거나, 의도치 않게 범죄에 연루되거나, 성적 폭력의 희생자가 될 수 있다. 지적장애를 가진 사람들은 종종 다른 정신과적 · 신경발달적 · 신체적 질환을 같이 가지고 있다. 〈표 9-1〉과 〈표 9-2〉는 DSM-5의 지적장애 진단기준과 심각도 수준이다.

표 9-1 지적장애의 DSM-5 진단기준

지적장애는 개념적 · 사회적 그리고 실행적 영역에서의 지적 및 적응적 기능 모두가 저하된 경우이며, 이는 발달시기에 발생한다. 다음 세 가지 기준이 만족되어야 한다.

A. 지적 기능의 저하. 여기에는 논리, 문제해결능력, 계획, 추상적 사고, 판단, 학업성취도, 그리고 경험으로부터의 학습 등이 포함되며, 이는 임상적 평가 및 표준화된 개별적 지능검사로 확인되어야 한다.

B. 적응능력의 저하 및 이로 인해 개인적 독립과 사회적 책임의 발달적 및 사회문화적 기준을 만족시키지 못하는 경우, 지속적인 도움 없이는 일상생활의 한 가지 이상의 영역(가정, 학교, 직장, 사회 등 다수의 환경에서의 의사소통, 사회적 참여 그리고 독립적인 생활 등)에서 적응능력의 저하로 인해 기능이 제한되게 된다.

C. 지적 기능 및 적응능력의 저하는 발달시기에 시작된다.

출처: APA (2013a).

표 9-2 DSM-5 지적장애 심각도 수준

심각도 수준	개념적 영역	사회적 영역	실행적 영역
경도 (mild) IQ 50~69	• 학습의 어려움 • 교육가능급	• 또래에 비해 사회적 상호작용 미숙 • 사회적 판단 미숙으로 다른 사람에게 속거나 조종당할 위험 있음	• 연령에 맞는 자기관리는 가능하나 복잡한 일상생활에서는 약간의 도움 필요 • 여가기술은 또래와 유사하나, 여가 계획과 관련된 판단에서는 도움 필요
중등도 (moderate) IQ 35~49	• 전 발달 영역에서 학습능력이 또래에 비해 현저히 뒤처짐 • 일상생활에서 개념적 업무를 완수하기 위해 지속적 도움 필요 • 훈련가능급	• 전 발달 영역에서 의사소통 및 사회적 행동에서 또래들과 확연한 차이가 보임 • 표현 언어가 사회적 의사소통의 수단이나 단어나 문장의 단조로움 • 사회적 판단과 결정능력에 제한이 있어 중요한 결정 시 보호자가 반드시 도와줘야 함	• 식사, 옷 입기, 배설, 위생관리 가능하나 독립적으로 하려면 장기간 교육 필요 • 제한된 개념적 기술과 의사소통기술이 요구되는 직업에 취업 가능
고도 (severe) IQ 20~34	• 개념적 기술을 제한적으로 습득 • 완전보호급	• 말 표현 시 어휘나 문법에 상당한 제한(한 단어나 구로 말함) • 가족구성원이나 친밀한 이들과 관계에서 즐거움을 얻고 도움 받음	• 식사, 옷 입기, 목욕, 배설 등의 일상생활 전반에 대한 지원과 감독이 항시 필요
최고도 (profound) IQ 20 이하	• 자기관리, 여가, 작업을 위해 사물 이용 가능 • 완전보호급	• 말이나 몸짓의 상징적 의사소통에 대한 이해가 매우 제한적 • 비언어적 · 비상징적 의사소통으로 욕구나 감정 표현 • 감각적 · 신체적 손상으로 다양한 사회적 활동에 제한	• 일상생활 전 영역에서 타인에게 의존적인 생활 • 타인의 도움으로 음악 듣기, 영화 보기, 산책하기 등의 여가활동 참여 가능

출처: APA (2013a)에서 재정리.

(2) 유병률

지적장애의 유병률은 약 1%로 추정되며, 남녀 성비는 1.5:1로 남자가 많다. 연령별로 고도 및 최고도 지적장애는 1세 이전에, 중등도는 1~5세 사이에, 경도는 6세 이후에 발견되는 경우가 많다.

지적장애의 원인은 아직까지 명확하지 않지만 주로 생물학적 요인과 심리사회적 요인들이 복합적으로 작용하여 나타나는 것으로 추정하고 있다. 지금까지 지적장애의 25%가 생물학적 요인에 의한 것이며, 나머지 75%는 심리사회적 요인들이나 양자의 병합에 의한 것이라고 설명된다. 생물학적 원인으로 유전적 증후군과 태아기 독성물질 노출(다운증후군, 태아알코올증후군)이 30%, 유전자 결함(취약X증후군), 선천성 대사장애 등이 5%, 임신과 주산기 합병증이 10%를 차지한다(APA, 2013a). 심리사회적 측면에서는 낮은 사회경제적 상태가 지적장애의 위험성을 높이며, 이는 아동기 동안 다양한 지적 자극의 결핍을 초래하기 때문인 것으로 가정된다.

(3) 치료

치료의 목표와 방법은 지적장애의 수준에 따라 달라지겠지만 공통적으로 일상생활에 필요한 다양한 적응기술을 학습시키고, 이러한 적응기술이 잘 유지될 수 있도록 돕는 것에 있다. 지적장애로 인한 후유증이나 동반되는 부수적 문제 역시 치료가 되어야 한다. 지적장애의 치료에서 가장 중요한 것은 지속적인 도움을 받고 자신의 능력을 최대한으로 발휘할 수 있도록 전 생애에 걸친 계획을 세워 주는 것이다. 또한 지적장애아 가족교육은 가족들이 아동에 대한 현실적인 기대를 가지게 하고 지적장애아의 능력과 자존감을 향상하게 하는 중요한 방법 중 하나이다(홍강의, 2021).

학교생활이 어려운 권 양[1]

권 양은 1남2녀의 막내로 어릴 때 잘 웃고 눈 맞춤을 하며 식구들과 정상적으로 상호작용을 하는 사랑스러운 아이였으나, 앉고, 서고, 말하는 것은 언니, 오빠보다 늦은 편이었다. 권 양은 초등학교에 입학해서 잘 적응하지 못하였는데, 학교과제를 이해하고 읽는 데 어려움을 보였다. 또한 교실에서 무의미한 말을 불쑥 꺼내거나 멍한 표정을 지었다. 선생님 말씀도 잘 듣지 않아 수업을 방해하여 어머니가 학교에 여러 차례 불려가기도 했다. 또래 친구들이 자주 놀리자 권 양은 주로 자신보다 나이 어린 동생들과 학교 밖에서 노는 데 더욱 많은 시간을 보냈다. 초등학교 3학년 때 담임선생님은 어머니에게 권 양의 학업이 많이 뒤처져서 4학년 진급이 어렵다고 했으며, 지능지수 검사 결과 IQ 65로 나왔다. 담임선생님과 정신과 의사의 권유로 권 양은 특수학교로 전학을 갔고, 5년 후인 15세 때 권 양의 읽기, 쓰기, 산술적인 기술은 6학년 수준까지 발전하게 되었다.

☞ 경도 지적장애

- 핵심질문: 아이는 더디게 배우는 편인가? 그게 큰 문제가 될 정도인가? 지적 기능과 적응기능의 결함은 어떻게 나타나는가?

2) 자폐스펙트럼장애

(1) 특징 및 진단기준

자폐스펙트럼장애(Autism Spectrum Disorder)는 사회적 상호작용과 의사소통에 장애를 보일 뿐 아니라, 제한된 관심과 흥미를 지니며 부적절하고 상동증적인 행동을 반복적으로 나타낸다. 증상은 흔히 2세 이전에 나타나기 시작하는데, 증상이 경미하면 24개월 이후에 나타나는 경우도 있다. 좀처럼 웃지 않고 옹알이를 잘 하지 않을 경우 자폐스펙트럼장애를 보이는 것일 수도 있다. 또 걸음마 시기에 말이 늦고 사회적 접촉에 관심이 적은 것이 첫 증상이기도 하다. 이들은 지적장애, 언어장

1) 이 장에 제시된 사례는 김청송(2015)의 사례를 토대로 각색하여 활용하였다.

표 9-3 자폐스펙트럼장애의 DSM-5 진단기준

다음의 A, B, C, D 진단기준을 모두 충족해야 한다.

A. 다양한 맥락에 걸쳐서 사회적 의사소통과 상호작용에 지속적 결함이 나타난다.
  1. 사회적-정서적 상호작용의 결함이 나타난다.
  2. 사회적 상호작용을 위해 사용되는 비언어적 의사소통 행동에 결함을 나타낸다.
  3. 대인관계를 발전시키고 유지하며 이해하는 데 결함이 있다.

B. 행동, 흥미 또는 활동에 있어서 제한적이고 반복적인 패턴이 다음 네 가지 중 2개 이상의 증상으로 나타난다.
  1. 정형화된 혹은 반복적인 운동동작, 물체 사용이나 언어 사용
  2. 동일한 것에 대한 고집, 일상적인 것에 대한 완고한 집착 또는 언어적 · 비언어적 행동의 의식화된 패턴
  3. 매우 제한적이고 고정된 흥미를 지니는데, 그 강도나 초점이 비정상적
  4. 감각적 자극에 대한 과도한 혹은 과소한 반응을 나타내거나 환경의 감각적 측면에 대해서 비정상적인 관심을 나타낸다.

C. 이러한 증상들은 아동기에 나타난다.

D. 이러한 증상들은 사회적 · 직업적 또는 다른 중요한 기능영역에 심각한 손상을 초래한다.

E. 이러한 장애는 지적장애나 전반적인 발달지연에 의해 더 잘 설명되지 않는다.

출처: APA (2013a).

애, 주의력결핍 과잉행동장애, 불안장애, 우울장애를 동반할 수 있다.

(2) 유병률

자폐스펙트럼장애의 유병률은 최근 약 20년간에 걸쳐 증가하는 추세이다. 유병률은 대체로 1% 정도로 보고되고 있다. 미국에서는 8세 이하에서 1,000명 중 16.8명이 진단을 받았으며, 국내 대규모 전수조사에서의 유병률은 2.64%로 나타났다. 전반적으로 여아보다 남아에서의 유병률이 3~4배 정도 높은 것으로 나타난다(홍강의, 2021).

자폐스펙트럼장애는 유전 또는 환경적 위험요소가 함께 작용하여 발달하는 중

추신경계 장애로 보는 것이 우세하다. 자폐스펙트럼장애의 유전율은 약 80%로 알려져 있으며, 일란성 쌍생아에서는 70~90%, 이란성 쌍생아에서는 10% 전후로 보고되고 있다. 자폐의 원인은 다양하고 복합적이나, 분명한 것은 양육방식 때문에 자폐가 발생하지 않는다는 사실이다. 그럼에도 불구하고 많은 부모가 자폐가 부모의 양육방식이나 애정결핍에 의해 발생한다고 여기고 여러 세대 동안 심적 부담과 죄의식을 가져왔다.

(3) 치료

자폐스펙트럼장애에 대한 효과적인 치료법이 알려져 있지 않아 다양한 치료 방법이 활용되고 있다. 주로 활용되는 치료법 중 하나인 응용행동분석(Applied Behavioral Analysis: ABA) 치료는 좋은 행동은 촉진하고, 감소하기 바라는 행동은 소거하는 훈련의 집중 행동치료로서 인지력과 언어능력 개선에 효과가 있다고 알려져 있다. 또한 발달적 놀이치료, 의사소통기능 향상을 위한 언어치료, 감정의 인식과 구별, 사회적 상황에서 사용하는 구체적인 방법, 대인관계 문제해결, 사회적 의사소통 등을 다루는 사회기술훈련이 활용되고 있다. 이와 더불어 자폐아동 치료에 부모와 가족의 역할 또한 매우 중요하며, 특히 부모교육과 전문가와의 협력은 효과적 치료를 위한 필수요인이라 할 수 있다. 부모를 포함한 가족들은 질병의 원인 제공자가 아니라 또 다른 치료자 혹은 치료의 보조자로서 기능할 수 있도록 적극적으로 치료에 참여시켜야 한다.

사회적 상호작용에 관심이 없는 김 군

김 군은 2세까지 특별히 요구하는 것이 없었고 비교적 조용한 편이었다. 다른 사람들과의 사회적 상호작용(눈맞춤, 얼굴표정, 몸짓 등)에는 전혀 관심이 없었다. 3세까지도 옹알이가 언어로 바뀌지 않았으며, 엄마와의 사회적 접촉은 주로 먹는 것과 관련되었고, 그것도 단지 1~2개의 단어만을 사용했다. 정서적 교감능력도 부족했고, 특히 변화를 감내하지 못했다. 항상 부모가 똑같은 행동을 해 주길 원했고 일상생활에서 어떤 변화가 오면 심하게 동요했다. 또 흥분하게 되면 틀에 박힌 일과성 행동을 반복했다. 예를 들어, 바구니를 채울 만큼 많은 종이를 길고 가는 조각으로 갈기갈기 찢었다. 4세쯤부터 자폐증 치료를 받아 왔으나 사회적 상호작용을 위한 언어사용에는 여전히 어려움을 나타냈다. 초등학교에 입학할 때까지 몸 흔들기, 머리 부딪치기, 보푸라기 수집하기 같은 자기자극적 행동이 발달되었다. 11세에 받은 심리평가에서는 소검사별로 큰 점수 차이를 나타냈고 중등도의 지적 수준을 나타냈다. 운동기능은 시기에 맞게 잘 발달했지만 언어적 발달은 눈에 띄게 지체되었다. 12세에는 변화에 대한 저항감이 다소 줄면서 서서히 나아지는 것이 관찰되었다. 그러나 중학교에 진학하면서 더욱 융통성이 없어졌고 고집도 세졌고 늘 판에 박힌 일을 고집하였다. TV에서 들은 한 구절을 계속 반복적으로 따라 했고, 이상한 물건을 많이 모아 왔고, 그것을 몸에 지니고 다닌다고 고집을 부렸다. 부모가 이런 이상행동을 고쳐 주려고 하면 김 군은 몸을 뒤흔들고 머리를 벽에 부딪치면서 화를 냈다.

☞ 자폐스펙트럼장애

– 핵심질문: 아이가 대인관계 접촉을 피하고, 사회적 신호를 알아채지 못하고 이상한 행동을 반복하거나 아니면 의사소통에 문제가 있는가?

3) 주의력결핍 과잉행동장애

(1) 특징 및 진단기준

주의력결핍 과잉행동장애(Attention-Deficit/Hyperactivity Disorder: ADHD)는 소아 · 청소년기에서 흔한 질환 중의 하나이다. 주의산만, 과잉행동 및 충동성의 주요 증상을 보이며, 학령전기에서 성인기까지 가정, 학교, 사회 및 직업생활 등에서 여러 기능의 지장을 초래한다. ADHD 아동은 학업 성적이 떨어져 학습의욕의 저하, 좌절감, 부정적 자아상을 갖게 되거나 난폭한 성격을 갖기 쉽다. 그중 50% 정도는 성인이 되어서도 급한 성격이나 인내심 부족 등을 보인다.

표 9-4 주의력결핍 과잉행동장애의 DSM-5 진단기준

A. 기능 또는 발달을 저해하는 지속적인 부주의 및 과잉행동-충동성이 1 그리고/또는 2의 특징을 갖는다.

1. 부주의: 다음 9개 증상 가운데 6개 이상이 적어도 6개월 동안 발달 수준에 적합하지 않고 사회적·학업적/직업적 활동에 직접적으로 부정적인 영향을 미칠 정도로 지속됨
   주의점: 이러한 증상은 단지 반항적 행동, 적대감 또는 과제나 지시 이해의 실패로 인한 양상이 아니어야 한다. 후기 청소년이나 성인(17세 이상)의 경우에는 적어도 다섯 가지의 증상을 만족해야 한다.
   a. 종종 세부적인 면에 면밀한 주의를 기울이지 못하거나, 학업, 작업 또는 다른 활동에서 부주의한 실수를 저지름(예: 세부적인 것을 못 보고 넘어가거나 놓침, 작업이 부정확함)
   b. 종종 과제를 하거나 놀이를 할 때 지속적으로 주의집중을 할 수 없음(예: 강의, 대화 또는 긴 글을 읽을 때 계속해서 집중하기가 어려움)
   c. 종종 다른 사람이 직접 말을 할 때 경청하지 않는 것처럼 보임(예: 명백하게 주의집중을 방해하는 것이 없는데도 마음이 다른 곳에 있는 것처럼 보임)
   d. 종종 지시를 완수하지 못하고, 학업, 잡일 또는 작업장에서의 임무를 수행하지 못함(예: 과제를 시작하지만 빨리 주의를 잃고 쉽게 곁길로 샘)
   e. 종종 과제와 활동을 체계화하는 데 어려움이 있음(예: 순차적인 과제를 처리하는 데 어려움. 물건이나 소지품을 정리하는 데 어려움. 지저분하고 체계적이지 못한 작업, 시간 관리를 잘 하지 못함. 마감 시간을 맞추지 못함)
   f. 종종 지속적인 정신적 노력을 요구하는 과제에 참여하기를 기피하고, 싫어하거나 저항함(예: 학업 또는 숙제, 후기 청소년이나 성인의 경우에는 보고서 준비하기, 서류 작성하기, 긴 서류 검토하기)
   g. 과제나 활동에 꼭 필요한 물건들(예: 학습 과제, 연필, 책, 도구, 지갑, 열쇠, 서류 작업, 안경, 휴대폰)을 자주 잃어버림
   h. 종종 외부 자극(후기 청소년과 성인의 경우에는 관련이 없는 생각들이 포함될 수 있음)에 의해 쉽게 산만해짐
   i. 종종 일상적인 활동을 잊어버림(예: 잡일하기, 심부름하기, 후기 청소년과 성인의 경우에는 전화 회답하기, 청구서 지불하기, 약속 지키기)
2. 과잉행동-충동성: 다음 9개 증상 가운데 6개 이상이 적어도 6개월 동안 발달 수준에 적합하지 않고 사회적·학업적/직업적 활동에 직접적으로 부정적인 영향을 미칠 정도로 지속됨

a. 종종 손발을 만지작거리며 가만두지 못하거나 의자에 앉아서도 몸을 꿈틀거림
b. 종종 앉아 있도록 요구되는 교실이나 다른 상황에서 자리를 떠남(예: 교실이나 사무실 또는 다른 업무 현장. 또는 자리를 지키는 게 요구되는 상황에서 자리를 이탈)
c. 종종 부적절하게 지나치게 뛰어다니거나 기어오름(주의점: 청소년 또는 성인에서는 주관적으로 좌불안석을 경험하는 것에 국한될 수 있다)
d. 종종 조용히 여가 활동에 참여하거나 놀지 못함
e. 종종 '끊임없이 활동하거나' 마치 '태엽 풀린 자동차처럼' 행동함(예: 음식점이나 회의실에 장시간 동안 가만히 있을 수 없거나 불편해함. 다른 사람에게 가만히 있지 못하는 것처럼 보이거나 가만히 있기가 어려워 보일 수 있음)
f. 종종 지나치게 수다스럽게 말함
g. 종종 질문이 끝나기 전에 성급하게 대답함(예: 다른 사람의 말을 가로챔, 대화 시 자신의 차례를 기다리지 못함)
h. 종종 자신의 차례를 기다리지 못함(예: 줄 서 있는 동안)
i. 종종 다른 사람의 활동을 방해하거나 침해함(예: 대화나 게임. 활동에 참견함. 다른 사람에게 묻거나 허락을 받지 않고 다른 사람의 물건을 사용하기도 함. 청소년이나 성인의 경우 다른 사람이 하는 일을 침해하거나 꿰찰 수 있음)

B. 몇 가지의 부주의 또는 과잉행동-충동성 증상이 12세 이전에 나타난다.

C. 몇 가지의 부주의 또는 과잉행동-충동성 증상이 두 가지 또는 그 이상의 환경에서 존재한다(예: 가정, 학교나 직장, 친구들 또는 친척들과의 관계. 다른 활동에서).

D. 증상이 사회적 · 학업적 또는 직업적 기능의 질을 방해하거나 감소시킨다는 명확한 증거가 있다.

E. 증상이 조현병 또는 기타 정신병적 장애의 경과 중에만 발생되지는 않으며, 다른 정신질환(예: 기분장애, 불안장애, 해리장애, 성격장애, 물질중독 또는 금단)으로 더 잘 설명되지 않는다.

출처: APA (2013a).

(2) 유병률

전 세계적으로 ADHD 아동의 평균 유병률은 약 5%로 보고된다. 우리나라의 생애주기에 따른 ADHD 유병률은 소아(5~14세)의 경우 5~10%, 청소년(15~19세)의 경우 4~8%, 성인(20~65세)의 경우 3~5%로 추정되며, 보통 남아에서 더 흔하게

발병된다(대한소아청소년정신의학회, 2018).

ADHD의 원인은 유전적인 요인을 포함한 뇌의 신경생물학적 요인이 결정적인 것으로 알려져 있다. 부모가 ADHD인 경우 그 자녀는 57%의 발현율을, 형제는 대략 30%의 발현율을 보였다. 또한 대뇌감염 · 외상 · 임신 혹은 출산 중의 손상이나 합병증과 같은 대뇌 손상에 의해 유발되거나 악화될 수 있다. 부모의 양육태도, 생애 초기 경험, 사회경제적 여건 등의 환경요인이 논의되고 있지만 그것이 미치는 영향은 비교적 적다.

(3) 치료

ADHD의 치료는 약물치료, 행동치료 기법을 이용한 심리사회적 치료와 부모교육을 병행할 때 가장 효과적이라고 보고된다. 약물치료는 ADHD 아동을 진정시키고 주의집중력을 증진시키기 위해 사용되지만 그것만으로는 만족스러운 효과를 기대할 수 없다. 이에 인지행동치료와 부모교육이 필수적이다. 긍정적 행동에 대해 관심 주기, 수업 규칙, 타임아웃, 칭찬 스티커 붙여 주기, 알림장에 적어 주기 등의 행동치료나 일반적인 사회적 행동과 학업 수행능력을 높일 수 있는 사회기술훈련이 치료에 활용된다.

그러나 가장 중요한 것은 부모의 역할이다. 부모는 아동의 문제점을 이해하고 긍정적인 방법으로 아동과 대화하는 효과적인 의사소통 방법, 보상과 처벌을 주는 방법, 적절한 감정표현의 방법을 배워야 한다. 부모의 조바심과 아동을 다그치는 행동은 증상을 악화시킬 뿐이다.

말을 잘 안 듣는 아이

초등학교 3학년인 강 군은 숙제를 해 오는 것을 잊어버리거나 준비물을 챙겨 오지 않는 일이 많았다. 또한 수업시간에 계속 딴짓을 하거나, 콧노래를 부르고, 손을 올리지 않은 채 불쑥 대답을 하고, 질문을 하면 답도 모르면서 항상 제일 먼저 엉터리 같은 답을 했다. 담임선생님으로부터 수업시간에 여러 번 자기 자리에 가서 앉으라고 해야만 말을 들어 꾸지람을 자주 받았다. 그래서 어머니는 학교에 자주 불려갔고 담임선생님은 강 군에게 많은 주의와 관심을 기울여 달라고 여러 차례 당부했다. 강 군은 학교운동장에서는 매우 활기차게 힘이 넘친 듯이 활동했다. 충동적으로 익살스럽게 앞뒤를 가리지 않고 행동하여 학급 친구들의 웃음을 자아내곤 했다. 그러나 친구들의 놀이를 방해했고 자신이 멋대로 규칙을 정해 놓고 놀았기 때문에 강 군과 함께 놀려는 친구는 없었다. 강 군은 영리해 보였지만 학교숙제를 제대로 해내지 못했다. 항상 숙제를 하면서도 TV에서 무엇을 하는지 보기 위해 거실로 왔다 갔다 했고, 가족의 대화를 방해했고, 숙제를 하면서도 늘 주변을 살폈다. 주의도 매우 산만해서 어머니가 큰 소리로 불러야만 대답을 했고, 어머니가 말을 하면 엉뚱하게 대답했다.

☞ 주의력결핍 과잉행동장애
– 핵심질문: 아이가 가만히 있지 못하고 끊임없이 움직이고 충동적이고 수행 중인 일에 집중을 못하는가?

4) 품행장애

(1) 특징 및 진단기준

품행장애(Conduct Disorder) 역시 아동 · 청소년기에 흔히 관찰되는 질환 중 하나이다. 아동 · 청소년들이 사춘기를 겪으면서 보일 수 있는 일시적인 일탈 행위와 달리 반복적 · 지속적으로 타인의 기본적인 권리를 침해하거나, 중요한 사회 규범이나 규칙을 어기는 행동 양상을 보이고, 타인에게 공격적인 반응을 보인다. DSM-5에서는 품행장애를 파괴적 충동조절 및 품행 장애(Disruptive, Impulse-Control, and Conduct Disorder)의 하위장애(적대적 반항장애, 간헐적 폭발장애, 품행장애, 병적 방화, 반사회성 성격장애) 중 하나로 분류한다.

표 9-5 품행장애의 DSM-5 진단기준

A. 다른 사람의 기본적 권리를 침해하고 연령에 적절한 사회적 규범 및 규칙을 위반하는 지속적이고 반복적인 행동 양상으로 지난 12개월 동안 다음의 기준 중 적어도 3개 이상에 해당되고 지난 6개월 동안 적어도 1개 이상의 기준에 해당된다.

사람과 동물에 대한 공격성	1. 자주 다른 사람을 괴롭히거나, 위협하거나, 협박함 2. 자주 신체적인 싸움을 걺 3. 다른 사람에게 심각한 신체적 손상을 입힐 수 있는 무기 사용(예: 방망이, 벽돌, 깨진 병, 칼, 총) 4. 다른 사람에게 신체적으로 잔인하게 대함 5. 동물에게 신체적으로 잔인하게 대함 6. 피해자가 보는 앞에서 도둑질을 함(예: 노상강도, 소매치기, 강탈, 무장강도) 7. 다른 사람에게 성적 활동을 강요함
재산 파괴	8. 심각한 손상을 입히려는 의도로 고의적으로 불을 지름 9. 다른 사람의 재산을 고의적으로 파괴함(방화로 인한 것은 제외)
사기 또는 절도	10. 다른 사람의 집, 건물 또는 자동차를 망가뜨림 11. 어떤 물건을 얻거나 환심을 사기 위해 또는 의무를 피하기 위해 거짓말을 자주 함(즉, 다른 사람을 속임) 12. 피해자와 대면하지 않은 상황에서 귀중품을 훔침(부수거나 침입하지 않고 상점에서 물건 훔치기, 문서위조)
심각한 규칙 위반	13. 부모의 제지에도 불구하고 13세 이전부터 자주 밤늦게까지 집에 들어오지 않음 14. 친부모 또는 양부모와 같이 사는 동안 밤에 적어도 2회 이상 가출, 또는 장기간 귀가하지 않은 가출이 1회 이상 있음 15. 13세 이전에 무단결석을 자주 함

B. 행동장애가 사회적·학업적 또는 직업적 기능 영역에서 임상적으로 현저한 손상을 초래한다.

C. 18세 이상일 경우, 반사회성 성격장애의 기준에 부합되지 않는다.

세분할 것

- 아동기-발병형: 10세 이전에 품행장애 증상이 최소한 한 가지 이상 나타나는 경우
- 청소년기-발병형: 10세 이후에 품행장애 증상이 나타나는 경우
- 불특정형: 품행장애 진단기준에는 부합되나 첫 증상발병이 10세 이전인지 이후인지 불분명한 경우

현재의 심각도 구분

- 경도(mild): 품행문제가 상대적으로 다른 사람에게 적은 피해를 끼치는 경우
- 중등도(moderate): 품행문제의 빈도와 다른 사람에게 끼치는 영향이 경도와 고도의 중간일 경우
- 고도(severe): 품행문제가 다른 사람에게 상당한 피해를 초래하는 경우

출처: APA (2013a).

(2) 유병률

품행장애의 유병률은 2~10%로 추정된다. 아동기에서 청소년기로 성장하면서 유병률은 더 증가하며, 남아가 여아보다 4~12배 많다. 품행장애의 대부분은 성장하면서 증상이 호전되지만, 진단받고 3~4년이 지난 후에도 증상이 지속되기도 한다. 또한 품행장애의 일부는 성인이 된 이후에 반사회성 성격장애로 진행되는 경우가 있고, 물질사용장애, 기분장애, 불안장애 등의 다른 공존질환이 나타나기도 한다. 나이가 18세 이상이면 품행장애 대신 반사회성 성격장애로 진단한다.

품행장애는 일반적으로 생물학적 · 심리적 · 환경적 요인이 서로 상호작용하여 발생한다고 알려져 있다. 생물학적 측면에서는 품행장애에서 나타나는 공격성, 비행 행동, 반사회적인 행동은 중등도의 유전율을 보인다고 설명한다. 또한 심리적 측면에서는 지능이 낮고 사회인지능력이나 갈등을 다루는 능력이 부족할 경우, 타인의 의도를 오해하고 사회적 관계에서 충동적 반응을 보일 확률이 높아짐으로써 품행장애의 위험성이 증가한다고 설명한다. 이와 더불어 부모의 거부나 무관심, 신체적 · 정서적 학대, 비일관적 양육태도, 부모의 범죄, 잦은 양육자의 교체, 경제적 어려움이나 부모의 불화, 부모의 알코올 혹은 물질 남용, 부모의 정신질환 등의 부정적 환경요인도 품행장애 발생에 영향을 미친다.

(3) 치료

품행장애의 치료로는 비약물치료인 정신사회적 치료를 우선적으로 적용할 것이 권고된다. 대개 학습, 사회성, 감정조절 등의 문제가 다방면으로 나타나기 때문에

다양한 문제에 초점을 둔 치료적 접근이 요구된다. 심리치료는 적절한 욕구충족 방법, 분노표출 방법, 좌절에 대한 인내력 향상, 새로운 적응기술을 습득하고 자기조절능력을 향상시켜 주는 문제해결기술훈련, 행동치료, 사회기술훈련 등이 활용된다. 특히 품행장애의 치료는 시간이 오래 걸리고 부모의 태도와 노력이 중요하므로 부모가 인내심을 가지고 치료에 적극 동참해야 한다. 아동의 품행장애를 유발하는 여러 요인을 또래관계, 학교, 이웃, 가정 내에서 찾고, 이를 주로 가족과 지역사회 개입을 통해 변화를 유도하는 다체계적 치료도 활용된다. 또한 아동의 부정적 행동을 줄이고 긍정적 행동을 강화하는 데 부모의 역할을 늘리는 부모훈련 프로그램과 가족치료도 효과적이다. 특히 보호자를 보조치료자로 치료에 개입시키는 것이 치료의 효과를 훨씬 높일 수 있다.

행동문제가 심각한 청소년 박 군

16세 박 군은 중학교 2학년 때부터 술과 담배를 시작했으며, 무단결석을 자주 하였다. 5세 때 부모님이 이혼하면서 아버지와 함께 할머니의 집에서 지내게 된 박 군은 가끔 동네 작은 가게에서 물건 훔치기를 반복하였고, 장난이라며 길고양이들에게 돌을 던지거나 방망이로 길고양이를 때리기도 하였다. 중학교 3학년이 되자 박 군은 질이 나쁜 친구들과 어울려 다니며 다른 반 아이의 돈을 빼앗다가 걸려서 학교 선생님에게 꾸지람을 들었고, 선생님이 박 군에게 부모님을 학교에 모시고 오라고 하자 가출을 하였다. 박 군의 할머니가 박 군을 찾기 위해 계속 전화를 하였으나 받지 않아 실종신고를 하였고, 3개월 후 경찰서에서 박 군을 찾았다는 연락이 왔다. 박 군은 그동안 자신과 비슷한 처지의 아이들과 어울려 다니며 오토바이를 훔쳐 팔다가 경찰서로 잡혀 왔다는 것이다. 박 군의 아버지가 박 군을 데리러 경찰서로 갔으나 박 군은 전혀 반성하는 기색을 보이지 않았다.

☞ 품행장애

–핵심질문: 아이가 문제를 자주 일으켜서 심각한 곤란에 빠진 적이 있는가?

5) 아동 · 청소년 정신건강 사업 및 서비스

(1) 지역사회 아동 · 청소년 정신건강증진사업

전국의 정신건강복지센터를 중심으로 아동 · 청소년 정신건강증진사업을 실시하고 있다. 이 사업은 지역사회 내 아동 · 청소년 정신건강복지서비스 제공체계를 구축하여 아동 · 청소년기 정신건강 문제의 예방, 조기발견 및 상담 · 치료를 통해 건강한 사회구성원으로의 성장 및 발달 지원을 목적으로 하고 있다. 지역 내 미취학 아동부터 만 18세 이하 아동 · 청소년, 부모, 교사 및 시설종사자를 대상으로 다양한 사업을 전개하고 있다.

아동 · 청소년 정신건강증진사업의 주요 내용은 다음과 같다. 아동 · 청소년 정신건강증진사업은 정부 차원에서는 보건복지부와 교육부가 협의 · 추진하고, 지역 단위에서는 교육청과 정신건강복지센터가 연계 · 협력하여 추진한다. 정신건강복지센터가 중심이 되어 학교에서 고위험군 선별검사를 실시하고, 정신건강복지센터에서는 심층사정평가를 통해 개별상담, 집단 프로그램, 사례관리서비스 등을 제공한다. 임상적 치료가 필요한 경우 지역 정신의료기관에 진단검사 및 치료서비스를 연계하고, 치료비지원(저소득층 1인당 40만 원 지원) 등의 서비스를 제공한다. 또한 고위험군 사례의 경우 일정 기간 사후관리서비스도 제공한다. 사업의 추진체계는 [그림 9-1]과 같다.

현재 정신건강복지센터에서 수행하는 아동 · 청소년 정신건강사업은 그 중요도에 비해 업무비중이 낮은 것으로 평가되고 있다. 앞으로 아동 · 청소년의 정신건강증진을 위해서는 업무의 중요성만큼 실질적인 업무비중을 확대하고 내실화된 서비스가 제공되어야 할 것이다.

또한 제2차 정신건강복지 기본계획에서는 생애주기별 활동 특성과 연계한 정신건강 위해요인 관리 강화를 전략으로 제시하고 아동 · 청소년 대상 세 가지 세부 추진과제를 수립하였다.

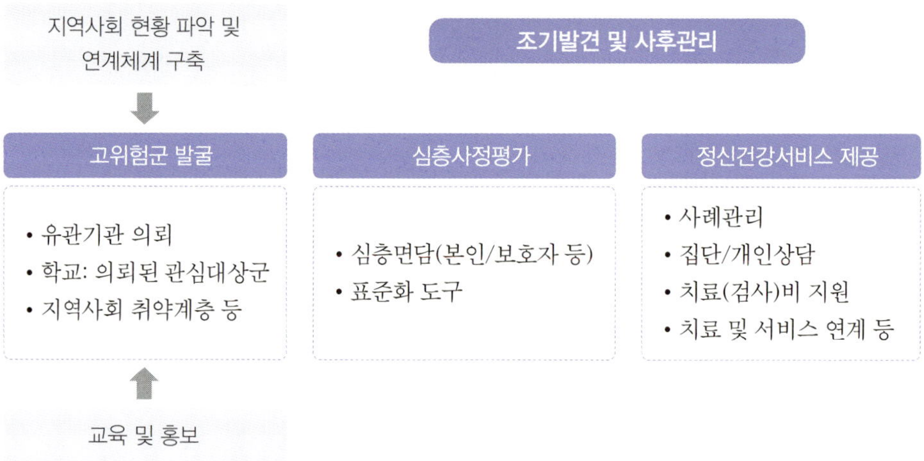

그림 9-1 아동 · 청소년 정신건강증진사업 추진체계

출처: 보건복지부(2021a).

- 단위학교별 Wee클래스와 전문상담교사를 확대 배치하여 상담제공과 함께 위기상황 시 즉각 개입
- 교내 학생 정서행동특성검사를 통해 관심군 학생을 발굴하고 Wee센터, 병 · 의원, 정신건강복지센터 등 전문기관으로 연계 지속
- 학교 밖 청소년지원센터에서 정서행동특성검사를 시행하고 정신건강복지센터와 연계하여 심층평가–상담 추진

(2) Wee 프로젝트

Wee 프로젝트는 학생들의 건강하고 즐거운 학교생활을 지원하기 위해 학교, 교육청, 지역사회가 연계 · 협력하는 다중 통합지원 서비스망이다. Wee는 We(우리)+education(교육), 그리고 We(우리)+emotion(정서)의 합성어이다

Wee 프로젝트는 학습부진, 따돌림, 대인관계 미숙, 학교폭력, 미디어중독, 비행 등으로 인한 학습부진학생 치료, 위기학생 선도, 진로개발, 잠재력 발현으로 전인적 성장 도모를 위해 학생들의 종합적 진단, 상담 및 치료 프로그램을 제공한다.

Wee 프로젝트는 3단계 안전망체계를 갖추고 있는데, 1차 안전망으로는 단위학교를 중심으로 한 Wee클래스(7,631개)를 운영하여 학교부적응 학생의 조기발견, 예방 및 학교적응력 향상을 지원하고 있다. 2차 안전망인 지역교육청의 Wee센터(학생상담지원센터, 204개)에서는 선도 및 치료가 어려워 학교에서 의뢰된 위기학생에 대한 진단–상담–치유의 원스톱서비스를 제공하고 있다. 3차 안전망인 시 · 도교육청의 Wee스쿨(위탁교육시설, 15개)에서는 심각한 위기상황으로 장기적으로 치유가 필요한 고위험군 학생을 대상으로 한 기숙형 장기위탁교육서비스를 제공하고 있다. 또한 가정의 문제로 인해 학업을 유지하기 어려운 학생들을 위한 가정형 Wee센터 19개소, 고위기학생의 보다 심층적인 지원을 위한 병원형 Wee센터 10개소를 운영 중이다(Wee 프로젝트 홈페이지, http://www.wee.go.kr).

(3) 아이존(i-zone) 사업

아이존은 「정신건강복지법」 제26조에 근거하여 정서 · 행동 및 발달장애 문제를 가진 서울시 아동을 대상으로 전문적이고 다학제적인 개입을 통해 아동들이 학교 및 가정에 원활하게 적응할 수 있도록 지원하는 아동 · 청소년 정신건강지원시설이다. 서울에 총 10개의 아이존이 운영되고 있다. 취약계층 아동을 우선으로 맞춤형 진단 및 개별치료 계획 수립을 통한 개별상담, 사회성증진훈련, 인지행동치료, 음악/미술치료 등의 소집단 프로그램과 부모 및 가족을 위한 프로그램 등 다각적인 치료 · 재활서비스를 제공하고 있다(아이존 홈페이지, http://www.aizone.or.kr).

2. 성인 정신건강

성인기는 생애주기 중 가장 긴 기간에 해당되며, 개인적으로나 사회적으로도 중요하고 의미 있는 역할을 하는 인생의 황금기라고 할 수 있다. 성인기는 취업, 결혼, 자녀 출산과 양육, 직장생활 등 다양한 역할을 수행하는 시기이며, 이러한 역할을 수행하면서 발생하는 다양한 스트레스가 정신건강을 위협할 수 있다. 또한 생애주기의 전환점을 시작으로 생물학적 · 심리사회적 변화와 함께 다양한 위기상황의 경험 등으로 인해 우울, 불안과 같은 심리적 압박감, 정신건강의 복합적인 변화가 일어날 가능성이 증가한다. 따라서 성인기의 정신건강은 유전적 소인이나 성격과 같은 내적 요인보다도 그들의 발달과업을 수행하면서 경험하는 위기와 밀접하게 관련되어 있다고 할 수 있다. 이에 여기에서는 성인기에 경험하는 주요 정신장애인 조현병, 주요우울장애, 양극성 및 관련 장애, 공황장애, 성격장애를 살펴보고자 한다(권석만, 2014; 김청송, 2015; 민성길, 2015; APA, 2013a).

1) 조현병

(1) 특징 및 진단기준

조현병 스펙트럼 및 기타 정신병적 장애(Schizophrenia Spectrum and Other Psychotic Disorders)는 망상, 환각, 와해된 사고(언어), 극도로 와해된 또는 비정상적 행동, 음성 증상의 다섯 범주 중 하나 이상의 증상 등을 보이는 일련의 정신장애를 의미한다. 하위유형에는 조현형 성격장애, 망상장애, 단기 정신병적 장애, 조현형 장애, 조현병, 조현정동장애가 포함된다. 증상의 심각도나 지속기간에 따라 [그림 9-2]와 같이 스펙트럼상에 배열할 수 있다. 조현형 성격장애는 경미한 조현병 증상이 성격의 일부처럼 지속적으로 나타나며, 망상장애는 다른 적응기능은 비교

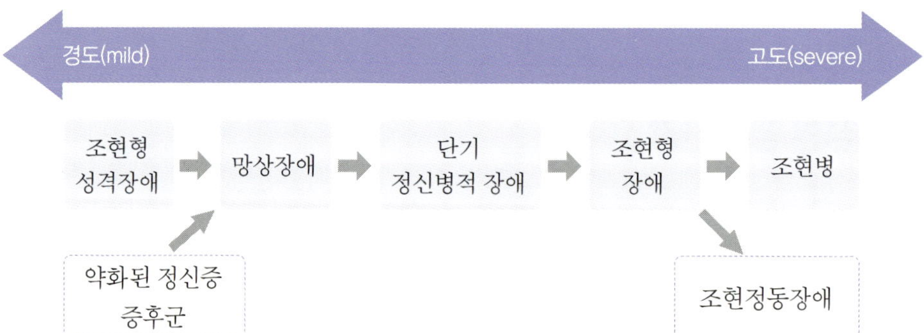

그림 9-2 조현병 스펙트럼 장애

출처: 권석만(2014).

적 온전하지만 망상이 특징적으로 나타난다. 단기 정신병적 장애는 조현병 증상이 1개월 이내로 짧게 나타나며, 조현형 장애는 1개월 이상 6개월 이내로 조현병 증상이 나타난다. 조현병은 증상이 6개월 이상 지속되고, 조현정동장애는 조현병 증상과 양극성 증상이 함께 나타나는 특징이 있다. 여기에서는 조현병 스펙트럼 및 기타 정신증적 장애의 하위유형 중 하나인 조현병에 대해 살펴보고자 한다.

조현병(Schizophrenia)은 인간의 지각, 인지, 사고, 정서, 행동 등 다양한 영역에서 이상이 생겨 망상이나 환각, 와해된 사고와 행동을 포함하는 부적응적 증상을 보이는 주요 정신질환이다. 편견과 낙인문제를 야기해 온 정신분열병 병명의 편견을 바로잡고 인식을 개선하기 위해 2010년에 조현병(調絃炳)으로 변경하였다. 조현이란 현악기의 줄을 고른다는 의미로, 치료를 통해 조현병의 특성인 정신의 부조화—마치 현악기가 제대로 조율되지 않은 것처럼 혼란을 겪는 상태—를 조화롭게 하면 좋은 소리를 내는 현악기처럼 정상적인 생활이 가능하다는 의미를 담고 있다. 조현병 증상은 양성증상(positive symptoms)과 음성증상(negative symptoms)의 두 가지로 구분된다. 양성증상은 정신기능의 왜곡이나 과다로 인한 망상, 환각, 지리멸렬한 사고장애, 괴이하고 혼란된 행동 등이며 급성기에 흔히 나타난다. 음성증상은 정상적으로 나타나는 정신기능들의 소실, 결핍 또는 감소로서 무언증(현저하게 빈약한 언어 또는 내용 없는 언어), 감정 또는 정동둔마(감정표현의 능력 감소), 무쾌감증(기쁨 체험 불능, 사회적 상호작용에서의 흥미상실), 무의욕증(목적 지향적 행동을 시도하거나 유지하지 못함), 사회적 위축, 운동지체, 사고 차단 등이 있다(APA, 2013a). 〈표 9-6〉은 DSM-5 조현병 진단기준이다.

표 9-6 조현병의 DSM-5 진단기준

A. 다음 증상 중 둘(혹은 그 이상)이 1개월의 기간(성공적으로 치료되면 그 이하) 동안에 상당 부분의 시간에 존재하고 최소한 1, 2, 3 중 한 가지 증상은 반드시 있어야 한다.

1. 망상
2. 환각
3. 와해된 언어

4. 심하게 와해된 행동이나 긴장증적 증상
5. 음성증상(무쾌감증, 무욕증, 주의력장애, 무언증, 감퇴된 감정 등)

B. 장애의 발병 이래 상당 부분의 시간 동안 일과 대인관계 혹은 자기관리 같은 주요 영역의 한 가지 이상에서 기대 수준이 발병 전 성취된 수준 이하로 현저하게 저하된다(혹은 아동기 또는 청소년기에 발병하는 경우, 기대 수준의 대인관계적 · 학문적 · 직업적 기능을 성취하지 못함).

C. 장애의 지속적 징후가 최소 6개월 동안 계속되는데, 이러한 6개월의 기간은 진단기준 A에 해당하는 증상이 있는 최소 1개월(성공적으로 치료되면 그 이하)을 포함해야 하고, 전구 증상이나 잔류 증상의 기간을 포함할 수 있다. 이러한 전구기나 잔류기 동안 장애의 징후는 단지 음성 증상으로 나타나거나, 진단기준 A에 열거된 증상의 두 가지 이상이 약화된 형태(예: 이상한 믿음, 흔치 않은 지각 경험)로 나타날 수 있다.

D. 조현정동장애와 정신병적 양상을 동반한 우울 또는 양극성 장애는 배제된다. 왜냐하면 주요우울 또는 조증삽화가 활성기 증상과 동시에 일어나지 않기 때문이거나, 기분삽화가 활성기 증상 동안 일어난다고 해도 병의 활성기 및 잔류기 전체 지속 기간의 일부에만 존재하기 때문이다.

E. 장애가 물질(예: 약물 남용)의 생리적 효과나 다른 의학적 상태로 인한 것이 아니다.

F. 자폐스펙트럼장애나 아동기 발병 의사소통장애의 병력이 있는 경우, 조현병의 추가 진단은 다른 필요 증상에 더하여 뚜렷한 망상이나 환각이 최소 1개월(성공적으로 치료되면 그 이하) 동안 있을 때에만 내려진다.

출처: APA (2013a).

(2) 유병률

조현병의 평생 유병률은 대략 0.3~0.7% 정도로 알려져 있다(APA, 2013a). 조현병의 발병시기는 10대 후반에서 30대 중반 사이가 많으며, 남성은 20대 초 · 중반, 여성은 20대 후반에 많이 나타난다. 성별에 따른 유병률의 차이는 없으나, 여성이 약물치료 반응이나 예후가 더 좋은 것으로 알려져 있다(민성길, 2015).

(3) 치료

조현병의 원인이 단일요인에 의한 것이 아니기 때문에 다양한 치료 방법을 활용한다. 조현병에 대한 치료는 환자를 중심으로 개별화되어야 하며 단일 치료만으로는 효과를 거둘 수 없기에 약물치료, 상담 및 치료, 정신사회재활이 병행되어야 한다.

① 약물치료

조현병의 약물치료는 환자를 안정시키고 진정시킬 뿐 아니라 망상, 환각 등의 급성기의 양성증상 치료에 효과적이다. 클로르프로마진(Chlorpromazine)을 시작으로 2세대 약물인 클로자핀(Clozapine), 리스페리돈(Risperidone), 올란자핀(Olanzapine) 등의 항정신성 약물이 이용된다. 항정신성 약물이 조현병을 완치시키는 것은 아니지만 신경전달물질의 과다분비 혹은 과소분비에 영향을 미쳐 급성 증상을 완화하고 사회적 기능회복에 도움을 준다. 장기치료 시 재발예방에 효과적이지만, 긴장이 상증, 좌불안석증, 식욕 증가, 입마름, 흐린 시야, 혈압 저하 등의 부작용 때문에 약물치료를 임의로 중단하는 경우도 있다. 환자, 가족 및 정신건강사회복지사 모두 약물 및 부작용에 대한 기초지식을 습득하고 있어야 한다.

② 상담 및 치료

정신분석적 개인치료에 대한 효과성 논쟁이 지속되면서 전통적인 정신분석적 접근에서 벗어나 약물치료와 함께 환자들이 지닌 일상의 문제를 함께 풀어 가는 현실 적응적이면서 실용성을 강조한 지지정신치료(supportive psychotherapy)가 활용된다. 지지정신치료는 치료자의 지지적인 태도를 바탕으로 환자의 자아가 적절한 기능을 수행하도록 정신역동적 이해를 토대로 심리기법(지지, 안심시키기, 한계설정, 명료화 등)을 활용하는 치료 방법이다(이희, 2005). 또한 이와 더불어 인지행동치료도 자주 활용되는데, 조현병 환자들의 비논리적 연상, 기이한 행동 및 망상을 야기하는 고착된 사고나 자동적 사고를 변형시키고 그러한 사고와 관련된 두려움을 줄이기 위해 정상적인 경험을 연관시킨다. 인지행동치료는 치료를 통해 지배감, 조절감, 자기효율성을 획득하도록 하여 환자에게 남아 있는 망상과 환각을 대처하는 데 도움을 주고 적절한 행동 패턴에 대해 보상하는 데 유용하다(송후림, 2008).

③ 정신사회재활

정신사회재활은 정신질환을 극복하고 가정이나 학교, 직장에 복귀하여 독립적인 사회생활을 유지하는 데 도움을 줄 수 있어 효과적이다. 정신사회재활에는 사회기술훈련, 질병교육, 예술요법, 여가활동, 지역사회 적응훈련, 가족교육, 가족 지지모임, 낮병원, 직업재활, 주거 프로그램 등 다양하다. 조현병의 경우 약물치료만 하면 1년 내에 재발률이 30~40%에 이르지만 약물치료와 재활치료를 병행하면 1년 내 재발률은 10% 내로 감소한다. 그러므로 기능회복 및 사회복귀를 위해서는 약물치료와 함께 정신사회재활이 필요하다.

누군가 자신을 감시하고 비난하는 소리가 들린다는 대학생

21세 최 군은 고등학교 때까지 별다른 문제 없이 지낸 내성적 성격을 가진 대학생이었다. 대학에 입학한 후 다른 학생들과 잘 어울리지 못하고 혼자 지내기 시작하였다. 1학년 2학기부터는 학교에서 동기들이 자신을 수군거리고 비웃는 거처럼 느껴져 학교에 나가기가 꺼려졌다. 또한 수업에 집중이 잘 안 되어 성적이 1학기에 비해 낮아졌다. 최 군의 가족들도 평소에 비해 집 안에 있는 시간이 많아지고 말수도 줄어든 최 군을 보며 학교에 적응을 잘 못하는 줄로만 알고 있었다. 2학년이 되자 최 군은 학교에 나가지 않고 주로 방에만 있으면서 혼자 중얼거리는 모습을 보였다. 또한 낮에도 방 안의 커튼을 닫고 문을 잠그기 시작했다. 걱정이 된 가족들이 최 군에게 이유를 물어보자 "누군가가 자신을 도청하며 감시하고 있다."면서 "자신을 비난하는 사람들 목소리가 들리지 않아?"라고 조심스럽게 이야기를 했다. 가족들은 며칠 동안 집에서 다른 사람의 목소리가 들리는지를 확인했지만 최 군이 들린다는 목소리를 확인하지 못하였다.

☞ 조현병

– 핵심질문: 목소리를 듣거나 다른 사람들이 당신을 해칠 것 같거나 현실감을 잃은 적이 있는가?

2) 주요우울장애

주요우울장애(Major Depressive Disorder)는 DSM−5의 기분관련장애의 하위유형 중 하나이며, 기분관련장애에는 지속적 우울장애, 생리전 불쾌장애, 파괴적 기분조절곤란장애도 포함되어 있다. 다음은 기분관련장애의 하위장애에 대한 간략한 특징이며, 여기서는 주요우울장애에 대해서 살펴보고자 한다.

표 9-7 DSM−5 기분관련장애의 하위장애

하위 장애	주요 증상
주요우울장애	거의 매일 우울한 기분과 흥미나 즐거움의 저하가 연속적으로 2주 이상 지속되는 경우
지속적 우울장애	우울 증상이 2년 이상 지속적으로 나타나는 경우
생리전 불쾌장애	생리가 시작되기 전 주에 정서적 불안정성이나 분노감, 일상 활동 흥미 감소, 무기력감, 집중 곤란 등의 불쾌한 증상이 주기적으로 나타나는 경우
파괴적 기분조절곤란장애	6~18세 사이 아동·청소년기에 12개월 이상 상황이나 자극강도에 비해 과도하게 만성적인 짜증과 반복적으로 심하게 분노를 폭발하는 행동을 하는 경우

출처: APA (2013a)에서 재정리.

(1) 특징 및 진단기준

우리가 흔히 우울증으로 알고 있는 병명은 DSM−5에서는 주요우울장애로 명명한다. 주요우울장애는 일상의 삶에 흥미를 느끼지 못하고 우울한 기분을 주된 증상으로 하는 기분장애이다. 주요우울장애는 거의 매일 우울한 기분과 흥미나 즐거움의 저하가 지속되어 생활이 침체되고 사회적 관계도 위축된다. 주요우울증삽화 기간 동안 자살시도 가능성이 높으며, 실제로 약 15%가 자살한다고 알려져 있다. DSM−5의 주요우울장애 진단기준은 〈표 9−8〉과 같다.

표 9-8 주요우울장애의 DSM-5 진단기준

A. 다음의 증상 가운데 5개(또는 그 이상)의 증상이 2주 내내 지속되며 이전의 기능 상태와 비교할 때 변화를 보이는 경우 증상 가운데 적어도 하나는 1. 우울한 기분 또는 2. 흥미나 즐거움의 상실이어야 한다.

1. 하루 중 대부분, 그리고 거의 매일 지속되는 우울한 기분에 대해 주관적으로 보고(예: 슬픔, 공허감, 절망감)하거나 객관적으로 관찰됨(예: 눈물 흘림), 아동 · 청소년의 경우는 과민한 기분으로 나타나기도 함
2. 거의 매일, 하루 중 대부분, 거의 또는 모든 일상 활동에 대한 흥미나 즐거움이 뚜렷하게 저하됨
3. 체중 조절을 하고 있지 않은 상태에서 의미 있는 체중의 감소(예: 1개월 동안 5% 이상의 체중 변화)나 체중의 증가, 거의 매일 나타나는 식욕 감소나 증가가 있음
4. 거의 매일 나타나는 불면이나 과다수면
5. 거의 매일 나타나는 정신운동 초조나 지연(주관적인 좌불안석 또는 처진 느낌이 타인에 의해서도 관찰 가능)
6. 거의 매일 나타나는 피로나 활력의 상실
7. 거의 매일 느끼는 무가치감 또는 과도하거나 부적절한 죄책감을 느낌(망상적일 수도 있는, 단순히 병이 있다는 데 대한 자책이나 죄책감이 아님)
8. 거의 매일 나타나는 사고력이나 집중력의 감소, 또는 우유부단함(주관적 호소나 객관적인 관찰 가능)
9. 반복적인 죽음에 대한 생각(단지 죽음에 대한 두려움이 아닌), 구체적인 계획 없이 반복되는 자살 생각 또는 자살 시도나 자살 수행에 대한 구체적인 계획

B. 증상이 사회적 · 직업적 또는 기타 중요한 기능 영역에서 임상적으로 심각한 고통이나 손상을 초래한다.

C. 삽화가 물질의 생리적인 작용의 결과나 다른 의학적 상태에 의한 것이 아니다.

출처: APA (2013a).

(2) 유병률

주요우울장애의 평생 유병률은 남성이 5~12%, 여성이 10~25%로 나타난다. 성별 차이 외에 인종, 교육, 수입, 결혼 상태에 따른 유병률의 차이는 없으나, 친밀한 인간관계가 부족하거나 이혼이나 별거 등의 불안정한 결혼 상태에 있는 사람들의

유병률이 더 높다고 보고된다. 우리나라 정신질환실태 역학조사 결과(2016)에 따르면 우울증(주요우울장애)의 평생 유병률은 5.0%(남 3.0%, 여 6.9%)로 여성의 경우 남성보다 2배 이상 높다.

(3) 치료

① 약물치료

약물치료는 우울증의 대표적인 치료법이라고 할 수 있다. 치료약물로는 삼환계 항우울제, MOA 억제제, 선택적 세로토닌 재흡수 억제제(SSRI) 등이 있다.

② 인지행동치료

인지이론과 행동이론을 결합하여 우울 증상을 적극적으로 변화시키려는 치료이다. 인지이론에 따르면 우울증은 인지적 왜곡에서 기인한다고 보며, 자기 자신, 세상, 미래에 대한 부정적인 생각이 자신의 경험을 왜곡되게 해석하여 우울한 감정이 지속된다고 본다. 이러한 왜곡된 믿음을 찾아 교정하여 증상을 호전시키기 위해 노력한다. 행동이론에서는 자신에게 도움이 되는 활동을 하지 않는 것이 습관이 되어 우울증이 발생한다고 보고, 보상 행동을 늘리는 등의 여러 전략을 활용하여 우울증을 치료한다.

아이를 낳고 우울한 27세 여성

3주 전에 첫째 아이를 낳은 27세 권 씨의 임신과 출산은 정상적이었다. 출산한 다음 날 권 씨는 기분이 좀 가라앉는 듯한 느낌이 들었다. 간호사는 "출산 후에 흔히 우울감이 나타날 수 있지만 곧 좋아질 것이니 걱정하지 말라고 했고, 아이도 건강하고 남편도 즐거워하고 있다."라고 말했다. 이틀 뒤 퇴원해서 집에 와서 아이를 돌보았는데 기분은 좋아지지 않았고 더욱 울적해졌다. 아이에 대해서도 흥미를 잃어버리기 시작했고, 아이의 좋은 엄마가 되지 못하고 있다는 죄책감을 느끼고 있었다. 2주가 지난 뒤부터는 피로감이 증가했고, 잠자는 것도 힘들었고, 식욕도 감소했다. 거의 매일 활력이 떨어지고 상실되는 것 같았고, 아침마다 일어나는 것이 힘들었다. 남편은 권 씨의 건강을 걱정하기 시작했고, 기쁘게 해 주려고 노력했지만 효과가 없었다.

☞ 주요우울장애

–핵심질문: 너무 우울해서 할 일을 제대로 할 수 없었던 적이 있는가?

3) 양극성 및 관련 장애

(1) 특징 및 진단기준

양극성 및 관련 장애(Bipolar and Related Disorder)는 기분의 변화가 심하여 기분이 고양되는 조증 상태와 우울한 기분이 교차되어 나타나는 장애이다. 양극성 및 관련 장애는 조현병 스펙트럼 및 기타 정신병적 장애와 우울장애 간에 증상, 가족력 그리고 유전적 측면을 재평가하여 DSM-5에서는 우울장애로부터 분리되어 독립된 진단범주로 분류되었다.

제I형 양극성장애는 기분이 비정상적으로 들뜨거나 의기양양하거나 과민한 기분 등의 조증삽화가 한 번 이상 나타나며, 한 번 이상의 주요우울삽화를 경험한다. 삽화(episode)는 비정상적인 기분이 지속되는 양상을 의미한다. 제II형 양극성장애는 1회 이상의 주요우울삽화와 1회 이상의 경조증삽화가 있는 것이 특징이며, 조증삽화를 한 번도 경험한 적이 없어야 한다. 주요우울삽화는 최소 2주 이상, 경조증삽화는 최소 4일 동안 지속되어야 한다. 제II형 양극성장애는 제I형 양극성장애에 비해 기분삽화의 기간이 짧고, 빈도가 높으며, 우울삽화가 더 반복적으로 일어나고 만성적인 경과를 보인다. 순환성장애는 기분의 변동성을 특징으로 하는 만성적인 기분장애로서 2년 동안 다수의 경조증 기간과 우울증 기간이 나타난다.

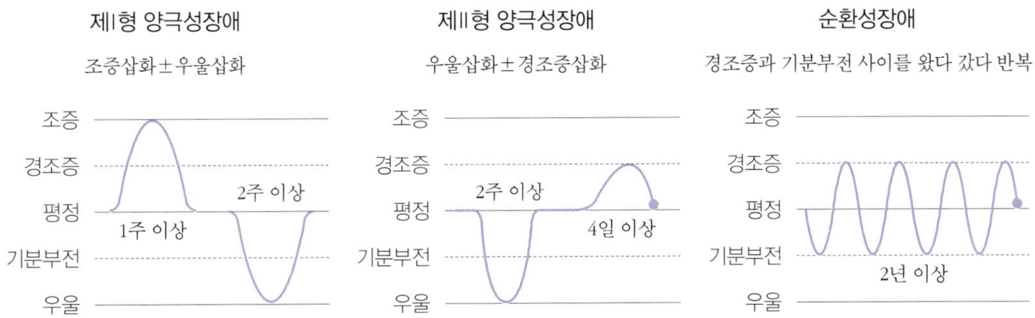

제I형 양극성장애	제II형 양극성장애	순환성장애
• 조증삽화와 우울삽화가 반복 • 조증삽화가 반드시 한 번 이상 나타남	• 우울삽화와 경조증삽화가 반복 • 조증은 나타나지 않음	• 조증삽화와 우울삽화가 경미한 형태로 2년 이상 지속적으로 나타남

그림 9-3 양극성 및 관련 장애 유형

출처: 이은숙(2020), p. 6.

DSM-5에서의 제I형 양극성장애 진단기준은 다음과 같다.

표 9-9 제I형 양극성장애의 DSM-5 진단기준

제I형 양극성장애를 진단하기 위해서는 조증삽화에 대한 다음의 진단기준을 만족시켜야 한다. 조증삽화는 경조증이나 주요우울삽화에 선행하거나 뒤따를 수 있다.

- 조증삽화

A. 비정상적으로 들뜨거나, 의기양양하거나, 과민한 기분, 그리고 목표 지향적 활동과 에너지의 증가가 적어도 일주일간(입원이 필요한 정도라면 기간과 상관없이) 거의 매일, 하루 중 대부분 지속되는 분명한 기간이 있다.

B. 기분장애 및 증가된 에너지와 활동을 보이는 기간 중 다음 증상 가운데 세 가지(또는 그 이상)를 보이며(기분이 단지 과민하기만 하다면 네 가지) 평소 모습에 비해 변화가 뚜렷하고 심각한 정도로 나타난다.

1. 자존감이 증가 또는 과대감
2. 수면에 대한 욕구 감소(예: 단 3시간의 수면으로도 충분하다고 느낌)
3. 평소보다 말이 많아지거나 끊기 어려울 정도로 계속 말을 함
4. 사고의 비약 또는 사고가 질주하듯 빠른 속도로 꼬리를 무는 듯한 주관적인 경험

5. 주관적으로 보고하거나 객관적으로 관찰되는 주의산만(예: 중요하지 않거나 관계없는 외적 자극에 너무 쉽게 주의가 분산됨)
6. 목표 지향적 활동의 증가(직장이나 학교에서의 사회적 활동 또는 성적 활동) 또는 정신운동 초조(예: 목적이나 목표 없이 부산하게 움직임)
7. 고통스러운 결과를 초래할 가능성이 높은 활동에의 지나친 몰두(예: 과도한 쇼핑 등 과소비, 무분별한 성행위, 어리석은 사업투자 등)

C. 기분장애가 사회적 · 직업적 기능의 현저한 손상을 초래할 정도로 충분히 심각하거나 자해나 타해를 예방하기 위해 입원이 필요 또는 정신병적 양상이 동반된다.

D. 삽화가 물질(예: 약물남용, 치료약물, 기타치료)의 생리적 효과나 다른 의학적 상태로 인한 것이 아니다.

• **경조증삽화**

조증삽화와 동일하며 B의 조증삽화 증상이 적어도 4일 연속으로 나타날 때 경조증이라 한다.

• **주요우울삽화**

앞의 주요우울장애의 진단기준과 동일하다.

출처: APA (2013a).

(2) 유병률

전형적인 제I형 양극성장애의 유병률은 1% 내외로 알려져 있으나 제II형 양극성장애, 순환성장애, 달리 분류되지 않는 양극성장애까지 모두 포함하는 양극성 및 관련 장애의 평생 유병률은 4% 내외로 제I형 양극성장애보다 훨씬 높아서 이에 대한 관심이 점차 증대되고 있다. 우리나라의 양극성장애 유병률은 0.1%이다. 제I형 양극성장애는 남녀 유병률이 비슷하며 평균 발병연령은 30세 혹은 그 이전에 발병한다. 제II형 양극성장애의 유병률은 각 국가마다 매우 다양하게 나타나는데, 이는 경조증삽화에 대한 진단기준의 범위를 어떻게 적용하는지에 따라 달라지기 때문이다. 미국의 경우 0.5~1%, 유럽은 3~6%로 보고되고 있다. 제II형 양극성장애는 주로 18세 전후 청소년기에 발병을 하고 초기에는 우울증이나 적응장애 등으로 진단되는 경우가 많다. 첫 증상 발현 후 진단까지 약 10년 정도의 시간이 경과하는 것으로 알려져 있다.

(3) 치료

① 약물치료

양극성장애의 급성기에는 조증삽화, 우울삽화 등의 기분 증상과 더불어 증상이 심할 경우 망상, 환청 등 정신병적 증상이 동반된다. 따라서 이러한 증상을 호전시키기 위해 우선 약물치료가 선행되어야 한다. 기분안정제인 리튬(Lithum)을 주로 사용한다.

② 심리치료

양극성장애에 대한 효과적 개입들은 양극성장애에 대한 심리교육, 문제해결 및 의사소통 훈련, 기분삽화의 조기발견과 개입전략을 포함한다. 급성기 증상이 호전되면 재발방지를 위한 정신치료가 진행되는데, 주로 개별 혹은 집단 인지행동치료, 가족치료, 대인관계치료, 스트레스 관리훈련 등이 활용된다. 양극성장애의 특징상 재발이 반복되면 안정된 기분을 갖는 기간이 점점 줄어들고 뇌기능의 손상도 동반될 수 있기 때문에 재발방지 치료는 매우 중요하다.

정서적 롤러를 경험하는 강 군

29세 강 군은 1개월 전부터 이전과 달리 갑자기 기분이 좋아지는 느낌이 들고 의욕이 생기면서 학원을 다니고 밤늦게까지 공부도 열심히 하였다. 잠을 2~3시간밖에 자지 않았지만 전혀 피곤하지 않았고, 평소 잘 연락하지 않던 친척과 친구들에게 연락해서 자신의 계획에 대해 장황하게 이야기를 하는 모습을 보였다. 가족들이 과도하게 변한 강 군의 모습에 걱정하였지만 강 군은 이에 아랑곳하지 않고 자신이 얼마나 대단한 사람인지에 대해 늘어놓고 갑자기 값비싼 물건을 사고 과도한 치장을 하며 과음을 하기 시작하였다. 강 군은 술을 마시면 주변 사람들과 싸움이 일어나 여러 번 경찰서에 가게 되었고 한 달 만에 수백만 원 이상의 돈을 사용하여 경제적으로 곤란한 상황도 겪게 되었다. 강 군은 과거 고등학교 시절 따돌림으로 인해 힘든 시기를 보냈다. 다른 학교로 전학을 하였지만 또다시 반복되는 따돌림으로 인해 우울증이 심해졌고, 정신과 치료는 받지 않았다. 강 군은 우여곡절 끝에 대학에 진학하였지만, 학업이 적성에 맞지 않고 대인관계에서도 자신감이 떨어져 학교생활에 적응하지 못하였고 휴학과 복학을 반복하였다. 강 군은 휴학을 결정할 때는 항상 우울감이 심해져 의욕이 없고 흥미도 느끼지 못하는 증상들을 경험하였다. 강 군은 2년 전 대학을 졸업하고 취업을 준비하였지만, 반복적으로 취업에 실패하여 좌절을 경험하였으며 6개월 전에는 유일하게 알고 지내던 친구가 다른 곳으로 이사를 가는 바람에 상실감이 커져 다시 우울감에 빠지게 되었다. 결국 강 군은 가족들의 권유로 거주지 근처의 정신건강의학과를 방문하여 2개월 정도 치료를 받았으나 치료 기간 동안 약 복용도 불규칙적으로 하였고 병원 방문도 잘 하지 않았다.

☞ 제I형 양극성장애

-핵심질문: 때로는 상승하고 다른 때는 하강하는 심한 기분 변화를 겪는가?

4) 공황장애

(1) 특징 및 진단기준

공황장애(Panic Disorder)는 DSM-5의 불안장애(Anxiety Disorder)의 하위유형 중 하나이다. 불안과 공포를 특징으로 하는 불안장애에는 분리불안장애, 선택적 함구증, 특정공포증, 사회공포증, 공황장애, 범불안장애가 포함된다. 여기에서는 공황장애를 중심으로 살펴보고자 한다. 공황장애는 예상하지 못한 상황에서 갑작스럽게 아무 이유 없이 반복적으로 찾아오는 불안이 엄습하는 공황발작과 이 발작에 대한 과도한 걱정을 특징으로 한다. 공황장애는 공황발작 때 교감신경계가 극도로 흥분되어 가슴이 답답하고 숨이 막히는 것 같아 숨을 몰아쉬게 되고 어지럽고 몸이 떨리며 미치거나 죽을 것 같은 공포 등의 증상이 20~30분 정도 지속되다가 서서히 혹은 급격히 줄어든다. 이러한 공포로 인해 평소 일상활동이나 여행, 출장 등을 제한하는 등의 일상생활에 제약을 받는 기능장해를 초래한다. DSM-5의 공황장애 진단기준은 〈표 9-10〉과 같다.

표 9-10 공황장애의 DSM-5 진단기준

A. 반복적으로 예상하지 못한 공황발작이 나타남. 공황발작은 극심한 공포와 고통이 갑작스럽게 발생하여 수 분 내 최고조에 이르러야 하며 다음 중 네 가지 이상의 증상이 나타나야 함
1. 가슴 두근거림 또는 심장박동수의 증가
2. 발한
3. 몸이 떨리거나 후들거림
4. 숨이 가쁘거나 답답한 느낌
5. 질식할 것 같은 느낌
6. 흉통 또는 가슴 불편감
7. 메스꺼움 또는 복부 불편감
8. 어지럽거나 불안정하거나 멍한 느낌이 들거나 쓰러질 것 같음
9. 춥거나 화끈거리는 느낌
10. 감각 이상(감각이 둔해지거나 따끔거리는 느낌)
11. 비현실감(현실이 아닌 것 같은 느낌) 혹은 이인증(나에게서 분리된 느낌)
12. 스스로 통제할 수 없거나 미칠 것 같은 두려움
13. 죽을 것 같은 공포

B. 적어도 1회 이상의 발작 이후에 1개월 이상 다음 중 한 가지 이상의 조건을 만족함
1. 추가적인 공황발작이나 공황발작에 대한 결과에 대한 지속적인 걱정
2. 발작과 관련된 행동으로 현저하게 부적응적인 변화가 일어남(예: 익숙하지 않은 환경을 피하는 등)

출처: APA (2013a).

(2) 유병률

미국, 호주와 같은 서구권 국가의 평생 유병률은 1.6~6.8%로 비교적 높은 편이다. 우리나라의 평생 유병률은 0.5%로 알려져 있으며 일년 유병률은 0.2%로 조사되었다. 발병은 보통 청소년 후기부터 30대 중반 사이에 가장 많이 발생한다. 공황장애는 여성이 남성보다 2~3배 많다. 경과는 증상이 좋아졌다 나빠졌다 굴곡 현상을 보이면서 만성적인 경과를 밟으며, 공황장애 환자 중 10~20%는 증상의 만성화 때문에 심한 고통을 지닌 채 살아간다(APA, 2013a).

(3) 치료

① 약물치료

약물치료의 목적은 공황발작의 반복을 줄이는 것인 동시에 공황발작이 발생할 것에 대한 불안, 우울증과 같은 공존질환을 함께 치료하는 것이다. 약물치료는 삼환계 항우울제, 벤조디아제핀계 약물, 선택적 세로토닌 재흡수 억제제 등이 사용된다(민성길, 2015).

② 인지행동치료

심리치료는 인지행동치료가 효과적이라고 알려졌으며, 불안을 다루고 대처하는 방법을 효과적으로 교정하는 데 목적을 둔다. 인지행동치료는 불안 경감, 인지적 재구성, 새로운 대처 행동 학습의 순서로 이루어진다. 먼저 호흡조절훈련, 근육이완법, 사고중지기법 등을 통해 불안을 경감시킨다. 공황과 불안에 관련된 왜곡된 인지내용을 확인하고 신체감각에 대한 해석의 인지 수정, 생각 바꾸기, 자신감훈련, 역할극, 전환기법을 통해 바람직한 인지적 반응을 연습해 본다. 자기표현훈련, 사회기술훈련, 긍정적 재강화 등을 통해 새로운 대처 행동을 학습하도록 돕는다.

학업에 큰 지장을 받고 있는 여학생

권 양은 19세로 고등학교 3학년이었는데, 어느 날 도서관에서 집까지 가는 버스를 탔다. 버스에는 많은 사람들이 있었고, 권 양은 가방을 든 채로 서 있었다. 버스가 터널로 들어가서 중간 정도쯤 지날 때, 권 양은 갑자기 가슴이 답답하고 심장이 빨라지고 질식할 것 같은 느낌이 들었다. 중간에 버스에서 내려서 급하게 부모님께 전화했다. 몸이 떨리고 진땀이 나고 어지러워서 의식을 잃고 쓰러질 것 같으면서 주변 사람들이 나를 발견하지 못해 죽을지도 모른다는 공포감과 불안이 들었다. 이러한 증상이 10분간 지속되다가 서서히 좋아졌다. 그 이후에도 가끔씩 갑작스럽게 나타나는 증상으로 인해 학업에 큰 지장을 받고 있다.

☞ 공황장애
– 핵심질문: 갑자기 죽을지도 모른다는 숨 막히는 경험을 반복적으로 경험한 적이 있는가?

5) 성격장애

성격장애(Personality Disorder)는 개인이 속한 문화적 기대에서 현저히 벗어난 지속적인 내적 경험과 행동양식을 보이는 것으로, 광범위하고 경직되어 있고 청소년기 혹은 성인기 초기에 시작된다. 시간이 지나도 변하지 않고, 이로 인해 고통과 장애가 초래된다. 성격장애는 10개의 하위장애가 있으며 증상의 유사성에 따라 세 집단으로 구분한다(민성길, 2015; APA, 2013a). 일반적으로 성격장애의 치료는 쉽지 않은 것으로 알려져 있으며, 자발적으로 자신의 성격장애를 치료하기 위해서 병원을 찾는 경우는 드물다.

(1) A군 성격장애: 이상하거나 별난 행동이 특징

① 편집성 성격장애: 타인에 대한 강한 불신, 의심, 적대적 태도, 보복 행동

편집성 성격장애(Paranoid Personality Disorder)는 타인에 대한 강한 불신과 의심을 지니고 적대적인 태도를 나타내어 사회적 부적응이 초래되는 성격특성을 말한다. 타인과의 관계에서 자신에게 뭔가 불리하게 작용할 것이라고 생각하여 자신의 생각이나 감정을 공유하지 않는다. 이런 특성이 성인기 초기에 시작되어 생활 전반에 걸쳐 나타난다. 편집성 성격장애 환자는 자신의 성격문제 때문에 오는 경우보다는 대부분 우울증이나 불안장애 등 다른 정신과적 문제로 온다. 신뢰감을 형성하고 두려움이나 불합리한 확신, 원한관계 등을 탐색하고 대안적인 방법을 모색할 수 있다.

자신의 행동이 타인에게 어떤 영향을 주는지를 통찰할 수 있는 통찰치료, 잘못된

표 9-11 편집성 성격장애의 DSM-5 진단기준

A. 타인의 동기를 악의에 찬 것으로 해석하는 등 타인에 대한 광범위한 불신과 의심이 있다. 이런 특성은 성인기 초기에 시작되어 다양한 상황에서 나타나고, 다음 일곱 가지 중 4개 이상의 항목이 충족되어야 한다.

1. 충분한 근거 없이 다른 사람이 자신을 착취하고, 해를 끼치고, 속인다고 의심한다.
2. 친구나 동료의 충정성이나 신뢰성에 대해 부당한 의심을 한다.
3. 어떤 정보가 자신에게 악의적으로 사용될 것이라는 부당한 공포 때문에 다른 사람에게 터놓고 얘기하기를 꺼린다.
4. 다른 사람의 말이나 사건 속에서 자신을 비하하거나 위협하는 숨겨진 의도를 찾으려고 한다.
5. 원한을 오랫동안 풀지 않는다(예: 자신에 대한 모욕, 손상, 경멸을 용서하지 않는다).
6. 다른 사람은 그렇게 생각하지 않지만 자신의 인격이나 명성이 공격당했다고 인식하고 즉시 화를 내거나 반격한다.
7. 정당한 이유 없이 배우자나 성적 상대자의 정절에 대해 반복적으로 의심한다.

출처: APA (2013a).

사고를 바로잡는 인지행동치료가 효과적이다. 약물치료는 초조나 불안을 치료하기 위해 항불안제가 사용되기도 하고, 망상적 사고가 나타날 경우에는 항정신병제를 사용하기도 한다(민성길, 2015).

② 조현성 성격장애: 관계 형성의 무관심, 감정표현 부족, 대인관계 고립

조현성 성격장애(Schizoid Personality Disorder)는 타인과의 친밀한 관계 형성에 관심이 없고(사회적 무관심), 감정표현(정서표현 제한, 정서적 냉담, 둔마된 정동)이 부족하여 사회적 부적응이 초래되며 이러한 특성이 성인기 초기에 시작되어 생활 전반에 걸쳐 나타나는 성격특성을 말한다. 사람들과 함께하는 직업을 갖기 어려우며 대인관계가 요구되는 일은 잘 해내지 못하지만, 혼자서 하는 일에서는 능력을 발휘하기도 한다. 흔히 은둔자처럼 고립되어 있고 단조롭고 메마른 삶을 살아가는 경향이 있으며, 인생의 목표가 없이 무기력한 사람처럼 보인다.

치료목표는 적절한 감정을 표현하고 사회적 고립에 벗어나서 사회적 상황에 효

표 9-12 조현성 성격장애의 DSM-5 진단기준

A. 사회적 관계에서 광범위한 고립양상이 있고 대인관계에서의 감정표현이 제한되어 있다. 이런 특성은 성인기 초기에 시작되어 다양한 상황에서 나타나고, 다음 일곱 가지 중 4개 이상의 항목이 충족되어야 한다.
1. 가족을 포함하여 친밀한 관계를 원하지도 즐기지도 않는다.
2. 거의 항상 혼자서 하는 활동을 선택한다.
3. 다른 사람과 성 경험을 갖는 일에 관심이 거의 없다.
4. 만약 있다고 하더라도 극소수의 활동에서만 즐거움을 얻는다.
5. 직계가족 이외에 가까운 친구나 마음을 털어놓을 수 있는 동료가 없다.
6. 타인의 칭찬이나 비판에 무관심하다.
7. 정서적 냉담, 고립 또는 둔마된 정동을 보인다.

출처: APA (2013a).

과적으로 적응하도록 돕는 데 있다. 냉담하고 소극적이고 마음의 문을 닫고 있는 성격 특성이 개인적으로 또 사회적으로 어떤 문제를 야기할 수 있는지를 자각할 수 있도록 도와줘야 한다. 집단치료는 사회기술을 증진시키고, 새로운 대인관계를 형성하도록 돕는 구조화된 틀을 제공하는 데 도움이 된다(김청송, 2015).

③ 조현형 성격장애: 대인관계 기피, 인지적 · 지각적 왜곡, 기이한 행동

조현형 성격장애(Schizotypal Personality Disorder)는 사회적으로 고립되어 있고 기이한 생각이나 행동(외모)을 나타내어 사회적 부적응이 초래되는 성격특성을 말한다. 조현성 성격장애를 지닌 사람보다 더 대인관계가 열악하고 사회적 기술에 큰 결함이 있고, 사회적 고립도 심하다. 관계망상(어떤 사건이 자신에게 특별하고 색다른 의미가 있다는 믿음), 마법적 사고(독심술, 천리안, 육감), 편집증적 사고(특히 의심하는 성향)가 강하다. 망상이나 환각은 없지만 와해된 언어 및 행동, 정서의 둔마를 보인다.

조현형 성격장애의 치료는 어렵다. 약물치료와 인지행동치료가 도움이 된다고 보고되나 제한적이다. 치료자는 기묘한 생각이나 생활방식 등을 우습게 여기거나 비판적인 모습을 보여서는 안 되고 지지적이어야 한다(민성길, 2015; APA, 2013a).

표 9-13 조현형 성격장애의 DSM-5 진단기준

A. 친밀한 대인관계에 대한 급격한 불안감, 대인관계를 맺는 제한된 능력, 인지적 또는 지각적 왜곡 및 기이한 행동으로 인해 대인관계와 사회적 적응에 심각한 결함이 있다. 이런 특성은 성인기 초기에 시작되어 다양한 상황에서 나타나고, 다음 일곱 가지 중 5개 이상의 항목이 충족되어야 한다.

1. 관계망상과 유사한 사고(분명한 관계망상은 제외)
2. 행동에 영향을 미치고 하위 문화규범에는 맞지 않는 괴이한 믿음이나 마술적 사고(예: 미신, 천리안에 대한 믿음, 텔레파시, 또는 육감, 아동이나 청소년기 경우 기이한 환상이나 집착)
3. 신체적 착각을 포함한 유별난 지각 경험
4. 괴이한 사고와 언어(예: 애매하고, 우회적이고, 은유적이고, 지나치게 자세하게 묘사되거나, 또는 상동증적인 사고와 언어)
5. 의심이나 편집증적인 사고
6. 부적절하고 메마른 정동
7. 기괴하고 엉뚱하거나 특이한 행동이나 외모
8. 직계가족 외에는 가까운 친구나 마음을 털어놓을 수 있는 사람이 없음
9. 과도한 사회적 불안(이러한 불안은 친밀해져도 줄어들지 않는데, 이는 자신에 대한 부정적 판단 때문이 아니라 편집증적인 두려움 때문이다)

출처: APA (2013a).

(2) B군 성격장애: 극적이고 감정적이며 변덕스러운 행동이 특징

① 반사회성 성격장애: 법과 윤리의식 무시, 타인의 권리 침해, 폭력 및 사기 행동

반사회성 성격장애(Antisocial Personality Disorder)는 타인의 인격과 권리를 침해하고 사회의 규범이나 법을 지키지 않으며, 무책임하고 폭력적인 행동을 반복적으로 나타내어 사회적 부적응이 초래되는 성격특성을 말한다. 공감능력이 결여되어 냉담하고 냉소적이며 피상적이다. 충동적이고 호전적이어서 남들과 신체적 싸움이나 폭력을 휘두르며 배우자나 자녀를 구타한다. 위험한 상황에 처해도 불안이나 긴장을 느끼지 못한다.

표 9-14 반사회성 성격장애의 DSM-5 진단기준

A. 다른 사람의 권리를 무시하고 침해하는 광범위한 행동양상이 있다. 이런 특성은 15세부터 시작되고, 다음의 일곱 가지 중 3개 이상의 항목이 충족되어야 한다.

1. 법에서 정한 사회적 규범을 지키지 못하고, 구속당할 행동을 반복적으로 나타낸다.
2. 자신의 이익이나 쾌락을 얻기 위해 거짓말을 반복적으로 하고, 가명을 사용하고, 또는 타인을 속이는 사기성을 나타낸다.
3. 충동적이거나 또는 미리 계획을 세우지 못한다.
4. 빈번한 육체적 싸움이나 폭력에서 드러나는 것과 같이 호전성과 공격성을 보인다.
5. 자신이나 타인의 안전을 무시하는 무모성이 있다.
6. 일정한 직업을 갖지 못하거나 빌린 돈을 갚지 못하는 지속적인 무책임성을 보인다.
7. 타인에게 상처를 입히거나 학대하거나 또는 절도행위를 하고도 무관심하거나 합리화하는 등 양심의 가책이 결여되어 있다.

B. 연령은 최소한 18세 이상이어야 한다.

C. 15세 이전에 품행장애를 나타낸 증거가 있어야 한다.

D. 반사회적 행동이 조현병이나 조증삽화 경과 중에만 나타나는 것이 아니어야 한다.

출처: APA (2013a).

반사회성 성격장애의 근본적인 치료의 성공률은 극히 낮다. 스스로 치료받으러 오는 경우가 거의 없고, 치료를 받고자 하는 동기도 없고, 치료를 받으면서도 어떤 현실적인 이득이나 법적 면책을 얻어 내기 위해 일부러 치료를 받는 것처럼 시늉을 하는 경우가 많다(김청송, 2015).

② 경계성 성격장애: 불안정한 대인관계, 격렬한 애증의 감정, 충동적 행동

경계성 성격장애(Borderline Personality Disorder)는 감정이나 기분의 변화가 강렬하고, 자신에 대한 이미지가 극에서 극으로 변하며, 충동적인 행동 때문에 불안정한 대인관계를 반복적으로 나타내어 사회적 부적응을 초래한다. 심리적 불안정성이 크고 극단적이기 때문에 감정과 행동의 기복이 심하고 충동성이 강하다. 혼자 있을 때는 만성적인 공허함을 느끼고 혼자 있는 것을 참지 못해서 사람, 특히 이성

표 9-15 경계성 성격장애의 DSM-5 진단기준

A. 대인관계와 자아상 및 정동의 불안정성, 심한 충동성을 보이는 광범위한 행동양상이 있다. 이런 특성은 성인기 초기에 시작되어 다양한 상황에서 나타나고, 다음 아홉 가지 중 5개 이상의 항목이 충족되어야 한다.

1. 실제적인 또는 가상적인 유기(버림받음)를 피하기 위한 필사적인 노력
2. 극단적인 이상화와 평가절하의 극단 사이를 왔다 갔다 하는 불안정하고 강렬한 대인관계 양식
3. 정체감 혼란: 심각하고 지속적으로 나타나는 불안정한 자아상 또는 자아감
4. 자신에게 손상을 줄 수 있는 충동성이 최소한 두 가지 영역에서 나타남(예: 낭비, 성관계, 물질 남용, 무모한 운전, 폭식)
5. 반복적인 자살행동, 자살시늉, 자살위협, 또는 자해행위
6. 현저한 기분변화에 따른 정동의 불안정성(예: 간헐적인 심한 불쾌감, 과민성, 불안이 보통 몇 시간 정도 지속되지만 며칠 동안 지속되는 경우는 거의 없음)
7. 만성적인 공허감
8. 부적절하게 심한 분노를 느끼거나, 분노를 조절하지 못함(예: 자주 울화통을 터뜨림, 지속적인 분노, 잦은 몸싸움)
9. 스트레스와 관련된 편집증적인 사고나 심한 해리증상을 일시적으로 나타냄

출처: APA (2013a).

과 가까이 사귀나 파괴적으로 곧 헤어진다. 예측하기 힘든 돌발 행동, 예를 들어 졸업하기 직전 학교를 그만둔다든지, 혹은 치료가 잘 되어 가고 있다는 이야기를 들은 후 심하게 퇴행하는 모습을 보인다든지 한다(신성만 외, 2016).

경계성 성격장애의 치료는 정서조절능력을 향상시키고 충동적인 행동을 줄이고 대인관계는 물론 사회적응능력을 향상시키는 것에 있다. 자신의 행동을 비디오로 녹화한 후 이를 보게 하는 사회기술훈련이나 행동치료가 대인관계능력을 향상시킬 수 있다.

③ 연극성 성격장애: 타인의 관심을 끌려는 행동, 과도한 극적인 감정표현

연극성 성격장애(Histrionic Personality Disorder) 환자들은 언제나 관심의 초점이

표 9-16 연극성 성격장애의 DSM-5 진단기준

A. 과도한 감정표현 및 관심을 끌려는 광범위한 행동양상이 있다. 이런 특성은 성인기 초기에 시작되어 다양한 상황에서 나타나고, 다음 여덟 가지 중 5개 이상의 항목이 충족되어야 한다.
1. 자신이 관심의 초점이 되지 못하는 상황에서는 불편감을 느낀다.
2. 다른 사람과의 관계에서 흔히 상황에 어울리지 않게 성적으로 유혹적이거나 도발적인 행동을 특징적으로 나타낸다.
3. 감정변화가 빠르고 피상적 감정표현을 보인다.
4. 자신에게 관심을 끌기 위해서 항상 육체적 외모를 활용한다.
5. 지나치게 인상적으로 말하지만, 구체적 내용이 없는 대화양식을 갖고 있다.
6. 자기연극화, 연극성, 과장된 감정표현을 나타낸다.
7. 피암시성이 높다(예: 다른 사람이나 환경에 의해 쉽게 영향을 받는다).
8. 대인관계를 실제보다 더 친밀한 것으로 생각한다.

출처: APA (2013a).

되고 이를 유지하기 위해 매력, 외모, 성적인 유혹을 이용한다. 그들의 대인관계와 감정은 강렬하고 빠르게 친밀한 관계를 형성하지만, 깊이가 얕고 빠르게 싫증을 내며 쉽게 변한다. 타인이나 당시 자신이 맡은 역할에 의해 관심과 태도가 쉽게 변한다.

심리치료는 애정을 얻을 수 있는 현실적인 방법을 습득시키고 일시적이 아닌 장기적인 관계를 잘 유지하기 위한 방안을 습득시키며 잘못된 사고방식을 바로잡는 체계적인 문제 중심적 사고로 전환될 수 있도록 해 주어야 한다. 자신의 진정한 감정을 의식하지 못하기 때문에 그들의 내적 감정을 명료화하는 것이 중요한 치료 과정이다(김청송, 2015).

④ 자기애성 성격장애: 웅대한 자기상, 찬사에 대한 욕구, 공감능력 결여

자기애성 성격장애(Narcissistic Personality Disorder)는 자신만이 세계의 중심이며 자신이 모든 면에서 특별하다고 느끼고 으스대며, 유명 인사의 이름을 잘 아는 양 들먹이고 마음속에서 스스로를 전설적인 존재라고 생각한다. 그들은 스스로의 중

요성과 자격을 과장되게 지각하여 타인의 요구, 문제 또는 감정에 대한 염려를 할 겨를이 없다. 그들은 거만하고 독단적이며, 우월하고 타인으로부터 경의와 존경받기를 기대한다. 터무니없이 높은 비현실적인 기대를 그들 자신이나 세상이 만족시키지 못할 때 자주 실망이 뒤따른다.

인지행동치료가 효과적이며, 자신에 대한 과대평가와 칭찬에 대한 욕구의 환상을 줄이고 현실적인 사고방식을 증진시켜 감정반응을 조절할 수 있도록 해 주어야 한다. 아울러 타인에 대한 공감능력을 향상시키는 공감능력훈련이 포함되어야 한다(김청송, 2015).

표 9-17 자기애성 성격장애의 DSM-5 진단기준

A. 과대성(공상이든 행동이든), 칭찬에 대한 욕구, 공감의 결여에 대한 광범위한 행동양상이 있다. 이런 특성은 성인기 초기에 시작되어 다양한 상황에서 나타나고, 다음 아홉 가지 중 5개 이상의 항목이 충족되어야 한다.

1. 자신의 중요성에 대해 과장된 지각을 갖고 있다(예: 자신의 성취나 재능을 과장함, 뒷받침할 만한 성취도 없으면서 우월한 존재로 인정받기를 기대함).
2. 무한한 성공, 권력, 탁월함, 아름다움 또는 이상적인 사랑에 대한 공상에 사로잡혀 있다.
3. 자신이 특별하고 독특한 존재라고 믿으며, 특별한 사람이나 상류층의 사람들만이 자신을 이해할 수 있고, 또 그러한 사람들하고만 어울려야 한다고 믿는다.
4. 과도한 찬사를 요구한다.
5. 특권의식을 가지고 있다(예: 그럴 말한 이유가 없는데도 특별대우나 복종을 바라는 불합리한 기대감을 가지고 있다).
6. 대인관계가 착취적이다(예: 자기 자신의 목적을 달성하기 위해 타인을 이용한다).
7. 공감능력이 결여되어 있다. 타인들의 감정이나 욕구를 인정하거나 확인하려 하지 않는다.
8. 흔히 타인을 질투하거나 타인이 자신을 질투하고 있다고 믿는다.
9. 오만하고 건방진 행동이나 태도를 보인다.

출처: APA (2013a).

(3) C군 성격장애: 근심이 많고 두려워하는 행동이 특징

① 회피성 성격장애: 부정적 평가에 대한 예민성, 부적절감, 대인관계 회피

회피성 성격장애(Avoidant Personality Disorder)는 위축되어 있고 사회적으로 부적절하며 비판이나 거절에 극도로 민감하다. 새로운 사회적 접촉은 그들에게 창피에 대한 두려움을 불러일으키고 결국 그 상황을 회피하게 만든다. 그들에게는 보호막을 위협할지도 모르는 새로운 일이나 대인관계를 피하는 것이 훨씬 쉽다. 조현성 성격장애 환자에 비해서 인간관계를 열망하며, 보통 함께 있어도 안전함을 느끼고 안심할 수 있을 만큼 가까운 오래된 소수의 친구는 있다(신성만 외, 2016).

자신에게 수치심과 두려움을 일으키는 원천에 대한 통찰을 얻을 수 있는 정신역동치료, 인지적 왜곡과 실패의 효과에 대한 잘못된 생각을 수정하는 인지치료, 행동적 체계적 둔감화 기법과 사회기술 재훈련을 결합한 인지행동치료가 도움이 된다.

표 9-18 회피성 성격장애의 DSM-5 진단기준

A. 사회적 억제, 부적절감, 부정적 평가에 대해 과민성을 보이는 광범위한 행동양상이 있다. 이런 특성은 성인기 초기에 시작되어 다양한 상황에서 나타나고, 다음 일곱 가지 중 4개 이상의 항목이 충족되어야 한다.

1. 비난, 꾸중, 또는 거절이 두려워서 대인관계가 요구되는 직업 활동을 회피한다.
2. 자신을 좋아하고 있다는 확신이 서지 않으면 상대방과의 만남을 꺼린다.
3. 창피와 조롱을 당할까 봐 두려워서 대인관계를 친밀한 관계에만 제한한다.
4. 사회적 상황에서 비난당하거나 거부당할 것이라는 생각에 사로잡혀 있다.
5. 부적절감 때문에 새로운 대인관계 상황에서는 위축된다.
6. 스스로를 사회적으로 무능하고, 개인적인 매력이 없으며, 타인들에 비해 열등하다고 생각한다.
7. 당황하는 모습을 보일까 봐 두려워서 개인적 위험이 따르는 일이나 어떤 새로운 활동에는 관여하지 않는다.

출처: APA (2013a).

② 의존성 성격장애: 과도한 의존, 자기주장 결여, 굴종적인 행동

의존성 성격장애(Dependent Personality Disorder)는 스스로를 돌보거나 결정을 내리고, 혼자가 되는 것을 견디지 못하고 스스로를 바보 같고 나약하다고 느낀다. 그들은 타인에게 의지하기 때문에 그 대상에게 순종적이고 자신의 욕구보다 상대방의 욕구를 중요하게 여긴다.

의존욕구의 부적절성을 스스로 느낄 수 있도록 돕는 지지적 치료가 필요하다. 일상생활에서 독립성을 증가시킬 수 있는 실제의 경험들을 해 보고 그 결과를 스스로 자각할 기회를 제공한다. 왜곡된 사고수정, 자기주장훈련, 문제해결능력, 사회기술 재훈련, 의사결정능력과 책임감을 증진시킬 수 있는 인지행동치료가 효과적이다(김청송, 2015).

표 9-19 의존성 성격장애의 DSM-5 진단기준

A. 보호받고 싶어 하는 과도한 욕구 때문에 복종적이 되고, 매달리는 행동을 보이고, 분리되는 것을 두려워하는 광범위한 행동양상이 있다. 이런 특성은 성인기 초기에 시작되어 다양한 상황에서 나타나고, 다음 여덟 가지 중 5개 이상의 항목이 충족되어야 한다.

1. 다른 사람의 충분한 충고와 보장 없이는 일상적인 일도 결정을 내리지 못한다.
2. 자신 인생의 가장 중요한 영역까지도 책임져 줄 수 있는 사람을 필요로 한다.
3. 지지와 승인을 상실할지도 모른다는 두려움 때문에 다른 사람에게 반대 의견을 말하기가 어렵다(현실적인 보복의 두려움은 포함되지 않는다).
4. 자신의 일을 혼자서 시작하거나 수행하기가 어렵다(동기나 활력이 부족해서가 아니라 판단과 능력에 대한 자신감이 부족하기 때문이다).
5. 다른 사람의 보살핌과 지지를 얻기 위해 무슨 일이든 다 할 수 있고, 불쾌한 일이라도 기꺼이 자원해서 한다.
6. 혼자 있으면 불안해지거나 무기력해지는데, 이는 혼자서 일을 감당할 수 없다는 과장된 두려움을 느끼기 때문이다.
7. 친밀한 관계가 끝났을 때, 필요한 지지와 보호를 얻기 위해 또 다른 사람을 급하게 찾는다.
8. 스스로 돌봐야 하는 상황에 버려지는 것에 대한 두려움에 비현실적으로 집착되어 있다.

출처: APA (2013a).

③ 강박성 성격장애: 완벽주의, 질서정연, 절약에 대한 과도한 집착

강박성 성격장애(Obsessive-Compulsive Personality Disorder)는 완벽주의자이자 통제광으로 사소한 세부사항 하나까지도 자신의 기준에 맞추어야 한다. 타인이 충분히 주의를 기울일 것이라고 신뢰하지 않기 때문에 타인에게 일을 맡기지 않는다. 일에 기울이는 과도한 세심한 관심은 그들로부터 자발성, 여유, 깊이 있는 인간관계를 박탈한다.

강박성 성격장애의 치료는 환자와 치료자 간에 신뢰가 있는 치료적 관계 형성이 선행되어야 한다. 인지치료를 통해 자신의 완벽성에 대한 비현실적인 기대와 사고를 수정하도록 하고, 행동치료를 통해서는 자신이 완벽하지 않음을 실제 경험해 볼 기회를 가짐으로써 완벽하지 않아도 어떤 일이 일어나지 않음을 체험시켜 준다(민성길, 2015).

표 9-20 강박성 성격장애의 DSM-5 진단기준

A. 정리정돈, 완벽주의, 정신 및 대인관계의 통제에 집착하는 광범위한 행동양상으로 인해 융통성, 개방성, 효율성의 상실을 초래하는 대가를 치른다. 이런 특성은 성인기 초기에 시작되어 다양한 상황에서 나타나고, 다음 여덟 가지 중 4개 이상의 항목이 충족되어야 한다.

1. 사소한 세부사항, 규칙, 목록, 순서, 형식, 시간계획에 집착하여 일의 핵심을 놓치고 만다.
2. 과제의 완수를 방해하는 완벽주의를 보인다(예: 지나치게 엄격한 기준에 맞지 않기 때문에 과제를 끝맺지 못한다).
3. 일과 생산성에만 과도하게 몰두하여 여가활동과 우정을 나눌 시간도 없다(분명한 경제적 필요성 때문이 아니다).
4. 도덕, 윤리, 또는 가치문제에 있어서 지나치게 양심적이고 고지식하며 융통성이 없다(문화적 또는 종교적 배경에 의해 설명되지 않는다).
5. 닳아빠지거나 무가치한 물건을 감상적인 가치조차 없는 경우에도 버리지 못한다.
6. 자신이 일하는 방식을 그대로 따르지 않으면 타인에게 일을 맡기거나 같이 일하기를 꺼린다.
7. 자신과 타인 모두에게 돈쓰는 것이 인색하다. 돈은 미래의 재난에 대비해서 저축해 두어야 하는 것으로 생각한다.
8. 경직성과 완고함을 보인다.

출처: APA (2013a).

6) 성인 정신건강 사업 및 서비스

국내 정신건강 문제에 대한 공적 개입은 주로 광역 및 기초지방자치단체 내 정신건강복지센터에서 이뤄지고 있다. 정신건강복지센터의 대부분 사업이 중증 정신질환자 사례관리에 치중되어 있고, 일반 청년과 중장년 대상 서비스는 상당히 제한적이다. 또한 중장년층이 높은 유병률을 보이는 중독문제에 대응하는 중독관리통합지원센터는 전국 50개에 불과한 데다 주로 알코올사용장애를 중심으로 대응하고 있어 중장년층의 다양한 중독문제에 제대로 대응하고 있다고 보기 어렵다.

2016년 발표된 1차 정신건강종합대책에서는 생애주기별 정신건강 지원체계 구축을 핵심전략으로 설정하고, 청장년층에서는 정신건강증진을 기반으로 스트레스 및 우울증 관리를 주요 내용으로 제시하였다. 그러나 여전히 낮은 정신건강 인지도 및 올바른 인식 부족, 정신건강 위협요인에 대한 불충분한 대응이 문제로 남아 있었다. 이에 2021년 2차 정신건강복지기본계획에서는 청 · 장년의 생애주기별 활동 특성과 연계한 정신건강 위해요인 관리강화에 대한 세부 추진과제를 다음과 같이 제시하고 있다(보건복지부, 2021c).

- 정신건강복지센터를 활용하여 대학교 학생상담센터, 사업장 기업체의 직장인 정신건강 프로그램 등에 대한 기술지원과 지역서비스 연계
- 「산업안전보건법」에 따른 근로자 대상 안전보건교육에 정신건강교육을 강화하여 사업장 내 정신건강 문제 조기발견 지원
- 미취업, 실업청년 대상 전국고용센터를 활용하여 심리안정이 필요한 대상은 심리상담지원, 고위험군은 정신건강복지센터와 연계하여 조기개입 강화

3. 노인 정신건강

노인인구의 증가로 인한 고령화 사회의 진입은 노인 정신건강의 예방과 증진, 치

료 및 재활에 대한 관심을 불러일으키고 있다. 노년기에 빈번하게 발생하는 정신건강의 문제는 노화 과정에서 비롯되는 만성적인 신체건강 문제, 신체기능 퇴화로 인한 일상생활의 제약, 신체적 · 심리적 독립성 감소, 경제적 빈곤, 친밀한 관계의 상실과 해체, 인지기능 저하, 약물사용 등의 부정적 사건들이 상호작용하면서 초래되기도 하고, 노인을 정신질환에 취약하게 만들기도 한다. 노인인구의 20~30%는 정신과적 질환을 보이며, 그중에서 치매와 우울증이 가장 흔한 질환이다. 여기서는 노년기에 빈번하게 나타나는 치매와 노인성 우울에 대해서 살펴보고자 한다.

1) 치매

(1) 증상과 특징

치매(Dementia)[2]는 노화에 따른 자연스러운 현상이 아니라, 기억력장애를 포함한 복합적 인지결손이 특징인 뇌의 질환이다. 치매는 젊은 나이에도 발병할 수 있으며, 65세 이상의 노인에게 나타날 경우 '노인성 치매'라고 한다. DSM-IV에서 치매는 '섬망, 치매, 기억상실증 및 기타 인지적 장애'로 구분하였으나, DSM-5에서는 신경인지장애(Neurocognitive Disorders)로 분류하고 그 심각도에 따라 섬망(Delirium), 주요 신경인지장애(Major Neurocognitive Disorders), 경도 신경인지장애(Mild Neurocognitive Disorders)로 구분한다. 신경인지장애는 뇌손상으로 인해 의식, 기억, 언어, 판단 등의 인지적 기능에 심각한 결손이 나타나는 경우를 말한다.

치매는 가벼운 기억 손상에서 시작되어 장기기억에도 결손이 나타나기 시작한다. 가족의 이름과 사물의 이름을 말하지 못하는 실어증(aphasia), 사물을 인지하지 못하거나 그 의미를 파악하지 못하는 실인증(agnosia), 동작을 통해 어떤 일을 실행하는 능력에 장애가 나타나는 실행증(apraxia), 과제 수행에 필요한 여러 기능을 수행하지 못하는 실행기능(executive function)의 장애가 나타난다. 부수적인 증상으로

2) DSM-5에서 치매를 신경인지장애로 명명하고 있으나, 치매가 사회적 용어로 일반화되어 사용되고 있고 정부 관련 사업에서도 쓰고 있어서 여기에서도 치매로 통일한다.

표 9-21 주요 신경인지장애의 DSM-5 진단기준

A. 하나 또는 그 이상의 인지영역(복합적 주의, 집행기능, 학습과 기억, 언어, 지각-운동 또는 사회인지)에서 인지 저하가 이전의 수행수준에 비해 현저하다는 증거는 다음에 근거한다.
  1. 환자, 환자를 잘 아는 정보제공자 또는 임상의가 현저한 인지기능 저하를 걱정
  2. 인지수행의 현저한 손상이 가급적이면 표준화된 신경심리 검사에 의해, 또는 그것이 없다면 다른 정량적 임상평가에 의해 입증

B. 인지결손은 일상 활동에서 독립성을 방해한다(즉, 최소한 계산서 지불이나 치료약물 관리와 같은 일상생활의 복잡한 도구적 활동에서 도움을 필요로 함).

C. 인지결손은 오직 섬망이 있는 상황에서만 발생하는 것이 아니다.

D. 인지결손은 다른 정신질환(예: 주요우울장애, 조현병)으로 더 잘 설명되지 않는다.

- 병인에 따라 다음 중 하나를 명시할 것
  알츠하이머병, 전두측두엽 변성, 루이소체병, 혈관 질환, 외상성 뇌외상, 물질/치료약물 사용, HIV 감염, 프라이온병, 파킨슨병, 헌팅턴병, 기타 의학적 상태, 다발성 원인

출처: APA (2013a).

우울, 불안, 분노와 같은 정서적 변화, 행동장애, 시공간 판단능력, 성격 변화와 더불어 환각이나 망상과 같은 정신증적 증상들이 나타난다(김청송, 2015).

(2) 유병률

치매의 유병률은 심각도에 따라 다르다. 증상이 심각할 경우 유병률은 65세쯤에서는 1~2%이고, 85세쯤에는 30% 이상이다. 증상이 경도일 경우 유병률은 65세쯤에서는 2~10%이고, 85세쯤에는 5~25%이다. 치매는 75세 이상에서 현저하게 증가하고, 85세 이상에서 유병률이 가장 높다. 전체 치매 환자의 50%는 알츠하이머형 치매, 20~30%는 혈관성 치매, 나머지 20%는 기타 질병으로 인한 치매이다(APA, 2013a). 치매는 중추신경계의 손상, 즉 뇌세포의 손상 때문에 발생하는데, 뇌세포에 손상을 초래하는 원인은 다양하다. 치매의 주요 유발원인은 알츠하이머병, 혈관성 질환, 루이소체 질환, 전측두엽 변성 질환, 피크병, 헌팅턴병, 프라이온병, 후천성 면역결핍증 등이 있다.

(3) 치료

치매의 완전한 회복을 위한 근본적인 치료는 현재까지는 불가능한 것으로 알려져 있으며, 대부분 약물치료와 비약물치료를 병행한다. 치매 치료는 환자의 기능 중 회복이 가능한 것은 회복시키고, 잔존기능은 최대한 오랫동안 유지시켜 삶의 질을 증진시키는 데 초점을 둔다. 치료의 궁극적인 목표는 독립적인 생활기간을 늘리고 삶의 질을 높여 마지막까지 고통 없이 인간다운 존엄성을 가지며 살아갈 수 있도록 하는 것이다(민성길, 2015).

① 약물치료

약물치료로는 아세틸콜린 분해효소 억제제(acetylcholinesterase inhibitor: ACEI)와 NMDA 수용체 길항제(NMDA receptor antagonist)가 사용된다. 약물은 치매의 진행을 늦추는 데 효과가 있다고 보고된다.

② 비약물치료

인지기능을 유지하고 손상이 지연될 수 있도록 인지재활요법이나 현실지남력훈련, 작업요법, 회상치료, 음악 또는 미술요법과 같은 치료적 활동이 시행된다.

2) 노인성 우울

(1) 증상과 특징

노년기에는 사별, 은퇴, 무기력감, 자아통제감 및 자존감의 저하, 직업과 역할 상실 경험으로 인해 스트레스를 많이 경험하고 각종 신체질환에 이환될 확률이 높기 때문에 우울증을 경험할 가능성이 높다. 노인이 되어 경험하는 우울을 임상적으로 노인성 우울증이라고 한다. 노인성 우울증은 노년기에 가장 흔한 정신증상 중의 하나이다.

노인성 우울증의 특징은 신체적 호소가 많고 자살위험성이 높으며 인지기능장애가 흔히 동반된다는 것이다. 노인의 경우 우울 증상뿐만 아니라 질병망상, 빈곤망상, 허무망상 등 우울성 정신병적 증상도 동반되는 경우가 많다. 식욕 감퇴와 체중 감소, 수면장애, 정신운동성 초조나 지연, 변비, 성욕 감퇴 등 신체적인 증상도 흔히 동반된다. 노년 우울증의 임상 양상이 젊은층의 우울장애와 큰 차이를 보이는 것은 아니나, 각각의 증상별 빈도에 있어서 몇 가지 차이점이 존재한다. 다른 연령의 우울장애 환자에 비해 무감동증, 기분의 반응성 저하, 식욕 저하, 과도한 죄책감 등의 멜랑콜리성 우울 증상이 흔하다. 또한 건강염려증적 호소와 불면, 초조 등의 증상을 더 많이 호소한다. 집중력과 기억력의 저하 역시 주된 증상이며, 특히 우울 증상이 심한 경우에 두드러진다. 치매 환자에서 우울 증상과 유사한 증상들이 나타나는 경우가 흔하기 때문에 노인성 우울증과 치매를 감별하는 것은 중요하다. 많은 환자에서 치매와 우울장애가 동반될 수 있고, 비록 치매가 없다하더라도 주요우울장애 환자들은 인지기능의 손상을 보일 수 있다. 이를 가성치매라고 부른다(민성길, 2015; 유수현 외, 2018).

(2) 유병률

지역사회 노인들에서 우울증의 유병률은 10~15%이며, DSM-5의 주요우울장애 진단기준을 충족하는 노인들의 유병률은 1.8~2.9%로 보고되고 있다. 남성보다는 여성에게서 더 많이 나타나고 신체질환이 있는 노인이 특히 위험집단이다(민성길, 2015).

(3) 치료

노인성 우울증은 신체, 심리, 사회적 요인들이 복합적으로 작용하여 나타난다고 본다. 노인성 우울증은 신체적 질환과 동반될 가능성이 높으므로, 먼저 신체검사, 신경학적 검사, 환자의 최근 약물복용 등을 통한 진단적 평가를 해야 한다. 약물치료는 필수적인 노인 우울증의 치료 방법이지만 부작용 및 유지 치료기간 등에 유의하여야 한다.

우울증의 발생과 경과에 미치는 정신사회적 제 요인을 밝혀 이를 치료함으로써 효과적인 의사소통, 긴장 감소, 대인관계 및 사회적응을 위해 정신치료가 필요하다. 정신치료는 인지기능 손상이 없거나 극미하고, 지적 능력이 높은 환자들에게 효과적이며, 역동적 정신치료, 지지치료, 인지치료, 행동치료, 집단치료, 부부 및 가족치료 등이 있다. 인지치료는 심리적 고통, 증상에 수반되는 역기능적인 사고의 직접적 수정을 통해 증상을 완화시키는 데 목적을 둔다. 행동치료는 스스로의 행동을 통하여 만족과 보상을 얻는 방법과 우울증에 이르도록 한 행동 양상을 교정하는 방법을 습득하도록 도와준다. 또한 외로움이나 고립감 등 자체가 우울장애 발생에 영향을 줄 수 있기 때문에 타인에 대해 관심을 잃고 스스로 철퇴하려는 우울증 노인들의 경향에 관심을 갖고 가족 및 친지들의 격려와 지지가 필요하다.

3) 노인 정신건강 사업 및 서비스

(1) 정신건강복지센터: 노인 정신건강 고위험군 조기발견 및 치료연계 사업

전국 정신건강복지센터에서는 노인 정신질환(우울, 불안 등)의 위험성을 조기에 발견하여 적절한 치료체계로 연계하는 노인 정신건강 고위험군 조기발견 및 치료연계 사업을 진행하고 있다. 이를 바탕으로 여건에 따라 노인 정신건강 검진 및 고위험군 상담, 사례관리, 노인 우울예방, 정신건강증진 교육이 진행된다(보건복지부,

표 9-22 노인 정신건강 고위험군 조기발견 및 치료연계 사업 내용

- 지역사회 네트워킹을 통한 조기발견체계 구축
- 유관기관 대상 서비스 홍보를 위한 자료 배포
- 지역주민을 대상으로 한 정신건강증진사업 수행을 통한 고위험군 발견 및 연계체계 구축
- 우울, 불안 등의 다빈도 정신질환 조기발견을 위한 체계 구축
- 특히 노인 우울증에 대한 적극적인 홍보와 발견 체계를 구축하여 서비스 범위를 확대(노인돌보미, 맞춤형 방문간호사를 통해 의뢰된 노인에게 정신건강복지센터에서 선별검사 실시 및 필요시 사례관리와 정신의료기관 연계서비스 제공)
- 심층사정평가에 대한 전문적인 교육과 학습을 통한 사정평가 수행
- 치료를 필요로 하는 대상(임상군)에 대한 정신의료기관 연계
- 임상군에 대한 등록 관리서비스 제공

2021a). 그러나 노인 정신건강증진사업을 위한 예산과 인력이 부족하여 전문적인 서비스 및 관리체계는 부족한 실정이다.

(2) 치매안심센터

2008년 국가는 치매와의 전쟁을 선포하고 치매의 종합적 · 체계적 관리를 위한 치매종합관리대책(2008~2012)을 발표하였다. 그 후 2012년에는 「치매관리법」이 제정 · 시행되었으며, 2017년 국정과제로 '치매국가책임제'를 발표하여 치매 관련 통합적 상담 · 사례관리 등 치매관리체계를 수요자중심으로 확대 · 발전하여 추진하

표 9-23 치매안심센터 주요 업무

구분	업무내용
맞춤형 서비스 제공 및 서비스 연계	• 지역주민의 인지건강 상태에 따라 요구되는 다양한 서비스를 맞춤형으로 제공 또는 외부 서비스 연계 • 전담 코디네이터를 일대일로 매칭하여 필요한 서비스를 연계하고, 전체 돌봄 경로 관리
맞춤형 사례관리	• 구체적 · 포괄적 · 객관적 평가에 기초하여 대상자 및 가족의 요구에 부합하는 맞춤형 실행계획 수립 • 치매지원서비스(건강관리, 일상생활관리, 가정 내 안전관리, 가족지원 등)를 직접 제공하거나 외부 서비스를 연계, 모니터링
치매예방관리	• 치매 예방관련 콘텐츠 확산, 인지 훈련 프로그램 제공
치매조기검진	• 치매의 위험이 높은 만 60세 이상 지역주민을 대상으로 치매 선별검사 실시, 추가 검사 필요시 진단 및 감별검사 시행
치매환자쉼터 운영	• 경증치매환자를 낮 시간 동안 보호하며 치매악화방지 및 사회적 교류 증진 • 치매환자를 돌보는 주보호자의 부양부담 경감
가족 및 보호자 지원	• 보호자의 돌봄 역량 향상을 위한 교육, 보호자 간 정서 및 정보 교류 지원을 위한 프로그램 제공 • 가족교실, 힐링프로그램, 자조모임 지원
인식개선	• 치매와 더불어 살아갈 수 있는 사회적 공감대 형성 및 치매 친화적 환경 조성

출처: 보건복지부(2021b).

였다. 보건복지부가 국가 치매관리사업의 총괄 및 중앙치매센터(1개)를 운영하고, 광역지방자치단체는 광역치매센터(17개) 운영을, 기초지방자치단체에서는 지역 치매안심센터(256개)를 운영하고 있다(보건복지부, 2021b). 치매안심센터에서는 예방, 상담, 사례관리 등 치매의 통합관리서비스를 제공하며, 사회복지사, 간호사, 임상심리사, 작업치료사 등이 근무하고 있다. 치매안심센터의 주요 업무와 업무 흐름도는 〈표 9-23〉 및 [그림 9-4]와 같다.

그림 9-4 치매안심센터 주요 업무 흐름도

출처: 보건복지부(2021b).

토론주제

1. 청소년기 정신질환에 대한 조기 개입 또는 치료에 어려움을 겪는 이유는 무엇인지 토의해 보시오.

2. 고령화, 비혼과 만혼의 증가, 결혼에 대한 가치관의 변화 등의 개인적 및 사회적 요인들로 인해 우리 사회에서 1인가구의 비중이 가장 높게 나타났으며 계속해서 증가할 전망이다. 이에 1인가구가 경험하는 주요 정신건강의 문제는 무엇일지 토의해 보시오.

3. 정신건강사회복지사로서 생애주기별 정신건강의 문제에 대해서 이해해야 할 필요성에 대해서 토의해 보시오.

4. 정신장애와 정신장애인에 대한 편견과 오해에 대해서 이야기해 보고, 이에 대한 인식개선을 위한 방법에는 무엇이 있을지 토의해 보시오.

5. 성인기 우울증과 노년기 우울증의 특징과 차이점에 대해서 토의해 보시오.

제10장

인권보장과 실천윤리

인권에 대한 이해는 시대의 사회문화적 특성이나 이념에 따라 변화한다. 그리고 사회복지 실천윤리의 역사는 인권 변화의 역사와 맥락을 같이한다. 한 나라의 정신건강사회복지의 특성을 이해하기 위해서는 관련 법이나 제도에 반영된 인권 개념을 이해하는 것이 도움이 된다. 이러한 점을 염두에 두고 이 장에서는 정신건강사회복지 영역에서 인권보장과 실천윤리에 대해서 고찰한다.

1. 도입

1995년 「정신보건법」 제정 이후 2000년대까지 정신장애인의 인권 관련 핵심적인 쟁점은 강제입원의 문제였다. 「정신보건법」이 강제입원을 합법화함으로써 정신병상은 급격히 증가하였으며, 강제입원의 절차와 요건에서 인권보호장치가 미흡하여 정신장애가 있다고 보기 어려운 사람들까지도 입원을 당하게 되는 사회문제가 발생하기도 하였다. 마치 1980년대에 부랑인시설의 인권문제가 정신병원으로 이전한 것과 같은 상황이 되었다. 2007년 국가인권위원회는 정신장애인의 강제입원을 억제하고 지역사회 중심의 보호를 권고하는 정신장애인 인권보고서를 발간하면서 정신장애인 인권문제를 사회적으로 환기시키는 역할을 수행하였다. 실제 강제입원의 절차 및 요건의 강화는 2016년 「정신건강복지법」 개정에서 이루어졌다. 2016년 개정된 법률의 명칭이 「정신보건법」에서 「정신건강증진 및 정신질환자 복지서비스 지원에 관한 법률」(이하 「정신건강복지법」)로 개정되었다는 사실은 2010년대 들어 정신장애인의 인권과 관련된 다른 쟁점이 부각되었음을 암시한다. 즉, 이 시기에 정부가 의회에 제출한 「정신보건법」 개정안은 그 명칭을 「정신건강증진법」으로 변경하고자 하였다. 정부가 정신장애인의 열악한 복지현실을 외면했던 것이다. 이 계기로 정신장애인 당사자와 인권운동가들이 '정신장애인지역사회생존권연대'를 결성하여 정신장애인의 복지문제를 인권적 쟁점으로 부각시키는 역할을 하였다.

현재 정신장애인 인권 관련 주요 쟁점은 복지서비스 부재를 비롯하여 크게 세 가지로 나누어 볼 수 있다. 첫째, 「정신보건법」 제정 이후 지속적으로 제기되어 오는 정신의료기관 강압치료와 관련된 의료 행위에서의 자기결정권 문제이다. 둘째, 정신장애인에게 자격이나 면허 취득을 금지하거나 제한하는 결격조항 문제이다. 셋째, 정신장애인의 복지서비스 배제로 야기되는 복지차별의 문제이다. 이 장에서는 먼저 인권의 개념과 내용을 살펴보고, 정신의료기관에서의 강압치료와 관련된 인권적 문제를 정리한다. 그리고 인권침해로 나타나는 차별의 개념과 유형을 정리하고, 그 구체적인 예로서 정신장애인 결격조항과 복지차별의 문제를 살펴볼 것이다. 마지막으로는 정신장애인의 인권과 관련된 사회복지실천윤리를 검토한다.

2. 인권의 개념과 내용

인권은 인간이라면 누구나 가지는 권리를 의미한다. 인권의 특성은 크게 네 가지로 요약할 수 있다. 첫째, 인종, 성별, 사회적 신분 등에 상관없이 모든 인간이 가지는 보편적 권리이다. 둘째, 「헌법」이나 국가에 의해 창설된 권리가 아니라 천부적으로 타고난 권리이다. 셋째, 일정한 기간 동안 보장되는 것이 아니라 한번 인간이면 지속적으로 보장되는 항구적 권리이다. 넷째, 인권은 국가권력이라고 하더라도 본질적인 부분은 침범할 수 없는 절대적 권리이다. 이러한 인권의 특성이 가지는 의미는 인간이란 한번 인간으로 태어나면 누구나 가지는 권리로서, 태어날 때부터 정신적인 장애로 인하여 정신능력이 부족하거나 후천적으로 사고를 당하여 의식이 없거나 정신능력이 부족하더라도 다른 사람에게 양도할 수 없는 권리라는 것이다.

그렇다면 이러한 인권은 누가 보장하는 것이며 누구에게 요구해야 하는가? 프리먼(김철효 역, 2005)은 역사적으로도 인권 개념은 고대 군주의 권력남용으로부터 시민의 권리침해를 억제하려는 사상들을 통해 발전해 왔다고 하였다. 즉, 고대 그리스의 '폭정(tyranny)' 개념은 군주에 대항할 수 있는 개인의 권리를 상상조차 하기 어려웠던 시대에조차 군주라고 하더라도 침범할 수 없는 시민의 권리영역이 있다는 사상을 내포한다(김철효 역, 2005). 중세에는 기독교사상이 군주에 대항하는 인권 개념의 발전에 중요한 영향을 미쳤다. 기독교의 '신 앞의 평등' 사상은 군주를 포함한 모든 인간의 평등이라는 사상을 매개로 자연권사상이 발전할 수 있었다(장영수, 2003). 존 로크(John Locke)는 인간은 이성적인 피조물로서 종교적 신앙을 행동에 옮겨야 하기 때문에 행동의 자유가 필요하다고 하였으며, 종교적 신념을 실천할 행동의 자유를 보장하기 위한 천부적 권리로서 군주도 침범할 수 없는 생명권, 건강권, 자유권 그리고 재산권 등이 필요함을 강조하였다. 실제 UN의 세계인권선언도 국가권력에 의한, 즉 나치 정권에 의한 잔혹한 학살에 대항하는 천부적 권리로서 인권을 선언하게 된 것이 중요한 성립 배경이다(김철효 역, 2005). 현대 사회에서도 인권 개념의 목적은 정부에 의한 권력남용으로부터 개인을 보호하는 것이다. 국가는 인권보호의 주체가 되어야 하며, 사회구성원들이 인권을 요구할 수 있는 객체이기도 하다. 국가가 인권을 보호하기 위해서는 추상적이고 이념적인 인권 개념을 실정헌법에서 구체화하여야 한다. 인권 개념을 각국의 상황에 따라 실정헌법에 의하여 보장하고 있는 국민의 권리를 '기본권'이라고 한다.

인권은 모든 인간에게 시대를 넘어 적용되는 개념이지만 다른 한편으로 인권의 내용은 시대와 역사, 문화에 따라서 변화하는 이중적 속성을 가지고 있다(김미옥, 2012). 인권의 내용은 역사 발전단계에 따라 축적적으로 변화하고 있는데, 그 단계에 따라 1세대, 2세대, 3세대로 나누어 볼 수 있다(Life, 2001). 1세대 인권의 내용은 자유권을 중심으로 신체의 자유, 거주이전의 자유, 투표권 등의 시민적 · 정치적 권리이며, 2세대 인권의 내용은 사회권에 초점을 둔 교육, 주택, 건강, 직업, 소득 등의 경제적 · 사회적 · 문화적 권리이다. 그리고 3세대 인권으로 최근 논의되고 있는 것은 경제개발권, 환경권과 같은 연대적 권리이다.

정신장애인의 보호와 정신보건과 돌봄서비스 향상을 위한 원칙(Principle for the Protection of Persons with Mental Illness and for the Improvement of Mental Health Care, 이하 MI원칙)은 정신장애인 인권보장을 위한 구체적인 내용을 제시한다. 이 원칙은 UN 인권위원회가 1978년 정신장애로 인하여 억압받는 사람을 보호하기 위해 연구를 시작하여 작성된 중대한 결실이며, 14년이 지난 1991년 12월 17일에 UN 총회에서 의결되었다. MI원칙은 정신장애인을 보호하기 위한 구체적인 인권의 내용을 밝히는 25개의 원칙으로 구성되어 있다. 각 국가들은 정신보건에 관한 법률 제 · 개정, 사업평가 지침으로 활용하고 있다. 〈표 10-1〉은 정신장애인의 인권과 관련된 주요 MI원칙의 내용을 정리한 것이다.

MI원칙은 근본적 자유와 기본권으로 모든 사람은 정신보건서비스를 사회적 돌봄과 일반 보건의료서비스 체계 내에서 연계 혹은 통합적으로 제공받아야 함을 선언하고 있다. 그리고 인류애와 존경을 바탕으로 치료받아야 한다고 함으로써 치료과정은 인권적 절차에 의하여 보장하여야 한다는 것이다. 원칙 3 '지역사회에서의 삶'은 정신의료기관에서의 입원치료를 지양하고 지역사회에서 생활할 수 있도록 충분한 지역사회지원시설, 직업재활, 사회복지 및 의료서비스 그리고 주거서비스를 제공하는 서비스 기반을 마련해야 한다는 의미를 가진다. 원칙 3은 원칙 7 '지역사회와 문화'의 역할에서 좀 더 구체적으로 당사자의 권리를 선언한다. 즉, 모든 정신장애인은 가능한 한 자신이 거주하는 지역사회에서 치료받고 보살핌을 받을 권

표 10-1 정신장애인 인권과 주요 MI원칙

근본적 자유와 기본권	1. 모든 사람은 보건의료 및 사회적 보호제도 안에서 가장 적절한 정신보건 및 돌봄서비스를 제공받을 권리가 있다. 2. 모든 정신장애인 또는 정신장애로 치료를 받고 있는 사람은 인간으로서 고유한 존엄성을 토대로 한 인류애와 존경을 바탕으로 치료를 받아야 한다.
원칙 3. 지역사회에서의 삶	모든 정신장애인은 가능한 한 지역사회 내에서 생활하고 일할 권리가 있다.
원칙 7. 지역사회와 문화의 역할	1. 모든 정신장애인은 가능한 한 자신이 거주하는 지역사회에서 치료받고 보살핌을 받을 권리가 있다. 2. 정신보건시설에서 치료가 이루어질 때 환자는 가능한 한 언제나 자신의 거주지 또는 친척이나 친구의 거주지 근처에서 치료받을 권리가 있으며, 가능한 한 치료가 끝나는 즉시 지역사회로 복귀할 권리가 있다.
원칙 9. 치료	1. 모든 정신장애인은 환자의 건강 관련 필요 및 다른 이들의 신체적 안전을 보호하기 위한 필요의 치료를 받는 경우, 가능한 한 제한적이지 않은 치료를 받을 권리가 있다. 2. 모든 환자들에 대한 치료 및 의료는 환자에 따라 개별적으로 처방된 계획에 기초해야 하며, 환자와 함께 논의하고 정기적으로 심사하며 필요할 때마다 수정을 거쳐 자격을 갖춘 전문가에 의해 제공되어야 한다.
원칙 10. 약물치료	1. 약물치료는 환자의 건강 관련 욕구에 최대한 부합해야 하고, 진단상 또는 치료상의 목적을 위해서만 이루어져야 하며, 처벌이나 다른 이들의 편의를 위해 시행되어서는 안 된다. 다음의 원칙 11의 15에 따라 정신보건전문가는 그 효능이 이미 밝혀져 있거나 증명된 약물치료만을 시행해야 한다.
원칙 11. 치료에 대한 동의	1. 정신장애인의 고지된 동의 없이는 환자를 치료할 수 없다. 단, 이 원칙의 제6, 7, 8, 13, 15항에 제시된 사항은 예외로 한다.

리가 있으며, 정신보건시설에서 치료가 이루어질 때 환자는 가능한 한 언제나 자신의 거주지 또는 친척이나 친구의 거주지 근처에서 치료받을 권리가 있고, 치료가 끝나는 즉시 지역사회로 복귀할 권리가 있다는 것이다. 원칙 9 '치료'에서는 가능한 한 제한적이지 않은 치료를 받을 권리가 있다고 함으로써 입원치료를 최소화

하여야 한다는 지침을 제시하면서, 치료 과정에서 환자와 함께 치료계획을 수립하고 수정해 갈 당사자의 권리를 인정하고 있다. 원칙 10 '약물치료'는 정신약물을 치료 목적을 위해서만 사용하여야 함을 규정하고 환자의 행동을 통제하기 위한 목적으로 사용하는 것은 비인권적임을 밝히고 있다. 원칙 11 '치료에 대한 동의'는 정신장애인의 고지된 동의 없이는 환자를 치료할 수 없다는 인권적 치료의 원칙을 정하고 있다.

정신장애인의 인권에 관한 구체적인 내용을 제공하는 중요한 국제협약으로는 MI원칙 이외에 UN 장애인권리협약이 있다. UN 장애인권리협약은 장애인 권리보장을 위한 UN의 권리협약으로서 전문 25개 조항, 본문 50개 조항 그리고 선택의정서 18개 조항으로 구성되어 있으며, 정신장애인의 생명권, 사법 접근권, 신체의 자유, 자립적 생활 및 지역사회참여권, 의사 및 표현의 자유, 사생활보호, 교육, 건강, 취업 등 전반적인 삶의 영역에 관한 권익보장을 규정하고 있다. 우리나라에서는 2008년 12월 국회의 비준을 받아 2009년 1월부터 발효되었다(구체적인 내용은 제7장 참조).

3. 정신장애인 강압치료와 인권문제

1) 강제입원

「정신건강복지법」으로 개정되기 전 「정신보건법」 제24조는 강제입원의 요건을 ① 입원이 필요한 정신질환을 가지고 있거나 ② 자신의 건강 또는 안전이나 다른 사람에게 해를 끼칠 위험(이하 자 · 타해위험)이 있는 경우로 규정하였다. 즉, ①이나 ②의 요건 중 하나를 충족하면 강제입원이 가능하였다. 이러한 요건하에서는 자 · 타해의 위험이 없는 경우에도 입원이 필요한 정신질환이 있다는 정신과 전문의의 판단으로 강제입원이 가능했기 때문에 대부분의 입원은 강제입원이었다. 최근 개정된 「정신건강복지법」 제43조에서는 강제입원의 요건을 정신질환을 가지고 있고

자·타해위험이 있는 경우로 개정하였다. 즉, ①과 ②의 요건을 모두 충족하여야 강제입원이 가능하기 때문에 자·타해위험은 강제입원의 필수적 요건이 되었다. 현행 「정신건강복지법」은 입원의 유형을 자의입원제(제41조), 동의입원(제42조), 보호입원(제43조), 행정입원(제44조) 그리고 응급입원(제50조)의 다섯 가지로 구분하고 있다. 행정적으로는 〈표 10-2〉와 같이 자의입원과 동의입원은 자의입원으로 구분하고, 보호입원, 행정입원 그리고 응급입원은 비자의입원으로 구분한다.

구체적으로 살펴보면, 보호입원, 행정입원 그리고 응급입원의 비자의입원 요건은 ① 정신질환의 존재, ② 자·타해위험으로 모두 동일하다. 그리고 보호입원과 행정입원은 입원적합성심사를 받아야 하며, 응급입원의 경우 입원기간이 3일 이내이기 때문에 다른 입원 유형으로 전환하는 경우 그 절차에 따라 입원적합성심사가 필요하다. 현재 가장 보편적인 입원 방법이라고 할 수 있는 보호입원의 입원절차는

표 10-2 「정신건강복지법」상 입원제도의 요건 및 절차 비교

	자의입원	동의입원	보호입원	행정입원	응급입원
자의 여부	자의	자의	비자의	비자의	비자의
입원 요건	정신질환	정신질환	입원치료가 필요한 정신질환 및 자·타해위험	정신질환 의심 및 자·타해위험	정신질환 추정 및 자·타해위험
입원 절차	당사자 신청	보호의무자의 동의	보호의무자 2인의 신청 +정신과 전문의 1인 입원 소견 ⇒ 2주간 입원 가능 +소속이 다른 정신과 전문의 1인 입원 소견 ⇒ 2주 이상 입원 가능 * 1인은 국립병원 또는 지정병원 소속	정신과 전문의 또는 정신건강전문요원의 시·군·구청장에게 진단, 보호 신청 ⇒ 진단 의뢰 ⇒ 2주 범위 내 진단입원 ⇒ 계속입원 가능	발견한 사람이 의사와 경찰관의 동의를 얻어 의뢰 ⇒ 3일 이내 응급입원 ⇒ 필요한 경우 다른 입원유형으로 전환 가능
입원적합성 심사	없음	없음	최초입원 1개월 내 입원적합 여부 판단	최초입원 1개월 내 입원적합 여부 판단	입원유형 전환의 경우 그 절차에 따름

출처: 이용표(2019a).

보호의무자 2인이 신청이 있으면 정신과 전문의 1인의 입원소견으로 일단 2주간 입원이 가능하다. 그리고 이 기간에 소속이 다른(국립병원 또는 지정병원) 정신과 전문의의 동일 소견이 있는 경우 계속입원을 시킬 수 있으며 다시 입원적합성심사위원회의 심사를 받아야 한다. 실제 강제입원의 절차는 상당히 인권적 절차로 개정된 것이다. 그러나 엄격한 입원절차가 시행된 2017년 이후에도 정신병상의 감소 경향은 뚜렷하지 않다. 이러한 법 개정 이후의 상황은 대면심사가 이루어지지 않는 입원적합성심사위원회의 심사방식 개선이 필요함을 의미한다. 한편 법 개정 이후 전체 입원자의 수는 큰 변화가 없지만 자의입원자의 수가 상당히 증가하였다. 그러나 이는 실제 자의입원의 증가가 아니라 동의입원을 자의입원으로 분류함으로써 나타나는 편법에 지나지 않는다는 주장이 제기되고 있다. 구체적으로는 동의입원이 2017년 말 16.2%, 2018년 말 19.8%, 2019년 말 21.2%로 증가하였는데, 자의입원의 증가는 이러한 동의입원의 증가에 따른 것이지만 동의입원은 엄밀히 말해 자의입원으로 볼 수 없다는 것이다.

「정신건강복지법」 제42조에 근거한 동의입원은 정신질환자가 보호자의 동의를 얻어 정신의료기관에 입원하는 유형이다. 입원은 본인 의사에 의하지만 보호자 동의 없이 퇴원을 신청하면 정신과 전문의가 환자의 치료 및 보호의 필요성을 인정한 경우에 한정해 72시간 동안 퇴원이 거부되고 보호의무자에 의한 입원 또는 행정입원으로 전환할 수 있다. 그러나 보호자의 동의 없이 퇴원할 수 없는 점에서 자의입원으로 볼 수 없으며, 동의입원 환자의 퇴원거부 기준인 '보호 및 치료의 필요성'이 강제입원의 퇴원거부 기준인 '자 · 타해위험'보다 더 광범위하게 때문에 당사자의 의사보다 보호의무자의 요구에 의해 기본권을 침해할 소지가 크다고 할 수 있다(장애우권익문제연구소, 2020). 이는 동의입원이 당사자의 자기결정 존중을 위해 도입된 「정신건강복지법」의 새로운 입원 유형이라는 측면에서 개정 취지에 반하고 편법을 조장하는 입원제도가 될 수 있다는 문제를 가진다.

2) 특수치료

「정신건강복지법」(제73조)은 정신과 특수치료의 예시로 전기충격요법, 인슐린혼수요법, 마취하최면요법, 정신외과요법 등을 규정하고 있다. 그런데 특수치료의 동의에 관하여 '정신의료기관이 구성하는 협의체에서 결정하되, 본인 또는 보호의무자에게 특수치료에 관하여 필요한 정보를 제공하고, 본인의 동의를 받아야 한다. 다만, 본인의 의사능력이 미흡한 경우에는 보호의무자의 동의를 받아야 한다'고 규정한다(제73조 제1항).

그러나 이러한 특수치료에 관한 「정신건강복지법」의 규정이 국제적 인권기준에 부합하는지에 관해서는 의문이 제기될 수 있다. MI원칙 11의 1은 정신장애인의 고지된 동의 없이는 환자를 치료할 수 없다고 하고 있다. 다만, 예외적인 경우로 고지된 동의 없이 치료할 수 있는 경우로 자·타해의 급박한 위험이 있거나 의사결정 대리인이 지정된 때라고 하고 있다. 그러나 「정신건강복지법」 제73조는 특수치료의 요건으로 자·타해의 급박한 위험을 정하지 않고 있다. 다만 보호의무자의 동의만을 규정하고 있다. 여기에서 보호의무자의 동의가 의사결정 대리인이 지정된 경우라고 볼 수 있는가가 쟁점이 된다. 의사결정 대리인은 당사자가 지정할 수 있어야 하지만 보호의무자는 당사자의 의사와 상관없이 법률적으로 결정된다. 따라서 당사자의 의사를 적절하게 대리할 수 있는 대리인으로 보기에는 문제가 있다. 실제 당사자와 갈등관계에 있는 가족이라면 권익침해의 소지가 상존한다. 또한 보호의무자의 동의를 받아야 하는 경우를 본인의 의사능력이 미흡한 경우라고 규정하고 있는데 의사능력의 미흡을 판단하는 기준과 방법이 분명하게 제시되지 않고 있다.

3) 정신약물에 대한 자기결정권

정신약물은 1960년대 이후 정신장애에 대한 기본적이고 보편적인 치료수단이 되었다. 정신장애인들은 정신약물을 반드시 복용해야 하는 사람으로 간주되며, 정신의료기관뿐만 아니라 정신건강복지센터나 정신재활시설에서 약물관리는 서비스의 주요 구성요소가 되었다. 이러한 상황은 정신장애인에 대한 약물복용의 사회적 요구가 단지 권유를 넘어 하나의 강압이 되고 있음을 반영한다. 약물을 복용하지 않으면 지역사회 프로그램에의 참여를 허용하지 않거나 시설 이용을 금지하는 경우도 일상적이다. 이러한 관행의 밑바탕에는 정신장애인들은 정신적 판단능력이 미약하기 때문에 스스로 약물을 복용하지는 않을 것이라는 인식과 정신장애를 폭력적 성향과 동일시하는 관념이 위치한다. 즉, 당사자들은 자신의 일반적이지 않은 경험이 정신장애라고 인식할 능력이 없고, 자신이나 타인을 해할 위험이 있어 사회적인 관리가 필요하다는 것이다.

그러나 정신장애가 있는 사람들에게 보편화되어 있는 정신약물의 복용에 관하여 다음과 같은 세 가지 문제가 지속적으로 제기되고 있다. 첫째, 정신약물로 당사자가 얻는 이득이 부작용으로 인한 삶의 질 저하와 비교하여 더 크지 않을 수 있다. 둘째, 정신약물은 장기적으로 새로운 정신병을 만들 수 있다. 셋째, 정신약물은 치료목적 이외에 통제의 목적으로 사용될 수 있다. MI원칙 11은 정신약물의 복용은 강제로 복용되어서는 아니 되며 자기결정이 존중되어야 함을 명백히 하고 있다. 정신약물은 가장 보편적인 정신장애의 치료수단이 되었지만, 본인의 동의 없이 약물을 투여한다면 신체에 대한 침습 행위가 된다. 다른 사람의 주거에 주인의 허락 없이 들어가는 행위가 주거침입죄가 되는 것처럼, 타인의 몸속으로 동의 없이 정신약물을 투여할 수는 없다. 사람은 질병을 치료하거나 고통을 완화하기 위하여 약물을 복용할 것인지 아닌지 스스로 결정할 권리를 가진다. 「정신건강복지법」에서는 이러한 권리를 명확히 규정하고 있다. 즉, 정신질환자는 원칙적으로 자신의 신체와 재산에 관한 사항에 대하여 스스로 판단하고 결정할 권리를 가지며, 특히 의료 행위에 대한 동의나 거부 등을 스스로 결정할 수 있도록 자기결정권을 존중받는다(제2조 제7항)고 규정하고 있다.

의사가 환자에게 의료 행위에 대하여 충분한 설명을 하고 자발적인 승낙을 얻는 것을 '고지된 동의(informed consent)'라고 한다. 즉, 의사는 의료 행위에 대하여 환자에게 적절한 설명을 제공하고 그것을 충분히 이해한 환자로부터 자발적인 승낙을 얻어야 한다(최상희 외, 2009). 또한 의사는 개별적 의료 행위에 대하여 각각의 고지된 동의를 얻어야 한다. 전체 의료 행위에 대하여 포괄적 승낙을 얻는 동의서는 효력이 없다.[1] 또한 의료 행위에 대한 동의는 청약과 승낙을 필요로 한다. 정신장애인이 약물의 처방에 대한 설명을 듣고 묵시적으로 동의하였다고 하더라도 이후 강제적 투약에 동의하였다고 볼 수는 없다. 처방에 대한 동의가 투약에 대한 동의를 포괄한다고 볼 수 없기 때문이다. 일반적인 경우 약물을 처방받았다고 하더라도 투약은 강제되지 않는다.

4. 차별 및 낙인

차별(差别)은 사전적 의미로 둘 또는 여럿 사이에 차등을 두어 구별한다는 것이다. 따라서 장애차별은 장애인과 비장애인 사이에 차등을 두어 구별하여 처우한다는 의미가 된다. 사회적으로나 법률적으로 문제가 되는 경우는 장애인을 비장애인과 구별하여 불리한 처우를 하는 경우가 될 것이다. 차별의 개념에 관한 논의는 법학 분야에서 상당히 진전이 되고 있다. 왜냐하면 다양한 법률에서 차별을 금지하는 명시적 조항을 가지고 있기 때문이다. 먼저 「남녀고용평등과 일·가정 양립 지원에 관한 법률」(이하 「남녀고용평등법」), 「고용상 연령차별금지 및 고령자고용촉진에 관한 법률」(이하 「연령차별금지법」), 「장애인차별금지 및 권리구제 등에 관한 법률」(이하 「장애인차별금지법」) 등이 차별을 금지하는 규정을 두고 있다.

낙인이란 일단의 특징을 공유하는 소수자 집단에 대하여 사회적으로 부정적인 이미지를 부과하는 행위이다. 이러한 낙인을 받은 소수자는 스스로가 가치 없는 존재이거나 차별을 받고 있다고 생각하게 되기 때문에 가치 저하된 정체성을 형성하게 된다(민소영, 오금주, 2014). 이때 낙인은 사회적 차별이 발생하는 원인이 되며, 낙인을 부여받는 사람이 내적 측면에서 자아존중감이 저하되고 사회적으로 고립적 상황을 만들 수 있다. 그리고 낙인이론이 정신장애문제에서 가지는 주요 함의는

1) 대법원 1994. 11. 25. 선고 94다35671 판결.

낙인의식이 이상 행동으로부터 발생하는 것이 아니라 정신장애가 있다고 진단 내려지는 것 자체에서 발생한다는 것이다. 즉, 정신과에서 진료를 받고 있다는 자체로 사회적으로 무능하게 위험한 사람으로 간주되는 것이다.

이 절에서는 우선 장애차별의 구조적 원인 및 특성, 차별의 개념을 정리하고, 차별의 양상으로서 정신장애인 결격조항의 문제와 복지서비스 차별을 살펴본다.

1) 장애의 본질과 차별 및 낙인의 문제

장애차별과 낙인을 이해하기 위해서는 우선 장애라는 현상에 대한 본질적 이해가 필요하다. 정신장애의 경우 그 본질이 정신장애인 당사자들이 경험하는 사고·정신·행동상의 혼란이나 고통이라고 할 수 있는가? 만약 이러한 혼란이나 고통이 본질이고 그것이 생물학적 요인에서 연유한다면 정신약물의 치료에도 불구하고 당사자들이 지속적으로 고립되고 빈곤한 삶을 영위하는 이유는 무엇인가에 대하여 검토할 필요가 있다. 약물치료에도 불구하고 정신장애인의 장기화된 입원과 지역사회에서의 고립되고 빈곤한 삶은 정신장애가 단지 사고·정신·행동상의 혼란이나 고통으로 환원될 수 있는 문제가 아님을 보여 준다. 물론 정신약물의 효능이 제한적이라는 문제도 검토되어야겠지만, 그러한 경우에는 더욱이 정신병원에서의 장기적 입원이 무엇을 의미하는지 재검토되어야 한다. 즉, 의학적 처치가 제한적 효과를 가질 뿐이라면 장기적으로 입원할 이유는 없을 것이다. 오히려 치료효과가 제한적인 상황에서 이루어지는 강제입원, 강압적 정신약물의 투여는 정신장애라는 현상으로 인해 나타나는 차별과 낙인의 양상이라고 할 수 있다.

지역사회에서 생활하는 정신장애인들이 경험하는 삶의 고통은 장애의 본질에 관한 철학적 사유의 다차원적 틀을 통해 분석해 보면 정신장애에 대한 차별 및 낙인이 드러나는 구조적 문제를 이해하기에 용이하다. 프리스틀리(Priestley, 1998)는 장애의 본질에 관한 관점을 사회명목론과 실재론, 유물론과 관념론이라는 두 축으로 구분하여 개별적 유물론, 개별적 관념론, 사회적 유물론 그리고 사회적 관념론으로 분류하였다. 이러한 분류에서 정신장애의 본질은 〈표 10-3〉과 같이 정리해 볼 수 있다.

표 10-3 장애에 대한 다양한 관점과 정신장애문제의 본질

구분	유물론적(materialist)	관념론적(idealist)
개별적 (individual)	• 입장 1: 개별적 유물론 모형 –생물학적 조건과 관련된다고 보이는 환청, 망상, 불안정한 정서상태 –부족한 사회생활기술	• 입장 2: 개별적 관념론 –무력하다거나 열등하다고 느끼는 자기감각 –스스로에 의한 고립
사회적 (social)	• 입장 3: 사회적 생성주의 –자본주의적 경쟁관계에서의 배제 –불형평한 자원배분에서 오는 빈곤	• 입장 4: 사회적 구성주의 –폭력적이고 비이성적이며 무능할 것이라는 대중의 관념

출처: Priestley (1998)의 분류를 수정 · 보완.

프리스틀리의 분류에 따르면 정신장애를 뇌의 생화학적 부조화를 통해 설명하는 의료모델은 개별적 유물론적 입장에서 장애의 본질을 이해한다. 따라서 개입의 초점은 개인의 몸이며 해결 방법은 증상관리, 사회생활기술의 향상이다. 개별적 관념론은 정신장애의 자기낙인과 관련된다. 이러한 관점에서는 정신장애의 문제는 증상이나 사회기술의 부족이 아니라 스스로 열등하다는 자기감각이다. 자기낙인이 심해지면 증상의 완화와 사회기술의 증진에도 불구하고 고립과 퇴행이 지속된다. 사회적 유물론의 관점은 사회적 차별을 드러내어 준다. 정신장애가 있는 사람들은 취업시장에서 배제되고 빈곤 상태에 놓인다. 또한 정신장애에 대한 이중적 차별은 다른 장애에 비하여 사회서비스를 위한 재원의 할당은 불평등하게 만들며, 그 결과로 그들의 장애는 지속된다. 사회적 관념론은 정신장애에 대한 대중적 관념을 통해 정신장애를 이해한다. 정신장애가 장애가 되는 것은 증상이나 부족한 사회기술능력이 아니라 정신장애인은 무능하고 위험하다는 대중적 관념에 있다는 것이다. 이러한 관념은 장애의 전체적 차원에 영향을 미친다. 즉, 정신장애인에 대한 부정적 대중관념은 사회적 자원배분 할당을 최소화하고 자기낙인을 강화함으로써, 정신장애인의 증상과 부족한 사회기술을 넘어 자기낙인과 고립, 사회적 배제와 빈곤 그리고 부정적 대중의 시선 등을 관통하여 다차원적이고 복합적인 형태로 정신장애를 지속시킨다.

2) 차별의 개념

(1) 직접차별

직접차별이란 합리적인 이유 없이 성, 연령, 성적 지향, 장애 여부 등 개인의 태생적 혹은 후천적 속성을 기준으로 그 개인에 대하여 불이익한 대우를 하는 것이다(윤문희, 2006). 영국의 2010년 「평등법(Equality Act)」은 직접차별을 'A가 보호되는 속성(장애는 그 속성 중 하나임)을 이유로 다른 사람들을 처우하거나 또는 처우하였을 것과 비교하여 B를 불리하게 처우하는 경우에 A는 B를 차별하는 것'(제13조)이라고 정의하고 있다. 즉, 직접차별의 성립요건은 B에 대한 처우가 비교대상자에 대한 처우와 차이가 있어야 하고, B에 대한 처우는 비교대상에 대한 처우에 비하여 불리하여야 하며, B에 대한 불리한 대우의 이유가 보호되는 속성이어야 한다는 것이다(조임영, 2011).

우리나라 「남녀고용평등법」 제2조 제1항의 차별에 관한 정의를 보면, '차별'이란 '사업주가 근로자에게 성별, 혼인, 가족 안에서의 지위, 임신 또는 출산 등의 사유로 합리적인 이유 없이 채용 또는 근로의 조건을 다르게 하거나 그 밖의 불리한 조치를 하는 경우'를 말한다. 예를 들어, 여성 혹은 기혼여성에 대하여 사업주가 승진을 거부하거나 임신, 출산 등의 사유로 특정 업무를 담당하는 것을 허용하지 않는다면 직접적인 차별이 된다. 그리고 「연령차별금지법」 제4조의4 제1항은 "사업주는 모집 · 채용, 임금, 임금 외의 금품 지급 및 복리후생, 교육 · 훈련, 배치 · 전보 · 승진 그리고 퇴직 · 해고 등의 분야에서 합리적인 이유 없이 연령을 이유로 근로자 또는 근로자가 되려는 사람을 차별하여서는 아니 된다."라고 규정하고 있다. 따라서 사업주가 합리적인 이유가 없이 모집이나 채용에서 연령 제한을 두는 경우 직접차별이 된다.

「장애인차별금지법」 제4조 제1항 제1호는 차별 행위에 해당하는 예시로서 '장애인을 장애를 사유로 정당한 사유 없이 제한 · 배제 · 분리 · 거부 등에 의하여 불리하게 대하는 경우'를 제시하고 있는데, 이 경우는 직접차별에 해당한다. 정신장애를 이유로 특정한 서비스 대상에서 배제하거나 서비스 제공을 거절한다면 직접차별에 해당할 수 있다. 따라서 정신장애인에게 일반적인 장애인복지서비스 이용을 제한하고 있는 「장애인복지법」 제15조는 「장애인차별금지법」과 상충될 수 있다.

인권의식의 발전에 따라 앞에서 살펴본 것처럼 법률의 제정을 통하여 직접차별을 금지함으로써 점차 가시적인 직접차별은 완화되어 왔다고 볼 수 있다. 물론 이러한 직접차별을 금지하는 법률의 제정은 여성운동, 장애인운동 등에 의하여 이루어진 성과임에 틀림없다. 그렇지만 이러한 가시적인 직접차별이 불법 행위가 됨에 따라 점차 비가시적이고 간접적인 방법으로 특정 집단에게 불이익을 주는 경우가 생겨나게 되었다. 이러한 현실적 상황은 차별의 개념에 대한 재검토를 필요로 하게 되었다. 결국 직접차별을 회피하고 있지만 실체적으로는 차별적 불이익을 주는 경우에 대하여 간접차별의 개념이 형성되고 법제화되었다,

(2) 간접차별

차별의 성격이 직접차별에서 비가시적이고 간접적인 방법으로 변화해 감에 따라 평등의 실현을 위해 새로운 개념이 요구되었다. 이러한 요구에 형성된 개념이 '간접차별'이라고 할 수 있다. 영국의 2010년 「평등법」 제19조는 간접차별을 다음과 같이 정의한다(조임영, 2011).

1. A가 B의 보호되는 속성에 관하여 차별적인 규정, 기준 또는 처우를 B에 대하여 적용하는 경우 A는 B를 차별하는 것이다.
2. 1항의 적용에서 다음과 같은 경우의 규정, 기준 또는 처우가 B의 관련 보호되는 속성에 대하여 차별적이다.
   (a) A가 B와 그 속성을 공유하지 않는 사람들에 대해 그것을 적용하거나 혹은 적용하였을 것이다.
   (b) 그것이 B와 그 속성을 공유하는 사람들을 B와 그 속성을 공유하지 않는 사람들과 비교할 때, 특별히 불이익한 상태에 놓이게 하거나 혹은 놓이게 하였을 것이다.
   (c) 그것이 B를 그러한 불이익한 상태에 놓이게 하거나 혹은 놓이게 하였을 것이다.
   (d) A가 그것이 정당한 목적을 달성하는 데에 있어서 비례적인 수단임을 증명할 수 없다.

2010년 「평등법」은 제19조에서 제시되는 규정, 기준 또는 처우에 대한 정의를 구체적으로 제공하지 않으나, 공식적 혹은 비공식적 정책, 규칙, 지침, 기준, 조건, 사전조건 그리고 자격 등을 포함하는 폭넓은 개념으로 해석된다(조임영, 2011).

우리나라 「남녀고용평등법」 제2조 제1항은 "사업주가 채용조건이나 근로조건은 동일하게 적용하더라도 그 조건을 충족할 수 있는 남성 또는 여성이 다른 한 성(性)에 비하여 현저히 적고 그에 따라 특정 성에게 불리한 결과를 초래하며 그 조건이 정당한 것임을 증명할 수 없는 경우를 포함한다."라고 규정하고 있다. 즉, 직접차별이 합리적인 이유 없이 개인 혹은 집단이 가지고 있는 속성을 이유로 개인이나 집단에게 불이익한 처우를 하는 것을 의미한다면, 간접차별은 중립적인 기준을 적용하였으나 그 기준이 특정 소수자 집단에게 불이익한 결과를 초래하는 경우를 간접차별로 보는 것이다(윤문희, 2006). 「연령차별금지법」 제4조의4 제2항은 "제1항을 적용할 때 합리적인 이유 없이 연령 외의 기준을 적용하여 특정 연령집단에 특히 불리한 결과를 초래하는 경우에는 연령차별로 본다."라고 규정함으로써 간접차별을 금지하고 있다.

「장애인차별금지법」 제4조 제1항 제2호에서도 간접차별을 정의하고 있다. 제2호는 '장애인에 대하여 형식상으로는 제한 · 배제 · 분리 · 거부 등에 의하여 불리하게 대하지 아니하지만 정당한 사유 없이 장애를 고려하지 아니하는 기준을 적용함으로써 장애인에게 불리한 결과를 초래하는 경우'를 간접차별로 규정한다.

(3) 합리적 조정의무

합리적 조정의무는 사용자에게 장애인의 고용 접근과 고용관계의 유지를 보장하기 위한 적극적인 조치를 취할 것을 요구하는 것이다. 이는 직접차별과 간접차별이 장애인에게 불리한 처우를 금지하는 것과 달리, 합리적 조정의무는 장애인이 업무를 적절하게 수행할 수 있는 노동환경을 조성하기 위해 사용자가 비장애인들에게 부여되지 않는 추가적 조치를 취하도록 하는 것이다(조임영, 2011). 만약 이러한 조정의무를 이행하지 않는다면 차별이 된다. 2010년 「평등법」은 합리적 조정의무의 요건을 세 가지로 규정하고 있다. ① 사용자는 규정, 기준 혹은 처우가 장애인을 장애가 없는 사람과 비교하여 실질적으로 불이익한 상태에 놓이게 하는 경우 그 불이익을 피하기 위한 합리적인 조치를 취해야 하며(제20조 제3항), ② 사용자는 물리적인 형태가 장애인을 장애가 없는 사람과 비교하여 실질적으로 불이익한 상태에 놓이게 하는 경우 물리적인 형태를 제거하거나 변경하기 위한 혹은 그러한 형태를 피하는 데 있어 합리적인 수단을 제공하기 위한 합리적인 조치를 취하여야 하며(제20조 제4항), ③ 사용자는 장애인이 보조적 지원의 제공이 아니었더라면 장애가 없는 사람들과 비교하여 실질적으로 불이익한 상태에 놓이게 되었을 경우 보조적인 지원을 제공하기 위한 합리적인 조치를 취해야 한다(제20조 제5항)는 것이다.

우리나라 「장애인차별금지법」 제4조 제1항 제3호는 장애차별에 해당하는 경우로 '정당한 사유 없이 장애인에 대하여 정당한 편의 제공을 거부하는 경우'를 규정하고 있다. 그리고 제1항 제3호의 '정당한 편의'라 함은 장애인이 장애가 없는 사람과 동등하게 같은 활동에 참여할 수 있도록 장애인의 성별, 장애의 유형 및 정도, 특성 등을 고려한 편의시설 · 설비 · 도구 · 서비스 등 인적 · 물적 제반 수단과 조치(제4조 제2항)라고 정의하고 있다. 다만, 정당한 편의 제공을 거부할 정당한 사유를 과도한 부담이나 현저히 곤란한 사정 등이 있는 경우(제4조 제3항 제1호)와 특정 직무나 사업 수행의 성질상 불가피한 경우(제4조 제3항 제2호)를 정하고 있어 실효성에 의문이 있다.

(4) 장애로부터 발생하는 차별

'장애로부터 발생하는 차별'은 2010년 「평등법」에서 도입된 차별 개념이다. 이 개념의 특징은 차별을 입증하기 위해 직접차별 혹은 간접차별과는 달리 비교대상이 필요하지 않다는 것이다(조임영, 2011). 즉, 장애가 있음으로 해서 불이익한 처우가 발생한다면 차별이 되는 것이다. 영국의 2010년 「평등법」의 장애로부터 발생하는 차별에 관한 규정은 다음과 같다.

1. 다음과 같은 경우 A는 장애인 B를 차별하는 것이다.
   (a) A가 B의 장애의 결과로서 발생하는 것을 이유로 B를 불이익하게 처우한다.
   (b) A가 그 처우가 정당한 목적을 달성하는 데에 비례적인 수단임을 입증할 수 없다.
2. 1의 상황에서 A가 B가 장애를 가졌다는 것을 몰랐고 아는 것을 합리적으로 기대할 수 없었음을 입증할 경우에는 적용되지 않는다.

「평등법」에서 장애로부터 발생하는 차별은, 첫째, 장애인이 불이익을 가져다주는 처우를 받고 있고, 둘째, 그 처우가 장애의 결과로 발생하는 것이고, 셋째, 그러한 처우가 정당한 목적을 달성하기 위한 적절한 수단임을 입증할 수 없다는 것을 요건으로 한다. 예를 들어, 어떤 기업에서 사회적 관계에 어려움이 있는 정신장애인을 여러 가지 다른 업무가 있음에도 불구하고 감정노동의 수준이 높은 직무에 배치한다면 '장애로부터 발생하는 차별'이 될 수 있다. 직접차별은 장애를 이유로 한 불리한 처우가 장애가 없는 사람과 비교하여 실제로 존재하거나 하였는지를 장애인이 입증하여야 하고, 간접차별은 중립적인 기준이 장애가 없는 비교대상자에 비하여 불리하게 처우를 가져오거나 왔다는 것을 입증하는 경우에만 차별로 인정된다. 이러한 절차들은 사회적 약자인 장애인들이 차별을 인정받기 위해서는 많은 비용과 노력이 소요됨으로써 차별로부터의 구제를 어렵게 만들 수 있다. 이러한 관점에서 영국 「평등법」상의 '장애로부터 발생하는 차별'은 장애인들이 평등권을 확보하는 데에 획기적인 개념이라고 할 수 있다.

5. 정신장애인에 대한 제도적 차별문제

1) 정신질환자의 결격조항

「정신건강복지법」 부칙(제7조)에는 정신질환자가 자격이나 면허 등을 취득하는 것을 금지 또는 제한하는 25개 법률이 제시되어 있다. 한편 「장애인차별금지법」 제4조 제1항 제1호는 장애인을 장애를 사유로 정당한 사유 없이 제한 · 배제 · 분리 · 거부 등에 의하여 불리하게 대하는 경우를 차별 행위에 해당한다고 규정하고 있다. 「공중위생관리법」 등 25개 법률에서 정신질환이 있는 사람들의 자격이나 면허 취득을 금지 또는 제한하는 법률이 제도적 차별에 해당하는지의 문제는 그러한 금지나 제한이 정당한 사유가 있는지의 문제가 된다.

장애 등을 이유로 자격 등을 제한하거나 금지하는 법률조항을 '결격조항'이라고 한다. 구체적으로 결격조항이란 '장애 등의 사실을 공무 담임, 각종 자격 또는 인허가, 각종 기관 · 법인 · 단체의 임직원 등의 자격에 대한 결격사유로 삼고 있는 각종 법령조항'을 의미한다(박인환 외, 2016). 이러한 결격조항의 입법목적은 자격이나 면허제도에서 그것을 토대로 행해지는 업무가 적정하게 이루어질 수 있도록 하기 위하여 질환이나 장애 사실을 부적격 사유로 인정하여 그 자격 · 면허의 부여를 금지 또는 제한한다는 것이다. 그렇기 때문에 결격의 대상이 되는 질환이나 장애의 특성이 업무를 적정하게 수행하는 데에 중대한 장애를 초래할 수 있을 것이라는 사유가 정당한가의 문제이다.

「정신건강복지법」 부칙 제7조에 제시되어 있는 정신질환자의 자격이나 면허 등을 금지 또는 제한하는 25개 법률은 〈표 10-4〉와 같다.

정신질환자에 대한 제도적 차별의 가능성이 있는 결격조항을 가진 법률의 문제점은 다음과 같은 다섯 가지 측면에서 살펴볼 수 있다(박인환 외, 2016).

첫째, 결격조항은 「헌법」상의 기본권을 정신질환자에게 제한하고 있다. 「헌법」 제11조 제1항은 "누구든지 성별 · 종교 또는 사회적 신분에 의하여 정치적 · 경제적 · 사회적 · 문화적 생활의 모든 영역에서 차별을 받지 아니한다."라고 규정하고 있다. 여기에서 차별을 받지 아니하는 상태를 평등한 상태라고 본다면, 결격조항은 질환이나 장애를 이유로 한 차별이기 때문에 「헌법」상의 평등권을 침해하고 있다. 그리고 결격조항은 「헌법」 제15조의 직업선택의 자유를 정신질환이 있는 사람에게 직접적으로 제한하고 있다.

둘째, 결격조항의 입법목적의 정당성이 불분명하다. 즉, 정신질환자의 자격이나

표 10-4 정신질환자의 자격이나 면허 등을 금지 또는 제한하는 법률

1. 「공중위생관리법」 제6조 제2항 제2호 및 제6조의2 제7항 제1호
2. 「국민영양관리법」 제16조 제1호
3. 「노인복지법」 제39조의13 제1호
4. 「노인장기요양보험법」 제32조의2 제2호
5. 「말산업 육성법」 제13조 제1항 제2호
6. 「모자보건법」 제15조의2 제2호
7. 「사행행위 등 규제 및 처벌 특례법」 제6조 제2호 다목
8. 「수산생물질병 관리법」 제37조의3 제1호
9. 「수상레저안전법」 제5조 제1항 제2호
10. 「수상에서의 수색 · 구조 등에 관한 법률」 제30조의3 제2호
11. 「수의사법」 제5조 제1호
12. 「식품위생법」 제54조 제1호
13. 「실험동물에 관한 법률」 제25조 제1호
14. 「야생생물 보호 및 관리에 관한 법률」 제46조 제3호
15. 「약사법」 제5조 제1호
16. 「영유아보육법」 제16조 제2호
17. 「응급의료에 관한 법률」 제37조 제1호
18. 「의료기기법」 제6조 제1항 제1호
19. 「의료기사 등에 관한 법률」 제5조 제1호
20. 「의료법」 제8조 제1호
21. 「장사 등에 관한 법률」 제29조의4 제2호
22. 「장애인복지법」 제74조 제1항 제1호
23. 「장애인활동 지원에 관한 법률」 제29조 제1호
24. 「축산법」 제12조 제2항 제2호
25. 「화장품법」 제3조 제2항 제1호

면허 등을 금지하거나 제한하여 달성하려는 공익이 무엇인지 분명하지 않다. 예를 들어, 정신질환이 있는 사람은 왜 「말산업 육성법」의 말조련사 자격을 취득하면 안 되는지, 「의료기기법」의 의료기기제조업 활동이나 「장애인복지법」의 의지 · 보조기

기사 업무을 수행하는 데에 정신질환의 존재가 어떤 문제를 야기할 수 있는지, 그리고 「축산법」의 가축수정사의 업무를 담당하는 데 어떠한 어려움이 있는지 분명하지 않다. 즉, 이러한 자격의 취득을 정신질환자에게 금지 또는 제한함으로써 얻는 공익이 무엇인지 불분명하다.

셋째, 정신질환자에 대한 결격조항은 자격이나 면허 등을 금지 또는 제한하는 수단이 적합한지에 관한 문제를 가지고 있다. 정신질환이 있는 사람에게 자격이나 면허 등을 금지 또는 제한하기 위해서는 자격이나 면허를 취득하려고 하는 사람에게 정신질환이 있다는 사실을 사전에 알 수 있어야 한다. 실제적으로 이러한 사실을 확인하기 위해서는 자격이나 면허를 취득하려는 사람의 치료경력을 조회해야만 한다. 이렇게 되면 치료를 위해 정신과 병·의원에서 치료를 받거나 받은 사람만 자격이나 면허 등에서 제한을 받게 된다. 이러한 사실 확인의 과정 자체도 사생활 침해가 될 수 있다. 또한 이러한 결격조항이 광범위한 상황에서는 정신건강 문제가 있는 사람이 도리어 치료를 회피하도록 만들 수 있다.

넷째, 정신질환자 결격조항이 그것을 통해 보호하려는 공익에 비해 당사자의 기본권 침해를 최소화할 수 있는가 하는 문제이다. 정신질환은 행동적 또는 정서적 특성이나 장애의 정도가 매우 다양하게 나타난다. 그럼에도 불구하고 금지나 제한이 필요한 정신질환에 관한 구체적인 기준이 없이 이러한 결격조항을 적용하게 된다면 많은 정신질환자에게 과도한 기본권 침해를 가져올 수 있다.

다섯째, 정신질환자 결격조항은 법익의 균형성 문제를 가져올 수 있다. 실제 정신장애인의 위험성이 통계적으로 근거가 없으며, 그것을 예측할 수도 없다. 따라서 정신장애인에 대한 자격 또는 면허 등의 금지나 제한은 당사자들의 직업선택의 자유를 제한하게 됨으로써 경제활동을 금지하는 결과를 초래하고 가정을 파탄에 빠뜨릴 가능성이 있다. 오히려 정신질환이 있는 사람들에게 결격조항보다는 「장애인차별금지법」상의 정당한 편의를 제공하기 위한 논의가 필요할 것이다.

2) 장애인복지법 제15조의 문제

정신보건법제와 장애인복지법제의 역사적 변천 과정에서 두 법제 간의 명확한 관계 설정이 요구되었던 시기는 2000년 이후이다. 왜냐하면 2000년 이전에는 「장애인복지법」상의 장애인 범주에 정신장애를 포함시키지 않았기 때문이다. 2000년에 와서 법정장애의 범주에 정신장애를 포함시키게 됨으로써 정신질환자를 대상으로 하는 정신보건사업과 정신장애인을 대상하는 장애인복지사업의 중복문제에 관한 정리가 요구되었다. 이 문제에 대하여 정부는 당시 「정신보건법」의 적용을 받는 사람에 대해 「장애인복지법」 적용을 배제(당시 「장애인복지법」 제13조)할 수 있도록 하는 것이었다. 따라서 정부는 복지서비스에 관한 규정이 없는 정신보건법제를 통하여 정신장애정책을 유지하였다.

이후 2007년 국가인권위원회 정신장애인국가보고서가 발간되면서 정신장애인의 복지 부재의 문제가 제기되었다. 그러나 당시 정신장애인 강제입원의 인권침해 문제가 크게 쟁점이 되면서 복지문제는 수면하에 잠복되었다. 실제 정신장애인의 복지문제는 2013년 정부가 「정신건강증진법(안)」의 입법예고를 하면서 이슈화되기 시작하였다. 정부의 입법안에 실망한 정신장애인 당사자단체와 인권옹호단체는 복지문제를 이슈화하였으며, 이 과정에서 드러난 정신장애인의 복지서비스 요구는 「정신장애인 복지지원 등에 관한 법률(안)」이 발의될 수 있도록 하였다. 이 법안은 기존 「정신보건법」과는 달리 별도의 법률을 제정하여 정신장애인의 복지서비스를 일반 장애인복지전달체계로 통합하는 것이 주요 골자였다. 그러나 입법 과정에서 별도의 「정신장애인 복지지원 등에 관한 법률」을 제정하라는 당사자 및 인권단체의 요구는 받아들여지지 못하였다. 대신 2016년에 와서 정부의 「정신건강증진법(안)」과 「정신장애인 복지지원 등에 관한 법률(안)」을 통합한 「정신건강증진 및 정신질환자 복지서비스 지원에 관한 법률(이하 정신건강복지법)」로 「정신보건법」을 개정하게 되었다. 이 과정에서 정부는 정신장애인 복지증진을 위한 새로운 전달체계 구축에 부정적인 의견서를 의회에 제출하였으며,[2] 의회가 정부의 의견을 수용함으로써 정신장애인의 복지는 정신보건전달체계에 병합되는 결과를 가져왔다. 따라서「장애인복지법」제15조는 그대로 유지되었다.

- 「장애인복지법」제15조

  제2조에 따른 장애인 중 「정신건강복지법」과 「국가유공자 등 예우 및 지원에 관한 법률」 등 대통령령으로 정하는 다른 법률을 적용받는 장애인에 대하여는 대통령령으로 정하는 바에 따라 이 법의 적용을 제한할 수 있다.

- 「장애인복지법 시행령」제13조

  ③은 '법 제2조에 따른 장애인 중 「정신건강복지법」의 적용을 받는 장애인에 대하여는 법 제15조에 따라 법 제34조(재활상담 등의 조치) 제1항 제2호 및 제3호를 적용하지 아니한다.

현행「장애인복지법」제15조는「정신건강복지법」등 대통령령으로 정하는 다른 법률을 적용받는 장애인에 대하여는 대통령령으로 정하는 바에 따라「장애인복지법」의 적용을 제한할 수 있다고 규정하고 있으며,「장애인복지법 시행령」제13조는 법 제15조에 따라 법 제34조(재활상담 등의 조치) 제1항 제2호 및 제3호를 적용하지 아니한다고 정하고 있다. 이에 따라 정신장애인은 국가 또는 지방자치단체가 설치하거나 장애인복지시설에 위탁하여 제공하는 주거편의 · 상담 · 치료 · 훈련 등의 서비스를 이용할 수 없다. 결과적으로「정신건강복지법」이「보건의료법」의 특별법이라는 지위를 가지는 법률체계에서「장애인복지법」제15조가「정신건강복지법」의 적용대상이 되는 정신질환자를「장애인복지법」적용에서 배제할 수 있도록 함으로써 정신장애인은 복지서비스의 사각지대에 놓이게 된 것이다.

실제「장애인복지법」제15조에 의해 형성된 정신장애인 복지서비스의 문제는 발달장애인과의 비교를 통해 대략적으로 살펴볼 수 있다. 〈표 10-5〉는 현재 정신질

2) 정부는 의회에 정신장애인의 경우 병원과 지역사회를 넘나드는 보건과 복지의 통합적 접근이 필요하며, 「정신보건법」에 따른 정신보건센터가 설치 · 운영되고 있어 새로운 전달체계를 구축하는 것은 현실적 어려움이 있으므로「정신보건법」관련에서 복지서비스 규정 보완을 통해 입법목적을 달성하는 것이 가능할 것이라는 의견을 제시하였다.

표 10-5 정신질환자 및 발달장애인 전체 서비스 이용자 수 비교표 (단위: 명)

구분	정신질환자	발달장애인	발달장애인 대비 정신질환자	발달장애인 대비 정신질환자 (가중치 적용)
주거서비스	619	2,949	0.210	0.368
직업재활 서비스	1,300	15,939	0.082	0.143
단기(위기) 보호서비스	158	1,524	0.103	0.180
주간보호 서비스	3,169	1,341	2.363	4.146
활동지원 서비스	2,066	50,613	0.041	0.072
공공후견/ 권익옹호	159	4,222	0.038	0.066
평생교육 서비스	–	279	–	–
장애인복지관	14,424	148,083	0.097	0.170
장애인자립 생활센터	988	17,399	0.057	0.1
바우처 서비스	6,136	3,529	1.739	3.051
가족지원 서비스	–	9,671	–	–
전체	29,019	255,549	0.114	0.199

출처: 장애우권익문제연구소(2021).

환자에 대한 복지서비스를 주거, 직업, 단기(위기)보호, 주간보호, 활동지원, 권익옹호, 평생교육, 장애인복지관 이용, 자립생활지원, 바우처서비스, 가족지원의 11개 영역으로 분류하여 발달장애인과 비교한 것이다. 이용자를 기준으로 지역사회서비스를 이용하는 정신질환자는 발달장애인의 11.4%에 불과하며, 등록장애인 수로 보정했을 때도 19.9% 수준이다. 「정신건강복지법」상의 정신재활시설의 한 유형으로 제공되는 주간재활(보호)과 사회서비스바우처의 정신건강토탈케어서비스를 제외하면 보편적인 지역사회서비스는 매우 미약함을 알 수 있다.

「장애인차별금지법」(제4조)은 장애를 사유로 정당한 사유 없이 제한 · 배제 · 분리 · 거부 등에 의하여 불리하게 대하는 경우를 차별로 규정한다. 더욱이 법률을 통해 정신장애인에 대한 장애복지법 적용을 명시적으로 제한하고 있다는 측면에서 직접차별이라고 할 수 있다. 정신장애인에 대하여 장애인복지서비스 이용을 제한하거나 배제하는 것이 정당한 경우는 「정신건강복지법」이나 별도의 「정신장애인복지법」을 근거로 적정한 복지서비스를 제공하는 경우이다. 만약 「정신건강복지법」 제4장에 복지서비스 조항이 있다는 이유로 직접차별이 아니라고 한다면, 형식상으로는 불리하게 대하지 아니하지만 정당한 사유 없이 장애를 고려하지 아니하는 기준을 적용하여 불리한 결과를 초래한 간접차별이 될 것이다. 이러한 문제를 해소하기 위해서는 「장애인복지법」 제15조를 폐지하여 정신장애인 복지서비스의 제도적 차별요인을 제거하고 별도의 「정신장애인복지법」을 제정하거나 「정신건강복지법」을 전면적으로 개정할 필요가 있다.

6. 정신장애인의 인권과 실천윤리

정신장애인의 정신약물 복용 여부에 대한 자기결정권 인식은 사회 전반적으로 그리고 실천 현장에서도 상당히 미흡한 상태에 있다. 병원을 중심으로 하는 의료체계나 정신재활시설, 정신건강복지센터 등 지역사회서비스 체계에서도 정신약물을 강요하는 것은 일정 정도 관행화되어 있다(이용표, 2019b). 정신장애인 당사자들은 다양한 이유에서 정신약물을 중단하거나 거부할 수 있다. 그들은 정신약물이 가진 견디기 힘든 부작용 때문에 약물을 중단하거나, 일터에서 좀 더 업무를 잘 처리하고 싶은 욕망에서 약물을 기피할 수 있다. 만약 당사자가 학생이라면 학업의 성취를 위해서 약물을 회피할 수도 있다. 다음은 당사자의 정신약물 복용경험에 관한 인터뷰 내용이다(이용표, 2019b).

> 이제 밤에 효과가 나타나는데 뭐냐면 입이 굉장히 많이 마르고, 입이 막 속으로 말려 들어가니까 옆에 있는 사람하고 2분 정도 이야기한다고 그러면 2분 정도만 이야기해도 말려 들어가기 때문에 물통을 항상 들고 있고, (중략) 생각이 좀 안 나는 것, 여기서 생각이 잘 안 난다는 거는 뭐냐면 그 (중략) 텔레비가 하루종일 틀어져 있어요. 그거를 보고 있을 때, 거기서 머릿속으로 생각하기에는 지금 이게 재미있는 개그 프로그램인데, 이게 지금 웃어야 되는 타이밍인데 이제 제가 속으로 생각하기에는 웃기는 장면인데 웃음이 안 나오는 상태? (중략) 그다음에 지금은 보면 글자가 뚜렷하게 보이지만 글자가 두 겹으로 보이는 거, 그다음에 변비가 인제 심해지는 것, 심해졌다기보다 없었는데 변비가 생긴 거죠.

> 제가 학교 다닐 때 암기과목을 잘 해서 성적이 나올 정도로 기억력이 좋았고 암기력이 좋았는데, 좀 잘 뭔가 외워지지도 않고, 노래가사도 금방 금방 외우고 했는데 지금은 가사를 안 보면 노래도 못 부르고 이런 것들도 있고, 책을 또 오래 못 보는 것 같아요. 책을 되게 좋아해서 책도 많이 봤는데 책도 오래 못 보고 있는 거. (중략) 그렇죠. 약이 들어오면서 그렇게 된 거죠. 그리고 약을 먹어야 잠자리에, 수면에 들 수 있는 거.

지역사회에서 일하는 사회복지사가 부작용의 고통과 저하된 정신능력을 이전 상태로 되찾으려는 생각으로 정신약물을 중단하려는 당사자와 함께 일한다면, 정신약물의 중단 결심에 대하여 어떤 태도를 취하여야 할까? 「정신건강복지법」(제2조 제7항)은 정신질환자는 원칙적으로 자신의 신체와 재산에 관한 사항에 대하여 스스로 판단하고 결정할 권리를 가지며, 의료 행위에 대한 동의나 거부 등을 스스로 결정할 수 있도록 자기결정권을 존중받는다고 규정하고 있다. 그리고 의사결정지원의 기본적 원칙은 당사자 결정의 독립성, 의사의 진정성 그리고 최선의 이익이 조화를 이룰 수 있도록 하여야 한다는 것이다. 결국 사회복지사의 입장에서는 정신약물을 복용하도록 권유하면서 보호하려는 이익과 자기결정권을 존중함으로써 지켜질 수 있는 삶의 질, 인간의 존엄성 등을 어떻게 조화시킬 수 있을 것인지 판단해야 할 것이다(장창현 역, 2020).

이러한 윤리적 딜레마 상황에서 사회복지사가 가져야 할 가장 기본적인 태도는 정신장애인을 단순히 약물이나 증상관리의 대상으로 보는 인식에서 벗어나 의료행위에 대한 자기결정권을 가진 존엄한 인간이라는 시각을 견지하는 것이다.

토론주제

1. 정신장애인은 자기 상태에 관한 인식이 부족하기 때문에 자해나 타해의 위험이 없어도 강제입원을 인정하여야 한다는 주장에 대해 논하시오.

2. 사회적 관계에서 발생할 수 있는 정신장애인에 대한 직접차별과 간접차별의 예를 들어 보시오.

3. 영국의 「평등법」상 장애로부터 발생하는 차별의 개념을 정신장애인에 적용할 수 있는 사례를 들어 보시오.

4. 정신질환자에 대하여 사회복지사 자격취득을 제한하는 현행 사회복지사제도에 대하여 논하시오.

5. 정신장애인의 정신약물의 자기결정권에 대하여 의견을 제시하시오.

제11장

중독

알코올, 인터넷(게임), 도박, 마약 등 중독으로 인한 폐해는 중독자뿐만 아니라 가족 및 사회 전반에 심각한 영향을 미치고 있고 국가경쟁력 기반 위협요인으로서 중독문제가 대두되고 있다. 우리나라는 국민 8명 중 1명이 중독자인 중독사회로 알코올, 마약, 도박, 인터넷 중독을 보건복지부에서는 4대 중독으로 분류한 바 있다. 4대 중독(알코올, 마약, 도박, 인터넷)으로 인한 사회경제적 비용은 109조 5천억 원으로 이는 흡연(최대 5조 9,831억, 2006년), 암(11조 3천억, 2002년) 등 다른 여타 질병의 사회경제적 비용과 비교하였을 때 매우 높은 수준이다(이해국 외, 2012). 이 장에서는 사회 문제가 되고 있는 중독에 대한 기본적 이해와 중독의 원인, 중독 관련 정책 및 관련 기관, 중독에 대한 치료·재활 및 예방·증진 서비스에 대해서 포괄적으로 살펴본 후, 우리나라 4대 중독인 알코올, 마약, 도박 및 인터넷 중독에 대해서 좀 더 자세히 고찰할 것이다.

1. 중독의 이해

1) 중독의 개념

흔히 혼용되고 있는 중독(中毒)이라는 용어에는 의학적 · 생물학적 의미의 중독과 심리학적 의미의 중독이라는 두 가지 의미가 있다. 의학적 · 생물학적 의미의 중독은 남용하려는 의도 없이 유해한 물질이 인체에 유입되어 그 독성으로 장애를 유발하는 경우(예: 농약중독, 수은중독 등)로, 영어로 'poisoning' 또는 'intoxication'에 해당한다. 심리학적 의미의 중독은 일단 사용하기 시작하여 해로운 결과가 있음에도 불구하고 스스로 조절하지 못하고 그것 없이 견디지 못하게 되는 병적 상태를 의미하며, 영어로 'addiction'에 해당한다(조근호 외, 2020).

『정신질환의 진단 및 통계 편람 제5판(Diagnostic and Statistical Manual of Mental Disorders, 5th ed.: DSM-5)』에서는 중독을 물질관련 및 중독 장애(Substance-Related and Addictive Disorders)에 포함하였으며, 이 범주는 물질관련장애(substance-related disorders)와 비물질관련장애(non-substance-related disorders)로 나뉜다. 물질관련장애 범주는 물질사용장애(Substance use disorder)와 물질로 유발된 장애(Substance-induced disorder)로 나뉜다. 물질사용장애는 문제가 있음에도 불구하고 특정 물질을 지속적으로 사용함으로써 초래되는 개인적 고통과 사회적 부적응을 의미하며, 물질로 유발된 장애는 특정한 물질을 섭취했을 때 보이는 부적응적 심리 상태를 의미한다. 물질사용장애는 조절능력의 상실, 사회적 손상, 위험한 사용 그리고 약물학적 기준(내성과 금단)에 따라 진단된다(APA, 2013a). 물질로 유발된 장애 범주는 물질중독(substance intoxication), 물질금단(substance withdrawal), 기타 물질/약물치료로 유발된 장애(Substance/Medication-Induced Mental Disorders)를 포함한다. DSM-5에서 물질관련장애에는 10가지 서로 다른 종류의 약물을 포함하며, 이는 알코올, 카페인, 대마, 환각제, 흡입제, 아편계, 진정제, 수면제 또는 항불안제, 자극제, 담배, 그리고 기타물질로 나뉜다. 각 물질별로 독립적이고 구체적인 진단

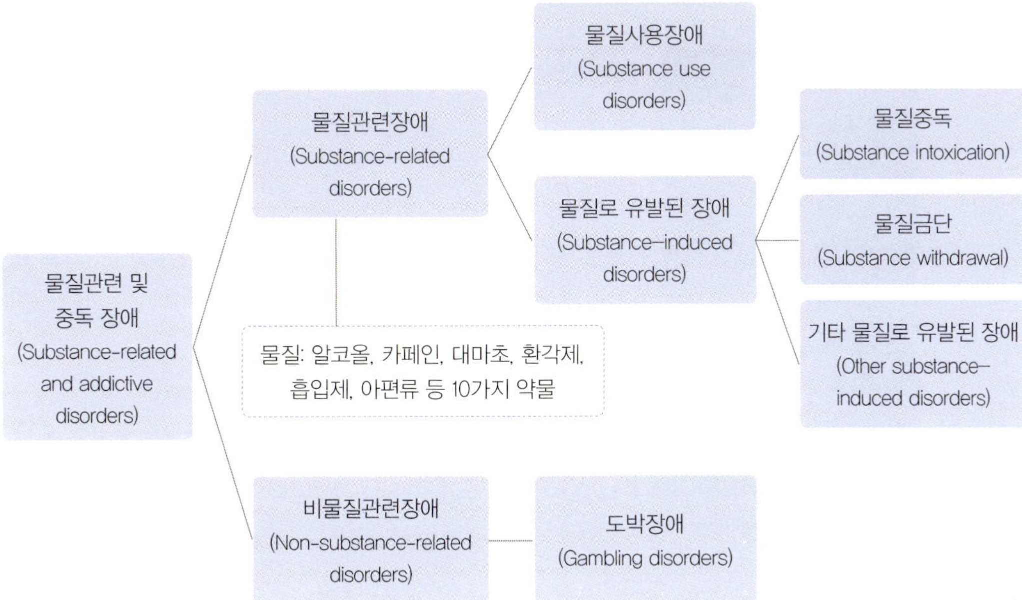

그림 11-1 물질관련 및 중독 장애 분류

이 이루어지게 된다. 즉, 알코올관련장애, 카페인관련장애, 환각제관련장애 등으로 진단된다. DSM-5에서 비물질관련장애에 도박장애(Gambling disorders)를 포함하였다. 도박장애는 물질관련장애와 여러 면에서 공통점이 있어서 물질관련장애와 같은 범주로 분류되었다. 반면 인터넷게임장애(Internet gaming disorders)는 '추가 연구가 필요한 진단적 상태'에 분류하여 정식 진단명에는 포함시키지는 않았다. 한편 중독의 유형을 중독의 대상이나 방식에 따라 물질중독과 행위중독(behavioral addiction)으로 구분하기도 한다. 물질중독은 말 그대로 알코올이나 약물처럼 어떤 화학물질에 의해서 신체적·심리적으로 의존하는 현상을 의미하며, 행위중독은 도박, 쇼핑, 게임, 인터넷 등과 같이 어떤 심리적 현상이나 행동을 반복하는 데 의존하는 현상을 의미한다.

〈표 11-1〉은 중독 영역에서 사용되고 있는 대표적인 용어들을 정리한 것이다.

표 11-1 중독 관련 용어

사용(use)	약물의 의학적 목적에 맞게 양, 복용횟수, 강도와 방법이 적절
오용(misuse)	약물의 사용 목적에는 맞지만 양, 복용횟수, 강도와 방법이 부적절
남용(abuse)	약물을 규정된 목적과 다르게 의도적으로 사용하여 개인의 신체, 심리, 사회, 직업적 역할 기능에 손상 초래
의존(dependence)	물질을 과도하게 사용하여 남용의 부작용, 내성과 금단증상으로 표현되는 의존성을 발달시킨 상태
내성(tolerance)	물질을 사용했을 때 효과가 점차로 감소하거나 같은 효과를 얻기 위해 점차 용량을 증가시켜야 하는 상태
금단증상 (withdrawal symptoms)	물질의 사용 혹은 습관적 행위를 중단하거나 사용량을 줄였을 때 나타나는 신체, 심리적 증상

출처: 박상규 외(2017).

중독의 핵심증상은 '강박적 집착(Compulsion, Craving)' '조절의 실패(loss of Control)' '부작용에도 불구하고 지속 사용(Continuation)'의 '3C'로 설명된다. 그리피스(Griffith, 2005)는 인터넷 사용을 비롯한 행위중독의 공통된 준거로 ① 대상활동으로 개인의 생각과 행동의 대부분을 지배하는 현저성(salience), ② 활동이 기분을 바꾸거나 개선하는 기분 변화(mood modification), ③ 동일 효과를 얻기 위한 활동량의 증가인 내성(tolerance), ④ 활동이 중단되거나 감소했을 때 나타나는 금단(withdrawal), ⑤ 대인관계, 일, 교육 등 일상생활과 충돌을 유발하는 갈등(conflict), ⑥ 재발(relapse)을 제시하였다.

이렇듯 중독을 유발하는 각종 물질들이나 행위는 그 각각의 종류와 성질이 서로 다르지만 뇌를 매개로 하여 나타나는 인간의 행동 반응은 유사하다. 즉, 알코올, 마약 등의 물질중독뿐 아니라 도박, 게임, 인터넷 등의 행위중독 역시 뇌에서의 생화학적 변화나 사고방식, 대처방식, 대인관계 등이 유사하고 중독으로 인해 개인과 가정의 삶이 피폐해진다는 점에서 모든 종류의 중독은 결국 동일한 문제라고 할 수 있다.

2) 중독의 원인

중독은 단일 원인이 아닌 여러 복합적인 요인에 의해 발생하는 질환으로 보고 있다. 여기에서는 물질중독과 행위중독을 아우르는 전반적인 중독의 원인을 생물학적 · 심리학적 · 사회적 측면으로 구분하여 살펴보고자 한다.

(1) 생물학적 측면

생물학적 측면에서 중독은 생화학적 요인이나 유전적 요인에 의해 나타나는 신체적 반응의 결과로 설명되고 있다. 중독에 대한 신경생화학적 관점에 의하면, 뇌에는 즐거움을 주는 행동을 반복하는 보상 행동을 담당하는 보상회로(reward pathway) 또는 쾌락중추가 있는데, 이는 중피질 변연계 도파민 회로가 주로 관여한다고 설명한다. 이 회로는 물질과 같은 인위적인 보상 자극에 의해서 활성화되고, 기쁨, 동기부여, 감정조절, 운동 등에 관여하는 도파민을 분비하여 기쁨과 쾌감을 느끼게 한다. 인위적 보상인 물질을 사용하면 음식, 물, 양육의 자연보상보다 2~10배 많은 양의 도파민이 분비되고 효과도 훨씬 오래 지속된다. 그러므로 자연보상 행동이 주던 행복은 상대적으로 작아져 일상의 즐거움을 느끼지 못하고 삶이 밋밋하고 생기가 없고 우울해진다. 계속해서 물질을 사용하여 너무 많은 도파민이 분비되면 뇌는 도파민을 적게 생산하거나 도파민 수용체의 수를 줄임으로써 도파민의 양을 조절한다. 보상회로에 대한 도파민의 영향이 비정상적으로 낮아져 더 이상 이전과 동일한 쾌감을 느끼지 못하게 됨에 따라 약물사용 초기와 같은 정도의 기쁨을 느끼기 위해서 점점 더 많은 양의 물질을 자주 사용하게 됨에 따라 중독에 이르게 된다(조성남 외, 2021).

또한 중독은 유전적 요인에 의해 발생하는 것으로 설명된다. 실제 양자, 쌍생아 연구들에서 유전적 요인이 중독에 영향을 미친다고 보고하고 있다. 예를 들어, 알코올중독자 부모의 자녀는 일반 자녀보다 알코올중독자가 될 확률이 4배나 높은 것으로 나타났다. 병적 도박에 대한 가족 연구에서 부모가 도박문제를 지닐 경우 자녀에게 도박문제가 발생할 위험이 3배 정도 높아진다고 한다(한국중독정신의학회, 2019).

(2) 심리학적 측면

심리학적 측면에서 중독은 학습 과정의 문제, 정서적 기능장애, 심리적 정신병리로 인해 발생한다고 보는 학습이론, 정신역동이론 등으로 설명된다. 조건화와 사회학습 이론을 기반으로 한 모델들에서는 중독을 과잉 학습된 습관으로 본다. 기분전환을 위해 사용된 물질이 중독으로 진행되는데, 쾌락을 위해 사용되는 모든 약물은 정적 및 부적 강화요인으로 작용하게 된다.

정신역동이론을 토대로 한 칸트지언(Khantzian, 1997)은 자가투약(self-medication) 가설을 통해서 약물이 심리적 고통을 경감시켜 주기 때문에 약물을 쾌감보다는 우울, 분노, 부끄러움, 버림받음 등의 부정적 정서를 방어하고 보상받기 위해 사용한다고 설명한다. 고통스러운 결과를 회피하는 능력이 모자라서 불쾌한 감정을 피하려고 약물에 빠지게 된다는 것이다. 특히 자기돌봄능력의 부재로 인한 정서조절 불능을 중독의 핵심병리로 설명한다. 어린 시절 부모의 보호 역할이 내재화되지 못해 자기돌봄능력이 부재하고, 이럴 경우 자존감이나 대인관계에서 어려움이 발생하고 결국 중독에 취약하게 만든다는 것이다. 중독자들이 물질을 사용하면서 편안하게 느끼게 되기 때문에 중독은 인간관계와 자기 자신 그리고 정서적 혼란을 보상하기 위한 일종의 적응 행동으로 본다.

중독자들의 경우 수줍음이나 소외감을 많이 느끼며, 쉽게 자극에 흥분하고 즉각적인 만족을 추구하거나, 예민, 불안, 의기소침하며 타인과 관계 맺기를 어려워하고 자존감이 낮은 편으로 알려져 있다. 중독자들 중 반사회성 또는 경계성 성격장애가 많은 것으로 보고된다. 이러한 성격의 사람들은 물질을 현실로부터의 도피로 삶의 문제를 회피하고 물질을 통한 만족감에 도취하고 현실에 대한 무관심 속으로 은둔하는 수단으로 사용한다. 중독자들 모두가 성격이 부적절한 것은 아니지만, 부적절한 성격일수록 물질남용과 중독에 이를 가능성이 커지는 것 또한 사실이다.

(3) 사회적 측면

사회적 관점에서는 중독을 개인의 특성이 아닌 사회구조적 상황에 의해서 발생하는 것으로 본다. 즉, 물질과 관련된 사회의 태도와 허용 정도는 문화에 의해 영향을 받는다. 물질, 특히 술과 약물에 대한 사회문화적 관습과 태도, 해당 지역에서의 구입 용이성, 동료의 유혹과 압력 등을 통해 물질과 관련된 행동이 결정된다는 것이다. 중독과 관련된 사회문화적 관점으로는 사회통제이론, 하위문화이론이 대표적이다. 사회통제이론(social control theory)이 '왜 사람들은 약물을 사용하지 않는가?'의 관점에서 접근한다면, 하위문화이론(subculture theory)은 '왜 사람들은 약물을 사용하는가?'의 관점에서 접근한다. 사회통제이론에서는 인간은 일탈가능성을 가지고 있으며 사회통제 및 사회적 유대와의 결속이 약할 때 일탈 행동을 한다고 설명한다. 일탈 행동인 물질사용은 사회통제의 메커니즘이 깨지거나 내적 규제능력이 약화될 때 하게 된다고 본다. 대부분의 사람이 일탈이나 범죄 행동을 하지 않는 것은 주류사회와의 관습적 제도와 강한 연결 때문이며, 이 연결이 약해지거나 깨지면 사회규칙을 준수하지 않고 일탈 행동인 물질사용을 할 것이라고 설명한다(김성이, 2002).

하위문화이론에서는 물질사용에 우호적인 특정 사회 집단과 관련이 있으면 물질사용을 배우게 되고, 물질사용에 부정적인 집단과 관련이 있으면 물질사용의 기회가 줄어든다고 설명한다. 하위문화이론에서는 개인의 물질사용은 그를 둘러싼 사회환경적 요인이 중요하다고 보며, 물질을 제공해 주고 물질의 사용법을 설명해 주는 역할모델을 해 주는 사회 집단과의 상호작용을 통해서 중독에 이르게 된다고 본다. 이는 중독자들이 물질을 사용하는 집단과 주로 어울리게 되는 현상을 설명해 준다.

2. 중독 관련 정책 및 관련 기관

중독 관련 산업의 확장에 따라 중독의 폐해도 증가하여 우리나라 인구 중 333만명(6.7%)이 외래치료가 필요한 4대 중독자로 보고되고 있으며, 중독은 자살, 우울과 같은 심각한 정신건강 문제와 밀접한 관계를 보이고 있다(이해국 외, 2012). 이렇듯 지속적이고 전문적 관리와 치료가 요구되는 중독문제를 해결하기 위해 정부 각 부처에서는 관련법을 중심으로 다양한 서비스를 제공하고 있다. 그러나 현재 알코올, 마약, 도박, 인터넷 등의 중독문제 관리업무가 정부 내 여러 부처로 분산되어

표 11-2 4대 중독대상별 법 · 제도 및 관련 서비스 제공기관

<table>
<tr><th colspan="2">구분</th><th>관련 부처</th><th>관련 근거 법률/제도</th><th>내용</th><th>서비스 기관</th></tr>
<tr><td rowspan="6">알코올</td><td rowspan="2">산업 관리</td><td rowspan="2">국세청</td><td>• 「주세법」</td><td>• 주세, 주류 제조 · 판매 · 면허 관리</td><td rowspan="6">• 병원 및 보건소
• 중독관리통합센터 (50개)
• 정신건강복지센터 (260개)
• 알코올중독자 재활 시설(10개)
• 국가지정 알코올중독전문병원(7개)</td></tr>
<tr><td>• 「전통주 등의 산업진흥에 관한 법률」</td><td>• 전통주 제조 및 판매 촉진</td></tr>
<tr><td rowspan="4">예방 홍보 치료 재활</td><td rowspan="2">보건복지부</td><td>• 「국민건강증진법」</td><td>• 주류광고, 마케팅 규제 등</td></tr>
<tr><td>• 「정신건강복지법」</td><td>• 중독관리통합지원센터 설치 및 운영: 알코올중독자 상담, 치료, 재활 및 사회복귀 지원
• 중독폐해 예방 및 교육사업</td></tr>
<tr><td>여성가족부</td><td>• 「청소년보호법」</td><td>• 청소년 주류 판매 및 이용금지</td></tr>
<tr><td>경찰청</td><td>• 「도로교통법」</td><td>• 음주운전 금지</td></tr>
<tr><td rowspan="8">마약</td><td rowspan="2">산업 관리</td><td>대검찰청</td><td>• 「마약류관리에 관한 법률」</td><td>• 마약류 관리 · 감독 및 단속, 벌칙</td><td rowspan="8">• 치료보호 의료기관 (국 · 공립병원 포함 19개)
• 국립법무병원
• 마약퇴치운동본부 (중앙 및 12개 지부)
• 교정시설 (8개)
• 보호관찰소(16개)
• 약물중독재활센터 (4개)</td></tr>
<tr><td>식약처</td><td>• 「관세법」</td><td>• 세관장 확인대상 물품 지정</td></tr>
<tr><td rowspan="6">예방 홍보 치료 재활</td><td rowspan="3">보건복지부</td><td>• 「마약류관리에 관한 법률」</td><td>• 마약류 중독자 치료보호, 수강명령</td></tr>
<tr><td>• 「마약류 중독자 치료보호 등에 관한 규칙」</td><td>• 마약 사용허가 신청, 마약류 중독자에 대한 실태조사</td></tr>
<tr><td>• 「정신건강복지법」</td><td>• 중독관리통합지원센터 설치 및 운영: 마약 중독자 상담, 치료, 재활 및 사회복귀 지원, 중독폐해 예방 및 교육사업</td></tr>
<tr><td>식약처</td><td>• 「마약류관리에 관한 법률」</td><td>• 마약퇴치운동본부 설립: 마약류의 폐해 홍보, 마약 중독자 사회복귀를 위한 사회복지사업</td></tr>
<tr><td rowspan="2">법무부</td><td>• 「치료감호 등에 관한 법률」</td><td>• 마약류 사범에 대한 치료감호, 치료명령</td></tr>
<tr><td>• 「보호관찰 등에 관한 법률」</td><td>• 보호관찰 대상자의 준수사항</td></tr>
</table>

도박	산업관리	문화체육관광부	•「관광진흥법」 •「경륜경정법」	• 카지노업 관리 • 경륜경정 관리	• 한국도박문제관리센터(14개 지역센터) • 희망길벗 경륜 · 경정 중독예방치유센터 • 강원랜드 중독관리센터 • 유캔센터(32개 센터)
		기획재정부	•「복권 및 기금법」	• 복권관리	
		농림축산식품부	•「한국마사회법」	• 경마관리	
	예방홍보치료재활	총리실(사감위)	•「사행산업통합감독위원회법」	• 도박중독 예방 및 치유 · 재활서비스	
		보건복지부	•「정신건강복지법」	• 중독관리통합지원센터 설치 및 운영: 도박중독자 상담, 치료, 재활 및 사회복귀 지원, 중독폐해 예방 및 교육사업	
인터넷	산업관리	문화체육관광부	•「게임산업진흥에 관한 법률」	• 게임 산업 관리	• 한국정보화진흥원 • 국립청소년인터넷드림마을(1개) • 스마트쉼센터(18개) • 게임과몰입힐링센터(6개) • 아이윌센터(10개) • Wee센터 • 중독관리통합센터(50개) • 정신건강복지센터(260개) • 청소년상담복지센터 • 한국도박문제관리센터(14개 지역센터)
	예방치료재활	과학기술정보통신부	•「국가정보화 기본법」	• 인터넷 중독의 예방 및 해소를 위한 교육/인터넷 중독대응센터 설치 · 운영 • 3년마다 인터넷 중독 예방 및 해소를 위한 종합계획 수립	
		여성가족부	•「청소년보호법」	• 인터넷 게임중독의 피해 청소년에 대한 예방, 상담 및 치료, 재활서비스 지원 • 청소년 인터넷게임 건전이용제도	
		문화체육관광부	•「게임산업진흥에 관한 법률」	• 올바른 게임 이용/게임리터러시 교육 • 게임시간 선택제	
		교육부	•「초중등교육법 시행령」	• 사이버폭력예방 중점학교 운영	
		보건복지부	•「정신건강복지법」	• 중독관리통합지원센터 설치 및 운영: 인터넷 중독자 상담, 치료, 재활 및 사회복귀 지원, 중독폐해 예방 및 교육사업	

출처: 중독포럼(2012)을 보완 및 재구성.

비전	마음이 건강한 사회, 함께 사는 나라
정책 목표	1. 코로나19 심리방역을 통한 대국민 회복탄력성 증진 2. 전 국민이 언제든 필요한 정신건강서비스를 이용할 수 있는 환경 조성 3. 정신질환자의 중증도와 경과에 따른 맞춤형 치료환경 제공 4. 정신질환자가 차별 경험 없이 지역사회 내 자립할 수 있도록 지원 **5. 약물중독, 이용 장애 등에 대한 선제적 관리체계 마련** 6. 자살 충동, 자살 수단, 재시도 등 자살로부터 안전한 사회 구현

추진전략	핵심과제
전 국민 정신건강증진	1. 적극적 정신건강증진 분위기 조성 2. 대상자별 예방 접근성 제고 3. 트라우마 극복을 위한 대응역량 강화
정신의료서비스/인프라 선진화	1. 정신질환 조기인지 및 개입 강화 2. 지역 기반 정신 응급 대응체계 구축 3. 치료 친화적 환경 조성 4. 집중 치료 및 지속 지원 등 치료 효과성 제고
지역사회 기반 정신질환자의 사회통합 추진	1. 지역사회 기반 재활 프로그램 및 인프라 개선 2. 지역사회 내 자립 지원 3. 정신질환자 권익 신장 및 인권 강화
중독 및 디지털 기기 이용장애 대응 강화	**1. 알코올중독자 치료 및 재활서비스 강화** **2. 마약 등 약물중독 관리체계 구축** **3. 디지털기기 등 이용장애 대응 강화**
자살로부터 안전한 사회 구현	1. 자살 고위험군 발굴과 위험요인 관리 2. 고위험군 지원 및 사후관리 3. 서비스 지원체계 개선
정신건강정책 발전을 위한 기반 구축	1. 정책 추진 거버넌스 강화 2. 정신건강관리 전문인력 양성 3. 공공자원 역량강화 4. 통계 생산체계 정비 및 고도화 5. 정신건강 분야 전략적 R&D 투자 강화

그림 11-2 제2차 정신건강복지기본계획

출처: 보건복지부(2021c).

있고, 관련 법규의 산재 및 서비스의 공백과 중복 등으로 통합적 예방과 관리가 이루어지지 못하고 있다. 〈표 11-2〉에서는 우리나라의 4대 중독으로 분류되는 알코올중독, 마약류 중독, 도박중독, 인터넷 중독과 관련된 관련 부처, 정책 근간이 되는 법규 및 서비스 기관을 정리하였다. 각각 개별 중독 관련 기관에서 제공되는 서비스는 개별 중독에서 좀 더 자세히 다루도록 한다.

현재 중독예방 및 관리사업들이 다양한 부처별로 진행되고 있어 중독문제의 해결을 위해서는 부처 간 협의와 거버넌스 구축이 매우 요구된다. 이에 「국민건강증진법」과 「정신건강복지법」에 근거하여 수립되고 있는 제5차 국민건강증진종합계획 2030(HP 2030)과 제2차 정신건강복지기본계획(2021~2025)에서 범정부적 대응과 부처 간 협의를 강조하고 있다는 점은 반가운 일이다. HP 2030에서는 정신건강관리 분과에 중독문제가 중점과제로 설정되었다. 또한 제2차 정신건강복지기본계획에서는 약물중독, 디지털 기기 이용장애 등에 대한 선제적 관리체계 마련을 정책목표로 설정하고, 이를 달성하기 위해 추진전략과 세부목표를 수립하여 사업을 수행하고 있다([그림 11-2] 참조).

3. 중독 관련 치료 · 재활 및 예방 · 증진 서비스

여기에서는 4대 중독에 전반적으로 적용되는 치료 · 재활 및 예방 · 증진 서비스에 초점을 두고 설명하고, 개별 4대 중독에 대한 치료 · 재활과 예방 · 증진 서비스의 세부내용은 각각의 중독문제에서 자세히 다루고자 한다.

1) 중독 관련 치료 및 재활서비스

섀퍼 등(Shaffer et al., 2004)은 여러 중독대상 전반에 걸쳐 적용되는 일반치료와 특정 중독에 적용되는 개별치료법을 융통성 있게 섞어 활용하는 '다중양식 칵테일식 접근법(multimodal cocktail approach)'을 제안하였다. 중독 치료는 입원치료, 약물치료와 행동 및 심리치료, 동기강화상담, 12단계 자조집단 프로그램, 치료공동체 등을 비롯한 다양한 수준의 방법들을 조합하는 치료적 접근이 효과적이라고 알려져 있다.

(1) 외래치료

외래치료(outpatient treatment)는 일주일에 한 번 개별치료나 집단치료, 가족치료, 교육 등이 포함되나, 대부분 외래치료 프로그램은 주로 개별치료와 집단치료가 제공된다. 일반 외래치료 외에도 좀 더 구조적이고 집중적인 집중외래치료(intensive outpatient)와 낮시간에만 치료에 참여하고 저녁에는 집으로 돌아가는 낮치료(day treatment)도 있다. 집중외래치료는 중독의 의료적인 측면, 재발예방, 스트레스 관리, 대인관계, 자기주장 등의 교육 집단 등을 운영한다. 낮치료는 입원치료나 거주치료에서와 같은 정신사회적 재활서비스를 제공하며, 중독자들은 일주일에 5~7일 동안 8시간씩 치료에 참여한다(조근호 외, 2020).

(2) 입원치료

병원은 집중적인 의료적 · 정신과적 · 심리사회적 평가를 위한 장소로서, 입원치료(inpatient treatment)를 통해 의료적 · 정신과적 진단, 해독의 의료적 관리, 중독과 관련된 의료문제 관리, 정신과적 위기 등을 다룬다. 치료목표는 입원을 통해 의존하고 있는 물질을 완전히 중단하는 것이다.

① 해독치료

물질관련장애 치료 초기에는 입원치료를 통한 약물의 금단증상을 안전하게 치료하는 등의 해독치료와 손상된 신체건강을 회복하기 위한 치료가 이뤄진다. 해독치료는 본격적인 중독치료를 위한 준비 단계라 할 수 있다.

② 약물치료

약물치료는 남용물질에 대한 탈조건화를 일으키는 도구로써 활용되고 있다. 디설피람(Disulfiram)은 1952년에 소개된 혐오치료 약물로서, 아세트알데하이드 수소화 효소를 억제하여 알코올의 체내 대사 과정 중 아세트알데하이드의 산화를 차단한다. 디설피람 복용 중 음주를 하면 축적된 아세트알데하이드가 신체에 불쾌한 반응(홍조, 두통, 기절, 구토, 호흡곤란 등)을 일으키고 이것이 반복되면 음주를 혐오 · 기피하게 된다는 원리이다. 그러나 갈망증상과 혐오반응을 연결시켜 학습하는 것에 대한 효과의 한계가 나타나 잘 사용되지 않는다.

음주에 대한 갈망을 줄여 주는 항갈망제로 아캄프로세이트(Acamprosate)와 날트렉손(Naltrexon)이 사용된다. 아캄프로세이트가 알코올로 인한 흥분독성으로부터 신경을 보호하며, 단주시기에 증가하는 식욕 저하의 효과가 있다고 알려져 있다. 날트렉손은 중추신경계에서 오피오이드 수용체 길항작용을 통해 물질관련장애의 긍정적 강화효과인 쾌락과 갈망을 차단시키는 데 효과가 있는 것으로 보고된다. 행위중독은 물질중독처럼 뇌 신경계에서 일어나는 생물학적 변화가 유사하여, 물질의존에 사용되는 약물이 행위중독 치료에서도 사용되고 있다. 대표적인 예로 날트렉손은 도박중독 치료에 흔히 활용되고 있다(조근호 외, 2020).

③ 인지행동치료

인지행동치료는 인지치료와 행동치료가 통합된 치료로서 인지치료는 비현실적인 믿음과 비논리적 추론으로 왜곡된 상황을 스스로 깨닫고 수정하도록 가르치고 돕는 치료이며, 행동치료는 문제 행동을 과거 경험의 반복이나 조건화 과정을 통해 학습된 것으로 보고 치료하는 것이다. 인지행동치료 과정으로서 사례의 인지개념화(살면서 경험한 생활사건을 자신만의 잘못된 틀로 받아들여 부정적 결과를 도출하게 되고 이를 해결하기 위해 부적절한 방법을 사용함에 따라 악순환이 지속되어 왔던 과정을 도식화하는 과정)와 인지 교정을 확인하고 수정하기, 실생활에서 일어날 수 있는 재발 상황을 설정하여 거절하기 연습, 평소 떠오르는 갈망과 감정 변화를 조절할 수 있는 다양한 행동기법을 연습한다. 각 회기의 면담 형태는 토론과 교육이 주가 되나 영화나 사례를 활용할 수도 있다.

④ 동기강화상담

동기강화상담(Motivational Interviewing: MI)은 내담자의 양가감정을 탐색하여 해결해 줌으로써 내면의 변화동기 강화를 목적으로 행동 변화에 초점을 둔 모델로 내담자중심적 상담이다. 동기강화상담의 목적은 내담자가 변화해야 하는 이유를 알도록 도우며 변화에 대한 의지를 강화시키는 데 있다(Miller & Rollnick, 2002). 따라서 동기강화상담은 중독 치료에 있어서 중독자의 변화를 향한 동기를 강화하여 행동 변화를 이끌 수 있기 때문에 알코올, 인터넷, 니코틴, 도박 등 다양한 중독 분야에서 효과적인 모델로 알려져 있다(신성만, 권정옥, 2008).

동기강화상담의 1단계에서는 네 가지 기본기법(OARS)을 활용하여 양가감정을 탐색하고 변화동기를 형성하며, 2단계에서는 인지적/경험적 변화촉진활동(관찰, 독서요법, 역할놀이, 심리극, 공감훈련 등)과 행동적 변화촉진활동(이완훈련, 체계적 감각둔감법, 주장훈련 및 긍정적 자기진술, 자조집단, 사회적 지지나 치료적 관계 등)을 통해서 변화동기를 강화하고 행동 변화를 이끌도록 한다. 〈표 11-3〉은 동기강화상담의 기본원리와 네 가지 기본기법, 변화의 단계 등 중요 핵심내용들을 정리하였다.

표 11-3 동기강화상담의 기본원리, 기본기법, 변화단계

동기강화상담의 네 가지 기본원리	
• 원리 1: 공감 표현하기 –내담자의 관점을 이해하고자 하는 열망으로 존중하는 태도	• 수용해 주면 변화가 촉진된다. • 노련한 반영적 경청이 필수적이다. • 내담자가 양가감정을 느끼는 것은 정상적이다.
• 원리 2: 불일치감 만들기 –내담자의 현재 행동과 목적 및 가치관 사이의 불일치감을 만들고 증폭시킴	• 내담자 스스로가 변화를 해야 한다. • 변화 동기는 현재의 행동과 개인이 중요시하는 가치관 사이에 불일치감을 느낄 때 형성된다.
• 원리 3: 저항과 함께 구르기 –내담자의 저항에 직접 맞서지 말고 저항과 함께 구르거나 같이 흘러감	• 변화에 대한 논쟁을 피한다. • 저항에 직접적으로 맞서면 안 된다. • 새로운 관점은 강요가 아니라 유도되어야 한다 • 저항은 내담자가 해답과 해결책의 주요 자원이다. • 저항은 반응을 바꾸라는 신호이다.

<table>
<tr><td>• 원리 4: 자기효능감 지지하기
–내담자가 변화 과정의 마지막 조정자가 될 수 있도록 자기효능감 지지</td><td>• 개인이 가지는 변화에 대한 자신감이 중요한 동기요인이다.
• 변화를 선택, 이행하는 책임은 내담자에게 있다.
• 사람의 변화능력에 대한 상담자의 믿음이 내담자에게 자기예언 충족이 된다.</td></tr>
<tr><th colspan="2">네 가지 기본기법(OARS)</th></tr>
<tr><td colspan="2">• 개방형 질문(Open question)
• 인정해 주기(Affirming)
• 반영적 경청(Reflecting)
• 요약하기(Summarizing)</td></tr>
<tr><th colspan="2">변화단계(stage of change)</th></tr>
<tr><td colspan="2">• 전숙고 단계(precontemplation stage): 자신의 문제행동을 문제라고 생각하지 않아 변화의 필요성을 인식하지 못하는 단계
• 숙고 단계(contemplation stage): 문제행동을 인정하고 해결하기 위한 방안을 모색하나 막상 문제해결을 위한 행동을 취하지 않음. 가장 강한 양가감정을 경험하는 단계
• 준비 단계(preparation stage): 변화의 필요성을 인식하고 변화를 위한 준비, 구체적인 계획과 전략을 개발하는 단계
• 실행 단계(action stage): 변화계획을 실행하고 현재 행동양식을 변화시키고 새로운 행동양식을 만들기 위해 실행에 옮기는 단계
• 유지 단계(maintenance stage): 새로운 행동양식이 6개월 이상 유지되며 개인의 생활양식으로 통합되는 단계</td></tr>
</table>

출처: 전영민(2007); 조근호 외(2020)에서 재구성.

(3) 재활치료

① 치료공동체

치료공동체(Therapeutic Community: TC)는 기존의 전통적인 치료에 대한 자조집단의 변형으로 회복 중인 알코올중독 및 약물중독 환자들이 최초로 참여하여 발달되었다. 치료공동체는 이후로 많은 발전이 이루어져 현재 전 세계 65개국 이상에서 적용되고 있다. 오늘날 치료공동체라는 용어는 일반적인 용어로 자리 잡았고,

알코올과 광범위한 약물 치료자에게 제공되는 여러 가지 장단기 거주 프로그램뿐 아니라 낮병원 치료 프로그램과 외래 프로그램에서도 활용되고 있다.

- 역사: 치료공동체는 영국 맥스웰 존스(Maxwell Jones)에 의해 시작되었으며 지역사회에 기반을 둔 중독자 거주형 치료 프로그램이다. 1963년 미국 뉴욕의 데이톱 빌리지(Daytop Village)를 중심으로 발전해 왔으며, 사회학습 모델로 운영되고 있다(Kressel et al., 2000).
- 목적과 구조: 치료공동체는 전문가와 회복자를 포함한 초학제적인 접근 방법으로 교육, 훈련, 재활을 통하여 신체적 · 정서적 건강의 회복뿐만 아니라, 자신의 사회 · 경제적 삶을 유지하고 발달시키기 위한 능력의 개발 및 상호학습을 통한 삶의 가치와 태도를 재형성하는 것을 목적으로 한다(De Leon, 2000). 치료공동체는 개인이 스스로 변화하는 것을 돕는 방법으로 공동체를 활용한다. 치료공동체의 구조(사회적 조직), 구성원(직원과 거주자), 그리고 일상적 생활방법들(집단, 모임, 작업, 레크리에이션)은 개인의 치유, 학습, 변화를 촉진하도록 고안된다. 즉, 공동체는 개인을 돕기 위해 존재한다. 치료공동체에서의 주요 활동은 개별상담, 집단치료, 대인관계훈련, 교육, 시설 내 직업기능(요리, 청소, 페인트 칠, 수선 등)과 실습으로 이루어져 있다. 치료공동체에서는 구성원들 간의 상호작용이 치료적 기능을 하도록 하며, 다른 구성원으로부터 도움이나 지지를 받기도 하고 어려움에 처한 다른 구성원을 돕거나 지지하는 치료자의 역할을 한다. 구성원들은 건강한 행동양식을 형성하며 지식적인 측면뿐 아니라 정서적인 자기통찰을 통해 단주/단약 생활을 유지하고 보다 나은 삶으로의 변화를 촉구하며 자조(self-help)와 상호자조(mutual self-help)를 통해서 변화가 이루어진다(De Leon, 2000).
- 회복의 차원: 크레셀 등(Kressel et al., 2000)은 치료공동체에서의 회복과 관련한 생활양식영역을 네 가지 차원과 14가지 하위내용으로 세분하여 설명하였으며, 네 가지 차원에서에서의 회복을 통해 중독문제의 해결을 위해 노력한다. 네 가지 차원 중 발달적 차원의 회복은 발달적 관점에서 개인의 성장과 자

신의 행동, 사고, 감정에 책임을 지는 책임감 영역으로서, 자기규제 및 관리, 자신의 의무와 다른 사람의 기대와 관련된 책임감, 정직이나 올바른 삶에 대한 가치의 발달 등을 내용으로 한다. 사회적 차원의 회복은 범죄나 중독과 관련된 반사회적 행동의 중단, 사회적 일탈 행위의 변화, 생활을 위한 기술습득 및 학습을 통한 사회의 구성원이 되기 위한 준비, 올바른 생활에 관한 치료공동체의 가치와 교훈을 받아들이고 실천하는 차원의 변화를 의미한다. 심리적 차원의 회복은 부정적인 사고방식, 충동적 행동, 감정의 통제, 불안과 우울, 신체적 고통, 불쾌감, 만성적 불안 등 심리적 상태의 변화를 말한다. 공동체적 차원의 변화는 공동체에 대한 애착심과 공동체의 관점과 프로그램 철학의 이해, 치료공동체 생활에 전적으로 참여함으로서 나타나는 공동체 내에서의 행동 및 태도의 변화를 말한다.

(4) 자조집단

자조집단이란 중독문제를 겪고 있는 본인 및 가족들을 위한 자조모임(self-help)이다. 알코올중독자, 도박중독자, 마약중독자와 그 가족들을 위한 자조모임이 있다. 자조집단에서 12단계와 12전통을 기초로 중독자들이 그들의 공동문제를 해결하고, 다른 사람들이 중독으로부터 회복되도록 돕기 위해 경험을 나누고 힘과 희망을 준다. 개별 중독에 대한 자조집단은 이후 각 개별 중독 부분에서 설명한다. 12단계 및 12전통에 대한 자세한 사항은 각 중독문제별 자조집단 홈페이지(예: A.A, N.A 홈페이지)에 자세히 설명되어 있다.

2) 중독 관련 예방 및 증진 서비스

중독문제 해결은 사전 예방이 중요하고, 비용절감 효과도 크다. 중독의 정도나 자기통제력 수준이 극단까지 진행된 중독자에 대한 사후 처방적 개입보다는 사전 예방적 개입이 더 바람직하다. 여기에서는 공중보건학적 모델을 토대로 중독의 예방 및 증진 서비스들을 설명하고자 한다(Hester & Miller, 2003).

공중보건학적 모델에서는 중독문제가 병원체(agent), 숙주/사람(host), 환경(environment) 간의 상호작용에 의해 발생한다고 설명한다. 개인에 따라 중독성 물질에 대한 취약성이 달라지고, 개인이 속한 조직, 사회문화, 제도 등 환경에 영향을 받아 중독성 물질(또는 행위)을 사용하면서 중독으로 진행이 된다. 공중보건학적 모델에서는 이 세 가지 요인이 상호 영향을 미치므로 중독문제 예방은 이 세 가지 측면에서의 개입이 이루어진다. 이 세 가지 측면에서의 중독문제 예방 및 증진을 위한 서비스들은 다음과 같다.

첫째, 병원체는 중독 물질 또는 행동을 의미한다. 병원체 측면에서 접근하는 방법 중 가장 대표적인 것이 판촉, 광고활동 제한과 경고문의 부착이다. 중독 물질 및 행동 자체의 접근성을 감소시키기 위한 방법으로 그 정도의 차이는 있으나 주류, 사행산업 등의 광고를 법적으로 제한하고 있는 것이 그 예이다.

둘째, 숙주는 중독에 빠져드는 개인을 의미한다. 숙주/사람 측면에서 접근하는 방법은 가장 일반적으로 오래전부터 활용되어 온 방법으로, 개인의 의사결정과 행동결정 과정에 영향을 줌으로써 중독문제를 유발하는 행동을 변화시키는 방법이다. 이는 매스미디어, 캠페인, 책자 등의 다양한 수단을 통해 중독정보를 제공하고 교육을 하여 대중의 위험에 대한 인식을 증진시키는 방법이다. 이는 일반 집단과 취약 집단을 대상으로 한 중독교육이 그 예라고 할 수 있다.

셋째, 환경은 좁게는 가족, 직장동료, 친구 넓게는 지역사회, 국가 및 세계정치, 경제, 문화 제도를 의미한다. 환경의 속성에는 중독 물질이 일정한 환경 내에 얼마나 많이 있는지를 의미하는 가용성(availability), 그 대상에 대해 얼마나 손쉽게 접근할 수 있는지를 의미하는 접근성(accessibility), 대상을 소비하는 행동을 자신이 속한 사회문화적 환경에서 얼마나 바람직하게 받아들이는지를 의미하는 수용성(acceptability) 등이 포함된다. 환경적 측면의 예방은 영업시간 제한, 음주운전 금지, 청소년 음주 금지, 중독성 물질 판매 가격조정 등이 그 예에 해당된다.

4. 우리나라 4대 중독[1)]

1) 알코올중독

(1) 알코올중독의 개념 및 특징

알코올중독은 부정적이거나 해로운 결과에 대한 고려 없이 알코올을 사용하고자 하는 충동으로 알코올에 대한 신체적 · 심리적 의존을 의미한다. WHO(1995)에서는 알코올중독을 "전통적 음주습관의 영역을 넘거나 또는 사회에서 인정하는 범위보다 지나치게 많이 음주하고 사회와 가정에 지장이 있고 이상을 초래하는 경우"라고 정의한다. 한편 DSM-5에서는 알코올중독이라는 용어를 사용하지 않고 알코올사용장애(Alcohol Use Disorder)를 사용한다. 이는 경도에서부터 만성적 재발과 강박적 알코올 사용의 고도 수준까지의 넓은 범위의 장애를 포괄하는 중립적 단어이다. DSM-5에서의 진단기준은 〈표 11-4〉와 같다.

표 11-4 알코올사용장애의 DSM-5 진단기준

A. 임상적으로 심각한 기능 손상이나 고통을 유발하는 알코올 사용의 부적응적 패턴이 다음 중 2개 이상의 방식으로 지난 12개월 이내에 나타났어야 한다.
  1. 알코올을 흔히 예상했던 것보다 더 많은 양 또는 더 오랜 기간 마신다.
  2. 알코올 사용을 줄이거나 통제하려는 지속적인 노력을 기울이지만 매번 실패한다.
  3. 알코올을 획득해서 사용하고 난 후 그 효과로부터 회복하는 데 많은 시간을 허비한다.
  4. 알코올을 마시고 싶은 갈망이나 강렬한 욕구를 지닌다.
  5. 반복적인 알코올 사용으로 인해서 직장, 학교나 가정에서의 주된 역할 의무를 수행하지 못한다.

1) 정신의학 분야에서는 중독을 의존, 물질사용장애, 남용 등과 구분하지만 제도, 정책, 서비스 제공 등에서는 중독 용어가 통용되고 있어서 이 장에서는 정신의학적인 진단기준보다는 사회적으로 통용되는 중독의 개념을 사용하기로 한다.

6. 알코올의 효과에 의해서 초래되거나 악화될 수 있는 지속적인 신체적 또는 심리적 문제가 있음을 알면서도 알코올 사용을 계속한다.
7. 알코올 사용으로 인해서 중요한 사회적·직업적 또는 여가 활동이 포기되거나 감소된다.
8. 신체적 위험이 존재하는 상황에서도 반복적으로 알코올을 사용한다.
9. 알코올에 의해서 초래되거나 악화될 수 있는 지속적인 신체적 또는 심리적 문제가 있음을 알면서도 알코올 사용을 계속한다.
10. 내성이 다음 중 하나의 방식으로 나타난다.
    (1) 중독이 되거나 원하는 효과를 얻기 위해 현저하게 증가된 양의 알코올이 요구된다.
    (2) 동일 용량의 알코올을 지속적으로 사용함에도 현저하게 감소된 효과가 나타난다.
11. 금단이 다음 중 하나의 방식으로 나타난다.
    (1) 알코올의 특징적인 금단증후군이 나타난다.
    (2) 금단증상을 완화하거나 피하려고 알코올(또는 관련된 물질)을 사용한다.

* 경도: 2~3개 해당, 중등도: 4~5개 해당, 고도: 6개 이상

출처: APA (2013a).

알코올중독은 진행성 뇌질환으로 음주 빈도와 양이 증가하게 되면서 점차 알코올중독의 늪으로 빠지게 된다. 옐리네크(Jellinek, 1952)는 알코올중독의 진행 과정을 〈표 11-5〉의 4단계(4-Phase of Addiction)로 설명하였다.

표 11-5 알코올중독의 진행 단계

단계	특징적 증상
전알코올 증상 단계 (Pre-Alcoholic phase)	• 술이 주는 해방감, 심리적 스트레스와 긴장 해소 등의 긍정적 경험을 통해 반복적인 음주를 하는 단계 • 내성이 생기기 시작하지만 음주 행위에 대한 자기조절능력이 있음 • 음주로 인한 피해를 경험하지 않는 단계
전조 단계 (Prodromal phase)	• 문제성 음주에 해당하는 초기 의존단계 • 음주에 과도한 집착, 빈번한 기억상실(blackout) 경험 • 음주에 대한 죄책감을 느끼면서도 음주문제를 부정하고 논의를 회피 • 타인의 충고를 피해 은밀한 음주 지속

결정적 단계 (Crucial phase)	• 음주에 대한 조절능력과 통제력을 상실한 알코올사용장애 단계 • 일정 기간 단주를 할 수도 있으나 습관성 음주 지속, 금단증상 경험 • 음주 합리화, 타인에 변명이나 비난 • 허세, 이유 없는 원한, 의처증, 공격적 행동 • 직장이나 친구를 잃거나 그만둠
만성 단계 (Chronic Phase)	• 만성적 의존단계 • 매일 술을 마시는 술꾼이지만 조금만 마셔도 취함 • 술을 마시지 않으면 환청, 환시 등의 금단증상으로 금주가 불가능 • 손상된 사고 및 논리력 저하, 정신증적 삽화 경험

출처: Jellinek (1952).

(2) 알코올중독의 현황

음주는 전 세계의 질병부담 요인 중 7위이며, 중독을 일으키는 약물 중 유해성 1위이다. 음주로 인한 개인적 차원의 폐해뿐 아니라 사회적 차원의 폐해도 크다. 2013년 기준 음주로 인한 사회경제적 비용은 9조 4천억 원에 달하며, 교통사고 사상자의 약 10.2%는 음주운전이 원인이며, 전체 강력범죄의 28.3%는 주취 상태에서 발생한 것으로 보고되고 있다(보건복지부, 한국건강증진개발원, 2019). 우리나라 정신질환실태 역학조사(2016)에 의하면 정신질환 평생유병률(평생 동안 한 가지 이상의 정신질환에 한 번 이상 이환된 적이 있는 비율)은 25.4%이며, 그중 알코올사용장애의 평생유병률은 12.2%로 가장 높게 나타났다. 이는 우리가 평생을 살아가면서 적어도 10명 중에 1~2명은 심각한 술문제를 유발하는 알코올사용장애에 걸릴 수 있다는 것이다. 알코올사용장애의 평생유병률은 남자가 18.1%, 여성이 6.4%로 남성이 여성보다 약 3배 높다. WHO에서 발표한 전 세계 평균 4.1%보다도 압도적으로 높은 수치로서 우리나라의 알코올사용장애가 심각하다는 것을 알 수 있다. 특히 최근 들어 여성의 알코올사용장애 유병률이 증가하고 있다. 20대는 2001년 4.8%에서 6.9%로 1.4배 증가하였으며, 30대는 2001년 1.4%에서 2016년 2.8%로 2배나 증가하였다. 우리나라 알코올사용장애 추정 환자 수는 약 139만 명이나, 이 중 정신건강서비스 이용 비율은 12.1%에 불과한 것으로 나타났다.

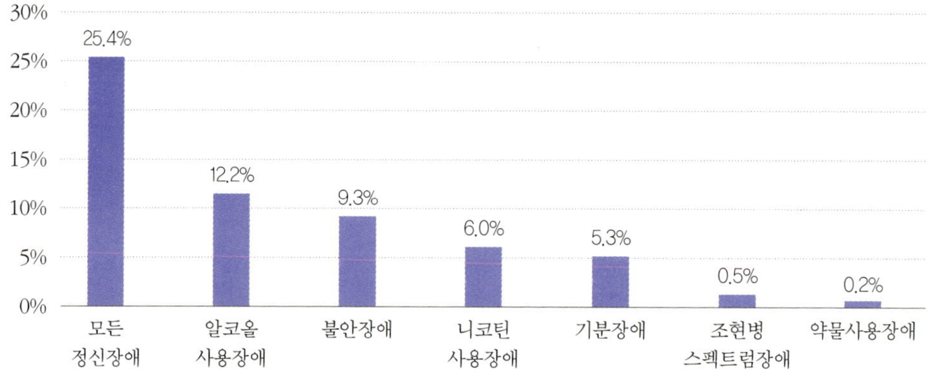

그림 11-3 주요 정신장애 평생유병률

출처: 보건복지부, 삼성서울병원(2017), p. 13.

알코올사용장애의 전 단계라고 할 수 있는 고위험 음주율(1회 평균 음주량이 남성 7잔, 여성 5잔 이상이며, 주 2회 이상 음주하는 비율)은 2018년까지 증가하다가 2019년에는 12.6%로 전년 대비 감소하였다. 특히 남성은 2009년 대비 2.8% 감소한 반면 여성은 1.1% 증가하였다(〈표 11-6〉 참조). 또한 우리나라의 음주자 중 주 1회 이상 폭음(남자 7잔, 여자 5잔 이상) 비율은 47.7%로 전 세계 음주자의 폭음률 평균이 39.5%인 것과 비교하면 높은 비율을 차지한다(WHO, 2018).

청소년 음주율은 최근 5년 넘게 답보 상태이며, 현재 음주자 2명 중 1명이 위험 음주자이다. 2020년 청소년의 첫 음주경험 연령은 13.4세이며, 현재 음주율(최근 30일 동안 1잔 이상 술을 마신 적이 있는 사람의 백분율)은 전체 10.7%(남학생 12.1%, 여학생 12.6%)이다. 그러나 현재 음주자의 위험 음주율(현재 음주자 중 최근 30일 동안 평균

표 11-6 성인 음주 통계

(단위: %)

구분	연도	2009	2010	2011	2012	2013	2014	2015	2016	2017	2018	2019
고위험 음주율	전체	13.5	13.8	14.1	13.9	12.5	13.5	13.3	13.8	14.2	14.7	12.6
	남자	21.4	22	23.2	21.8	19.7	20.7	20.8	21.2	21.0	20.8	18.6
	여자	5.4	5.6	4.9	6.0	5.4	6.6	5.8	6.3	7.2	8.4	6.5

출처: 보건복지부, 질병관리청(2020).

음주량이 남자 소주 5잔, 여자 소주 3잔 이상인 사람의 백분율)은 전체 52.2%였으며, 청소년 주류구매 용이성은 66.2%로 청소년이 쉽게 술을 살 수 있는 환경이라 할 수 있다(질병관리청, 교육부, 2020).

(3) 알코올중독과 가족

① 공동의존

알코올중독은 알코올중독자뿐 아니라 부인과 자녀, 즉 가족 모두에게 신체적 · 정서적 · 경제적으로 부정적 영향을 미치는 만성적이며 진행적인 질환으로서 이미 많은 연구자에 의해 가족병으로 정의되고 있다(Herman, 1971). 알코올중독자와 친밀한 관계에 있는 사람들(배우자 또는 자녀)이 알코올중독자와의 지속적 관계에서 건강하지 못한 삶의 방식을 유지시켜 나가는 것을 공동의존(co-dependence)이라고 한다(Johnson, 1980). 중독자 가족관계의 대표적인 특성으로 간주되는 공동의존 개념은 초기에 알코올중독자와 그 가족의 상호작용 속에 나타나는 가족관계의 대표적인 특성으로 간주되었다. 그러나 최근에는 공동의존 개념을 중독자를 둘러싼 가족 역기능을 평가하고 치료할 수 있는 구성틀로서 사용하고 있다. 공동의존자는 낮은 자존감, 부정직성, 분노, 적개심, 무기력감, 혼돈, 완벽주의, 의존성, 부정주의 등의 특성을 지니며, 타인과 기능적인 경계 및 관계를 형성하는 데 어려움을 경험한다. 또한 자신의 욕구를 인식하기보다는 중독자의 욕구를 충족시키는 데 우선 중점을 둔다(윤명숙, 1997). 공동의존이 생긴 가족들은 인지와 정서 기능이 알코올중독자를 중심으로 구조화되어 있어 중독자가 치료를 받기 시작하면 익숙해져 있던 역할이 더 이상 필요하지 않게 되면서 목표를 상실했다는 생각이 들고 공허감을 느끼게 된다. 그 결과, 치료받지 않은 가족들은 알코올중독자에게 치료를 그만두게 하거나 단주친목 모임에 참석하지 말라고 은근히 압력을 가하는 일이 생기게 된다.

공동의존은 학자들에 따라 다양한 유형으로 분류하고 있다. 공동의존 유형은 〈표 11-7〉과 같이 다섯 가지로 분류할 수 있는데, 한 유형을 지닌 가족이 동시에 다른

표 11-7 공동의존의 유형

유형	특성
순교자적 유형	'술 마시는 이유가 내가 잘못했기 때문이다.'라고 생각한다. 나만이 이 사람을 고칠 수 있다고 여기기에 술을 먹는 이 사람을 내가 보살펴야 한다는 생각으로 헌신하고 희생한다. 나의 희생과 노력에 따라 회복되어 나를 위해 살아 줄 것이라고 믿고 있다.
박해자적 유형	알코올중독자를 비난한다. 내 잘못보다는 상대방의 잘못에만 초점을 두고, 알코올중독자를 데리고 사는 내가 좋은 사람이라고 생각하기에 상대방만을 비난한다.
공모자적 유형	단주하려는 노력을 계속적으로 방해한다. 단주를 함으로써 변화가 생기는 것에 불안을 느껴 알코올중독자의 공모자나 협조자가 된다. 알코올중독자가 술을 마시는 것을 허용하거나 자발적으로 술을 사다 주기도 하여, 일관성 없는 행동을 지적하면 자신의 행동을 부인한다.
냉담한 유형	희망을 포기하여 알코올중독자를 돕는 것을 포기한다. 감각적으로 무감각한 상태로 되어 인생의 희망과 의미가 전혀 없는 냉담한 태도를 보인다.
술친구적 유형	가족도 알코올중독자가 될 위험성을 갖고 있으며, 알코올중독자의 배우자가 중독자가 되는 비율이 다른 부류보다 2배 이상 높다. 삶의 스타일과 신념체계가 알코올중독자와 매우 가깝기 때문에 중독으로 쉽게 전이될 수 있다.

출처: Cermak (1986)에서 재구성.

유형의 특성을 갖거나 변형된 의존 형태를 보일 수도 있다(Cermak, 1986: 36-40).

② 알코올중독자 자녀

알코올중독 가정에서 자란 자녀들을 지칭하는 용어로 알코올중독자 가정에서 성장하고 있는 20세 미만의 중독자 자녀를 코아(Children Of Alcoholics: COA)라고 하며, 성인이 된 자녀는 아코아(Adult Children Of Alcoholics: ACOA)라 지칭한다. 이들의 중심문제로 조절의 문제, 불신의 문제, 자기 요구의 무시, 감정의 부정, 책임감이나 확실히 매듭짓는 능력 부재, 자기정체성의 문제, 대인관계 친밀감에 대한 어려움, 비정상적인 죄책감과 낮은 자존감 등이 제시된다(Cermak & Brown, 1982).

표 11-8 알코올중독자 자녀의 네 가지 유형과 특성

구분	가족영웅, 위대한 아이	희생양, 문제아	가족의 익살꾼, 마스코트	잊힌 아이
외적 특성	• 과도한 책임감 • 즐거움을 갖지 못함 • 작은엄마 역할	• 적대감, 반항, 위축 • 부정적 관심 받음 • 말썽꾸러기	• 미성숙, 과다행동 • 집중력/학습장애 • 보호받기 원함	• 조용하고 수줍음 • 백일몽, 무시됨
내적 특성	• 혼란, 죄책감, 두려움 • 낮은 자존감, 부적절감 • 자신에게 불만족	• 분노, 부적절감 • 낮은 자존감 • 버려진 느낌	• 낮은 자존감 • 외로움, 공포심 • 부적절감	• 외로움, 버려진 느낌 • 자신이 중요하지 않다는 느낌
가족에게 보이는 행동	• 가족에게 자랑스러움을 가져다줌	• 부정적 행동으로 가족의 주목을 받음	• 즐거움, 유머를 가져다줌으로 안도	• 걱정, 근심을 일으키지 않으므로 안도
도움받은 경우	• 책임감과 능력이 있고 조직적인 사람으로 성공	• 회복, 현실수용 • 타인을 돕는 삶	• 독립성, 기지, 유머를 지닌 매력적인 사람	• 독립/창조적, 자기주장적 • 상상력이 뛰어남
도움받지 않은 경우	• 일중독자, 충동적 • 조절통제 요구가 큼 • 의존적 배우자와 결혼	• 알코올/약물중독자 • 계획하지 않은 임신 • 법적 문제 야기	• 충동적, 히스테리적 • 스트레스 조절 못함 • 가족영웅과 결혼	• 우유부단, 무기력 • 즐거움이 없고 혼자 지냄 • 무절제한 성생활

출처: 이미형 외(2001).

또한 우울감, 중독자와의 결혼, 중독문제에 다시 노출되는 등의 어려움을 경험한다. 알코올중독자 가정의 자녀들은 알코올중독자와 역기능적인 적응방식을 택하게 되고, 이러한 적응 패턴에 따라 형성되는 자녀의 유형은 네 가지로 분류된다(〈표 11-8〉 참조).

(4) 알코올중독 관련 정책 및 관련 조직

우리나라 음주 관련 정책은 국세청의 주류산업관리와 보건복지부의 음주폐해예방 및 알코올중독 관리사업을 중심으로 추진되고 있다.

2000년 이후부터 정부에서는 음주폐해 감소를 위해 노력해 왔으며, 이와 관련된 정책은 「국민건강증진법」에 근거를 둔 국민건강증진종합계획(Health Plan: HP), 「정신건강복지법」에 근거를 둔 정신건강종합대책, 그리고 파랑새플랜 및 음주폐해예방정책이 대표적이다.

보건복지부는 2006년 알코올문제 종합개선 대책의 일환으로 '파랑새플랜 2010(2006~2010)'을 수립하였다. '알코올문제 없는 건강한 국민, 행복한 가정'이라는 비전을 가지고 일반 국민의 교육과 홍보에 초점을 둔 1차 예방사업, 고위험군 조기발견과 치료 연계를 위한 2차 예방사업, 알코올사용장애자를 위한 전문치료와 재활을 위한 3차 예방사업, 음주예방 안전사회 환경 조성, 알코올정책 추진 인프라 구축을 제시하였다. 그러나 관련 부처들 간의 협력, 적절한 예산과 인력, 구체적인 실행계획의 미비로 실제 목표로 한 추진 실적을 달성하지 못하였다. 이의 개선을 위해 2013년에는 파랑새플랜 2020을 수립하여 일회성이 아닌 장기적인 관리체계로의 알코올 치료 변화를 위해 노력하였다. 그러나 파랑새플랜 2010과 2020 수행의 법적 근거가 없어 사업 진행에 어려움이 있었다. 파랑새플랜에서의 한계를 극복하고자 2018년 음주폐해예방 실행계획을 수립하였으며, 음주폐해 없는 건강하고 안전한 사회를 조성하기 위해 음주조장환경 개선을 위한 제도 마련, 절주실천을 위한 지원환경의 조성, 알코올중독자 치료 · 재활을 위한 서비스 강화, 음주폐해 예방을 위한 인프라 구축 · 강화를 4대 주요 과제로 설정하여 추진하였다.

한편 국민의 건강증진과 질병예방을 위한 포괄적 정책인 국민건강증진종합계획이 2002년을 시작으로 5년마다 수립되어 현재는 2021년에 5차 국민건강증진종합계획 2030(HP2030)이 추진 중이다. HP2010과 HP2020에서 절주 부문의 주요중점과제를 제시하였으나 구체적인 실행계획이 없어서 사업 추진이 미진하였다. 그러나 5차 HP2030에는 정신건강관리 분과에 중독문제가 중점과제로 설정되었고 구체적인 실행계획들이 담겨져 있다. 또한 각 부처 간의 협력과 지원을 통해 중독문제 해결에 대한 범정부 차원의 개입 의지를 보여 주고 있다.

이와 더불어 2016년 1차 정신건강종합대책(2016~2020)에서는 중독으로 인한 건강 저해 및 사회적 폐해 최소화를 목표로 알코올중독자 대상 상담 · 교육 · 재활 등 전 주기적 지원 강화를 통해 사회 내 중독위험도 감소를 지속적으로 유도해 왔다. 그 결과, 알코올사용장애의 평생유병률이 2008년 16.2%에서 2018년 12.2%로 감소하였다. 그러나 제도와 인프라의 양적 확충에도 불구하고 현장에 정착하여 의식과 행동 변화를 이끌어 낼 질적 수준의 고도화에는 한계가 있었다. 이에 2021년 2차 정신건강복지기본계획(2021~2025)에서는 알코올로 인한 심각한 사회적 폐해, 알코올중독자들을 위한 인프라 부족, 치료 · 재활서비스 강화 필요, 높은 유병률에 비해 낮은 서비스 이용률 등의 문제점을 개선하기 위한 정책목표를 수립하였다. 2차 정신건강복지기본계획 중 알코올중독과 관련된 내용은 〈표 11-9〉에 정리되어 있다. 알코올중독자 치료 및 재활서비스 강화를 핵심과제로 설정하여, 4개의 세부 추진과제와 5개의 성과지표를 수립하였다.

이러한 알코올중독정책을 수행할 대표적인 지역사회기관으로 중독관리통합지원센터와 정신건강복지센터가 있다. 2000년도에 4개소로 시작된 알코올상담센터는 점차 증가하여 2013년에는 전국에 50개소로 증가하였다. 4대 중독에 대한 대국민적 관심이 증가함에 따라 2014년부터는 알코올상담센터가 중독 전반을 관리하

표 11-9 제2차 정신건강기본계획 중 알코올중독 관련 내용

구분	내용
정책목표 5	약물중독, 이용 장애 등에 대한 선제적 관리체계 마련
추진전략 4	중독 및 디지털기기 이용장애 대응 강화
개선방향	알코올중독 초기부터 치료 이후 재활까지 알코올중독관리체계 개선
핵심과제	알코올중독자 치료 및 재활서비스 강화
세부 추진과제	• 초기 알코올중독에 대한 조기 개입 강화: SBIRT(Screening, Brief Intervention & Referral to Treatment) 프로그램을 모든 중독관리통합지원센터로 확산 • 알코올중독 특성을 고려한 치료 · 재활 프로그램 개발: '동기강화 포괄치료' 프로그램 개발 • 지역사회 알코올중독 서비스 전달체계 개선 • 중독자 회복을 위한 중독자 치료 · 재활시설 확충
성과 지표	• 알코올사용장애 정신건강서비스 이용률 향상: 12.1%(2016) → 18.1%(2025) • 고위험 음주율: 14.7%(2018) → 11.7%(2023) • 알코올사용장애 평생 유병률: 12.2%(2016) → 9.7%(2024) • 알코올 전문병원 개소 수: 9개(2020) → 17개(2025) • 중독관리통합지원센터 개소 수: 50개(2020) → 85개(2025)

출처: 보건복지부(2021c).

표 11-10 중독관리통합지원센터의 주요 사업

1. 기본적 중독관리사업

영역	필수사업	선택사업
중독문제 조기발견 및 개입서비스	• 알코올문제 신규 발견 및 이용체계 구축 • 고위험 음주군 조기발견 및 단기 개입서비스	• 기타중독(도박, 인터넷, 마약) 신규 발견 및 이용체계 구축 • 기타중독(도박, 인터넷, 마약) 고위험군 조기발견 및 단기 개입서비스
중독질환 관리사업	• 알코올중독자 관리체계 구축 –사례관리서비스 –재활 프로그램	• 알코올중독자 위기관리서비스 • 알코올중독자 직업재활서비스 • 기타중독 관리체계 구축 –사례관리서비스 –재활 프로그램
중독질환 가족지원사업	• 알코올중독자 가족 신규 발견 및 이용체계 구축 –사례관리서비스 –가족모임 지원서비스	• 알코올중독자 및 기타중독자 가족 신규 발견 및 이용체계 구축 –가족교육 및 프로그램
중독예방 및 교육사업	• 취약계층 알코올문제 교육사업 • 인식개선 및 홍보사업	• 아동 · 청소년 예방교육사업 • 직장인 중독 예방지원사업 • 지역주민 예방교육사업
지역사회 사회안전망 조성사업	• 보건복지 네트워크 구축 • 지역 인프라 구축	• 지역 법무 연계 · 협력체계 구축 • 자원봉사 관리 · 운영체계 구축 • 경찰 및 응급지원 네트워크 구축
지역진단 및 기획		• 지역사회 진단 및 연구 • 지역 특성을 고려한 특화 서비스 기획 • 자원조정 및 중재

2. 노숙인 및 취약계층 알코올중독 문제 관리사업

• 유관기관 연계망 구축
• 유관기관 역량 지원
• 사례 발굴 및 사례관리서비스
• 대상자별 집단상담 · 교육 프로그램 운영

기 위한 중독관리통합지원센터로 그 기능이 개편되었다. 20년이 지난 지금 중독관리통합지원센터로 명칭만 변경되었을 뿐, 센터가 지역별로 충분히 분포되어 있지 않아 관할 지역 이외 주민들의 접근성이 낮고 큰 변화를 보이지 못하고 있다. 전국 50개 중독관리통합지원센터는 지역사회를 기반으로 중독문제 관리체계를 구축하여 중독자와 가족에 대한 지원, 중독문제 예방 및 교육 서비스를 제공하고 있다. 〈표 11-10〉은 중독관리통합지원센터에서 수행되는 주요 사업이다. 그러나 이러한 서비스가 좀 더 효율적 · 효과적으로 제공되기 위해서는 사업 예산 및 인력 확충이 충분히 지원되어야 할 것이다.

(5) 알코올중독에 대한 개입

① 알코올중독 치료 · 재활서비스

가. 외래치료

알코올중독으로 인해 신체적 · 심리정서적 폐해가 나타나는 상태로 절주 혹은 단주를 시도하면서 응급성을 띠지 않는 경우에 외래치료를 한다. 임상적 관찰과 개별상담을 통해 금단증상 조절, 신체 회복, 우울과 불면치료를 위해 치료약물을 처방한다.

나. 입원치료

국내의 알코올 치료 및 재활 현황을 살펴보면 현재 우리나라에서는 입원 위주의 치료가 주류를 이루고 있으며, 주로 급성으로 집중치료가 필요한 경우에 입원치료를 한다. 현재 알코올중독 치료를 위한 국가 지정 전문병원은 전국에 9개가 있다. 입원치료 과정에서는 신체적 해독 단계, 집중교육 및 재활의지훈련 단계, 사회복귀 준비 단계 등의 단계별 치료서비스가 제공되고 있으며, 가장 많이 실시되고 있는 재활 프로그램은 사회기술훈련, 인지행동치료, 동기강화상담, 자조집단 등이다.

표 11-11 알코올중독의 입원치료 단계

치료 단계	1단계	2단계	3단계
	해독치료 및 준비	변화동기에 따른 집중치료	재활 및 사회적응을 위한 사회복귀준비
치료 내용	• 신체적 해독치료 • 심리검사: 알코올상태 평가, 인지기능 평가, 성격 및 정서 평가 • 심리사회평가: 개인력, 사회조사, 사회사업지도	• 알코올 시청각 교육, 명상 • 인지행동치료, 현실치료, 심리극, 회상요법, 집중정신치료, 가족치료 • 스트레스관리 훈련, 대인관계 훈련 • 산책, 오락프로그램(음악, 미술 등) • 단주친목, 12단계 훈련	• 자기성찰 프로그램 • 퇴원 후 연계 프로그램, 지지 집단 참여 • 재발경고신호에 대한 집중교육

출처: 다사랑중앙병원(https://www.dsr5000.com) 및 진병원(http://www.jinhospital.com) 홈페이지 자료 재정리.

다. 치료공동체

알코올중독자의 장기적인 회복과 유지는 술을 단순히 끊는 것뿐 아니라 알코올중독의 손상으로부터의 회복을 포함하는 포괄적인 과정이다. 따라서 이들이 일상적인 생활인으로 복귀되는 과정에 요구되는 대처기능, 문제해결기술, 일상생활훈련, 가족관계증진기술 등의 중요성이 점차 부각되고 있다. 이에 치료공동체는 회복에 대한 긍정적인 관심을 이끌어 내고 지속할 수 있도록 분노관리, 재발방지, 의사소통, 가족관계 속에서의 역할, 자기정체성에 대한 성숙한 통찰, 시간, 여가, 일의 유지 방법 등 중독자 자신과 가족의 삶의 질을 높이고 성숙시킬 수 있도록 하기 위해 각 기관의 상황을 고려하여 현실적이고 구체적인 프로그램들로 구성되어 있다.

우리나라에서 거주시설을 중심으로 한 치료공동체는 알코올문제가 있는 노숙인을 대상으로 한 비전트레이닝센터와 늘푸른 자활의 집이 시초이다. 이후 카프 남성거주시설 감나무집, 여성거주시설인 향나무집이 개소되었고, 현재 전국에는 지역사회에 기반을 둔 알코올중독 치료공동체가 17개 정도 운영되고 있다. 비전트레이닝센터 프로그램 참여대상은 20~60세의 남성 노숙인 중 음주문제 해결을 호소하거나, 입소사정 또는 정신과 촉탁의 진단결과 음주문제가 있다고 판단되는 이들이다. 이들은 입소–집중치료(8개월)–사회복귀 준비(6~18개월)–사회복귀(18~24개월)–임대주택(2~10년)의 과정으로 구성되어 있다. 특히 집중치료기간에는 행동 형성 도구, 정서 · 심리 발달 도구, 지적 · 영적 발달 도구, 직업 · 생존기술 도구 등의 다양한 치료공동체 도구가 집중적으로 적용된다(신원우, 2010).

라. 직업재활

회복 중인 중독자들에게 있어 직업은 자기 존재의 가치를 부여받는 수단이자 삶을 가치 있게 유지하기 위해서도 필요하다. 또한 가족 이외의 자원으로부터 의미 있고 즉각적인 도움을 받을 수 있는 서비스 체계가 되기도 한다. 직업재활 프로그램은 음주문제로 인한 어려움으로 절주를 시작하거나 회복을 원하는 사람에게 제공되는 직업준비 프로그램이다. 알코올중독자들이 낮은 자신감을 향상시키고 직업으로의 복귀에 방해가 되는 요인을 제거하고 자신에게 적합한 직업활동을 하도록 도와주는 데 목적을 두고 있다. 특히 집단활동을 통한 상호학습을 부추기며 집단응집력을 향상시키고 공동의 작업을 통해 자신감을 회복해 가는 것을 중요 요소로 삼고 있다. 직업재활의 주요 과정은 직업 평가 및 사정, 직업전환 프로그램, 구직기술훈련, 구직활동, 지속적인 자기개발, 네트워크 활동의 단계를 거쳐 진행된다. 우리나라 알코올중독자의 직업재활시설로는 카프이용센터 직업재활 프로그램과 경기 다사모가 대표적이다. 대부분 재활시설에서 하나의 프로그램 수준에서 운영하는 것이 전부로 턱없이 부족한 수준이다.

마. 알코올중독자를 위한 자조모임[2)]

- 익명의 알코올중독자들의 모임(Alcoholics Anonymous: A.A.): A.A. 모임은 1935년 문제음주자 두 사람이 만나 서로의 경험을 나누며 술을 참을 수 있다는 것을 발견하면서 시작되었다. A.A. 모임에서 단주생활을 유지한 첫 100명의 협심

2) 한국단주친목 홈페이지(www.aakorea.co.kr)에서 인용하였다.

자는 경험담을 모아 놓은 『익명의 알코올중독자들(Alcoholics Anonymous)』이라는 책을 제작하였다. 이후 130여 개국 200만 명 이상의 알코올중독자가 A.A. 모임에 참여하고 있으며, 우리나라는 1982년에 A.A.모임이 시작되었다. A.A. 지침으로는 12단계와 12전통이 있다. 12단계는 중독 치료의 기본인 단주와 더불어 개인적 · 대인적 · 영적인 차원에서의 인격성숙을 도와주는 원리이다. 12전통은 A.A. 모임이 건강하고 성숙한 모임으로 유지되도록 하는 지침이자 기본적 윤리강령이다. A.A.모임은 알코올문제에 관심이 있는 모든 사람들에게 개방되는 공개모임과 알코올중독자들에게만 개방되는 비공개 모임이 있다. 모임은 대부분 1시간 전후로 운영되고 전국에 현재 총 11개 지역연합이 186개 소속 그룹들의 활동을 지원하고 있다.

- 알코올중독자 가족들의 모임(Al-anon): 알아넌(Al-anon)은 알코올중독자 가족을 위한 자조모임으로 A.A. 창시자의 부인들인 로이(Lois) W.와 앤(Anne) S. 두 사람에 의해 1935년 시작되었으며, 현재 130여 개국에 3만여 그룹이 존재한다. 프로그램은 A.A의 12단계와 12전통에 기초를 두고 모임 진행은 A.A.와 동일한 방법으로 운영된다. 알코올중독자 가족들은 모임에서 공통된 고민을 호소하고, 같은 목적을 향해 나아가고, 마음속 깊은 이야기를 함으로써 가족들 마음의 안정과 성장에 도움이 된다. 나아가 중독자의 회복과 재활에도 매우 중요하다. 우리나라는 1982년에 시작하여 전국에 34개의 모임이 운영되고 있다.
- 알코올중독자 자녀들의 모임(Al-a-teen): 알라틴(Al-a-teen)은 알코올중독자 자녀들의 모임으로 알아넌 협심자, A.A.에 나가는 부모, 성직자가 후원(모임 진행)을 한다. 모임 진행방식은 알아넌 모임과 동일하며 전국에 4~5개 모임이 운영되고 있다.
- ACOA(Adult Children of Alcoholics): 아코아(ACOA)는 알코올문제 가정에서 성장하여 공통적인 특성을 보이고 유사한 어려움을 경험하는 알코올중독자 성인자녀들의 자조모임이다. 모임의 목적은 각자의 경험, 힘과 희망을 나누는 것이며, 모임을 통해 대처능력과 자신의 가치 향상을 위해 서로 돕는다. 전국에 4~5개 모임이 운영되고 있다.

② 알코올중독 관련 예방 및 증진 서비스

가. 예방교육 및 인식개선

알코올중독에 대한 정부의 정책 방향은 사후 치료보다는 예방에 초점을 두고 지역사회 다양한 네트워크를 구축하여 대처하려는 모습을 보이고 있다. 음주폐해예방을 위해 「국민건강증진법」에 근거하여 한국건강증진개발원과 전국 보건소에서 음주예방교육, 절주사업, 주류 접근성 제한, 주류광고 모니터링 등의 음주조장 환경 개선과 인식개선 활동을 추진하고 있다. 또한 중독관리통합센터에서도 선택적(selective) 집단을 대상으로 하는 예방 및 교육사업과 중독 관련 지식수준(knowledge) 향상을 위한 교육 및 인식개선사업을 실시하고 있다(〈표 11-12〉 참조).

표 11-12 음주예방사업 및 주요 활동

구분	실행기관	사업	주요 활동
예방 및 증진 서비스	한국건강증진개발원	주류광고 모니터링	• 주류광고 및 미디어활동 모니터링
		절주교육 및 절주 서포터즈 운영	• 절주 전문강사 양성 · 관리 · 운영 • 음주폐해예방 교육콘텐츠 개발 • 절주 서포터즈 모집 · 관리 · 운영
		학교금주 교육	• 청소년 대상 음주예방교육 수행 • 학교금주교육 콘텐츠 개발
		음주폐해예방 홍보 및 캠페인	• 연간홍보, 음주폐해예방의 달 캠페인 • 홍보 활용 자료 개발
	보건소	지역사회 통합건강증진: 음주폐해 예방	• 음주조장 환경 개선 • 음주폐해예방 교육 및 캠페인 • 조기선별, 단기개입 및 전문기관 연계
	중독관리 통합센터	중독예방교육사업	• 선택적 집단을 대상으로 하는 예방 및 교육사업 • 중독 관련 지식수준 향상을 위한 교육 및 인식개선

출처: 보건복지부, 한국건강증진개발원(2019)에서 재정리.

나. 알코올 규제정책

알코올중독 예방 및 음주폐해 감소를 위한 규제정책인 음주폐해 예방관리 관련 법률안을 정리해 보면 다음과 같다.

가용성 제한정책으로 주류소매 면허제도와 청소년 음주연령제한이 있다. 「청소년 보호법」에 의해 만 19세 미만인 자에게 주류판매를 금지하고 있으나, 청소년 음주율이나 주류구매 용이성은 현재 높은 수준을 보이고 있다. 세금이나 가격에 의한 제한정책은 주세 및 세금제도, 음주사고 억제정책은 음주운전 통제정책, 그리고 주류광고 제한정책으로 광고제한 및 경고문구 표기를 모니터링한다. 또한 교육 및 설득 정책으로 학교교육과 국민홍보교육, 지역 및 사업장에 대한 교육을 실시하고 있으며 학생 및 국민을 대상으로 조기교육을 실시하고 있다. 「건강증진법」과 방송광고심의에 관한 규정에 의거하여 주류광고의 내용, 시간, 장소 등을 규제하고, 위반광고의 감시 및 모니터링을 하고 있으나 법적 처벌이 미미한 수준이다.

2) 마약류 중독

(1) 마약류 중독의 개념 및 특징

마약(narcotics)이란 중추신경계에 작용하면서 오용하거나 남용할 경우 인체에 심각한 위해가 있다고 인정되는 약물을 의미한다. 마약, 향정신성 의약품, 대마를 마약이라고 혼용하기도 하나 정확한 용어는 '마약류'이며, 마약은 마약류의 한 종류이다. 마약류란 일반적으로 생각, 느낌, 또는 행동에 변화를 줄 목적으로 섭취하여 정신에 영향을 주는 물질(psychoactive substance)로서 협의로는 오남용의 방지를 목적으로 생산, 판매, 사용이 통제되는 마약, 향정신성 의약품 및 대마를 총칭한다. WHO에 따르면, 마약류를 약물사용에 대한 욕구가 강제적일 정도로 강하고(의존성), 사용약물의 양이 증가하는 경향이 있으며(내성), 사용을 중지하면 온몸에 견디기 힘든 증상이 나타나며(금단증상), 개인에 한정되지 아니하고 사회에도 해를 끼치는 약물로 정의하고 있다(대검찰청, 2021). 「마약류 관리에 관한 법률」에 분류되어 있는 마약류의 종류와 작용은 〈표 11-13〉에 정리되어 있다. 법에 규제대상으로

표 11-13 마약류의 종류와 작용

구분	종류		약리작용	투여 방법	남용효과
천연 마약	아편계	양귀비, 아편, 모르핀, 헤로인, 코데인	중추신경 억제	경구, 주사	도취감, 신체조절력 상실, 간염, 사망
	코카계	코카인, 크랙	중추신경 흥분	주사, 코 흡입	흥분, 정신혼동, 사망
합성 마약	페티딘계, 메타돈계		중추신경 억제	경구, 주사	도취감, 신체조절력 상실, 간염, 사망
향정신성 의약품	환각제	LSD, 엑스터시, 메스칼린	중추신경 흥분/억제	경구, 주사	환각, 예측 불허 행위
	각성제	암페타민류, YABA	중추신경 흥분	경구, 주사, 코 흡입	흥분, 환시, 환청, 사망
	억제제	진정 수면제, 신경 안정제	중추신경 억제	경구, 주사	취한 행동, 뇌손상, 호흡기장애, 감각 상실
대마류	대마초, 해시시, 해시시 오일		중추신경 흥분/억제	경구, 흡연	도취감, 약한 환각

출처: 대검찰청(2021).

지정된 마약류는 일반적으로 중추신경억제제와 중추신경흥분제로 분류된다.

마약류 중독은 단계적으로 진행되는데, 처음에는 실험적 · 여가적으로 사용하던 약물을 상황적 · 간헐적, 정기적 · 심화적, 중독적 · 강박적으로 사용하게 된다([그림 11-4] 참조). 마약류에 중독되면 몸 전체가 손상을 입게 되며, 얼굴모양이나 피부가 검게 변하고 신장, 간, 폐, 신장, 위장 등의 모든 장기가 병들 수 있다. 특히 대뇌 전전두엽에 손상을 미치고, 정신적으로 황폐해지고 성격 변화도 일어난다. 마약류는 일차적으로 뇌에 영향을 주는데, 이는 마약을 투여함으로써 뇌에서 일어나는 허상의 쾌락을 즐기는 심리적 작용으로 나타난다.

마약류 중독의 특징은 다섯 가지로 정리할 수 있다. 첫째, 마약류 중독은 일차적인 질환이다. 즉, 다른 문제의 일차적인 원인이 된다. 둘째, 마약류 중독은 진행성 질환이다. 즉, 증상들은 치료받지 않으면 계속 나빠지게 된다. 셋째, 마약류 중독은

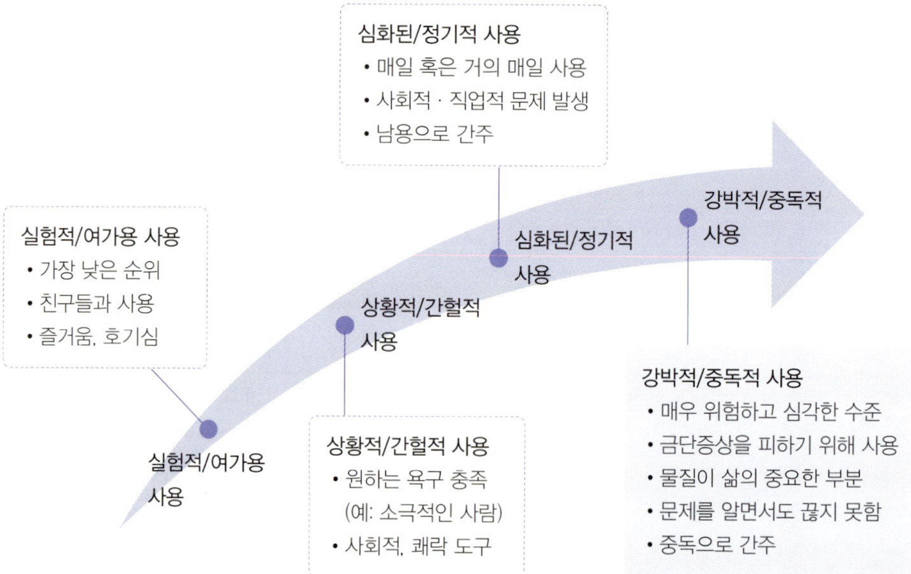

그림 11-4 약물사용의 진행 과정

출처: 첵미힐미 홈페이지(http://bgnmh.go.kr/checkmehealme).

만성질환이다. 당뇨병처럼 지속적이고 계속적이다. 넷째, 마약류 중독은 치명적인 질환이다. 즉, 치료받지 않으면 다른 질병보다 사망률이 훨씬 높고 그 외 관련된 사고(교통사고, 화상, 낙상 등)를 동반할 확률이 높다. 다섯째, 마약류 중독은 가족 질환이다. 즉, 가족의 역할, 기능, 의사소통 등에 역기능을 초래하며, 전체 가족체계에 영향을 미친다. 의존자뿐만 아니라 함께 생활하고 있는 가족들도 함께 상호작용하면서 공동의존 증상을 동반한다.

(2) 마약류 중독의 현황

현재 전국민을 대상으로 한 마약류 사용 실태조사가 이루어지고 있지 않아 마약류 중독자의 유병률에 관한 자료가 없어 적발된 마약류 중독 사범자의 수를 통한 추정치로 제반 정책들을 수립하고 있는 실정이다.

적발된 마약류 중독 사범의 수가 2015년도에 1만 명을 넘어선 이래 꾸준히 증가

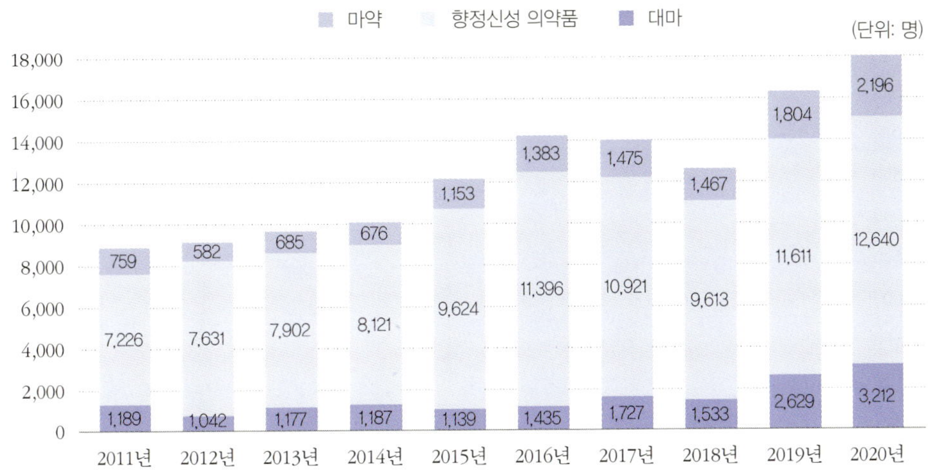

그림 11-5 최근 10년간 국내 마약류 사범 추이

출처: 대검찰청(2021), p. 71.

하여 2020년도에는 1만 8,050명까지 증가하였다. 또한 마약류 중독 사범의 분포비율을 살펴보면([그림 11-5] 참조), 2011년 이래 향정신성 의약품 사용에 의한 검거자가 최소 전체의 75% 이상을 차지하고 있어 마약이나 대마보다 월등히 높은 비율을 보이고 있다. 마약류 범죄계수(drug index)는 인구 10만 명당 적발된 마약류 사범의 수를 나타내는 수치로서, 마약류 범죄계수가 20을 넘는다는 것은 그 국가 혹은 사회의 마약류 사용이 이미 통제 불가능한 수준에 들어섰음을 나타낸다. 이는 암수범죄(적발되지 않은 범죄)의 개념에서 보면 적발된 마약류 중독자의 약 20~30배에 해당하는 사람들을 '상습' 마약 투여자로 보기 때문이다. 따라서 2015년도에 국내에서 적발된 마약류 사범의 수가 1만 명을 넘었다는 것은 이미 마약류 범죄계수가 20을 넘어섰음을 알리는 것이며, 최근 1만 6천여 명까지 증가했다는 것은 이미 우리 사회에 50만 명에 육박하는 상습적인 마약중독자가 존재한다는 것을 의미한다(대검찰청, 20201). 예전에 우리나라는 마약청정국이었으나 이제는 더 이상 마약 안전 국가라고 할 수 없는 상황이다.

2019년 마약류 사범의 직업별 점유율은 무직(31%), 회사원(4.5%), 노동(3.7%), 농업(2.5%)의 순으로 나타났다. 과거에는 마약류 중독의 문제를 일부 조직폭력배 등

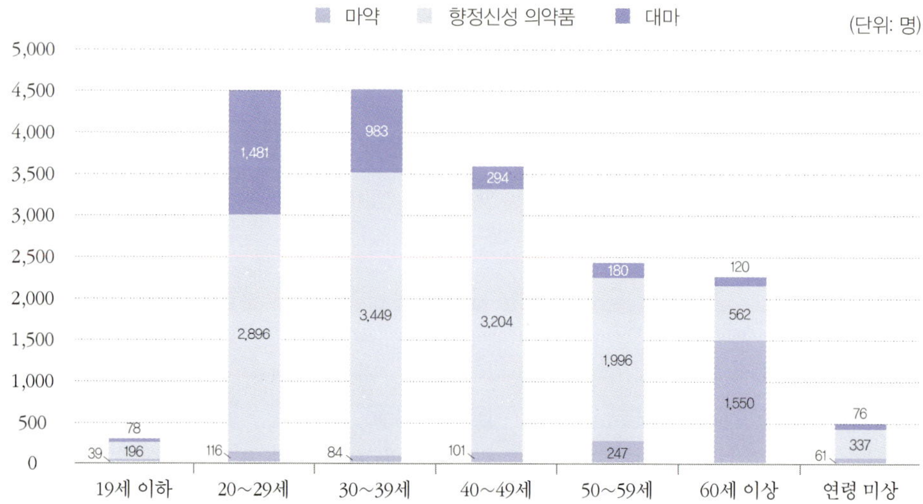

그림 11-6 마약류별 연령별 현황

출처: 대검찰청(2021), p. 234.

의 일탈로만 생각했으나, 이제는 회사원, 주부, 청소년, 대학생 층으로 번지고 있어 심각한 사회문제들을 초래하고 있다. 연령별 현황을 살펴보면([그림 11-6] 참조), 2020년도 전체 마약류 사범 중 20~30대가 49.9%를 차지하여 젊은층의 마약류범죄가 심각한 것으로 나타났다. 특히 2020년도에는 19세 이하 적발인원이 313명으로 전년(239명) 대비 31.0% 증가하였다.

(3) 마약류 중독 관련 정책 및 관련 조직

마약류에 대한 우리나라의 관리정책체계는 공급통제정책과 수요통제정책으로 구분할 수 있다. 공급통제정책은 단속을 통해 공급을 차단하는 정책이다. 수요통제정책은 예방활동을 통한 마약류에 대한 접근 통제와 치료 및 재활 활동을 통한 건전한 사회복귀를 지원하여 수요를 통제하는 정책이다. 이러한 기본구도 아래에서 불법 마약류 공급의 차단은 관세청, 식약처, 경찰청, 대검찰청을 통하여, 마약류 수요의 억제는 국무총리실, 보건복지부와 교육부를 중심으로 진행되고 있다. 1999년 대검찰청은 마약류사범 제압(1999~2002), 마약류 초안전지대 완성(2003~2005), 마약류 없는 사회달성(2006~2008)의 3단계 '국가마약퇴치전략(National Drug Control Strategy)'을 수립하였다(박영수, 2014: 13). 또한 2002년 대검찰청과 관세청은 마약 수사협력에 관한 협의약정을 체결하여 공항 등지에서 마약이 적발될 경우 두 기관이 합동하여 수사할 수 있는 근거를 마련하였다. 그동안 우리나라는 엄격한 단속과 처벌 등 마약류 공급억제정책에 치중한 반면, 치료 · 재활 및 예방교육 등 수요억제 정책 마련에는 상대적으로 소홀하였다.

① 마약류 관리에 관한 법률

2000년에 기존의「마약법」「향정신성의약품관리법」「대마관리법」이「마약류관리에 관한 법률」로 통합되면서 중요한 변화가 있었다. 첫째, 치료보호제도의 활성화를 위해서 검찰을 통해서만 치료보호가 가능하던 것을 검찰을 통하지 않고 보건복지부를 통해 자발적으로 치료보호 지정병원에 신청하면 비밀보장하에 입원치료가 가능하도록 하였다. 조사나 검거의 두려움 없이 1년 이내 기간 동안 무료로 치료를 받을 수 있다. 둘째, 의사의 보고 의무가 없어졌다. 그동안은 일반 병원에서 마약류 의존자 치료 시 보건당국에 보고해야 하는 의무가 있어서 환자의 기밀이 보고되면 당국의 조사가 있을 것이라는 불안 때문에 자발적 치료를 기피해 왔다. 셋째, 마약 중독자의 예방과 치료 · 재활 · 연구업무를 보건복지부로 일원화하고, '마약류중독자의 치료보호'와 '마약류중독자에 대한 실태조사'를 실시함으로써 체계적인 치료와 재활 정책의 활성화 계기를 마련하였다(조성남, 2009: 6).

2002년 개정된「마약류관리에 관한 법률」에 설립 근거를 둔 한국마약퇴치운동본부는 정부지원 민간단체로서 마약 예방과 치료를 위한 홍보, 교육, 상담, 자료조사, 치료 · 재활, 자원봉사 활동 등을 하고 있다. 2018년 5월에는 마약류 통합관리시스템(Narcotics Information Management System: NIMS)을 도입하여 마약류의 제조, 유통, 처방 및 투약까지 투명하게 관리할 수 있게 되었다.

② 치료보호

1990년 제정된「마약중독자 치료보호 규정」에 의해 마약류 중독자들은 21개 치료보호 지정병원에서 비밀보장하에 무료로 외래 및 입원치료를 받을 수 있다. 이는 마약류에 대한 정신적 · 신체적 의존성을 극복하고 재발을 방지할 수 있도록 치료, 사회복귀를 지원하는 사업이다. 마약류중독자 치료보호 사업은 2008년 식품의약품안전청에서 보건복지부로 업무를 이관하였다. 이를 통해 전국적으로 구축된 정신보건서비스와 연계함으로써 마약류 중독자에 대한 치료보호서비스의 전문성을 강화하였다. 2010년에는 마약류중독자 치료보호 가이드라인이 제작 · 보급되었고, 2011년에는 검찰의뢰 마약류중독자 치료보호 환자 관리 가이드라인이 마련되었다. 마약류 중독자를 범죄자로 인식하여 형사처벌을 하는 과거의 정책에서 치료해야 할 환자로 인식하는 치료 · 재활보호 정책으로 시각이 전환되었다. 그러나 치료보호에 대한 인식 부족으로 검찰에서의 치료보호 의뢰가 적은 실정이며, 자발적 치료도 예산 부족으로 활성화되지 못하고 있다(〈표 11-14〉 참조). 전국 21개 의료기관에 300병상이 확보되어 전액 무료로 운영되지만, 이에 대한 활용도는 매우 낮은 편이다. 마약류 물질사용은 법으로 금지되어 있어 마약중독자들은 법을 어겨 처벌을 받아야 하는 범법자인 동시에 치료와 재활이 필요한 환자라는 이중신분을 갖게 된다. 따라서 마약중독자가 자발적으로 치료를 받기란 쉽지 않은 상황이다.

표 11-14 최근 5년간 치료보호 및 치료감호 실적

구분			2016년	2017년	2018년	2019년	2020년
치료보호	합계		252	330	252	260	143
	입원	자의	82	108	87	89	48
		검찰의뢰	7	3	2	2	1
		기타	–	–	–	–	–
	외래	자의	154	209	175	153	86
		검찰의뢰	9	10	3	16	8
		기타	–	–	–	–	–
치료감호			25	16	29	30	13

출처: 대검찰청(2021), pp. 265-266.

③ 치료감호

치료감호는 「치료감호 등에 관한 법률」에 의해 금고 이상의 형에 해당하는 죄를 범하고 재범의 위험성이 있는 약물중독자를 검사의 청구와 법원의 판결에 따라 치료감호소에 수용하여 치료하는 제도이다(조성남, 2009: 7). 치료감호는 병과 형보다 먼저 집행되고 최장 2년까지 가능하다. 치료감호는 중독에 대한 집중적 치료 및 재활이 가능한 제도로서 약물중독재활센터에서 치료를 담당하고 있다. 치료감호를 받는 인원이 매년 20~30명으로 매우 적으며, 대부분 마약류 중독자는 치료를 받지 못하고 교도소에 수감되어 있는 실정이다(〈표 11-14〉 참조). 또한 「치료감호 등에 관한 법률」에 의해 법원에서는 마약류 중독자에게 집행유예를 선고함과 동시에 수강명령과 치료명령을 부가할 수 있게 되었다.

1996년 공주치료감호소에서 독립적인 약물중독 치료병실인 거듭나기라는 치료공동체로 운영하였으나, 2003년 4월부터는 공주치료감호소에 약물중독재활센터를 개관하여 정신장애인들과 구별하여 독립적인 병동에서 치료활동과 단약 및 재활교육을 실시하고 있다(황만성, 한동훈, 2005: 61). 약물중독재활센터에는 정신건강의학과 전문의, 정신건강사회복지사, 정신건강간호사, 정신건강임상심리사 등의 전문인력과 회복자, 자원봉사자들이 참여하고 있다. 정신치료, 약물치료, 인지행동치료를 기본으로 자기사랑하기, 행복찾기, 단약자조집단, 회복된 중독자 메시지 전달 등의 회복을 위한 다양한 프로그램을 운영하고 있다. 치료감호소 약물중독재활센터는 50명 정원의 병동이 2개 운영되다가 현재는 1개 병동만 운영되고 있으며 20여 명 정도가 치료를 받고 있다.

④ 교육이수조건부 기소유예, 선도조건부 기소유예

대다수 초범의 경우 검찰에서는 '교육이수조건부 기소유예'를 통해 마약퇴치운동본부에서 단약 관련 교육을 받는 조건으로 기소를 유예하고 있다. 또한 '선도조건부 기소유예'는 일정 시간 교육을 받은 후 6개월간 보호관찰을 받으면서 치료를 받는 조건으로 기소를 유예하는 제도이다.

⑤ 제2차 정신건강기본계획의 마약류 중독 과제

제2차 정신건강기본계획에서는 그동안 미흡했던 약물중독 관리체계를 적극 구축하기 위해 이를 핵심과제로 설정하고 4개의 세부 추진과제를 계획하였다(〈표 11-15〉 참조). 특히 제2차 기본계획에서는 마약류 중독의 체계적 예방 · 관리방안 마련을 위해 마약류 중독자에 대한 실태조사를 하고, 치료보호 지원체계를 개편하여 외래치료도 지원하도록 하였으며, 투약사범에 대한 마약류 중독자 법정 의무교육을 강화하고 현재 서울에 1개 있는 중독재활센터(마약퇴치운동본부 운영)를 단계적으로 확대 설치하도록 되어 있다는 점에서 마약중독에 대한 국가적 개입이 진일보했다고 보인다.

표 11-15 제2차 정신건강기본계획의 마약류 중독 과제

정책목표 5	약물중독, 이용 장애 등에 대한 선제적 관리체계 마련
추진전략 4	중독 및 디지털기기 이용장애 대응 강화
핵심과제 4-2	마약류 등 약물중독 관리체계 구축
세부 추진과제	• 약물중독 예방을 위한 정보제공 강화 • 약물중독 고위험군에 대한 개입 강화 • 마약류 중독자 치료보호 지원 확대 • 약물중독자 치료 · 재활 인프라 확충
성과 지표	• 마약사범 재범률: 35.6%(2019) → 31.2%(2025) • 중독관리통합지원센터 개소 수: 50개(2020) → 85개(2025)

출처: 보건복지부(2021c).

(4) 마약류 중독에 대한 개입

① 마약류 중독 관련 치료 및 재활서비스

가. 마약류 중독 치료의 단계

마약류 중독의 치료는 상태에 따라 약물남용에 대한 교육과 개별상담, 집단상담, 정신과적 치료 등 여러 가지가 있을 수 있다. 마약류 중독의 치료는 〈표 11-16〉과 같이 4단계로 나눌 수 있다.

표 11-16 마약류 중독의 치료 단계

단계	내용
1단계: 해독치료 단계	약물에 취해 있거나 금단증상이 있을 때에는 해독치료를 통해 신체적 및 정신적으로 안정시켜야 한다. 하품부터 재채기, 불안, 떨림, 설사, 복통, 오한, 심한 통증, 환각, 뇌전증 발작까지 다양한 증상이 나타나므로 세심한 주의가 필요하다.
2단계: 동기강화치료 단계	해독이 된 후에는 치료에 대한 동기를 만드는 동기강화 단계로 들어간다. 대부분 중독자들은 해독만 되면 치료가 다 되었다고 생각해서 더 이상 치료를 받지 않아 잦은 재발로 고생한다. 치료동기 강화를 위해 마약류 중독으로 인해 겪었던 피해, 즉 신체적 · 정신적 · 가정적 · 직업적 · 경제적 · 사회적 · 영적 피해 등 다양한 방면의 피해를 절실히 인식하도록 한다. 피해를 많이 느낄수록 단약하려는 힘이 강해진다. 중독자의 양가감정을 파악하고 대화를 통해 스스로 변화하도록 돕는다.
3단계: 본격적 치료 단계	중독의 원인이 되는 가치관이나 생활습관을 바로잡아 가기 위한 치료이다. 중독자들은 약에 취해 일상생활이 매우 불규칙적인 것이 일반적이다. 법을 잘 준수하고 책임감 있고 정직한 규칙적인 생활로 바꾸어야 한다. 이는 생활방식과 개인의 정체성의 변화 모두가 관계된다.
4단계: 재발예방 단계	마지막 재발예방 단계로 재발의 원인을 알아보고 이에 대한 대처방법을 연습해야 한다. 주변의 유혹이나 우울 · 불안 같은 감정의 변화, 스트레스 등이 생기면 예전 약물을 남용했을 때의 경험이 기억나고 이 때문에 갈망이 생겨 재발이 일어난다. 부정적 사고를 긍정적 사고로 바꾸고 부정적 감정을 줄이고 긍정적 감정을 키워 나가도록 연습한다. 또한 유혹이 올 때는 단호하게 거절할 수 있도록 거절하기 연습을 한다. 회복자, 상담가 등 회복을 도와주는 사람을 가까이 한다.

출처: 조성남 외(2021).

나. 교정시설 내 프로그램

교정시설에서는 「형의 집행 및 수용자의 처우에 관한 법률 시행규칙」 제209조에 의해 마약류 사범을 사회와 격리 처우하기 위해 교정시설에 수용하고 재활교육 등의 서비스를 제공하도록 하고 있다. 법무부에서는 마약류 사범에 대해 일반 수용자와 별도의 재활교육을 실시하도록 하였으며, 현재 8개의 마약류 사범 전담 재활교

표 11-17 교정시설 내 재활교육 프로그램

시행기관	재활교육 프로그램	운영 형태	비고
전국 52개 교정시설 (교도소, 구치소)	단약동기증진 기본과정	• 1개월 과정(8회기, 총 16시간) • 10명 내외 • 마약류 재소자 중 선발(4범 이하)	한국마약퇴치운동본부와 협의하여 전문 프로그램 개발
전국 8개 교정시설 (마약류사범 재활교육센터)	단약동기증진 집중과정	• 2개월 과정(13회기, 총 26시간) • 재범위험성 평가도구(REPI) 중위험군 • 10명 내외 • 마약류 재소자 중 선발(5범 이상)	
군산교도소 제2심리치료센터	치료공동체 과정 (심화과정)	• 치료, 재활 및 사회복귀 위한 프로그램 • 3개월 과정(67회기, 총 134시간) • 마약류 사범 중 집중 치료 및 재활이 필요한 재소자 중 선발(5범 이상)	

출처: 한국과학기술한림원(2019).

육기관(의정부 · 서울남부 · 진주 · 경주 · 홍성 · 군산 · 장흥교도소, 충주구치소)을 지정하여 교육을 하고 있다. 중독 정도가 심한 수용자는 군산교도소(제2심리치료센터)에서 심화과정 교육을 받는다. 〈표 11-17〉은 교정시설 내 재활교육 프로그램을 정리한 것이다.

다. 마약퇴치운동본부 중독재활센터

적극적 마약류 중독을 위한 치료 · 재활활동은 한국마약퇴치운동본부를 중심으로 진행되고 있으며, 서울 중앙본부와 지역별 12개 지부를 운영하면서 상담과 예방사업에 힘쓰고 있다. 마약퇴치운동본부 각 지부에서는 교도소 및 구치소 재활교육 프로그램, 검찰청 교육조건부 기소유예 교육 프로그램, 보호관찰소 수강 프로그램, 사례관리, 청소년 약물수강 프로그램 등의 재활 프로그램을 운영하고 있다. 현재 서울, 대구, 부산 세 곳의 중독센터에서만 마약류 중독자 회복지원 프로그램으로 치료공동체를 운영하고 있다. 도움이 필요한 사람은 누구나 이용할 수 있으며, 전화, 방문, 인터넷 등을 통해 초기 상담을 하며 본인 선택에 따라 전문심리검사,

치료병원 연계, 일자리 및 학업 연계, 정기 자조모임 등 여러 프로그램에 참여할 수 있다. 해당 프로그램에는 정신과 전문의, 약사, 상담심리사, 중독 회복자, 정신건강 사회복지사, 검찰 수사관 등의 전문인력이 근무하고 있다. 그 이외에 마약중독자들을 위한 민간 치료 · 재활시설은 현재 전국에 4개밖에 없다.

라. 약물중독자들을 위한 자조모임

익명의 약물중독자들 모임(Narcotics Anonymous: N.A.)은 약물중독에서의 회복을 목표로 하는 약물의존자들의 국제적인 모임으로, 1953년 남부 캘리포니아에서 처음 모임이 있은 후 2016년 현재 세계 139여 개국에서 매주 6만 7천 회가 넘는 미팅을 실시하고 있다. 1983년에 멤버들 사이에서 '화이트 북'이라고도 불리는 『익명의 약물중독자들(Narcotics Anonymous)』이라는 책이 출판되었다. 국내에서는 약물중독자들이 약물의존에서 함께 회복해 나갈 수 있도록 돕기 위한 12단계 프로그램으로 운영되며 전국에 6개 모임이 운영되고 있다.

② 마약류 중독의 예방 및 증진 서비스

가. 예방교육 및 인식개선

마약류 중독 예방 · 증진 서비스는 마약퇴치운동본부를 중심으로 진행되고 있다(〈표 11-18〉 참조). 청소년 대상 예방교육 중 일반 학생 대상 예방교육은 약물예방교육 전문가를 초 · 중 · 고등학교에 파견하여 학생들을 대상으로 마약류의 위험성, 마약류의 종류, 마약류가 인체에 미치는 영향, 마약류 거절하기 등을 내용으로 한 단기특강 형식으로 실시하는 교육이다. 또한 취약계층(학교밖, 다문화, 탈북가족, 지역아동센터) 청소년 대상 예방교육이 있다. 연극 및 뮤지컬을 활용한 교육도 청소년에게 효과가 높아 지속적으로 실시되고 있다. 많은 지역본부에서는 또래상담자 교실을 운영하고 있다. 성인 대상 예방교육은 학부모 대상, 대학생 대상, 직장인 대상, 자원봉사자 교육, 취약 집단 대상(군인, 유흥업 종사자, 노인 등) 예방교육 등이 있는데, 학부모 대상 예방교육은 청소년에게 가장 큰 영향을 미치는 부모들의 약물

표 11-18 마약퇴치운동본부의 예방, 홍보, 조사연구 사업 내용

예방교육	홍보	조사연구 및 자료개발
• 지역주민의 약물오남용 예방교육 • (초 · 중 · 고) 학교예방교육 및 상담 • 또래상담자 교실 • 고위험집단 대상 프로그램(마퇴교실) • 마그미 강사(예방교육강사) 양성 및 보수교육 • 약물예방활동가 양성 및 학교보건교사 연수	• 마약류 및 약물남용 캠페인 • 세계마약퇴치의 날 기념식 및 심포지엄 • 마약퇴치 포스터, UCC 공모 및 전시 • 지역사회 연계망 구축 • 국제회의 참가	• 약물남용예방 교육자료 개발 • 소식지, 정기간행물 간행 • 실태조사 및 인식도 조사 • 마약류퇴치 관련 연구활동

출처: 마약퇴치운동본부 홈페이지(http://www.drugfree.or.kr) 자료 재정리.

오 · 남용 문제에 대한 이해를 높임으로써 자녀의 약물남용 예방 및 조기발견, 효과적인 부모 역할을 할 수 있도록 지원하는 활동이다. 그러나 예산이 부족하고 정부 차원의 정책적 홍보나 방향성을 주도해 가지 못하고 있는 상태이다.

3) 도박중독

(1) 도박중독의 개념 및 특징

① 도박중독의 개념

도박이란 금품을 걸고 승부를 다투는 행위로서 우연성이 큰 비중을 차지하여 위험부담이 따르는 모험 행위이다. 많은 사람이 때때로 오락의 한 형태로 도박을 하는데 그 정도의 차이에 따라 문제가 발생하기도 한다. 자신에게 허용된 것보다 더 많은 돈과 시간을 도박을 위해 소모하고, 지나친 부채, 대인관계문제, 심지어는 불법 행위와 같은 생활의 여러 영역에서 부정적 효과가 나타날 수 있다.

도박중독은 도박 행위를 하는 것에 대한 자기통제 실패의 결과이며, 도박 행위를 위해 지나친 자원(시간적 · 경제적 · 사회적 요소 등)을 소비하고 그로 인해 개인

표 11-19 도박장애의 DSM-5 진단기준

A. 지난 12개월 동안 지속적이고 반복적인 문제성 도박행동이 나타나고 임상적으로 심각한 손상이나 고통이 다음 항목 중 4개 혹은 그 이상이 나타난다.
1. 원하는 흥분을 얻기 위해 액수를 늘리면서 도박을 함
2. 도박을 조절하거나 줄이거나 중지하려고 할 때 안절부절못하거나 과민해짐
3. 도박을 조절하거나 줄이거나 중지하려는 노력이 반복적으로 실패
4. 종종 도박에 집착(예: 과거의 도박 경험을 생각하고 다음 도박의 승리를 예상하거나 계획하고 도박으로 돈을 벌 수 있는 방법을 끊임없이 생각)
5. 스트레스를 경험(예: 무기력함, 죄책감, 불안, 우울)할 때 자주 도박을 함
6. 도박으로 잃은 돈을 만회하기 위해 다시 도박판에 감
7. 도박으로 잃은 돈을 숨기기 위해 거짓말을 함
8. 도박으로 인해 친밀한 관계, 직업, 교육 기회를 상실하거나 위험해짐
9. 도박으로 야기된 절망적인 경제 상태에서 벗어나기 위해 남에게 의존

* 경도: 4~5개 해당, 중등도: 6~7개 해당, 고도: 8~9개 해당

출처: APA (2013a).

의 삶의 질 영위에 문제가 발생함에도 이러한 도박 행위를 조절하거나 통제하는 것에 어려움을 겪는 증상으로 정의할 수 있다. DSM-IV에서 병적 도박(pathological gambling)을 충동조절장애(impulse control disorders)로 분류하였으나, DSM-5에서는 병적 도박을 도박장애(gambling disorder)로 명명하고 중독질환으로 재분류하였다. 이는 도박장애가 다른 중독질환과 원인, 생물학적 근거, 경과, 임상적 특징 및 치료적 측면에 있어서 유사하다는 점이 인정되었기 때문이다(민성길, 2015).

② 도박중독자의 행동적 및 심리적 특징

AADAC(Albert Alcohol and Drug Abuse Commission, 2000: 박상규 외, 2017에서 재인용)에서는 도박중독자의 특징을 〈표 11-20〉과 같이 정리하였다.

표 11-20 도박중독자의 특징

가. 행동적 특징

- 도박하는 데 많은 시간을 보낸다.
- 점차 많은 돈을 걸고 점차 더 빈번하게 베팅한다.
- 돈을 잃은 후 잃은 돈을 충당하기 위해 곧바로 도박을 한다.
- 대박을 꿈꾼다.
- 도박행위를 절제하겠다고 약속하지만 지키지 않는다.
- 중요한 가정사보다 도박을 좋아한다.
- 행동에 대한 설명을 거부하거나 그에 대해 거짓말을 한다.
- 돈을 딴 것에 대해서 자랑을 한다.
- 도박 중 소재 파악이 불가능하다.

나. 심리적 특징

- 극단적 감정: 감정이 가라앉거나 고조되는 등의 감정기복이 있으며, 간간이 정상적인 감정을 몇 달 동안 유지한다. 비주기적으로 자신이 돈을 따는 것에 대해 의구심이나 걱정으로 우울에 빠지곤 한다. 특히 우울증은 도박중독자에게서 흔하다.
- 뒤로 미루지 못함: 지속적인 노력과 느긋하게 보상을 기다리는 일을 재정적인 안정을 추구하는 데 있어서 방해요인으로 간주하는 경향이 있다.
- 대인관계 어려움: 가까운 가족 및 친구와 친밀하게 지내는 능력과 자신의 감정을 솔직하게 표현하는 능력이 부족하다. 배우자와 의미 있는 대화를 잘 나누지 않고 성적 관계도 소원하다.
- 성격이상: 일부 중독자들은 성격장애의 특성을 보인다. 예를 들어, 계획을 과장하고, 타인의 의견에 지나치게 반응하고, 자존심에 예민한 모습을 보이며, 가까운 가족이나 친구들의 감정에 쉽게 공감하지 못하고 종종 자아도취에 빠져 있다.
- 외부 통제감: 삶의 과정에서 발생하는 일을 숙명적으로 받아들이는 경향이 있다. 그들은 자신의 삶이 자신들의 자발적인 선택의 결과라고 생각하기보다는 외부 요인에 의해 조종된다고 생각한다.

③ 도박중독 및 회복 과정

레시어와 로젠탈(Lesieur & Rosenthal, 1991)은 도박중독에 이르게 되는 과정을 4단계로 구분하여 설명하고 있다. 첫 번째는 승리 단계로 우연한 도박으로 돈을 따면서 흥분을 하고 승리에 대한 환상으로 점차 도박에 빠져드는 시기이다. 두 번째 단계는 손실 단계로 도박으로 인한 빚이 늘어나고 손실을 메우기 위해 거짓말을 하며 도박에만 집착하여 직장생활과 대인관계에서 문제가 발생한다. 세 번째 단계는 절망 단계로 도박하는 시간이 증가하고 대인관계에서 소외되고 늘어 가는 빚으로 법적문제가 발생하며, 공금횡령 단계까지 진행되기도 하고 2~3년 이내 파산 상태에 이르기도 한다. 네 번째는 포기 단계로 절망, 자살, 이혼, 약물사용 및 음주 증가, 감정 파괴 등의 다양한 문제가 발생하고 법적으로 구속되기도 한다. 이러한 중독 과정을 거쳐 결심, 재건, 성장 단계의 회복 과정에 이르게 된다. 결심 단계에서는 도박 행동을 줄이기 위해서 외부 지원이 필요하다는 것을 깨닫고 지지 네트워크에 보다 많이 접촉하면서 희망적인 느낌을 갖기 시작한다. 재건 단계에서는 손상된 관계를 개선시키며, 자신의 행동이 주변 사람들에게 어떤 영향을 미치는지 이해하고 의사소통을 개선한다. 마지막 성장 단계에서는 다시 타인과 가까워지고 타인의 욕구를 충족시켜 주면서 자신감과 성취감을 느끼기 시작한다([그림 11-7] 참조).

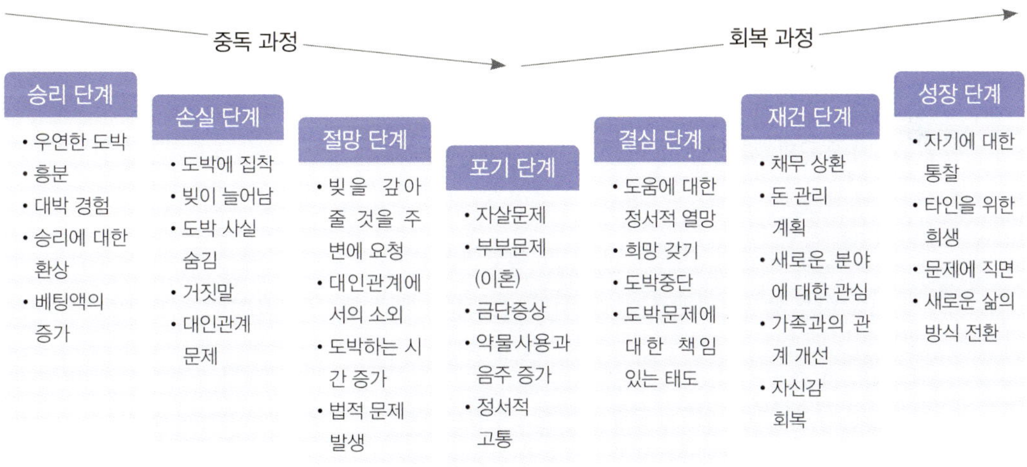

그림 11-7 도박중독 및 회복 과정

출처: 한국도박문제관리센터 홈페이지(https://www.kcgp.or.kr).

(2) 도박중독의 현황

국내 도박중독 유병률은 2018년 5.3%(중위험 도박 4.2%, 문제성 도박 1.1%)로 2016년의 5.1%에 비해 0.2% 증가했다. 이는 호주(3.5%), 영국(2.5%), 캐나다(1.8%) 등 해외 선진국보다 약 2배 이상 높은 수준이다(사행산업통합감독위원회, 2020b; [그림 11-8] 참조).

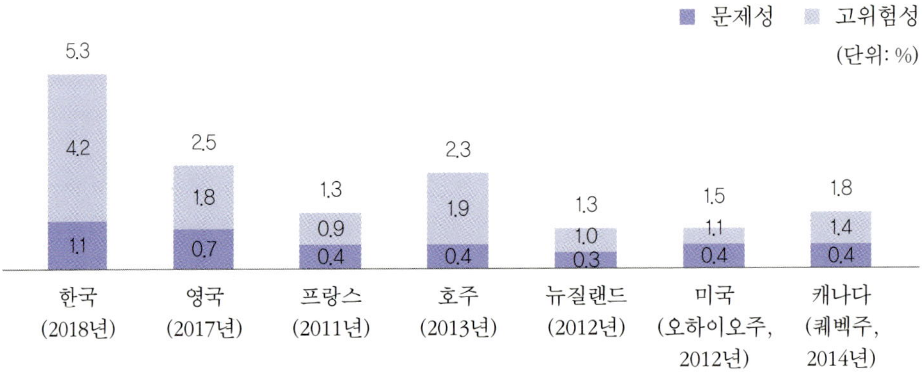

그림 11-8 주요 국가의 도박중독 유병률 현황(CPGI 기준)

출처: 사행산업통합감독위원회(2020b), p. 6.

도박중독과 관련하여 예방 및 치유를 위해 한국도박문제관리센터를 이용하는 대상자의 도박 유형을 살펴보면, 불법 사행산업의 유형만을 고려했을 경우 온라인 도박으로 방문하는 중독자 비율은 매년 증가하고 있으며, 다른 불법 사행산업 유형보다 월등히 높은 것으로 나타나 인터넷 도박중독의 심각성이 어느 정도인가를 짐작할 수 있다(〈표 11-21〉 참조). 국내 사행산업은 카지노업(내국인 출입 카지노, 외국인 전용 카지노), 경마, 경륜, 경정, 복권, 체육진흥투표권, 소싸움 경기의 총 7개 업종이 허용되고 있다.

표 11-21 도박 유형별 현황

(단위: 명, %)

연도	도박 유형	합법 사행산업							불법 사행 행위, 주식 및 기타							합계
		카지노	경마	경륜	경정	복권(로또)	체육진흥투표권	소싸움	카드	화투	성인오락실	투견투계	온라인도박	주식	기타	
2019	빈도	277	150	56	11	34	306	1	514	141	173	0	8,334	452	318	10,767
	비율	2.6	1.4	0.5	0.1	0.3	2.8	0.0	4.8	1.3	1.6	0.0	77.4	4.2	3.0	100

출처: 사행산업통합감독위원회(2020b), p. 26.

(3) 도박중독 정책 및 관련 조직

① 사행산업통합감독위원회법(사감위법)

국내 사행산업이 카지노업 · 경마 · 경륜 · 경정 · 복권(로또) · 체육진흥투표권(스포츠토토) · 소싸움 경기 등으로 급속히 확산되었다. 한편 2004년경부터 불법 사행성 게임물 '바다이야기' 등장 이후 그 폐해가 크게 부각되고 도박의 심각성에 대한 사회적 우려와 반대 여론이 확산되면서 사행산업에 대한 통합적 감독기구 설치에 대한 논의가 시작되었다. 이에 2007년 「사행산업통합감독위원회법(사감위법)」이 제정되면서 기획재정부, 문화체육관광부, 농림축산식품부 등 각 부처에서 관장하고 있는 사행산업을 종합적으로 관리 · 감독하게 되었고, 사행산업을 건전한 여가 및 레저 문화로 발전시키고 도박중독 예방 · 치유 등을 통한 건강한 사회를 이루기 위하여 노력을 기울이고 있다. 이 법에 따라 국무총리 소속 사행산업통합감독위원회가 발족되었으며, 사행산업의 총량조정 및 총괄적 관리 · 감독(과도한 사행 행위 방지, 종합계획 수립 · 시행 및 도박중독 예방 · 치유)의 기능을 하고 있다.

또한 「사감위법」 제16조에 의하여 '사행산업 건전발전 종합계획'을 5년마다 수립하여 시행하고 있다. 2008년 제1차 사행산업 건전발전 종합계획(2009~2013)을 시작으로 현재 제3차 사행산업 건전발전 종합계획(2018~2023)이 진행되고 있다. 제1, 2차 종합계획을 통해 사행산업의 과도한 확산 방지 및 사회적 부작용 최소화, 도박중독 예방 · 치유 전담기구 운영체제 정비 및 인지도 제고, 불법사행산업 근절을 위한 제도를 정비하는 등의 성과가 있었다. 현재 제3차 사행산업 건전발전 종합계획(2018~2023)에서는 '사행산업의 건전한 발전을 통한 여가문화 증진'이라는 비전하에 4대 목표와 14개의 세부 추진과제를 도출하여 사업을 진행하고 있다([그림 11-9] 참조). 그러나 사감위의 정책수단이 아직 미흡하고, 불법도박 시장의 급속한 확대와 각종 도박문제 폐해 확산 등의 문제는 여전히 남아 있었다. 이러한 문제의식에서 제3차 종합계획에서는 '도박중독 예방 및 치유 · 재활서비스 고도화'와 '불법사행산업 근절'에 대한 세부 추진과제를 보다 세분화하였다. 사행산업의 개별 인 · 허가 사항은 기존대로 개별 법령에 의해, 카지노 · 경륜 · 경정 · 체육진흥투표권은 문화체육관광부에서, 경마 · 소싸움은 농림축산식품부에서, 그리고 복권은 기획재정부 복권위원회에서 관장하고 있다.

비전	사행산업의 건전한 발전을 통한 여가문화 증진
목표	**세부 추진과제**
1. 사행산업의 건전한 발전	1-1. 총량제의 합리적 조정 및 실효성 강화 1-2. 합리적 전자카드 이용 문화 확산 1-3. 사행산업 평가 · 관리시스템 고도화 1-4. 건전 영업환경 조성
2. 도박중독 예방 및 치유 · 재활서비스 고도화	2-1. 도박중독 예방 · 치유 서비스 확대 2-2. 맞춤형 재활서비스 기반 구축 2-3. 취약계층 서비스 지원체계 확충 2-4. 도박중독 예방 · 치유 협치 강화
3. 불법사행산업 근절	3-1. 첨단 감시기술 도입 3-2. 유관기관 공조 강화 3-3. 사법 · 행정적 권한 확보
4. 사행산업 정책 기반강화	4-1. 연구 · 조사 기능 활성화 4-2. 정책역량 강화 4-3. 국제교류 활성화

그림 11-9 제3차 사행산업 건전발전 종합계획

출처: 사행산업통합감독위원회(2020a), p. 9.

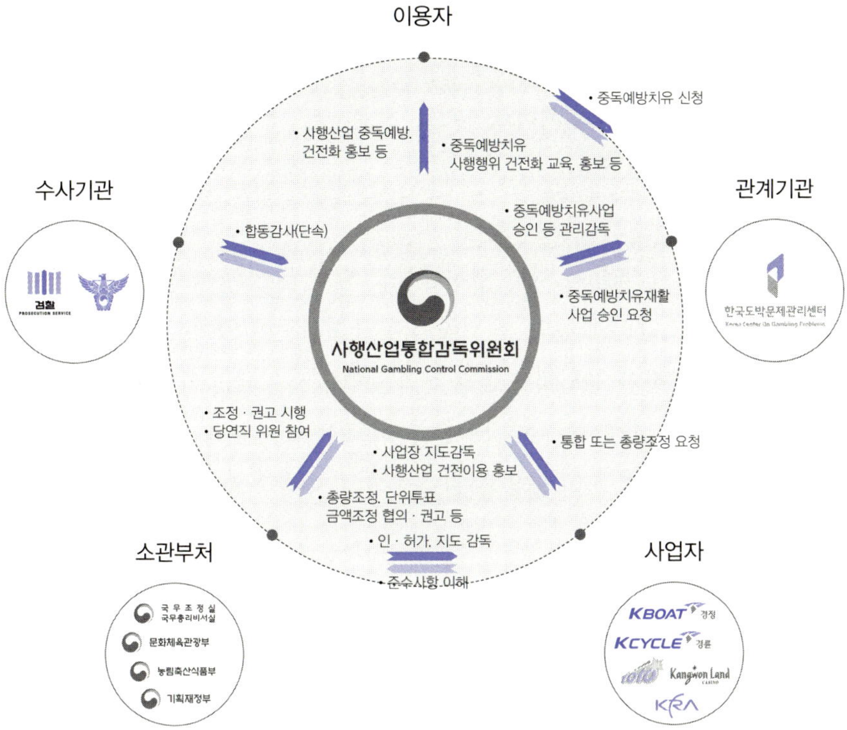

그림 11-10 도박중독 관련 기관

출처: 사행산업통합감독위원회 홈페이지(https://www.ngcc.go.kr).

또한 지역사회 통합과 조기발견 및 사례관리를 위해 전통적인 정신건강서비스 영역과의 연계 필요성에 따라 공동의 중독문제를 지역에서 다룰 수 있도록 2014년부터 중독관리통합지원센터에서 도박문제도 다루고 있다. 그러나 현실적으로는 예산과 인력의 부족으로 도박문제에 대한 개입은 거의 진행되지 못하고 있는 실정이다.

(4) 도박중독에 대한 개입

① 도박중독의 치료 및 재활서비스

가. 약물치료

생물학적 입장에서 약물이 아닌 행위중독도 병의 발병과 유지에 있어서 물질의존과 차이가 없다고 알려져 있다. 행위중독과 물질의존에 있어서 뇌 신경계에서 일어나는 생물학적 변화가 유사하므로 물질의존에서 사용되는 약물이 행위중독에서도 활용된다. 그 예로 날트렉손이 갈망을 줄여 주는 것으로 알려져 있어 같은 기전으로 도박중독 치료에도 흔히 활용된다.

나. 인지행동치료

인지행동치료는 도박중독 치료에 흔히 활용되며, 인지적 교정, 문제해결기술훈련, 사회기술훈련, 재발방지의 4단계로 구성된다. 도박중독자들의 인지구조의 왜곡으로 인해 지속적인 도박 행동을 보인다고 가정한다. 도박중독자들이 도박습관을 갖게 되고, 되풀이되는 패배에도 중단을 하지 못하는 심리적 메커니즘에서 승리의 유혹이 유일한 동기가 아님을 밝혔다. 치료적 접근 방향을 설정하기 위해서는 통제에 대한 헛된 인식, 충동효과, 비합리적인 인지행동의 세 가지 요소를 함께 고려해야 한다(최의선 역, 2010).

다. 가족치료 및 가족상담

가족은 처음에는 도박자의 행동을 이해해 주고 소문이 나지 않게 하려고 노력하면서 앞으로 도박을 그만두기를 바라며 도박 빚을 갚아 준다. 그러나 도박을 끊지 못하는 중독자를 보면서 배신감과 분노를 느끼고, 도박으로 인해 가족 또한 의심병, 우울증, 경제적 어려움 등의 고통을 겪게 된다. 가족치료나 가족상담을 통해서 중독자 가족들이 겪게 되는 어려움에 대해서 충분히 공감하고 이에 대한 대처방안 마련과 가족 재결합을 돕는다.

라. 한국도박문제관리센터 치유 · 재활서비스

도박문제에 대한 치료 · 재활서비스는 한국도박문제관리센터를 중심으로 제공되고 있다. 도박중독 치유 서비스를 체계화하기 위하여 헬프라인 24시간 운영, 넷라인 운영, 민간상담기관 및 전문의료기관과 협약을 통하여 도박중독 예방 · 치유 서비스를 제공하고 있다. 서울, 경기를 비롯한 14개의 지역센터가 운영되고 있다. 지역센터는 지역사회를 기반으로 한 다양한 도박중독 예방 · 치유 사업을 전개하고 있으며, 지역사회 네트워크를 통하여 이용자 수준과 요구에 맞는 서비스를 제공하고 있다. 또한 중독자의 재활을 위하여 2019년부터 한국도박문제관리센터 서울센터에서 재활서비스를 제공하고 있다.

- 헬프라인/넷라인: 헬프라인(Help-line)은 도박중독 치유 서비스의 진입통로를 일원화하여 표준화된 연계상담, 일반상담, 위기개입, 정보제공 등의 기능을 더 원활하게 수행할 수 있게 하였다. 또한 도박문제 상담 접근성을 강화한 반응형 웹인 넷라인(Net-line, 온라인상담)을 포함하여 자가실천 프로그램, 치유 콘텐츠, 커뮤니티 등의 서비스 내용으로 365일 서비스를 제공하고 있다.

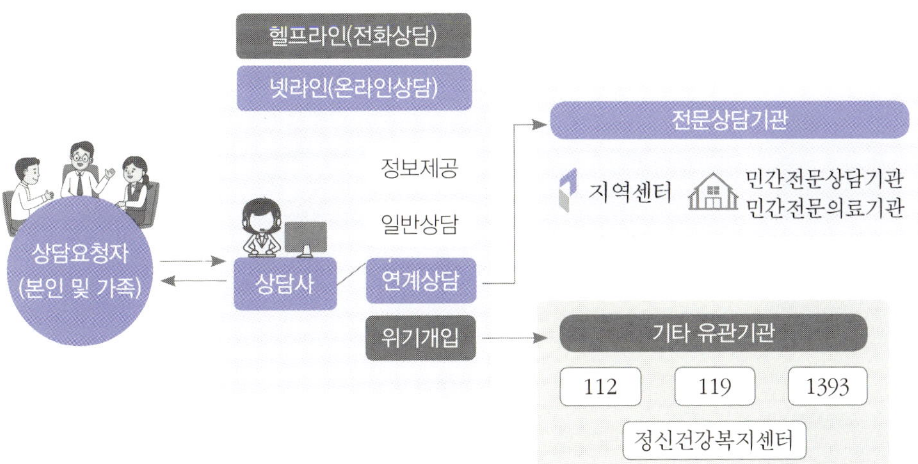

그림 11-11 온라인 사업팀 업무 시스템

출처: 사행산업통합감독위원회(2020a), p. 213.

• 3단계 치유 · 재활 프로그램: 도박중독자 및 가족의 치유와 재활을 촉진시키고 향상시키기 위하여 다양한 프로그램 참여자의 수준에 맞는 단계적 치유 프로그램을 개발하고 시행하였다. 단계적 치유 프로그램은 크게 세 단계로 각 단계마다 적합한 프로그램으로 구성되어 있다([그림 11-12] 참조). 1단계는 도박중독에 대한 이해와 대처방법을 학습하는 단계로, 자조 매뉴얼을 활용한 도박문제자 집단 프로그램과 도박중독에 대한 올바른 정보제공을 목적으로 하는 가족교육을 진행한다. 2단계는 도박중독에 대한 대처방식의 긍정적인 변화와 치유적인 삶을 지향하는 단계로, 재발 고위험 상황 대처훈련, 부적 정서 관리, 여가활동 개발, 관계증진, 삶의 균형 이해, 삶의 의미 발견 등의 작업을 통해 도박문제자의 회복을 도와주는 심리 · 정서 치유 집단 프로그램을 진행한다. 마지막 3단계는 변화된 행동과 사고를 지속적으로 유지하는 단계로, 능동성이나 적극성이 요구되는 자조모임이나 동아리활동 등을 운영한다. 또한 도박문제로 인한 경제적 · 법적 문제로 어려움을 겪고 있는 도박중독자 및 가족들에

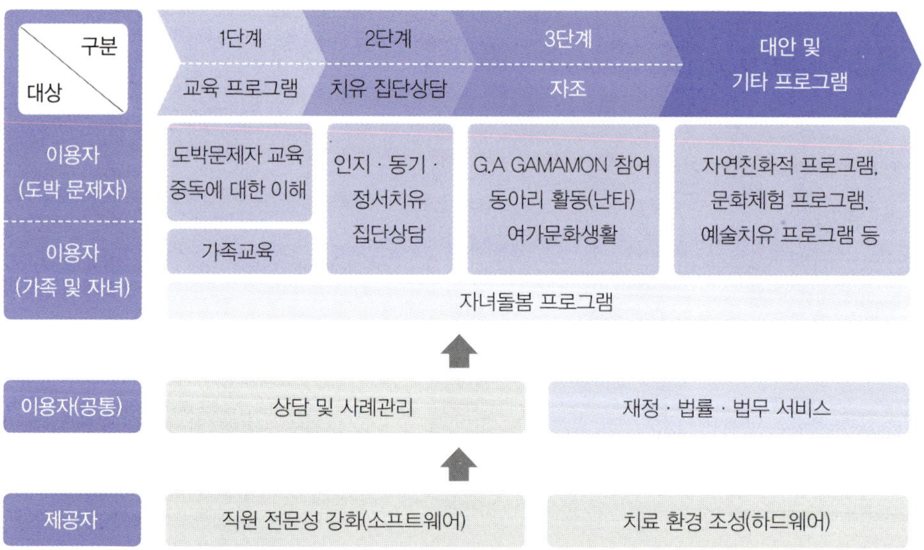

그림 11-12 도박문제 치유 · 재활 프로그램의 3단계 체계

출처: 사행산업통합감독위원회(2020a), p. 222.

게 현실적으로 대처 가능한 정보와 지식을 전달하는 재정법률 프로그램을 진행한다.

마. 도박중독자들을 위한 자조모임[3)]

- 단도박 모임(Gambling Anonymous: G.A.): 익명의 도박중독자 모임은 1957년 미국에서 시작되었으며, 이후 꾸준히 성장하여 세계적으로 확산되었다. 한국 단도박 모임은 도박중독자였던 한 외국인 신부에 의해 1984년에 처음 시작되었고, 이후 전국적으로 확산되어 전국에 50개 이상의 지부가 운영 중이다. 이는 급성기는 물론 재활 및 재발방지에 중요한 역할을 하면서 도박중독자들이 새로운 삶을 되찾고 있다.
- 도박중독자 가족모임(Gam-anon): 도박중독자들로 인해 정신적 · 육체적인 고통과 경제적인 피해를 받고 있는 부모, 형제, 배우자, 자녀 등 가족들이 모여 서로 이해하고 위로받고 도울 수 있는 방법을 찾고자 하는 자조모임이다. A.A.의 12단계와 12전통을 토대로 프로그램을 운영하고 있다.

② 도박중독의 예방 및 증진 서비스

가. 생애주기별 맞춤형 예방교육

한국도박문제관리센터에서는 생애발달주기별 대상에 따라 특화된 교육 콘텐츠를 개발하여 찾아가는 맞춤형 예방교육을 실시하고 있다. 전국민을 대상으로 도박의 폐해와 부작용에 대한 인식개선을 위하여 다양한 매체를 활용한 홍보 및 캠페인, 대상자별(유아, 초등학생, 청소년, 대학생, 종사자, 일반인 등) 도박중독 예방 프로그램 개발 등의 예방사업을 전개하였다. 청소년 도박중독 예방교육을 활성화하기 위하여 17개 시 · 도교육청 등과 연계하여 도박중독 예방교육 조례를 제정하여 도박중독 예방교육 실시를 강화하고 있다.

3) 한국단도박모임 홈페이지(http://www.dandobak.or.kr)에서 인용하였다.

중독문제관리센터에서도 도박문제에 대한 예방사업을 하도록 되어 있으나 예산과 인력 부족으로 적극적으로 사업을 진행하기 어려운 실정이다.

나. 접근성 제한

도박중독 예방을 위한 접근성 제한과 관련하여 우리나라에서 시행 중인 정책 및 제도는 사행산업 총량제, 이용자보호 전자카드제도, 불법사행산업 감시신고 제도 등이 있다. 사행산업의 총량은 사행산업의 사회적 부작용 최소화 및 건전발전을 위해 일정 기간 동안 유효하도록 설정한 사행산업의 상한 또는 최고한도를 의미한다. 사행산업 총량 설정을 통한 사행산업의 과도한 확산 방지, 사행산업의 과도한 확산으로 인한 사회적 부작용 최소화에 그 목적이 있다(사행산업통합감독위원회, 2020b). 사행산업 이용자의 과도한 베팅을 방지하고 도박중독을 예방하기 위해서 고객 전용 전자카드제를 시행 중이다. 또한 불법사행 행위를 감시하기 위해 불법사행산업 감시 신고센터를 운영하고 있다. 그러나 사행산업이 개별 법률에 의해 관리감독을 받고 있어서 정책 수립이나 수행에 어려움이 있고, 불법 도박을 통제하고 폐해를 예방하는 등 부서 간 협력체계 마련에 한계가 있다.

4) 인터넷 중독

(1) 인터넷 중독의 개념 및 유형

① 인터넷 중독의 개념

1990년대 중반 인터넷 사용이 보편화됨에 따라 인터넷 사용의 증가로 인해 인터넷 중독이 심각한 사회문제로 대두되고 있다. 골드버그(Goldberg, 1996)는 과도한 인터넷 이용으로 인해 일상생활에 심각한 사회적 · 정신적 · 육체적 · 금전적 지장을 받고 있는 상태를 인터넷 중독장애로 처음 명명하였다가 이후에는 병리적 컴퓨터 사용으로 명칭을 수정하였다. 인터넷 중독은 인터넷 중독장애(Internet Addiction Disorder: IAD), 병리적 인터넷 사용(Pathological Internet Use: PIU), 문제적 인터넷 사용(Problematic Internet Use), 인터넷증후군(Internet Syndrome), 인터넷 과다사용, PC중독, 컴퓨터 중독(Computer Addiction), 인터넷 의존(Internet Dependence) 등 다양한 용어가 사용되고 있다.

인터넷 중독은 행위중독의 한 유형으로 인터넷을 과다하게 사용하여 인터넷 사용에 대한 금단과 내성을 보이고, 이로 인해 일상생활에 장애가 발생한 상태로 정의할 수 있겠다. 아직 표준화된 진단기준이 없어 정확한 유병률을 산출하기 어렵다. DSM-5에서는 인터넷 중독에 대한 진단기준은 없지만, 인터넷게임장애(Internet Gaming Disorder)를 '추가 연구가 필요한 진단적 상태'로 분류하고, 진단기준이 임상적 사용을 위한 것이 아님을 명시하고 있다.

또한 최근 들어 국민들의 스마트폰을 통한 인터넷 이용이 증가함에 따라 스마트폰 과의존이 심화되는 추세이다. 이에 미래창조과학부와 한국정보화진흥원 주관으로 2004년부터 실시된 인터넷 중독 실태조사가 인터넷 이용환경 변화를 고려하여 2016년부터는 기존에 분리되었던 스마트폰 과의존과 인터넷 과의존 척도를 통합하여 스마트폰 과의존 실태조사가 진행 중이다. 스마트폰 과의존이란 과도한 스마트폰 이용으로 스마트폰에 대한 현저성(salience: 개인의 삶에서 스마트폰을 이용하는 생활 패턴이 다른 행태보다 두드러지고 가장 중요한 활동이 되는 것)이 증가하고, 이용 조절력이 감소(out of control: 이용자의 주관적 목표 대비 스마트폰 이용에 대한 자율적 조절능력이 감소하는 것)하여 문제적 결과(serious consequences: 스마트폰 이용으로 인해 신체적 · 심리적 · 사회적으로 부정적인 결과)를 경험하는 상태를 의미한다.

인터넷 중독을 행위중독으로 보는 경우, 인터넷 중독에서 나타나는 증상은 〈표 11-22〉와 같다.

표 11-22 인터넷 중독의 증상

인터넷 사용에의 몰두	인터넷 사용에 몰두되어 현실의 요구나 책임보다는 생활의 중심이 인터넷 사용과 관련되어 있다. 생활의 우선순위가 인터넷 사용이고 인터넷을 하지 않을 때도 인터넷 관련 생각에 빠져든다. 이를 위해 어떠한 어려움이나 불이익도 감수하고 일상생활에 부정적인 영향이 발생하는데도 인터넷 사용을 갈망하고 빠지게 된다.
기분조절 수단으로 인터넷 사용	인터넷을 처음 사용하게 된 배경은 기분조절과 관련이 없는 경우가 많다. 그러나 인터넷의 기분조절 기능을 경험하게 되면 부정적 감정을 경험할 때나 별다른 이유 없이 기분이 가라앉을 때 인터넷을 반복적으로 사용한다.
금단	물질중독만큼 뚜렷하지는 않으나 인터넷 중독을 경험하는 사람들도 금단 증상을 보인다. 인터넷을 중단하였을 경우 심각한 초조감이나 불안감, 우울, 짜증 등의 심리적 증상이 나타난다.
내성	인터넷 중독에서의 내성은 물질중독만큼 뚜렷하지 않다. 그것은 인터넷 사용이 늘 새롭고 자극적인 내용으로 가득 차 있기 때문에 인터넷 사용 시간에서의 내성은 두드러지지 않는다. 오히려 내성은 새로운 콘텐츠를 추구하는 경향으로 나타난다.
대인관계 및 직업에서의 부정적 결과	다른 중독과 마찬가지로 대인관계 및 직업적 문제를 나타낸다. 과다한 인터넷 사용으로 대인관계에서의 관심이 저하되고 극단적으로는 관계 단절까지 나타나기도 하며, 근무시간에 사적인 인터넷 사용으로 상사와 갈등을 겪기도 한다.
통제 결여	인터넷 사용에 통제력을 잃고 원래 의도했던 시간보다 더 오랜 시간을 사용하거나 시간감각을 잃고 게임에 몰두하게 된다. 인터넷 사용을 줄이고자 노력하지만 억제하지 못하고 반복적으로 실패한다.

출처: 서장원(2017).

② 인터넷 중독의 유형

영(Young, 1999)은 인터넷 중독의 유형을 다섯 가지로 분류하고 있다. 첫째, 사이버 게임중독증으로 컴퓨터 게임이나 프로그램에 관한 강박적 몰입으로 행동적 장애를 보이는 중독증, 둘째, 사이버 섹스중독증으로 채팅방이나 사이버섹스에 몰입하는 행동적 장애, 셋째, 사이버관계 중독증으로 실제 친구나 가족관계를 대체하는 사이버 공간에서 채팅방이나 동호회 등의 온라인 대인관계에 몰입하는 경향을 보이는 대인관계장애, 넷째, 사이버도박이나 전자상거래 구매에 몰입하는 특징을 보이는 네트워크 강박증, 다섯째, 강박적 웹 서핑이나 자료검색에 몰입하는 특징을 보이는 정보과부하 중독증이다.

(2) 인터넷 중독의 현황

인터넷 이용률의 꾸준한 증가와 더불어 인터넷 중독의 문제가 심각한 사회적 문제로 드러나고 있다. 인터넷 중독 역시 유사한 행위중독 질환으로 가족 갈등, 가상세계 집착, 일상생활 부적응, 건강악화 등의 문제가 심화되고 있다. 인터넷 중독으로 인한 사회경제적 비용은 연 7조 8천억 원에서 10조 1천억 원으로 추정되며, 청소년의 학습기회 손실 비용은 연간 최저 4,124억 원에서 최대 1조 3,872억 원으로 추정되었다(이해국 외, 2012; 한국정보화진흥원, 2009).

2015년 인터넷 중독 실태조사(미래창조과학부, 한국정보화진흥원, 2016)에 의하면, 연령별 과의존위험군은 유·아동 5.0%(163천 명), 청소년 13.1%(761천 명), 성인 5.8%(1,758천 명)로 매년 청소년 과의존위험군이 가장 높은 것으로 나타났다. 또한 2011년 이후 유·아동 및 성인의 인터넷 과의존위험군은 매년 감소 추세를 보인 반면, 청소년 인터넷 과의존위험군은 상승 추세를 보였다([그림 11-13] 참조).

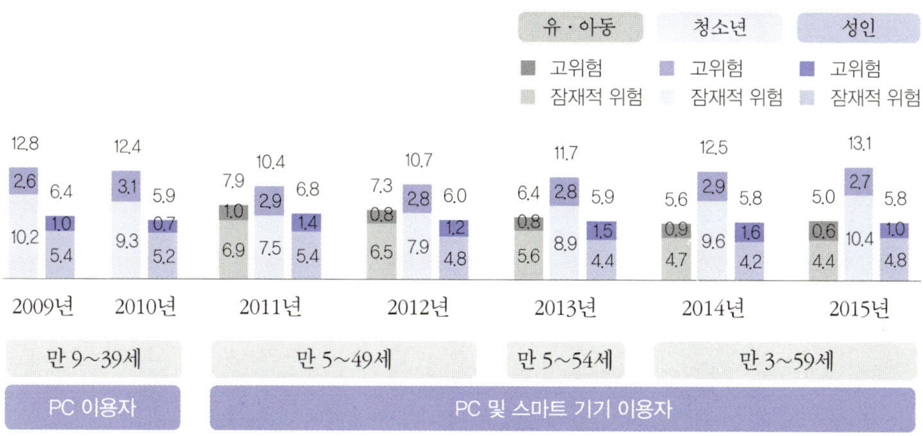

그림 11-13 연도별 · 대상별 인터넷 과의존위험군 비율 (단위: %)

출처: 미래창조과학부, 한국정보화진흥원(2016), p. 71.

정신질환 실태조사(2016)에 의하면 인터넷 중독 유병률은 1.4%로 2011년 대비 0.4% 증가하였고, 여자의 인터넷 중독이 0.7%에서 2.2%로 3배가량 증가한 반면, 남자의 경우 1.9%에서 0.7%로 감소하였다. 전 연령대 중 20대(13.3%, 83천 명)와 10대(13.1%, 761천 명)의 인터넷 과의존위험군이 가장 높게 나타났다.

스마트폰 중독 역시 플랫폼뿐만 아니라 콘텐츠로서의 특성으로 인해 인터넷 중독과 유사성을 보이지만, 24시간 소지가 가능하여 스마트폰을 이용한 인터넷 사용이 컴퓨터보다 더 조절이 어렵다(한국정보화진흥원, 2012). 매년 스마트폰 과의존위험군 비율이 증가하고 있으며, 특히 청소년의 스마트폰 과의존위험군 비율이 가장 높게 나타났다([그림 11-14] 참조).

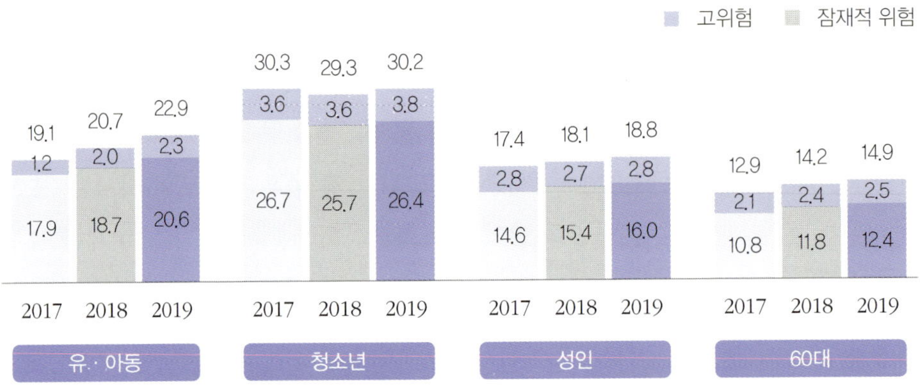

그림 11-14 연도별 · 대상별 스마트폰 과의존위험군 비율 (단위: %)

출처: 과학기술정보통신부, 한국정보화진흥원(2020).

(3) 인터넷 중독 정책 및 관련 조직

① 지능정보화 기본법

행정안전부는 2009년 인터넷 중독 예방 및 해소 정책의 총괄부처로서 「국가정보화 기본법」에 관련 정책 추진의 법적 근거를 신설하였다. 2020년 동법이 「지능정보화 기본법」으로 개정되었으며, 「국가정보화 기본법」 제30조에서는 인터넷 중독의

표 11-23 스마트폰 · 인터넷 의존 대응체계 운영계획

연령	목표	추진과제
영아	디지털 미디어 이용 최소화	• 생애초기 스마트폰 이용 가이드라인 배포 –2019년 상반기 내 기존 가이드라인 개편 및 배포[영아 보건 및 보육 관계 기관(병원, 보건소, 지방자치단체 등) 협조] • 영아 스마트폰 과의존 위험 실태 파악 –2019년 스마트폰 과의존 실태조사 시 관련 문항 추가
유아	디지털 미디어 이용습관 조기 형성	• 스마트폰 과의존 예방교육 강화 –어린이집 · 유치원 자체교육, 전문강사 방문교육, 문화체험교육 • 스마트폰 올바른 이용 습관 함양 교육 –디지털 교구 · 인형극 프로그램 '바른인터넷유아학교'
청소년	세상을 탐색하고 미래를 준비하기 위한 디지털 자원 활용	• 스마트폰 과의존 · 게임 과몰입 예방 강화 –학령별 기본 · 심화 예방교육, ICT 진로적성탐색 교육 • 스마트폰 과의존 예방을 위한 기술조치 –사이버 안심존 보급(스마트폰 이용 관리 및 지도 · 상담연계) • 올바른 게임 이용 및 게임리터러시 교육 –게임물 등급분류 체험, 게임을 통한 코딩 학습 · 진로 탐색 • 정보 · 데이터 리터러시 교육 기획 · 운영 –디지털 콘텐츠에 대한 자기결정능력 함양 • 인터넷윤리 · 사이버폭력 예방교육 –뮤지컬 공연, 게임형 교구 등 체험 · 실천형 교육 • 사이버 도박 및 범죄 예방교육 –도박문제 조기 대응, 위기 · 비행청소년 사이버 범죄 예방
청 · 중년층	개인의 성장과 삶의 만족을 위한 디지털 미디어 활용	• 스마트폰 과의존 예방 · 인터넷 윤리교육 –학부모 대상 자녀 지도 교육, 기관 방문을 통한 일반 성인 교육 • 전 국민 사이버범죄 예방교육 –경찰관으로 구성된 전문 강사 방문교육 • 디지털 역량강화 코칭 신규 개발 –디지털 역량을 활용하도록 지역사회 프로그램과 연계 • 군장병 디지털 역기능 예방 교육 –군부대 방문 교육 및 전담교관 양성 교육
장 · 노년층	삶의 질을 높이는 디지털 미디어 활용	• 스마트폰 과의존 예방교육 체계 강화 –17개 광역시 · 도 정보화교육 서비스 내 과의존 예방 차시 편성

출처: 과학기술정보통신부(2019).

예방 및 해소를 위한 종합계획을 3년마다 수립하도록 되어 있다. 이에 2010년 '인터넷 안전 1등 국가 건설'이라는 정책 비전을 토대로 3개년 종합계획이 처음 수립되었고, 이후 3년마다 계획을 수립하여 현재는 제4차 스마트폰 · 인터넷 과의존 예방 및 해소 종합계획(2019~2021)이 시행되고 있다. 제4차 종합계획에서는 '함께 성장하는 디지털 사회구현'을 비전으로 역기능 방지에서 역량강화로의 적극적 예방, 예방 · 회복 · 성장으로 이어지는 역기능 대응체계 구축, 가정 · 학교 · 사회의 지원환경 기반 강화, 국민중심 정책 추진을 위한 지식 · 정보 공유의 네 가지 추진전략을 수립하였다.

제4차 종합계획의 추진을 위해 2019년 스마트폰 과의존 범부처 대응체계 운영계획과 예방 · 해소 서비스 통합안내 방안을 수립하였으며, 과학기술정보통신부를 총괄로 총 11개 부처, 14개 기관으로 전담팀을 구성함으로써 추진과제 관리와 집행을 강화하였다. 또한 부처 및 기관의 실무 협력을 강화하기 위해 4개 정책영역별 전담팀을 구성하였다. 관계부처 협력을 통해 전국 18개 '스마트쉼센터'를 중심으로 영아부터 고령층까지, 가정에서 지역사회까지 빠짐없이 촘촘한 서비스가 이뤄지도록 추진과제를 설정하였다(〈표 11-23〉 참조).

또한 개입을 위해 스마트폰 · 인터넷 사용자를 일반 사용자군, 위험 사용자군, 공존질환자로 구분하여 예방부터 치료 · 재활까지 지원하고 있다. 스마트쉼센터, 지역도박문제관리센터, 한국콘텐츠진흥원을 중심으로 인터넷 중독 예방 및 인식개선 사업을 실시하고, 전문상담 및 치유를 위해서는 스마트쉼센터, 게임과몰입힐링센터, 중독관리통합센터, Wee센터 등의 기관들이 서비스를 제공하고 있다. 관련 전문기관들과의 협력체계는 [그림 11-15]와 같다.

그림 11-15 스마트폰 · 인터넷 과의존 전문기관 협력체계

출처: 관계부처 합동(2018).

(4) 인터넷 중독에 대한 개입

① 인터넷 중독 관련 치료 및 재활서비스

인터넷 중독으로 인해 일상생활 및 대인관계 문제, 사회적 및 직업적 기능의 저하, 우울증, 행동장애, 불안장애 등이 발생할 수 있기 때문에 정확한 진단을 통한 적절한 치료 및 재활이 요구된다. 인터넷 중독을 평가하기 위해서는 인터넷 중독 자기보고식 척도를 활용한 사용자의 주관적 평가와 더불어 구조화된 면담을 통해 인터넷 사용과 관련된 사용자의 전반적 특성에 대한 정보를 파악하는 것이 중요하다. 즉, 인터넷 사용과 관련된 일상생활 적응 및 만족도, 인터넷 사용 및 인터넷 사용 관련 태도, 심리적 요인, 가족 및 대인관계, 공존질환 등에 대한 평가가 필요하다(이형초, 2006; 〈표 11-24〉 참조).

표 11-24 인터넷 중독 면담 시 평가할 내용

항목	내용
일상생활 적응 및 만족도	• 학교/직장 적응 정도 • 수면시간 • 학업/직장 관련 스트레스 정도 • 신체적 변화 및 질환 • 대안적 여가 여부 • 주요 스트레스원 • 여가활동 만족도 • 일상생활 만족도
인터넷 사용	• 인터넷 사용 역사 • 인터넷 관련문제 발생 시기 • 인터넷 사용 용도 • 자주 접속하는 사이트 • 인터넷 관련 가족갈등 발생 시기 • 인터넷 이용 장소 • 게임에서의 불법적 행동 여부(예: 해킹, 사기) • 인터넷 커뮤니티 가입 활동 여부

인터넷 사용 관련 태도	• 인터넷 사용으로 충족되는 욕구 • 인터넷 사용으로 인한 변화 인식 여부 • 인터넷 사용으로 인한 부정적인 결과 인식 여부 • 인터넷 사용으로 인한 가족갈등 인식 여부 • 치료협조 정도
심리적 요인	• 인터넷 사용 관련 행동적 요소 평가(중독지수, 인터넷 사용시간, 인터넷 사용으로 인한 문제행동 등) • 인터넷 사용 관련 인지적 요소 평가(인터넷 중독을 유발하는 위험한 상황자극, 인터넷 사용과 관련된 핵심신념, 자동적 사고, 갈망/충동, 촉진적 신념) • 인터넷 사용 관련 정서적 요소 평가(우울, 충동성, 공격성, 자아존중감, 사회적 지지 등)
가족 및 대인관계	• 가족 의사소통 방식 • 인터넷 사용에 대한 가족 인식 정도 • 가정 내 인터넷 사용 교육 및 부모 대응 방법 • 가족의 치료협조 정도 • 가족의 인터넷 사용 정도 • 인터넷 사용과 관련된 타인의 압력 여부 • 인터넷 사용과 관련된 친구관계
공존질환	• 우울증 • 주의력결핍 과잉행동장애 • 충동조절장애 • 불안장애 • 인격장애 • 학습 관련 장애 • 적응장애

출처: 이형초(2006).

다음에서는 의료기관이나 상담센터에서 효과가 있다고 알려진 치료 방법과 대표적인 인터넷 중독 치료기관의 프로그램을 소개하고자 한다.

가. 인지행동치료

인지행동치료에서는 인터넷 사용 행동과 관련된 부정적 인지나 인지적 오류를 파악하고 인지적 오류가 현실적이고 실용적인지를 판단하여 변화시키는 인지치료와 인터넷 사용 행동을 감소시키기 위한 행동치료를 병행한다. 또한 인터넷 중독 이면에 자리하고 있는 대인관계기술의 결함을 해소하는 다양한 사회기술훈련을 실시하기도 한다.

나. 가족상담/가족치료

인터넷 중독 상담의 대부분은 자발적이기보다는 가족이나 주변 사람의 권유에 의해 비자발적으로 이루어지는 경우가 많다. 따라서 상담에 대한 동기가 낮고 상담을 의뢰한 가족이나 상담자에 대해서도 부정적인 태도를 갖기 쉽다. 인터넷 중독 상담 시 가족상담은 반드시 함께 진행되어야 하며 그렇지 않으면 상담의 지속 및 효과를 기대하기 어렵다. 가족상담의 중요성을 인식하도록 돕고, 인터넷 중독의 문제는 개인의 문제가 아닌 가족이 함께 협력해야 하는 공동의 문제라는 것을 받아들이도록 한다. 중독자가 가족의 문제아 역할을 하지 않도록 진행해야 한다. 그동안 중독자의 인터넷 중독으로 인해 가족이 희생해 왔으며, 중독자만 아니면 가족에 문제가 없다고 생각할 수 있다. 그러므로 가족들은 중독자에 대한 편견이나 부정적 생각을 중지하고 치료에 도움이 되는 방향으로 중독자를 대해야 하고, 가족도 상담자의 지시에 동의하고 적극 협조해야 한다. 인터넷 중독의 문제를 해결하기 위해서는 상담자와 가족이 일치된 태도를 유지해야 한다. 중독자에 대한 가족의 부정적 시각은 중독자의 변화 의지를 약화시킬 수 있음을 강조한다. 상담자는 가족이 인터넷 중독을 의지의 문제가 아닌 치료받아야 할 질환으로 인식하고 협력할 수 있도록 도와야 한다.

다. 스마트쉼센터

국내의 인터넷 중독에 대한 국가 차원의 개입은 한국정보화진흥원에서 운영하는 스마트쉼 센터를 중심으로 진행된다. 스마트쉼 센터에서는 인터넷 · 스마트폰 과다사용과 관련된 학교부적응, 진로, 대인관계, 가족갈등에 대한 각종 상담(개별, 집단, 생애주기별 상담), 중독 관련 조사연구 및 관련 정책과 교육 콘텐츠 개발, 전문 인력 양성, 유관기관과 네트워크, 인터넷 사용지도 및 예방 활동 등을 진행하고 있다. 스마트폰 과의존 상담 흐름도는 [그림 11-16]과 같다.

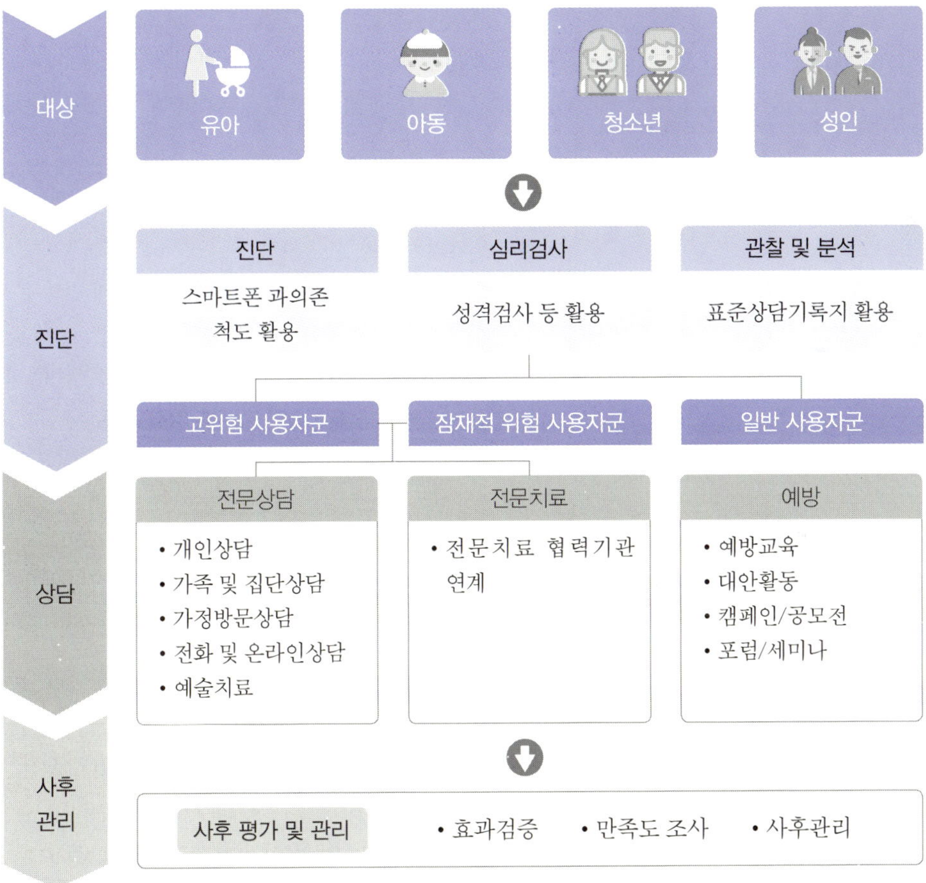

그림 11-16 스마트폰 과의존 상담 흐름도

출처: 스마트쉼센터 홈페이지(https://www.iapc.or.kr).

라. 국립청소년 인터넷 드림마을

국립청소년 인터넷 드림마을은 여성가족부가 운영하는 인터넷 · 스마트폰 과의존 청소년을 대상으로 심리 · 정서상담, 대안활동 등의 종합적 · 전문적 서비스 제공을 통해서 치유 및 건강한 성장지원을 돕는 상설 전문기관으로서 1~2주의 일반 프로그램과 3~4주의 심층 프로그램인 RESCUE 스쿨을 운영하고 있다.

표 11-25 국립청소년 인터넷 드림마을 제공서비스

제공서비스	운영방식	프로그램 목적
개인상담	1~8회기 내외	• 인터넷 과의존 행동에 대한 변화동기 증진 • 자신에 대한 긍정적 경험 및 자기통제감 경험
집단상담	1~20회기 내외	• 인터넷 과의존 사용 패턴 자각 • 인터넷 과의존으로 인한 신체적/사회적/학업적 면의 부정적 영향 인지 및 문제해결 방법 탐색 • 스트레스 평가를 통한 스트레스 인식과 대처방안 학습
부모교육	입교식 후 부모 전체	• 청소년 인터넷 과의존에 대한 명확한 이해 도모 • 캠프 이후 가정 내 건강한 인터넷 환경조성 및 유지방안 탐색
부모상담 및 가족캠프	주말 1박 2일로 진행	• 인터넷 사용과 관련된 자녀와의 갈등문제 파악 및 요인 분석 • 갈등해소를 위한 구체적 방안 탐색 및 관계증진
특수 치유 활동	3~5회기 내외	• 스토리텔링, 사진치료, 소시오드라마, 미술치료, 신체놀이, 명상 • 자치활동: 적극적 의사표현, 자기성찰, 또래관계증진, 자신감 향상
사후개입	주 1회 12회기	• 청소년 동반자와 만남을 통해 캠프 이후 프로그램 효과성 추적 관찰

출처: 인터넷드림마을 홈페이지(http://www.nyit.or.kr).

② 인터넷 중독 관련 예방 및 증진 서비스

가. 예방교육 및 인식개선

과학기술정보통신부는 관계부처 협력을 통해 전국 18개 '스마트쉼 센터'를 중심으로 디지털 역기능 해소 및 바른 이용 문화 확산을 위한 근본적 해결을 위해 노력하고 있다. 디지털 사회에서 요구되는 시민의 역량을 강화하는 방향으로 '교육 · 상담에서 코칭으로' 서비스를 고도화하고, 영아부터 고령층까지 생애주기별로 스마트폰 과의존 예방교육을 진행하고 있다.

초 · 중 · 고등학교에서는 학생들의 스마트폰 바른 사용 교육과 코칭상담의 종합 서비스가 가능한 스마트폰 바른 사용 시범학교를 운영하고, 청소년 주도 학내 동아리 · 캠페인인 한국 인터넷드림단 운영을 지원한다. 또한 학생 및 교원을 대상으로 스마트폰 과의존, 올바른 게임 이용 및 게임리터러시 교육, 정보 · 데이터 리터러시 교육, 인터넷윤리 · 사이버폭력 예방교육, 사이버 도박 및 범죄 예방교육을 실시하여 교내 디지털 역기능 대응능력을 강화하고 있다. 학력전환기(초4 · 중1 · 고1) 전체 대상 인터넷 · 스마트폰 이용습관을 조사하고 필요할 경우 상담 · 치유 서비스를 연계하고 있다. 인터넷 중독 예방 프로그램은 대부분 인터넷 사용의 장단점 인식, 자신의 사용습관에 대한 이해를 바탕으로 자기조절과 관련된 다양한 훈련법(이완훈련, 심상훈련, 스트레스 해소법, 감정 다스리기)을 활용하고, 다른 대안활동을 찾는 내용들로 구성되어 있다.

이 장에서는 중독에 대한 기본적 이해와 중독의 원인, 중독 관련 정책 및 관련 기관, 중독에 대한 치료 · 재활 및 예방 · 증진 서비스, 우리나라 4대 중독(알코올, 마약류, 도박, 인터넷 중독)을 살펴보았다. 알코올 및 마약류의 물질중독과 도박 및 인터넷의 행위중독은 그 각각의 종류와 성질은 서로 다르지만, 모두 일단 사용하기 시작하면 해로운 결과가 있음에도 불구하고 스스로 조절하지 못하고 그것 없이 견디지 못하게 되는 병적 상태인 중독에 이르게 된다. 중독은 단일 원인이 아닌 생물학적 · 심리학적 · 사회학적 요인들에 의해 발생하는 질환이다. 또한 중독으로 인한 폐해는 개인뿐 아니라 가족과 사회에도 발생하는 사회문제이다. 이에 4대 중독으로 인한 우리나라의 사회경제적 손실을 줄이기 위해 국가에서는 각각의 산업관리(알코올, 마약류, 도박, 인터넷)를 통한 공급억제정책과 예방·홍보·치료·재활을 통한 수요억제정책을 담당 부처들에서 관리하고 있다. 그러나 부처별로 다양한 사업이 중복되거나 분절되어 있어 국가의 중독문제를 관리할 수 있는 거버넌스가 구축될 필요가 있다.

토론주제

1. 알코올중독으로 인한 개인 · 가족 · 사회적 폐해에 대해서 토의해 보시오.

2. 16세 미만의 청소년들이 자정부터 6시까지 인터넷 게임에 참여할 수 없도록 하는 청소년 인터넷 게임 건전이용제도(일명 셧다운제)에 대한 찬반 토론을 해 보시오.

3. 마약중독자의 실화를 바탕으로 한 〈내 어깨 위의 고양이, 밥(A Street Cat Named Bob)〉이라는 영화를 보고 마약중독자의 회복을 돕는 길은 무엇일지 토의해 보시오.

4. 마약류 중독자를 범죄자로 보는 시각과 치료해야 할 환자로 보는 시각 중 어떤 것이 마약류 중독자의 재활과 회복에 도움이 될지 각각의 장단점에 대해 토의해 보시오.

5. 인터넷 자체의 특성이 인터넷 중독에 이르게 한다는 관점에서 인터넷 미디어가 지닌 특성은 어떠한지, 그리고 인터넷 중독에 이르는 과정에 대해서 토의해 보시오.

제12장

자살

우리나라 자살률은 OECD 국가 중 가장 높은 수준으로, 매우 심각한 정신건강의 이슈이다. 우리 사회에서는 오랫동안 자살을 사회적으로 터부시하거나, 개인의 어쩔 수 없는 선택으로 치부해 왔다. 하지만 한 시간에 약 1.5명이 스스로 죽음을 선택하는 상황을 더 이상 개인의 문제로만 바라볼 수는 없다. 또한 자살이라는 결과적 현상만을 문제시하고, 그 자체를 정신건강의 문제 행동으로만 이해해서도 안 된다. 자살에 이르기까지의 복합적인 사회적 요인과 삶의 맥락을 이해하고 접근할 때 근본적인 해결이 가능하다. 이 장에서는 우리나라 자살 현황이 어떠한지 살펴보고, 이에 대응하는 자살 관련 정책과 조직, 그리고 실천 현장에서의 예방, 개입, 사후 서비스에 대해 살펴볼 것이다.

1. 자살 현황

1) 자살자 수 및 자살률

우리나라의 자살 현황을 보면, 2019년 기준 자살자 수는 1만 3,799명, 자살률은 인구 10만 명당 26.9명이다. 1987년부터 2018년까지 자살률 추이를 살펴보면, 외환위기 때였던 1998년에 급격히 증가한 이후 2003년 카드대란 사태와 2009년 글로벌 금융위기 직후를 기점으로 더욱 증가하였다. 2011년 자살률이 인구 10만 명당 31.7명까지 높아져 최고치를 기록하다가 지속적으로 감소하는 추세였으나 2018년 이후 다소 증가하였다. 2019년 남자의 자살률은 인구 10만 명당 38.0명으로 여자 15.8명보다 높으며 전체 자살사망자 중 70% 이상을 차지한다. 일반적으로 자살시도는 여성이 많으나 실제 자살사망자는 남성이 많다.

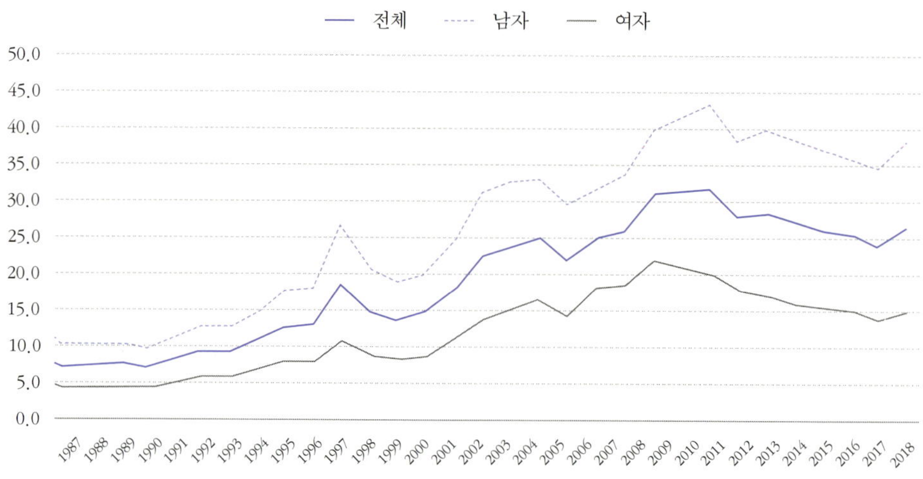

그림 12-1 1987~2018년 자살률 추이

출처: 보건복지부, 자살예방센터(2020).

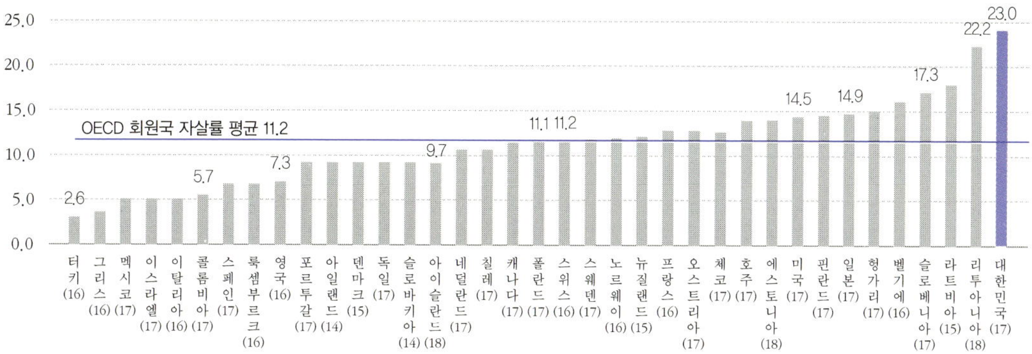

그림 12-2 OECD 회원국 자살률 현황

출처: 중앙자살예방센터(2020).

OECD 회원국의 2019년 12월 기준 최근 연도 자살률 현황을 살펴보면, 한국은 10만 명당 23.0명으로 1위를 차지하고 있으며, 전체 평균 11.3명의 2배가 넘는다. 이러한 수치는 10년 이상 유지되고 있다.

2) 자살사망자 특성

2019년 통계청 사망원인 통계에서 자살사망자의 특성을 살펴보면, 연령대별 자살자 수는 50대가 2,837명으로 가장 많고, 인구 10만 명당 자살률은 80세 이상이 67.4명으로 가장 높다. 특히 한국 노인의 자살률은 OECD 국가들과 비교했을 때 4배 정도 매우 높은 수치를 나타내고 있으나, 2010년 최고치를 기록한 후 꾸준하게 감소 추세에 있다.

시·도별 자살자 수는 경기가 3,310명으로 가장 많고, 연령표준화 자살률(인구 10만 명당)은 충남 29.1명, 제주 28.1명, 강원 26.4명의 순으로 높으며, 서울이 18.7명으로 가장 낮다. 최근 5년간 자살률은 충북, 충남, 강원, 제주가 상대적으로 높다.

수단별 자살사망자 비율은 목맴(51.3%), 가스중독(16.5%), 추락(16.5%), 농약 음독(5.7%)의 순으로 높았다. 최근 5년간 수단별 자살사망자 비율은 목맴이 가장 높았고, 농약 음독은 꾸준히 감소하는 추세이다.

그 외에 교육 정도는 고등학교(36.4%), 대학교(24.7%), 초등학교(13.6%) 순이었으며, 발생장소는 주택(64.7%), 기타(13.8%), 상업 및 서비스 구역(7.2%) 순이었다. 혼인 상태로는 기혼(42.4%), 미혼(30.6%), 이혼(17.1%) 순이었으며, 월별로는 5월(9.2%), 10월(9.0%), 3월(8.6%)의 순이었다.

2019년 경찰청 통계에서의 동기별 자살 비율을 살펴보면, 정신적 · 정신과적 문제가 34.7%로 가장 많았으며, 그다음으로 경제생활 문제가 26.7%, 육체적 질병 문제가 18.8%의 순으로 나타났다. 남성은 경제생활 문제가 32.4%, 여성은 정신적 · 정신과적 문제가 51.4%로 가장 높게 나타났다. 연령별로는 30대까지는 정신적 · 정신과적 문제가, 40~50대에서는 경제생활 문제가, 그리고 60대 이상에서는 육체적 질병 문제가 가장 높았다.

그림 12-3 연령별 자살 동기

출처: 중앙자살예방센터(2020).

3) 한국 사회 자살의 특성

(1) 거시적으로 국가경제 부침에 의존

자살률은 부정적인 경기변동의 영향을 크게 받는 경향이 있다. 1997년 외환위기, 2002년 카드대란, 2008년 미국발 금융위기 등을 겪으면서 자살률이 수직 상승한 뒤 지속적으로 높은 수준을 유지하고 있다. 경제적인 요인으로 실업률 변동과

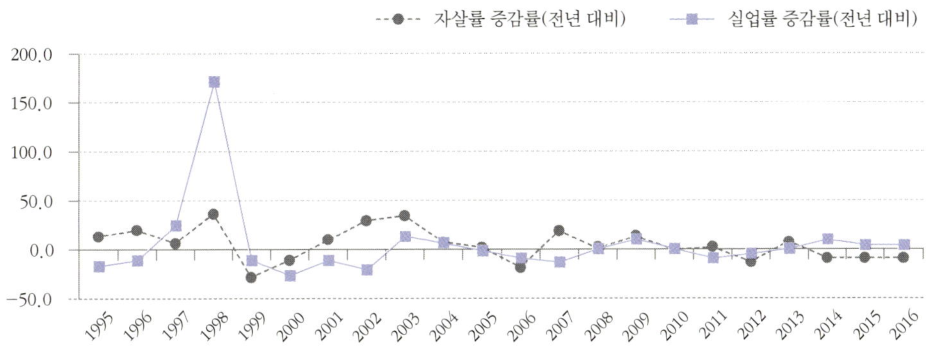

그림 12-4 실업률 변화와 자살률 변화(1995~2016)

출처: 보건복지부(2018b).

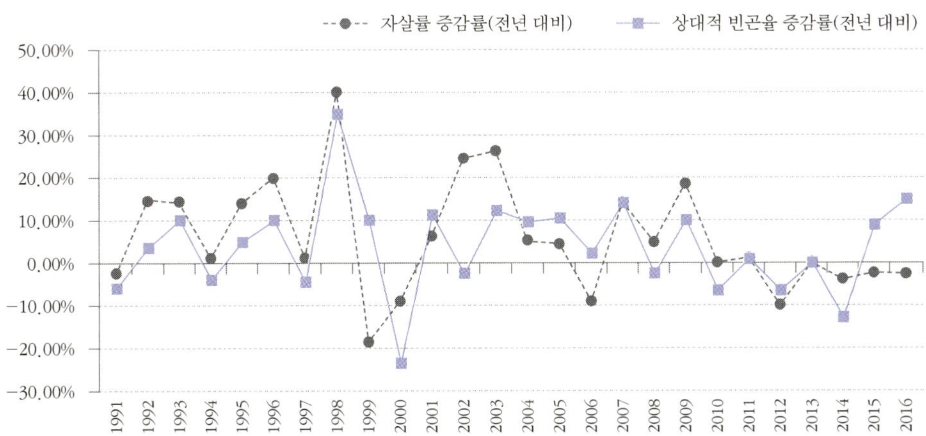

그림 12-5 상대적 빈곤율 변화와 자살률 변화(1991~2016)

출처: 보건복지부(2018b).

자살률 변동이 높은 상관관계를 나타내고 있으며, 경제적 불평등과 차별도 자살률에 부정적인 영향을 미친다.

(2) 사회구조 및 문화적 여건

사회적 요인으로는 낮은 사회통합 수준과 이혼의 증가 등 가족관계 약화로 인하여 사회적 상호작용과 지지체계가 취약해진 것을 들 수 있다. 정신질환에 대한 편견이 높아 정신적 어려움에 대한 도움과 치료를 적기에 받지 못하거나, 자살문제에 대한 심각성을 인지하지 못하는 등 사회적 인식도 중요하다. 특히 자살에 대한 선정적 보도는 모방 자살을 초래하거나 자살 방법을 확산시킬 위험이 있어 주의가 필요함에도 자살보도 권고기준에 대한 언론의 인식이나 협조가 아직 부족하다.

(3) 삶의 위기가 자살의 직접적 동기로 작동

자살의 주요한 동기로 정신적 문제, 경제적 문제, 신체적 질환이 많다. 이는 연령에 따라 다소 차이가 있어서 30대 이하까지는 정신과적 문제, 40~50대는 경제적인 문제, 그리고 60대 이상은 신체질환이 상대적으로 큰 비중을 차지하고 있다. 이러한 직접적인 동기로서 삶의 위기에 처해 있을 때 지원을 요청할 공식적 · 비공식적 연계가 없다면 자살시도로 이어질 수 있다. 어려운 환경에 처해 있음에도 불구하고 공적 지원을 신청조차 하지 않고 자살을 하는 사례들이 발생한다.

(4) 지역의 특수성 고려

지역에 따라 자살이 주로 발생하는 연령, 직업 및 자살수단이 다르다. 노인이 많은 농촌은 질병을 원인으로 하는 자살, 공업 지역에서는 경제적 문제로 인한 중장년 자살, 그리고 숙박업소 밀집 지역에서는 가스중독을 수단으로 하는 자살이 빈번하다. 구조조정 등으로 관련 산업 지역의 자살률이 대폭 증가하거나, 신도시 개발로 인한 외부 인구 유입이 많은 지역에서도 자살률이 증가한다. 따라서 이러한 지역의 특수성에 기반을 둔 자살예방정책이 추진되어야 한다.

2. 자살 관련 정책과 조직

1) 자살예방정책 추진

OECD 최고 수준의 자살문제에 대응하기 위하여 정부에서는 2004년 자살예방대책 기본계획 수립을 시작으로 5년 단위의 자살예방 기본계획을 수립하여 추진하였다. 2011년 「자살예방 및 생명존중문화 조성을 위한 법률(자살예방법)」을 제정함으로써 자살예방을 위한 제도적 인프라 구축이 본격화되었다. 2012년 중앙자살예방센터, 2014년 중앙심리부검센터가 설치되었으며, 이 두 기관은 2021년 한국생명존중희망재단으로 통합되었다.

이러한 적극적인 노력에도 불구하고 자살률이 획기적으로 낮아지지 못하는 상황에서 2018년 자살예방정책의 전 부처적, 범사회적 추진을 위해 3차 자살예방 종합대책을 보완한 '자살예방 국가행동계획(2018~2022)'을 수립하였다. 19개 부처 · 청이 참여하여 6개 분야의 총 62개 과제를 추진 중이다.

2018년 보건복지부에 자살예방정책과를 신설하여 자살예방사업이 효과적으로 기획 · 추진되도록 하고, 국정조정실에 추진단을 설치하여 부처 간 정책조율 및 실적점검을 하도록 하였다. 2019년 국무총리를 위원장으로 하는 '자살예방정책위원회'를 신설하여 12개 부처 · 청 및 관련 전문가가 참여하여 보다 효과적인 범부처 정책대응을 해 나가고 있다.

2) 자살예방 및 생명존중문화 조성을 위한 법률

「자살예방법」은 벌칙까지 총 6장 25조로 구성되어 있다. 총칙에서는 기본정책과 의무에 대해 규정하고 있으며, 제2장에서는 기본계획수립과 자살예방정책위원회에 대한 내용을 담고 있다. 제3장은 자살예방대책으로 실태조사 및 심리검사, 자살시도자의 사후관리와 자살예방센터 설치에 대한 내용을 담고 있고, 제4장은 생명존중

표 12-1 「자살예방법」 내용

제1장 총칙	제1조 목적 제2조 기본정책 제2조의2 정의 제3조 국민의 권리와 의무 제4조 국가 및 지방자치단체의 책무 제5조 사업주의 책무 제6조 다른 법률과의 관계
제2장 기본계획의 수립 등	제7조 자살예방기본계획의 수립 제8조 연도별 시행계획의 수립ㆍ시행 등 제9조 시ㆍ도별 시행계획의 조정 등 제10조 계획수립의 협조 제10조의2 자살예방정책위원회
제3장 자살예방대책 등	제11조 자살실태조사 제11조의2 심리부검 제12조 자살통계 분석 및 정보관리체계 구축 제12조의2 자살시도자 등의 사후관리 제13조 자살예방센터의 설치 제14조 자살위험자 지원 및 정신건강 증진대책
제4장 생명존중문화 조성 등	제15조 생명존중문화 조성 제16조 자살예방의 날 제17조 자살예방 상담ㆍ교육 제18조 자살예방을 위한 홍보 제19조 자살유발정보예방체계의 구축 제19조의2 자살보도 권고기준 준수 협조요청 제19조의3 긴급구조대상자 구조를 위한 정보제공요청 등 제19조의4 정보통신서비스 제공자의 의무
제5장 보칙	제20조 자살시도자 등에 대한 지원 제21조 명예 및 생활의 평온에 대한 배려 제22조 전문인력의 양성 제23조 민간단체 등의 지원 제24조 비밀누설의 금지 제24조의2 관계기관의 협조

문화 조성을 위한 자살예방의 날, 교육, 홍보, 자살보도 권고기준 등에 대한 내용을 포함하고 있다.

3) 자살예방 국가행동계획

2018년 1월 수립된 '자살예방 국가행동계획'은 기존에 발표된 자살예방기본계획을 보완하며 실효성 있는 과제를 중심으로 구체적인 행동계획(action plan)을 제시하고 있다. 총리실 주도의 범정부 추진체계를 구축하여 범부처의 협조를 강조하고 있다.

자살예방 국가행동계획은 자살의 원인과 진행 과정에 따라 6개 분야의 54개 과제를 제시하고 있다.

첫째, 과학적 근거에 기반을 둔 전략적 접근을 추진한다. 5년간 자살사망자 7만 명에 대한 전수조사를 하고, 심리부검을 통해 심리 · 사회적 자살원인을 분석한다. 국가 자살동향 감시체계(National Surveillance System on Suicide Trend)를 구축하여 자살률 동향을 예측할 수 있는 관련 통계를 신속하게 확보한다. 지방자치단체가 지역 특성을 반영한 자살예방정책을 추진하도록 지원하며, 효과성 높은 자살예방 프로그램에 대한 인증제를 확립하여 확산한다.

둘째, 자살 고위험군 발굴을 위한 전사회적 네트워크를 구축한다. 지역 풀뿌리 조직, 방문서비스 종사자, 상담전문가, 보건의료인력 등 지역사회 네트워크 핵심그룹 100만 명을 게이트키퍼로 양성한다. 학대, 상담 · 사례관리, 직접서비스 · 급여 제공기관, 정보제공기관 등 사회보장서비스 기관 간 연계를 강화함으로써 자살 고위험군을 발굴한다. 국가건강검진, 1차 의료기관 등을 통해 우울증 검진을 확대하고, 선별을 강화한다.

셋째, 적극적 개입 · 관리를 통해 자살위험을 제거한다. 보건-복지, 정신건강-사회보장서비스 간의 연결실패를 해소할 수 있도록 위험군에 대한 빈틈없는 지원체계를 구축한다. 지역사회 정신건강서비스 접근성을 강화하며 자살수단 차단, 자살보도 권고기준 확산, 자살유해정보 유통금지 등 자살 위험요인을 제거한다.

넷째, 사후관리 강화를 통해 자살 확산을 예방한다. 응급실 기반 자살시도자 사후관리를 강화하고, 자살유가족 지원을 확대하며, 유명인 자살사건 대응체계를 구축한다.

다섯째, 대상별 자살예방을 추진한다. 노동자 및 실직자 대상 자살예방을 강화하며, 퇴원 정신질환자, 특수직 공무원, 자살예방 현장 정신건강전문요원 등 자살

그림 12-6 자살예방 국가행동계획 추진전략

위험이 높은 집단에 대한 고려를 강화한다. 노인, 청장년, 대학생, 군인, 초·중등학생, 학교밖 청소년 등 연령별 자살예방대책을 추진한다.

여섯째, 자살예방 추진기반을 마련한다. 총리실 주도의 '범정부 추진체계'를 구축하고, 자살은 '개인적 문제'이며 '막을 수 없다'는 사회적 인식을 개선할 수 있도록 캠페인과 공익광고 등을 확대한다.

4) 자살예방 조직

(1) 자살예방 전달체계

자살예방은 중앙단위에서는 보건복지부 자살예방정책과를 중추로 하여 국립정

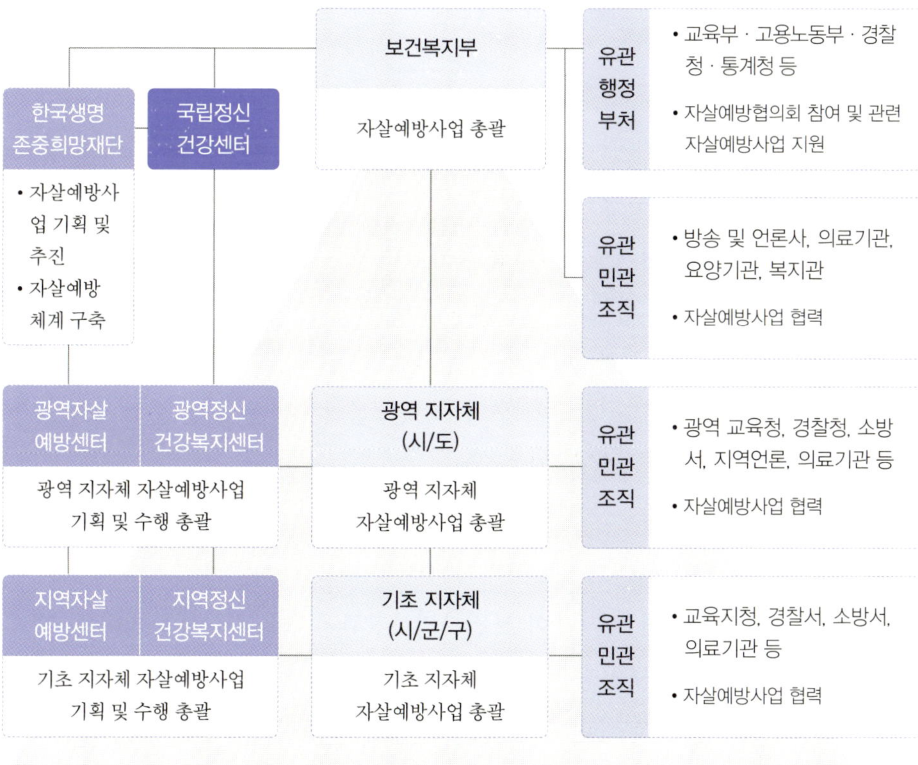

그림 12-7 자살예방 전달체계

출처: 보건복지부, 자살예방센터(2020).

신건강센터와 한국생명존중희망재단이 자살예방사업에 대해 총괄한다. 광역단위에서는 시 · 도 지방자치단체와 광역자살예방센터 및 광역정신건강복지센터가, 그리고 시 · 군 · 구 단위에서는 지역자살예방센터와 및 지역정신건강복지센터가 기획과 수행의 역할을 담당한다.

(2) 자살예방정책과

자살예방 국가행동계획 수립 후 효과적인 자살예방정책을 기획 · 추진하기 위해 전담부서인 자살예방정책과를 신설하였다. 보건복지부 자살예방정책과는 자살이 개인의 문제가 아니라 국가적으로 해결 가능한 사회문제라는 인식을 바탕으로 자살예방정책을 수행하고, 각 부처와 지방자치단체, 자살예방 및 정신건강, 사회복지서비스 등을 제공하는 다양한 민간위탁기관이 자살예방 관련 업무를 유기적으로 할 수 있도록 연계 지원한다.

(3) 한국생명존중희망재단

자살예방체계 구축과 운영 · 지원에 중추적 역할을 담당하기 위하여 기존의 중앙자살예방센터와 중앙심리부검센터를 통합하여 한국생명존중희망재단을 2021년에 설립하였다. 자살예방 정책 및 기본계획 수립 지원, 자살예방 연구 및 통계분석, 생명지킴이 및 전문인력 교육, 미디어 모니터링 및 홍보, 지방자치단체 사업 지원 및 평가, 고위험군 관리제도 및 사업 운영 · 지원, 심리부검 운영 및 분석 등의 사업을 추진하고 있다.

(4) 자살예방센터

「자살예방법」 제13조에 근거하여 보건복지부장관은 중앙자살예방센터를, 시 · 도지사 및 시장 · 군수 · 구청장은 지방자살예방센터를 설치 · 운영할 수 있다. 자살예방센터의 업무는 자살 관련 상담, 자살위기 상시 현장 출동 및 대응, 자살시도자 사후관리, 자살자의 유족 지원 및 관리, 자살예방 홍보 및 교육, 자살예방 전문인력 양성 등이다. 전국적으로 자살예방센터의 독립 운영 지역이 6개, 부설 운영

지역은 44개이며(2020년 12월 기준), 나머지 지역은 정신건강복지센터에서 사업을 추진하고 있다.

3. 자살에 대한 예방 · 개입 · 사후 서비스

1) 자살예방교육

자살예방교육을 통해 자살에 대한 이해와 관심을 높임으로써 주변에서 자살의 위험을 발견하고 연계할 수 있도록 한다. 대표적인 교육 프로그램이 '보고 듣고 말하기(보듣말)'로서, 자살위험에 처한 주변인의 '신호'를 인식하여 지속적인 관심을 가지고 적절한 도움을 받을 수 있는 자원과 연계할 수 있도록 교육한다. 구체적으로 각 단계를 살펴보면 다음과 같다.

첫째, '보기'에서는 자살을 암시하는 언어적 · 행동적 · 상황적 신호를 이해하고 발견하는 것이다. 자살을 생각하는 사람들은 자신들이 자살을 생각하거나 삶을 포기하려고 한다는 것을 먼저 말하지 않는 경우가 많다. 하지만 자살하려는 사람은 도움을 바라고 있으며, 단지 주변 사람들이 알아채지 못할 뿐이다. 실제로 심리부검 결과에 따르면, 자살사망자 중 92.2%가 자살을 암시하는 경고 신호를 보냈지만, 주변에서 경고 신호를 알아차린 비율은 21.0%에 불과하다. 따라서 자살을 생각하는 사람들이 보내는 신호를 먼저 보고, 발견하고 알아채 주어야 한다.

둘째, '듣기'에서는 자살에 대한 생각을 갖고 있는지 묻고 적극적으로 경청하는 것이다. 우선 자살에 대해 명확하게 물어보는 것이 중요하다. 자살에 대한 생각, 계획, 수단, 날짜, 시도에 대해 직접적으로 물어보는 것은 이야기하는 과정에서 감정이 환기되어 자살에 대한 생각을 줄일 수 있다. 죽음을 생각하는 사람은 살려고 하는 마음도 동시에 갖고 있으며, 죽고 싶다는 외침은 살고 싶다는 SOS이기도 하다. 자살에 대한 옳고 그릇됨의 가치판단, 비난이나 비판, 화냄, 충고하는 말투, 주관적인 생각을 강요하는 것은 바람직하지 않으며, 주의 깊게 경청하면서 말의 내용뿐만

표 12-2 자살의 경고 신호

구분	내용
언어적 신호	• 자살이나 살인, 죽음에 대한 말을 자주 함 • 신체적 불편감을 호소 • 자기비하적인 말을 함 • 자살하는 방법에 대해 질문함 • 사후세계를 동경하는 말을 함 • 자살한 사람들에 관한 이야기를 꺼냄 • 편지, 수양록, 노트 등에 죽음 관련 내용을 적음
행동적 신호	• 수면 상태 변화 • 식사 상태 변화 • 주변을 정리함 • 자신의 자살에 대한 계획을 세움 • 평소와 다른 비일상적인 행동, 공격적 · 충동적 행동 • 집중력 저하 및 사소한 일에 대한 결정의 어려움 • 외모관리에 대한 무관심 • 자해행동이나 물질 남용을 보임 • 죽음에 관련된 음악, 시, 영화에 과도하게 몰입 • 인간관계를 개선하려고 노력하거나 신변 정리 • 평소 소중히 여기던 물건을 다른 사람에게 줌
상황적 신호	• 자살사망자가 사망 전 경험한 스트레스는 다층적이며 복합적임 • 정신건강 및 신체건강 관련 문제 • 가족 · 부부 · 친구 · 애인과의 갈등이나 이별 등 관계 관련 스트레스 사건 • 과도한 업무부담, 사회적 지위의 상실 등 직업 관련 스트레스 사건 • 도박이나 주식 투자 등으로 감당하기 어려운 경제적 손실, 가족의 심각한 경제적 어려움 등 경제 관련 문제 • 학업 관련 스트레스 사건 • 좌절이나 실패 • 공개적으로 망신을 당하거나 비난을 받음 • 구타, 가혹행위, 성적 학대를 당함

아니라 감정에 주의를 기울이는 자세가 필요하다.

셋째, '말하기'는 자살을 생각하는 사람의 위험성을 확인한 후 전문가에게 의뢰하는 과정이다. 이전 자살시도 유무, 정신과 질환의 유무, 알코올 남용, 자살 방법의 준비 여부와 치명성, 자살계획의 구체성, 지지자원 등 위험요인을 파악한 후 자살예방센터 등 전문기관에 연계할 수 있도록 한다.

2) 자살촉발 위험요인 제거

자살수단의 위험성을 차단하거나 완화하는 것은 자살예방에 실제적인 효과가 있다. 우리나라의 경우 농약이나 번개탄을 이용한 자살시도나 대교에서의 투신 등을 예방하기 위한 노력이 이루어지고 있다. 농촌 지역에 농약보관함 설치, 번개탄 판매 행태 개선, 숙박업소에 일산화탄소 감지기 설치, 대교에 안전난간 설치, 자살 빈번 장소에 자살예방 안내 문구 설치 등을 하고 있다. 자살수단의 접근성 자체를 차단하거나, 자살위험을 발견하고, 지원에 대한 정보를 제공함으로써 자살을 줄일 수 있다.

미디어나 언론의 자살 관련 부적절한 보도는 자살을 촉발하는 요인이 될 수 있

표 12-3 자살보도 권고기준 3.0

구분	내용
전문	• 자살보도에는 사회적 책임이 따릅니다. • 잘못된 자살보도는 사람을 죽게 할 수도 있습니다. • 자살보도 방식을 바꾸면 소중한 생명을 구할 수 있습니다.
다섯 가지 원칙	1. 기사 제목에 '자살'이나 자살을 의미하는 표현 대신 '사망' '숨지다' 등의 표현을 사용합니다. 2. 구체적인 자살 방법, 도구, 장소, 동기 등을 보도하지 않습니다. 3. 자살과 관련된 사진이나 동영상은 모방 자살을 부추길 수 있으므로 유의해서 사용합니다. 4. 자살을 미화하거나 합리화하지 말고, 자살로 발생하는 부정적인 결과와 자살 예방 정보를 제공합니다. 5. 자살사건을 보도할 때에는 고인의 인격과 유가족의 사생활을 존중합니다.

다. 이에 자살보도 권고기준을 마련하여 언론사에 배포하고 정기적인 교육 및 모니터링을 실시한다. 또한 동반자살 모집 등 온라인상 자살유해정보 유통을 금지하고 모니터링하며, 처벌 근거를 마련한다.

3) 자살 위기지원

자살위험자가 가진 정신적 어려움을 중심으로 상담 서비스를 제공함으로써 자살위험성을 낮추고, 자살위험자가 가진 욕구와 문제의 특성에 따라 통합 사례관리체계에 의뢰한 후 적절한 서비스를 제공받을 수 있도록 연계 · 협력한다. 자살 위기지원서비스는 접수, 조사 및 선정, 계획수립, 서비스 제공, 평가, 종결, 추후관리의 과정으로 이루어지며, 각 과정별 주요 활동은 〈표 12-4〉와 같다.

표 12-4 자살 위기지원서비스 과정별 주요 활동

서비스 과정별 기능		주요 활동
접수	• 사례 접수상담 • 서비스 적합성 판단	• 사례 접수 • 서비스 적합성 판정 –정신과적 위기분류 평정척도 실시 –서비스 제공 및 개인정보 제공 · 활동 동의(구두) –거주지, 주호소문제 등 확인
조사 및 선정	• 조사 • 대상자 선정 및 분류(사례회의) • 서비스 지속여부 판단	• 자살위험성 심층조사 –정보수집 및 사전척도 등 관련 평가 진행 • 사례회의를 통한 대상자 선정 및 분류(자살 위기지원서비스, 통합사례관리체계 의뢰)
계획 수립	• 계획 수립 • 서비스 안내 및 동의 • 통합사례관리체계 의뢰 • 서비스 지속여부 판단	• 개입계획 수립 • 서비스 제공 및 개인정보 제공 · 활동 동의 –자살위기상담 서비스 안내 –서비스 및 개인정보 제공 · 활동 동의(서면) • 만성 · 복합사례에 대한 통합사례관리체계 의뢰 및 협력 –협력하여 자살 위기지원서비스 제공 계획 수립

서비스 제공	• 자살위기상담 서비스 • 서비스 연계 • 서비스 점검	• 구조화된 자살위기상담 서비스(8회기) 제공 • 필요 서비스 연계 –정신과적 치료연계 및 의료비 지원 –통합사례관리체계 연계 · 협력 • 서비스 제공계획 이행 상황, 자살위험성 변화 점검 –매 회기 자살위험도 점검 –통합사례관리 대상자는 통합사례회의를 통해 점검
평가	• 평가(사례회의)	• 대상자의 변화 정도 평가 –자살위험성 –정신과적 증상 • 개입 목표달성 정도 평가 • 서비스 진행 과정 평가 • 사례회의를 통한 종결, 이관 등 논의
종결	• 종결 준비 및 종결 • 추후관리 안내 및 동의	• 서비스 제공 과정에 대한 리뷰, 격려 • 종결 이후 도움을 요청할 수 있는 정보제공 • 추후관리 안내 및 동의(재확인)
추후 관리	• 추후관리	• 기본 추후관리(최대 6개월) • 장기 추후관리(기본 추후관리 종료~최대 3년)

출처: 보건복지부, 중앙자살예방센터(2021).

자살위기상담은 자살 고위험군을 대상으로 자살위기에 대한 구조화된 상담을 제공함으로써 자살충동 및 자살사고를 감소시키고자 한다. 〈표 12-5〉와 같이 주 1회, 8회기로 구성된다. 4~6회기에는 대상에 따라 생각의 변화를 돕는 모듈, 정서 · 행동의 변화를 돕는 모듈, 마음을 챙기는 모듈 중 선택하여 진행할 수 있다.

표 12-5 자살위기상담 서비스 구성

회기	내용
회기 전	• 자살위기상담 서비스 안내 • 사전 척도 측정 • 상담 구조화하기
1회기	• 자살위험수준 점검 • 안전계획수립
2회기	• 자살 경고 증상 • 자살 위험요인과 보호요인
3회기	• 자살위험과 관련 있는 정신질환 • 나를 돌보기
4회기 5회기 6회기	• 대상에 따른 상담 모듈 진행 –생각의 변화를 돕는 모듈 –정서행동의 변화를 돕는 모듈 –마음을 챙기는 모듈
7회기	• 스트레스 대처기술 기르기 • 안전대처카드 작성
8회기	• 자살위험도 추이 분석: 자살사고, 완화요인, 악화요인 파악 • 스트레스 대처기술 향상: 자기주장하기, 용서하기 • 사후척도 측정

출처: 보건복지부, 중앙자살예방센터(2021).

4) 자살시도자 사후관리

자살시도자와 첫 대면을 할 때는 전문가의 태도가 중요하다. 침착한 태도를 유지하여 자살시도자가 안정된 분위기 속에서 도움을 받도록 한다. 수용적인 태도로 경청하고, 관심을 갖고 이해하는 태도가 잘 전달될 수 있도록 해야 한다. 절대 자살시도자가 취하려는 자살 방법에 대해 부정적으로 말하지 않으며, 단순한 조언은 생략하고, 막연하게 잘 될 것이라고 말하는 것도 금물이다. 자살시도 후에 응급처치가 필요한 상황이 아니라면 최대한 편안한 장소에서 따뜻한 음료 등을 마시면서 안정감을 갖도록 도와준다.

자살시도가 발생하면, 경찰 및 소방은 위기개입, 대상자의 의료기관 이송 및 연계 업무를 수행하게 된다. 또한 자살시도자의 가족 외 다수의 관계자를 대해야 하고, 위기에 가장 적절하고 효율적 방식으로 대처해야 한다. 자살시도자에 대한 사후관리는 다음의 단계에 따라 진행해야 한다(보건복지부, 중앙자살예방센터, 2019).

첫째, 자살시도자의 활력징후(vital sign)를 확인한다. 필요시 인공호흡 등의 심폐소생술을 실시한다. 정서적인 스트레스와 불안도가 높은 상황에서 올바른 결정을 내릴 수 있도록 침착하게 대처한다.

둘째, 자살시도의 성격에 따라 응급진료기관과 즉시 연락하고 정신건강 진료가 이뤄져야 한다. 많은 경우 자살시도에 사용된 약물과 독극물을 확인하고 음독량을 알아보는 것이 중요하다. 사용하지 않은 약물 및 빈 병을 응급진료기관에 주어 음독한 약물을 의료진이 확인할 수 있게 하는 것이 도움이 된다.

셋째, 자살을 시도한 사람과 우선적으로 만나거나 관계를 맺는 것이 필요하다. 관계는 편안하고 위협적이지 않으며, 공감적이고 우호적이어야 한다.

넷째, 대화를 시도하는 것은 매우 중요하다. 당사자가 자유롭게 느낌을 말할 수 있도록 대화를 이끌어야 한다. "좀 어떠세요?"와 같은 개방형 질문이 좋으며, 자살시도자를 도울 수 있을 만한 단서를 찾아내는 것이 핵심이 된다. 이 과정에서 자살시도자가 죄책감을 느끼지 않도록 일선 대응요원은 각별히 주의해야 한다. 비난이나 행동에 대한 비판적 태도, 못마땅하게 여기는 듯한 언행은 삼가야 한다.

다섯째, 의료시설로 이송되지 않아도 되는 경우에는 자살수단을 제거하려는 노력이 가장 먼저 선행되어야 한다. 가족이나 가까운 친구가 당사자의 회복을 돕고 필요시 치료기관에 의뢰할 수 있도록 해야 한다.

여섯째, 당사자는 적절한 치료와 후속 조치를 받도록 정신건강복지센터 혹은 중독 관련 치료기관 등에 연계되어야 한다. 정신건강복지센터로의 의뢰는 필요한 의료적 처치와는 별개로 이루어져야 한다.

마지막으로 현장에 도착한 가족 혹은 그 외 관계자들은 정서적으로 심각한 혼란과 분노에 압도될 수 있다. 이들 모두를 온정적인 태도와 세심함으로 대할 필요가

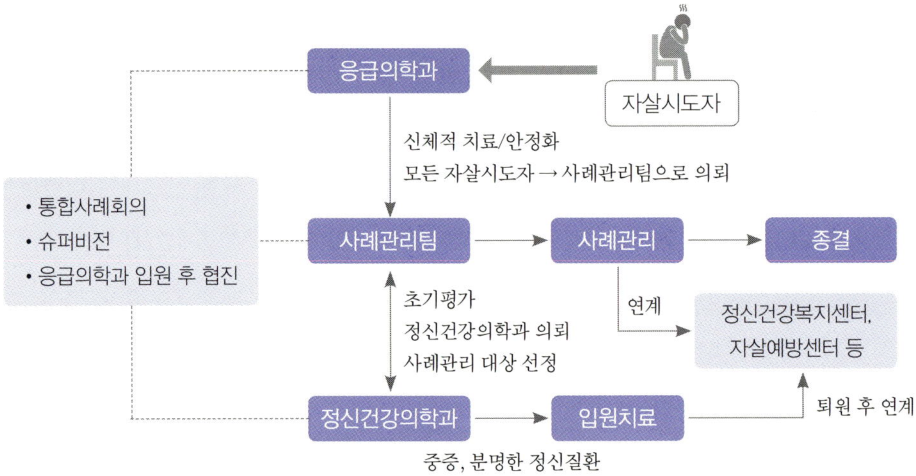

그림 12-8 자살시도자 사후관리

출처: 보건복지부, 중앙자살예방센터(2021).

있다. 자살시도자가 의식이 없거나 중상을 입은 경우, 현장에 있는 이들이 또한 중요한 정보(음독한 약물이나 과거 자살시도 이력 등)의 원천이 될 수 있다. 만일 가족이나 기타 관계인이 현장에 없을 경우에는 연락을 취하여 주요 정보를 얻는 것이 필요하다.

자살시도자 사후관리의 일환으로 '응급실기반 자살시도자 사후관리사업'을 실시하고 있다. 응급실에 내원한 자살시도자의 정서적 안정을 촉진하고, 필요한 치료 및 서비스를 연계하여 자살 재시도를 예방하기 위한 목적을 가진다. 응급의학과 및 정신건강의학과 의료진을 포함하여 사례관리팀을 구성하여 자살시도자에 대한 신체적 안정화, 정신과적 치료, 퇴원 후 최소 1개월 이상 사례관리서비스를 제공하며, 정신건강복지센터와의 연계·협력체계를 구축하고, 기술지원을 한다.

5) 자살 유족 지원

사랑하는 사람을 자살로 잃는 일은 매우 힘들고 고통스러운 경험이며, 남은 사람들의 삶을 완전히 바꿔 버릴 수 있다. 일반적으로 자신에게 중요하고 의미 있는 사람을 자살로 잃고 삶의 변화를 겪은 사람들을 자살 유족 혹은 자살생존자(suicide survivor)라 한다. 자살 유족은 고인과의 친밀감 또는 자살로 인한 심리적 충격 정도에 따라 자살한 사람의 친인척, 심리적으로 가깝고 친밀한 사람, 자살로 인해 스트레스를 받은 사람으로 분류한다. 일반적으로 자살 1건 발생 시 심각한 영향을 받게 되는 유족은 최소 5~10명 정도이다.

자살 유족은 사별 이후 슬픔, 충격, 분노 등의 심리적인 문제와 함께 일상을 살아가는 상황에서 예상치 못한 문제에 당면하게 된다. 자살 유족의 자살위험성은 8.3~9배가량 높고, 사별 후 정신건강에도 부정적인 영향을 미치게 되므로 자살 유족을 위한 서비스와 프로그램을 통해 신속하게 지원해야 한다.

표 12-6 유족 지원 프로그램 내용

구분	내용
위기개입 프로그램	• 보호의무자 고지 • 자살위험을 낮추기 위한 상담 • 상황에 따른 응급개입(정신건강서비스 연계 및 법적 입원 포함) • 광역 및 자살예방센터를 통한 야간 모니터링 제공
마음건강 교육 프로그램	• 자살에 대해 이야기하기 • 정신건강과 자살 • 자살을 선택한 이유(고인 및 자살자의 일반적 심리 이해) • 유족의 슬픔과 애도에 대하여 • 트라우마와 그 후 • 회복을 돕는 방법
사회기술향상 프로그램	• 나의 생활 스캔하기 • 마음 풀어내기(힘듦을 언어적 · 비언적으로 표현) • 고인 이야기하기(자살이라고 인정하기, 고인을 이야기하고 고인에 대해 질문할 때 대답하는 훈련하기) • 우선순위 정하고 처리하기 • 가족 간 역할 재정립하기 • 일상생활 변화 주기(유족과의 친밀감 도모, 환경 변화를 통한 기분전환)

출처: 자살유족을 위한 공간 '따뜻한 작별' 홈페이지(www.warmdays.co.kr).

자조모임을 통해 같은 아픔을 지닌 유족들이 서로의 아픔을 공감하고 치유의 과정을 함께 해 나간다. 참여자 간에 슬픔을 공유하고, 지지와 격려를 통해 변화를 체험하며, 자기표현의 기회를 통해 절망감을 완화하고, 스스로 통제할 수 있는 방법을 터득할 수 있다. 참여자 간 다양한 시각에서 조언해 줄 수 있어 자신의 상황과 감정을 이해할 수 있다. 나아가 회복된 유족이 현재 어려움을 겪고 있는 유족을 돕는 '동료지원'이 중요하다. 훈련된 자살 유족이 다른 유족의 심리적 안정을 돕고, 유족 간의 유대감을 강화하고, 지역사회와 소통하며 유족의 권익옹호활동을 해 나간다.

6) 심리부검

심리부검(psychological autopsy)이란 자살 유족의 진실과 기록 검토를 통해 자살사망자의 심리·행동 양상 및 변화 상태를 확인하고 자살의 구체적인 원인을 검증하는 체계적인 조사 방법이다. 심리부검은 수집된 정보를 바탕으로 국가 차원의 자살예방정책 수립에 기여할 수 있으며, 더 나아가 자살 유족들의 건강한 애도에 도움을 주는 등 긍정적 효과가 있다(중앙심리부검센터, 2019).

심리부검 면담은 지역의 정신건강복지센터 및 경찰서를 비롯한 여러 기관을 통해 신청할 수 있으며, 자살로 사별한 유족이 홈페이지나 전화로 직접 면담을 신청하기도 한다. 심리부검 면담은 정보제공자(유족) 1인당 주 면담원과 보조 면담원 각 1인, 총 2인이 배정되어 실시된다. 자살사망자 2명당 2명의 유족이 면담에 참여할 수 있으므로, 유족 2명이 참여한다면 총 4명의 면담원이 배정되어 진행한다. 면담 시 개발된 심리부검 도구인 K-PAC 2.1(Korea-Psychological Autopsy Checklist 2.1)을 적용한다. 이 도구는 정보제공자(유족), 대상자(자살사망자), 면담원 평가의 세 가지 영역으로 구분되며 세부 항목은 〈표 12-7〉과 같다.

각 사례에 대한 사례 개념화를 통해 자살의 위험요인 및 보호요인 등을 확인하고 자살예방을 위한 시사점을 제안하기 위해, 면담 종료 후 주 면담원은 사례에 대한 심리부검 보고서를 작성한다. 보고서는 다섯 가지 요인으로 구성된다. 첫째, 만성 위험요인으로 장시간 지속되었으며 조절하기 어려워 자살의 위험을 증가시키

표 12-7 K-PAC 2.1 구성

영역	항목
정보제공자(유족)	• 일반정보 • 유족의 심리정서적 상태 • 유족의 반응 및 대처
대상자(자살사망자)	• 일반정보 • 자살행동 및 사망정보 • 직업 및 경제 상태 • 가족 및 부부관계 • 연애관계 및 가족 외 대인관계 • 기타(성격, 취미 및 과거력) • 건강상태 정보(고인의 신체 및 정신) • 정신건강 정보(가족 및 친구) • 정신관적 진단면담 • 면담 종결 및 유족 제언
면담원 평가	• 자살사망 당시 치명도 • 고인의 추정 정신질환 및 심각도 • 고인 가족의 추정 정신질환 등 • 별도 작성: 심리부검 보고서

출처: 중앙심리부검센터(2019).

는 요인이다. 둘째, 소인(잠재적) 위험요인으로 개인의 특성, 성향, 취약성 등을 포함해 자살에 영향을 미칠 수 있는 소인적 · 잠재적 요인이다. 셋째, 급성 위험요인으로 단기간 내에 자살위험을 증가시키는 요인이다. 넷째, 촉발자극 사건으로 자살을 촉발시킨 특정 사건이다. 마지막은 보호요인으로 자살을 막는 데 기여할 수 있었을 것이라 생각되는 요인이다.

심리부검 면담은 유족이 건강한 애도를 할 수 있도록 돕고 고인의 삶을 통합적으로 받아들일 수 있도록 한다는 점에서 도움이 되지만, 한편으로는 고인의 삶을 구체적으로 돌아보는 과정이 힘들 수 있다. 이에 심리부검 면담이 종료된 후 해당 주 면담원이 유족의 심리정서적 상태를 점검하고 추가적인 도움이 필요한지를 확인하기 위한 사후개입 서비스로 유선상 심리부검 사후점검을 실시하고 있다.

자살의 직접적인 동기는 정신적 문제인 경우가 많지만 경제적 상황, 가족구조, 치열한 경쟁과 높은 불안의 사회문화적 요인, 취약한 사회적 안전망 등이 복합적으로 작용한 결과이다. 이에 정부에서는 자살예방법의 제정과 전담 부처 신설, 그리고 전 부처적·범사회적 자살예방정책을 추진하기 위해 노력하고 있다. 실천 현장에서는 자살예방교육, 자살촉발 위험요인 제거, 자살 위기지원, 자살시도자 사후관리, 자살 유족 지원, 심리부검 등이 실시되고 있다. 자살에 대한 개입은 정신과적·임상적 실천도 중요하지만, 자살에 이르는 다양한 삶의 요인을 고려해야 한다. 특히 보건-복지, 정신건강-사회보장 연계를 통한 통합적인 접근이 이루어져야 한다. 무엇보다 자살은 '개인적 문제'이며, '막을 수 없다'는 사회적 인식을 개선할 수 있도록 전 사회적인 차원에서의 노력이 필요하다.

토론주제

1. 한국 사회 자살의 주요한 특징은 무엇이며, 그에 따른 정책적 방향은 어떠해야 하는가?
2. 자살예방정책에 있어 보건-복지, 정신건강-사회보장 연계를 강화하기 위해 어떠한 개입이 이루어져야 하는가?
3. 자살예방교육에서의 세 단계는 무엇이며, 자살의 경고 신호를 어떻게 발견할 수 있는가?
4. 자살보도 권고기준의 다섯 가지 원칙은 무엇이며, 실제 언론보도에서 어떻게 적용되고 있는가?
5. 자살시도자 사후관리는 어떠한 단계를 통해 이루어지며, 대화시도 시 고려해야 할 점은 무엇인가?

제13장

트라우마와 재난 정신건강

트라우마는 인생을 살아가면서 다양한 충격적 경험으로 인해 겪게 되는 심리적 고통이다. 정신적 어려움을 가진 사람들을 주로 만나는 정신건강 실천 현장에서는 증상 이면에 놓인 트라우마를 이해하는 것이 매우 중요하다. 증상에 이르기까지 한 사람의 삶의 과정 속에서 고통을 초래했던 트라우마를 이해하고 공감할 때 진정한 회복의 과정 또한 가능하다. 최소한 실천 과정이 또다시 트라우마를 재경험하게 해서는 안 된다. 우리나라에서 트라우마가 사회적인 주목을 받게 된 것은 세월호 사건 등 사회적 재난으로 인해 많은 사람이 트라우마를 경험하면서이다. 재난은 직접적인 피해자뿐만 아니라 그 가족과 지인, 재난 인력, 지역주민과 모든 국민에 이르기까지 광범위한 영향을 미칠 수 있다. 이 장에서는 트라우마에 대한 기본적인 이해를 토대로 재난 정신건강 문제와 이에 대한 실천적 개입 방법에 대해 다룰 것이다.

1. 트라우마의 이해

1) 트라우마

트라우마(trauma)란 의학적 용어로 외상(外傷)을 의미하며, 일반적으로 개인이 충격적인 경험을 하였을 때 받는 심리적 고통을 뜻한다. 트라우마는 세 가지 요소로 구성된다. 첫째는 사건(event)으로서, 사망이나 폭력 등 트라우마를 발생시킨 사건이나 상황들이 있다. 둘째는 경험(experience)으로서, 사건을 어떻게 경험했는가이다. 사건이 외상적인지를 결정하게 되는 개인적인 경험으로서, 언제, 어디서, 어떻게, 얼마나 자주 경험했는가에 따라 달라질 수 있다. 셋째는 영향(effect)으로서, 사건으로 인해 신체적 · 정서적 · 사회적 · 영적으로 부정적인 결과가 나타나게 된다.

잠재적인 외상사건(Potentially Traumatizing Event: PTE)은 개별적 사건과 사회적 사건으로 구분할 수 있다. 개별적 사건으로는 신체적 · 심리적 학대, 성폭력, 교통사고, 강도나 살인 등의 범죄, 가족의 심한 부상이나 사망 등이며, 이러한 사건을 목격하는 것도 해당된다. 사회적 사건으로는 지진 · 화재 · 홍수 등의 재해, 지역사회에서의 범죄나 폭력, 부상이나 사망, 테러, 대규모 환경오염 등이 포함된다. WHO에서 21개 국가를 대상으로 조사한 결과, 가장 많이 발생하는 트라우마는 사랑하는 사람의 사망(30.5%), 타인에 대한 폭력 목격(21.8%), 폭력 경험(18.8%)의 순이었다(Stein et al., 2010).

트라우마는 한 개인의 신체, 정서, 인지, 관계, 자아상에 부정적인 영향을 미친다. 트라우마는 기억, 집중, 학습에 부정적인 영향을 미치며, 심장질환, 비만, 중독, 면역력 저하 등의 신체적 질병을 유발하기도 한다. 감정의 조절 및 표현 능력을 저하시키고, 안전과 위험을 구분하는 역량을 떨어뜨린다. 타인을 신뢰하고, 협력하며, 건강한 관계를 형성하는 데 어려움을 초래하고, 희망이나 긍정적인 자아상에도 영향을 미치게 된다.

2) 외상후 스트레스 장애

외상후 스트레스 장애(Posttraumatic Stress Disorder: PTSD)는 심각한 외상을 경험한 후 나타나는 임상적 문제를 특징으로 한다. 일반 인구에서 평생 외상사건을 겪는 확률은 39~74%로 추정된다. 외상사건을 겪는다고 모두 외상후 스트레스 장애가 발병하는 것은 아니어서, 외상후 스트레스 장애의 평생발생률은 9~15%, 평생유병률은 8% 정도로 보이나 진단되지 않은 사람들 중 5~15% 정도는 준임상적인 형태의 외상후 스트레스 장애를 겪는 것으로 보인다. 성인 남성과 여성의 유병률에도 차이가 있어서 여성의 경우 10%, 남성의 경우 4%로 여성에서 두 배 정도 높은 것으로 보고되고 있다(대한신경정신의학회, 2017).

DSM-5에서 정의하고 있는 외상후 스트레스 장애의 진단기준은 다섯 가지이다. 첫째는 외상사건의 경험으로서, 실제적이거나 위협적인 죽음, 심각한 부상 또는 성폭력에의 노출을 직접 경험 또는 목격하는 것이다. 둘째는 침습(intrusion)으로서, 반복적 · 불수의적 · 침습적 고통스러운 기억, 꿈, 플래시백, 단서에 노출되었을 때의 극심한 심리적 고통과 뚜렷한 생리적 반응이 나타나는 것이다. 셋째는 회피(avoidance)로서, 기억, 생각 또는 감정을 회피하고 외상과 관련된 사람, 장소, 행동, 대화, 사물, 상황을 회피하는 것이다. 넷째는 인지와 감정의 부정적 변화로서, 외상사건을 기억할 수 없거나 자신, 타인, 세상에 대한 과장된 부정적 믿음, 지속적 부정적 감정 상태, 흥미의 저하가 나타난다. 다섯째는 각성(arousal)으로서, 공격성과 분노, 예민, 무모하거나 자기파괴적 행동, 과각성, 과장된 놀람 반응, 수면문제 등이 나타난다.

표 13-1 외상후 스트레스 장애의 DSM-5 진단기준

A. 실제적이거나 위협적인 죽음, 심각한 부상, 또는 성폭력에의 노출이 다음과 같은 방식 가운데 한 가지(또는 그 이상)에서 나타난다.
  1. 외상성 사건에 대한 직접적인 경험
  2. 그 사건이 다른 사람들에게 일어난 것을 생생히 목격함

3. 외상성 사건이 가족, 가까운 친척 또는 친한 친구에게 일어난 것을 알게 됨
4. 외상성 사건의 혐오스러운 세부 사항에 대한 반복적이거나 지나친 노출의 경험(예: 변사체 처리의 최초 대처자, 아동 학대의 세부 사항에 반복적으로 노출된 경찰관)

B. 외상성 사건이 일어난 후에 시작된 외상성 사건과 관련이 있는 침습 증상의 존재가 다음 중 한 가지에서 나타난다.
1. 외상성 사건의 반복적 · 불수의적이고 침습적인 고통스러운 기억
2. 꿈의 내용과 정동이 외상성 사건과 관련되는 반복적으로 나타나는 고통스러운 꿈
3. 외상성 사건이 재생되는 것처럼 그 개인이 느끼고 행동하게 되는 해리성 반응(예: 플래시백)
4. 외상성 사건을 상징하거나 닮은 내부 또는 외부의 단서에 노출되었을 때 나타나는 극심하거나 장기적인 심리적 고통
5. 외상성 사건을 상징하거나 닮은 내부 또는 외부의 단서에 대한 뚜렷한 생리적 반응

C. 외상성 사건이 일어난 후에 시작된 외상성 사건과 관련이 있는 자극에 대한 지속적인 회피가 다음 중 한 가지 또는 두 가지 모두에서 명백하다.
1. 외상성 사건에 대한 또는 밀접한 관련이 있는 고통스러운 기억, 생각 또는 감정을 회피 또는 회피하려는 노력
2. 외상성 사건에 대한 또는 밀접한 관련이 있는 고통스러운 기억, 생각 또는 감정을 불러일으키는 외부적 암시(사람, 장소, 대화, 행동, 사물, 상황)를 회피 또는 회피하려는 노력

D. 외상성 사건이 일어난 후에 시작되거나 악화된 외상성 사건과 관련이 있는 인지와 감정의 부정적 변화가 다음 중 두 가지(또는 그 이상)에서 나타난다.
1. 외상성 사건의 중요한 부분을 기억할 수 없는 무능력
2. 자신, 다른 사람 또는 세계에 대한 지속적이고 과장된 부정적인 믿음 또는 예상(예: "나는 나쁘다." "누구도 믿을 수 없다." "이 세계는 전적으로 위험하다." "나의 전체 신경계는 영구적으로 파괴되었다.")
3. 외상성 사건의 원인 또는 결과에 대하여 지속적으로 왜곡된 인지를 하여 자신 또는 다른 사람을 비난함
4. 지속적으로 부정적인 감정상태(예: 공포, 경악, 화, 죄책감, 수치심)
5. 주요 활동에 대해 현저하게 저하된 흥미 또는 참여
6. 다른 사람과의 사이가 멀어지거나 소원해지는 느낌
7. 긍정적 감정을 경험할 수 없는 지속적인 무능력

E. 외상성 사건이 일어난 후에 시작되거나 악화된, 외상성 사건과 관련이 있는 각성과 반응성의 뚜렷한 변화가 다음 중 두 가지(또는 그 이상)에서 현저하다.
  1. (자극이 거의 없거나 아예 없이) 전형적으로 사람 또는 사물에 대한 언어적 또는 신체적 공격성으로 표현되는 민감한 행동과 분노폭발
  2. 무모하거나 자기파괴적 행동
  3. 과각성
  4. 과장된 놀람 반응
  5. 집중력의 문제
  6. 수면 교란(예: 수면을 취하거나 유지하는 데 어려움 또는 불안정한 수면)

F. 장애(진단기준 B, C, D, E)의 기간이 1개월 이상이어야 한다.

G. 장애가 사회적 · 직업적 또는 다른 중요한 기능 영역에서 일상적으로 현저한 고통이나 손상을 초래한다.

H. 장애가 물질의 생리적 효과나 다른 의학적 상태로 인한 것이 아니다.

3) 외상 후 성장

외상에 대한 전통적인 접근은 외상에 대한 피해를 최소화하고 예방하며, 외상 후 스트레스를 완화하기 위한 치료에 관심을 가졌다. 하지만 외상사건을 경험하더라도 어떤 사람은 외상 후 스트레스로 진단되지만 어떤 사람은 외상 후 오히려 삶의 의미를 발견하고 이전보다 더 긍정적인 모습을 가지기도 한다. 이와 같이 외상 후 스트레스에 대처하고, 성장과 성숙이라는 긍정적인 변화를 보이는 현상을 외상 후 성장(Posttraumatic Growth: PTG)이라고 정의한다(Tedeschi & Calboun, 1995).

외상사건은 개인의 삶을 뒤흔드는 강력한 경험을 유발하며, 개인의 가치, 삶의 목표, 신념체계를 흔들고 감정에 휩싸이게 만드는데, 외상 후 이를 반복적으로 되새기고 반추하는 과정에서 고통과 동시에 이를 감소시킬 수 있는 행동전략을 찾게 된다. 시간이 지나가고 행동전략을 발전시키면서 감정적 동요가 잦아들면 사건에 대해 의도적으로 반추를 하게 된다. 사건 자체에 머무는 것을 넘어 사건의 원인이

나 의미, 삶에 미친 영향 등 고차원적인 반추 과정을 반복하면서 외상 전후의 삶이 통합되고, 신념, 가치관, 정체성, 삶의 서사와 지혜가 형성되어 외상 후 성장으로 이어지게 된다. 글쓰기, 대화, 기도와 같은 자기노출과 사회적 지지가 있을 때 의도적 반추가 보다 촉진될 수 있으며, 외상 후 오히려 새로운 삶의 장을 열 수 있게 된다(최승미, 2008).

4) 트라우마 기반 접근

트라우마 기반 접근(trauma-informed approach)은 외상의 영향에 대한 이해와 대응에 기초하여, 서비스 제공자와 생존자 모두의 신체적 · 심리적 · 정서적 안전을 강조하며, 생존자가 통제감과 역량을 회복할 수 있는 기회를 만들어 가는 강점기반 접근이다(Hopper, Bassuk, & Olivet, 2010).

트라우마 기반 접근은 다음의 네 가지 요소를 강조한다. 첫째, 트라우마의 광범위한 영향에 대해 인식하고 잠재적인 회복의 경로를 이해한다. 둘째, 실천 현장에서 만나는 클라이언트, 가족, 전문가, 체계와 관련된 다양한 사람에게 나타난 트라우마의 신호와 증상을 인식한다. 셋째, 트라우마에 대한 지식을 정책과 실천에 완전히 통합시켜 반응한다. 마지막으로 트라우마를 재경험하는 것을 적극적으로 방지한다.

트라우마는 모든 인간에게 일어날 수 있는, 인생 전반에 걸친 이슈이며, 현장에서 만나는 클라이언트 누구나 트라우마 경험이 있을 수 있다고 전제해야 한다. 특히 삶의 과정에서 상실이나 폭력을 경험한 클라이언트는 다양한 트라우마의 신호와 증상을 드러낼 수 있다. 실천가는 이를 이해하고 민감하게 반응할 수 있어야 하며, 실천과 정책의 과정에서 트라우마의 영향을 고려해야 한다.

트라우마로 인한 부정적인 영향은 우울, 자살, 정신질환 등의 정신적 어려움으로 연결될 수 있다. 실제로 정신건강서비스 이용자 중 절반에서 많게는 4/5 이상이 한 번 이상의 트라우마 경험이 있는 것으로 실증연구에서 확인되고 있다(Goodman et al., 1999; Posner et al., 2008). 하지만 그동안 정신건강 전문가는 클라이언트에게 중요한 트라우마를 충분히 다루지 못한 채, 증상을 소거하거나 완화하는 대증요법에 멈추었다. 무엇보다 클라이언트가 서비스 이용 과정에서 트라우마를 재경험하지 않도록 보호하며 예방적 조치를 취할 수 있어야 한다. 특히 강압적인 치료 과정, 피해자를 비난하는 전문가들의 언어와 태도가 이미 트라우마를 경험한 클라이언트에게 자칫 트라우마의 재경험이라는 부정적인 영향을 미칠 수 있음을 인식해야 한다.

트라우마 기반 접근을 위한 주요 원칙은 다음과 같다. 첫째, 안전해야 한다. 종사자나 이용자 모두에게 물리적 환경과 대인관계가 안전하다고 느껴져야 한다. 둘째, 신뢰성과 투명성이다. 서비스를 이해하고, 신뢰하며, 비밀보장이 명확하고, 운영이 투명하게 이루어져야 한다. 셋째, 동료지지가 중요하다. 공통된 경험과 공감을 통한 동료지지와 상호자조는 희망, 안전, 회복, 치유를 증진시킨다. 넷째, 협업과 상호관계로서 모든 구성원이 권한과 의사결정을 공유하며 협력적 관계를 맺는다. 다섯째, 임파워먼트, 목소리와 선택이다. 각자가 목소리를 내고, 선택기회를 가지며, 자기옹호와 역량강화가 이루어지도록 한다. 여섯째, 문화적 · 역사적 및 성별 이슈에 민감성을 가지고, 고정관념과 편견을 넘어 적극적으로 대응한다.

5) 이차적 외상 스트레스

타인의 충격적인 외상사건을 목격한 사람들이나, 외상을 경험한 사람을 돕는 직업의 사회복지사, 간호사, 경찰관, 상담자들은 외상 피해자가 느끼는 것과 아주 유사한 형태의 외상을 겪게 되는데 이를 '이차적 외상'이라고 한다. 원조 전문가들은 트라우마를 경험한 클라이언트로부터 상세한 이야기를 직접 듣게 됨으로써 심각한 수준의 이차적 외상 스트레스를 경험한다. 이차적 외상 스트레스 개념과 유사한 개념으로 대리외상(vicarious traumatization)이 사용되기도 한다. 이차적 외상 스트레스는 외상후 스트레스 장애의 진단적 개념에 근거하여 관찰 가능한 증상에 초점을 맞춘 반면, 대리외상은 내적인 의미부여 방식, 정체성, 자신과 타인에 대한 신념 등 인지와 신념 체계의 부정적인 변화에 초점을 둔다(한소정, 2017).

대인서비스에서 가장 중요한 역량이 공감능력이지만 역설적이게도 이는 이차적 외상 스트레스에 가장 강력한 위험요인이 될 수 있다. 그 외에도 교육이나 슈퍼비전의 부족, 희생자와의 동일시, 동료나 가족으로부터의 불충분한 지지, 외상 발생 시 대책 미비 등이 위험요인이 될 수 있다. 반대로 체계적인 직업 및 안전 교육, 슈퍼비전 체계, 안전한 업무환경, 적정 업무량, 외상 발생 시 상담, 휴식, 업무순환 등의 체계적인 지원은 보호요인이 된다. 이차적 외상 스트레스에 대한 대처의 핵심은 예방이다. 따뜻한 슈퍼비전 체계를 통해 스트레스에 대처하고 관리할 수 있도록 지지해야 한다. 기관 차원에서의 스트레스 해소 프로그램, 직원 재충전, 자기돌봄 지원이 필요하다. 직무능력 향상뿐만 아니라 감정을 다루는 훈련도 이루어져야 하며, 외상 후 성장을 위한 환경조성, 자원연결, 사회적 지지가 중요하다(황순찬, 2019).

2. 재난과 정신건강

1) 재난과 재난 경험자

재난은 개인의 안녕을 위협하고 삶의 터전을 파괴하여 개인과 사회에 막대한 물적·인적 손실을 야기하는 위험한 상황이다. 재난은 크게 자연재난과 사회적 재난으로 구분된다. 자연재난은 기후학적(태풍, 홍수, 대설, 가뭄 등), 지질학적(눈사태, 산사태 등), 지형학적(지진, 화산폭발 등), 생물학적(병충해, 콜레라 등) 재난이 있으며, 사회적 재난은 화재, 교통사고, 환경오염 사고, 전염병 등이 있다. 일반적으로 사회적 재난이 더 많은 정신건강 후유증을 더 오랜 기간 동반한다.

재난 경험자는 직접적 정도에 따라 5차로 나눌 수 있다. 1차는 재난으로 인해 직접적인 충격이나 손상을 받은 사람이다. 이들은 기본적인 생존에 대한 걱정, 의미 있는 사람이나 소유물에 대한 상실감, 안전에 대한 불안, 심리적 재경험으로 인한 수면장애 등을 경험한다. 2차는 1차 피해자의 가족이나 친구, 동료 등 가까운 지인이다. 우울, 불안, 불면을 겪으며, 죄책감, 원망, 사망에 대한 강박적 반추, 정서적 해리 등을 경험한다. 특히 죽음을 경험한 경우 쇼크, 사망 사실의 부인, 분노, 우울, 수용의 단계를 거치게 된다. 3차는 재난 지원 인력으로, 참여하였던 관련 소방관, 경찰관, 응급대원, 의사, 간호사, 사회복지사, 상담가, 성직자 등이다. 4차는 재난이 일어난 지역사회에 거주하는 주민이며, 5차는 매스컴이나 대중매체를 통하여 간접적인 심리적 스트레스를 겪는 모든 국민이다.

2) 재난에 대한 반응

(1) 제0기: 경고 반응

이 시기는 임박한 재난에 대한 뉴스가 확산되는 시기이다. 사람들은 가용한 정보와 사실을 최대한 수집하며, 적절한 재난 대비를 하려고 노력한다. 초기 재난에 불안, 초조를 느끼며 안전에 대비한다. 때로는 충격으로 멍해지거나, 우왕좌왕하면서 적절한 행동을 하지 못하거나, 재난위험을 과소평가하며 평소같이 지내기도 한다. 이 시기에는 가용한 대피소나 비상물자 등에 대한 정보제공과 보급이 중요하며, 탈출로, 연락망의 점검 등이 필요하다.

(2) 제1기: 영웅 반응

재난이 일어나면 즉각적인 후폭풍이 발생한다. 이 시기에는 지역사회에서 식량, 식수, 보호소를 제공하는 구호활동이 가장 두드러지게 이루어진다. 애도와 상실이 강하게 나타나며, 동시에 집단적 이타성이 강하게 발휘된다. 특히 영웅 반응이 일어난 사람은 주변을 적극적으로 도우려는 강한 동기를 나타내며 자신의 안위보다 공동체를 더 우선시하는 이타적 행동이 일어난다. 이 시기는 가족, 이웃 그리고 위기대응팀의 이타적 협력이 가장 요구되는 시기로, 대개 재난 후 첫 몇 시간 동안의 구조활동에 필요한 심리적 자원이 되어 준다.

(3) 제2기: 허니문 반응

재난 이후 수일에서 수개월(주로 3~6개월) 사이로, 일단 살아남았다는 안도감으로 감정적인 고양을 느끼게 된다. 살아남았으니 다른 문제들도 잘 해결해 낼 수 있을 것이라는 확신, 지역사회의 다른 구성원들과의 결속감, 구호활동에서 자신의 역할에 대한 뿌듯함을 느끼게 된다. 언론보도 등을 통해 피해자들에 대한 동정심과 구호가 집중되며, 공적 약속이 발표되면서 삶을 재건하기 위한 충분한 보상과 지원을 받을 수 있을 것이란 강력한 기대를 하게 된다. 이 시기는 재난의 종류나 양상, 심각성에 따라서 기간이 달라질 수 있다.

(4) 제3기: 희망과 좌절과 현실폭로 반응

이 시기는 수개월부터 약 2년까지 지속되며, 엄중한 현실로 돌아오는 시기이다. 정부는 지원에 대한 까다로운 조건을 제시하고, 보험회사 등은 가능한 한 보상액을 줄이려는 협상을 시도한다. 언론의 관심은 식고, 구호도 중단된다. 더 이상의 관심을 받지 못하고, 약속된 도움이 충분히 이루어지지 못함으로써 분노와 분개, 비탄, 깊은 실망을 느끼고 점점 지쳐가면서 상당한 스트레스를 경험하게 된다. 공적 약속에 대한 의심이 생기고 부정적인 전망을 하게 되며, 공동체에 대한 결속감은 약화되고 개인적인 문제의 해결에 집중하게 된다. 이 시기에는 부정확하거나 거짓된 정보가 확산되는 것을 차단하고, 즉시 교정하는 것이 필요하며, 지속할 수 있는 대안적인 지원을 확보해야 한다.

(5) 제4기: 재건 반응

대중의 관심이나 매스미디어의 반응은 완전히 중단되고, 상당히 오랫동안 외로운 재건 작업을 이어 가야 한다. 결국 자신의 삶에 대한 궁극적인 책임을 스스로 져야 한다는 것을 깨닫게 된다. 자원이 충분하고 회복의 성과가 나타나면 다시 지역사회의 효능감이 확산되지만 그렇지 못할 경우 외상 후 스트레스가 고착되고 점점 심각한 정신적·신체적 문제가 나타날 수 있다. 이는 회복을 위한 동기를 감소시키고, 점점 역기능적으로 행동함으로써 오히려 문제가 악화될 수도 있다.

3) 재난의 영향

재난 경험자는 정서적 · 신체적 · 인지적 · 행동적 · 영적으로 다양한 반응을 나타내게 된다. 반응은 재난의 심각성이나 개인적 특성, 사회문화적 배경에 따라 달라질 수 있다. 재난으로 인해 나타날 수 있는 부정적인 영향은 다음과 같다.

(1) 정서적 반응

재난이 현실이 아닌 것 같은 비현실감을 느끼고, 재난 상황을 부인하거나, 정서적 쇼크로 인해 반응을 보이지 않을 수 있다. 시간이 지남에 따라 슬픔, 상실, 분노, 죄책감 등 다양한 감정을 느끼게 된다. 사별, 부상, 손실 등으로 슬픔과 상실을 느끼고, 자신만이 살아남았다거나, 적절하게 대처하지 못한 것에 대한 죄책감을 느낄 수 있다. 늦은 원조나 정보 혼란 등으로 분노를 느낄 수 있으며, 과실이나 범죄로 인한 경우 구체적인 상대에 대한 분노를 느낀다. 이런 감정이 너무 압도적일 경우 무력감을 느끼게 되고 불안정하고 예측 불가능한 자신의 상태에 두려움을 느끼고, 사람들과 거리를 두기도 한다.

(2) 신체적 반응

사람은 위협을 맞닥뜨리면 '투쟁-도피 반응(fight or flight response)'이 나타난다. 이는 인간이 오랫동안 생존을 위해 진화한 반응이다. 숲에서 맹수가 튀어나올 때, 1초도 안 되는 시간 동안 급격하게 신체 에너지를 끌어내 맞서 싸우거나, 아니면 그 어느 때보다도 빨리 도망치게 된다. 이때 자율신경계가 각성되어 아드레날린을 비롯한 스트레스 호르몬이 분비되고, 심장박동수가 빨라지며, 혈압이 올라가고, 숨이 빨라지며, 땀을 흘리는 반응이 나타난다. 입술이 떨리고, 위가 뒤틀리며, 속이 메스껍거나 오한 반응이 나타나기도 한다. 불면, 통증, 식욕 변화나 소화불량, 면역력 저하, 만성피로, 체중 변화, 탈모 등이 나타나기도 한다.

(3) 인지적 반응

시각이 좁아지고 사고가 경직되며 논리적으로 생각하기 힘들다. 우선순위나 의사결정이 어렵고, 많은 생각이 몰아치면서 집중하기 어렵다. 기억력이 저하되거나 심한 경우 사람, 시간, 장소에 대한 지남력이 손상될 수 있다. 세상에 대해 갖고 있었던 생각이나 믿음, 삶에 대한 가치나 의미가 흔들리게 된다.

(4) 행동적 반응

인지적 기능이 낮아지면서 행동도 경직된다. 의사소통을 원활하게 하지 못하고, 대인관계가 위축되며, 외부세계로부터 자신을 고립시키기도 한다. 의심이나 분노가 높아지고, 문제 상황에 대해 비난할 대상이나 희생양을 찾기도 한다. 재난을 연상시키는 상황을 회피하고, 알코올이나 약물 사용이 증가하거나, 업무 수행에 지장이 생기기도 한다.

(5) 영적 반응

자신감을 상실하고, 세상에 대한 의미를 상실하거나 희망을 잃고 회의에 빠지게 된다. 믿음이나 가치관의 변화가 나타나기도 한다.

4) 재난으로 인한 정신건강 문제

(1) 외상후 스트레스 장애

재난 이후 불편감이 한 달 이상 지속되고, 사회적 · 직업적 또는 다른 일상생활 영역에서 현저한 고통이나 손상이 나타날 수 있다. 외상후 스트레스 장애 기준의 침습, 회피, 인지와 감정의 부정적 변화, 각성과 반응에서의 뚜렷한 변화가 나타난다.

(2) 주요우울장애

재난을 경험하면서 지속적인 우울감과 흥미, 즐거움의 감소를 주 증상으로 하는 주요우울장애가 나타날 수 있다. 슬픔이나 우울감을 느끼고, 사는 것이 귀찮고 재미없어지며, 희망을 상실하고 절망감을 느끼며, 자주 울기도 한다. 때로 자해나 자살에 대해 생각하거나 시도할 수 있다. 이는 재난으로 인한 트라우마를 극복하는 과정에서 흔히 겪을 수 있지만, 증상이 2주 이상 지속되고 일상생활에 지장을 줄 정도로 심할 경우 주요우울장애에 해당될 수 있다.

(3) 불안장애

재난 경험 후 느끼는 불안과 공포는 위험에 대한 경고로서 자연스러운 반응이다. 하지만 갑자기 아무 이유 없이 불안해지고, 두통, 심박과 호흡 수 증가, 위장 관계 이상 등의 신체적 불편감도 나타날 수 있다. 지속적인 불안으로 상황에 적절하게 대처하기 어려우며, 정신적인 고통을 겪으며, 일상생활에 어려움이 생길 때, 불안장애에 해당될 수 있다.

(4) 신체증상장애

재난은 매우 위협적인 스트레스 사건이므로 신체증상과 그로 인한 심리적 고통을 유발할 수 있다. 아동의 경우 복통, 두통, 피로 등을 경험할 수 있고, 연령이 높을수록 신체증상 및 동반된 의학적 질병이 있는 경우가 흔하다. 하지만 의학적 상태와 관련이 없음에도 신체증상으로 인한 고통이 있는 상태로, 증상에 대한 걱정, 불안으로 일상생활에 어려움이 있는 경우 신체증상장애에 해당될 수 있다. 일반적으로 자신의 심리적 고통을 느끼고 표현하는 것이 터부시되는 문화적 환경에서는 심리적 고통이 신체증상을 통해 표현될 수 있다.

(5) 수면-각성장애

재난과 같은 스트레스 또는 우울 등으로 인해 수면-각성에 어려움이 올 수 있다. 수면의 질과 시간대, 양에 대한 불만족감과 그로 인한 낮시간의 고통, 일상기능 손상을 경험할 수 있으며, 일상생활에 어려움이 있는 경우 불면장애, 과다수면장애, 기면증, 악몽장애 등에 해당될 수 있다. 가장 흔히 나타나는 수면-각성장애는 불면장애로, 외상후 스트레스 장애나 우울장애와 같은 다른 정신건강 문제의 일환으로 나타날 가능성도 높다.

(6) 물질사용장애

재난 경험 후 고통에 대처하기 위해 알코올, 담배, 진정제, 마약 등의 물질을 사용하기도 하며, 기존의 물질사용이 더 심각해질 수 있다. 물질사용문제가 심각해질 경우 일상생활에 지장이 일어나면서 스트레스가 더욱 심화되는 악순환이 발생할 수 있고, 물질사용이 심각하고 만성화될수록 자신 또는 타인에게 위험하거나 충동적인 행동을 일으킬 가능성도 높아질 수 있다.

3. 재난 정신건강 문제에 대한 개입

1) 재난 정신건강 문제에 대한 개입 단계

(1) 1단계: 보편적 개입

재난에 노출된 모든 주민을 대상으로 보편적으로 개입한다. 재난 경험자들을 적극적으로 찾아가서, 재난 경험으로 인한 스트레스 반응을 정상적인 과정으로 받아들이고 효과적으로 대처할 수 있도록 교육한다. 심리적 응급처치(Psychological First Aid: PFA)를 실시하여 재난 직후 급성 스트레스 반응이나 기능장애를 경험하고 있는 사람에게 즉각적이고 우선적인 위기개입을 한다. 위기개입 후에도 과도한 스트레스 반응으로 도움이 필요한 고위험군을 초기에 선별하는 역할 또한 중요하다.

(2) 2단계: 표적개입

1단계에서 발견한 고위험군 대상자들에게 단기의 조기개입을 실시한다. 재난으로 인해 일시적인 적응의 어려움이나 정신건강의 문제를 경험하는 사람들을 대상으로 주로 인지행동치료를 활용한 다양한 단기개입을 적용한다.

(3) 3단계: 집중적 개입

재난 이전부터 갖고 있거나 재난으로 인해 발생한 정신건강 문제에 대해 집중적인 개입을 실시한다. 재난 이후 경험하는 정신건강 문제는 정상적인 스트레스 반응인 경우가 많기 때문에 대처방안이나 집중적인 트라우마 치료를 제공하여 효과적으로 대처할 수 있도록 지원한다. 이때 정상적인 스트레스 반응을 섣불리 병리화해서는 안 되며, 적극적인 지원을 통해 회복탄력성을 발휘하도록 함으로써 외상 후 성장을 경험할 수 있도록 한다.

2) 재난 및 트라우마에 대한 심리적 개입

(1) 심리적 응급처치

심리적 응급처치(psychological first aid)는 고통에 처해 도움을 필요로 하는 사람들에게 인도적인 도움을 주는 행위로 기존의 전문적인 심리개입이 아니라 긴급상황에서 필요한 현실적이고 직접적인 도움을 포함하는 심리·사회적 서비스이다(박해인 외, 2020). 심리적 응급처치는 재난 직후로부터 수일까지를 뜻하는 급성기에 재난 경험자의 초기 고통을 줄이고 실질적인 도움을 제공하여 외상적 사건으로 인한 초기의 충격을 줄이고 재난 경험자의 단기적·장기적인 적응적 대처를 강화하는 것을 목적으로 한다.

심리적 응급처치는 기존의 전문적인 심리적 개입과는 제공방식이나 환경이 달라 별도의 교육이 필요하지만 간단한 기본원칙으로 구성되어 있으므로 충분한 교육을 받으면 정신건강전문가뿐만 아니라 일반인도 누구나 활용할 수 있는 장점이 있다. 심리적 응급처치는 다음의 여덟 가지의 핵심활동으로 구성된다(국립정신건강센터, 2021a).

① 첫 접촉과 관계 형성

소속기관과 이름 등 자기소개를 하여 신뢰감을 형성하며, 담요를 제공하고 당장 필요한 기본적인 욕구를 파악하여 제공한다. 비밀보장에 대해 안심시키고, 다만

자・타해 등 안전을 위해서는 정보를 공유할 수 있음을 안내한다.

② 안전과 지지

재난심리지원에서 가장 중요한 것은 해가 될 수 있는 요인을 빨리 제거하는 것이다. 물리적으로 안전한 공간을 확보하고, 대응활동과 제공하고 있는 서비스에 대해 정보를 제공한다.

③ 안정화

재난 경험으로 인한 신체적・정신적 반응에 대해 지지하고, 해리, 과각성 및 심리적 어려움을 확인한다. 필요한 경우 안정을 취할 수 있는 호흡법, 근육이완, 나비포옹 등 안정화 기법에 대해 안내한다.

④ 현재의 요구와 고통 파악을 위한 정보 수집

정확하지 않은 정보나 불필요한 자극으로부터 보호할 수 있도록 안내하고, 알고 싶은 정보나 현재 가장 시급한 요구가 무엇인지를 파악한다. 정보수집 시 외상이 재경험되지 않도록 주의한다.

⑤ 실제적인 문제해결 지원

현재의 가장 시급한 요구나 과제에 대해 파악하고 행동계획을 통해 실제적인 지원을 한다. 이때 가능하면 재난 경험자 스스로 자신의 필요를 명확하게 인식하고 해결할 수 있도록 돕는다.

⑥ 사회적 지지체계와의 연계

혼자 고립된 경우, 힘든 상황을 이야기하고, 비슷한 경험을 한 사람들과 감정을 나눔으로써 위로받을 수 있음을 격려하고, 가족, 친구, 다른 재난 경험자 혹은 지원단체와 연결한다. 타인과의 연결감과 공감대 형성으로 회복을 촉진할 수 있다.

⑦ 대처방법에 대한 정보제공

스트레스에 대해 현재 어떻게 대처하고 있는지를 탐색하고, 긍정적인 대처방법에 대해 격려하며, 부정적인 대처는 보다 효과적인 대처방법에 대한 정보를 제공하고 새로운 행동 패턴으로 변화하도록 지원한다.

⑧ 협력서비스와의 연계

재난 경험자에게 의학적 처치가 필요하거나, 정신건강에 대한 전문적인 개입이 요구될 때는 다른 전문가 혹은 기관과 연계한다. 심리적 처치 시에는 진술 강요, 과도한 병리화, 전문용어의 사용, 단정적인 발언, 불확실한 정보나 개인정보 유출은 하지 않아야 한다.

(2) 마음건강회복기술훈련

마음건강회복기술훈련(Skills for Psychological Recovery: SPR)은 재난이나 역경 이후의 지속적인 스트레스를 감소시키고 효과적으로 대처하는 기술을 습득하도록 돕는다.

마음건강회복기술훈련은 심리적 응급처치 후 좀 더 집중적인 개입이 필요한 경우 적용하며, 회복을 촉진하고 자기효능감을 증진시키기 위한 기술훈련적 개입 방법이다. 핵심기술은 다음의 여섯 가지이다(NCTSN, 2010).

① 정보수집과 우선순위 매기기

정보수집을 통해 기관 내 혹은 다른 서비스로의 즉각적인 의뢰가 필요한지 여부를 결정하고, 내담자의 가장 시급한 욕구와 관심사항을 이해하며, 개입의 우선순위를 정하고 계획한다. 재난으로 인해 즉각적이거나 장기적인 신체·정신건강의 문제를 갖고 있거나, 다양한 어려움과 역경에 직면하고, 안전에 대한 우려와 대인관계 및 역할 수행 등에 어려움을 겪을 수 있다. 정보수집은 이러한 다양한 욕구를 파악하고 우선순위를 정하여 실행계획을 세우는 단계이다.

② 문제해결기술 습득하기

내담자는 여러 가지 문제에 직면하여 압도되거나 무력감 혹은 통제감 상실을 느낄 수 있다. 지속되는 스트레스와 '무언가를 하라'는 압력은 내담자가 효과적으로 생각하고 문제를 해결하기 어렵게 만든다. 문제정의–목표설정–브레인스토밍–해결대안 평가 및 선택–실행의 문제해결 단계에 따라 우선순위를 정하고 해결할 수 있도록 체계적으로 지원한다.

③ 긍정적인 활동 촉진하기

재난은 삶의 목적의식, 통제감, 즐거움을 주는 일상과 활동을 무너뜨린다. 생존자가 긍정적이고 즐겁고 의미 있는 활동을 찾고, 계획을 세우고 참여하도록 도움으로써 일상을 다시 회복하고, 기분을 개선하며, 통제감을 회복할 수 있도록 한다.

④ 반응 다루기

생존자들은 재난과 관련된 경험 혹은 재난을 상기시키는 상황뿐만 아니라 지속적인 스트레스나 삶의 변화로 인해 부정적인 신체적 · 정서적 반응을 경험한다. 이러한 반응은 기분, 의사결정, 대인관계, 일상적 기능에도 영향을 미치게 된다. 부정적인 신체적 · 정서적 반응을 진정시키는 기술을 향상시키고, 힘든 경험을 글이나 말로 표현하도록 함으로써 고통을 이해하고 대처할 수 있도록 한다. 그리고 스트레스 상황이나 재난을 상기시키는 상황에 대한 반응을 다루는 새로운 전략을 배운다.

⑤ 도움되는 생각 촉진하기

생존자들은 재난 후 상황에 적응하기 위해 노력하면서 고통스러운 재난 관련 생각으로 어려움을 겪는다. 이러한 부정적인 생각은 두려움, 절망, 분노, 불안, 슬픔 및 죄책감과 같은 부정적인 감정을 지속시킨다. 생존자들이 재난 경험이나 현재 상황에 대해 스스로 어떻게 생각하는지를 파악하고, 더 적응적인 생각을 선택할 수 있도록 돕는다.

⑥ 건강한 사회적 관계 다시 만들기

가족, 친구, 지역사회 구성원 등의 사회적 지지는 생존자들이 정서적 · 실제적인 욕구를 충족시킬 수 있도록 도와줌으로써 재난 후 회복을 강화할 수 있다. 생존자들이 긍정적인 관계 및 지역사회 지원체계와의 연결을 늘려 갈 수 있도록 돕는다.

(3) 문제관리 플러스

문제관리 플러스(Problem Management Plus: PM+)는 성인을 위한 단기심리적 개입으로서, 문제해결상담에 행동적 전략을 추가하여(+), 심리적 문제(스트레스, 두려움, 무력감 등)와 현실적인 문제(생계, 가족갈등 등)를 함께 다루는 것을 목표로 한다.

문제관리 플러스는 대상자가 우려하는 문제를 완화하는 것에 목적이 있으며, 개입기간이 짧기 때문에 역경 후 겪을 수 있는 모든 어려움을 다루지는 않는다. 따라서 다른 적절한 지원과 함께 사용하는 것이 가장 바람직하다. 문제관리 플러스는 우울, 불안 등 다양한 정서적 어려움을 갖고 있는 사람들에게 유용하다. 문제관리 플러스에서 적용되는 심리적 전략은 다음과 같다(재난정신건강지원을 위한 교육 프로그램 개발 및 인력 양성팀, 2017).

① 스트레스 관리

내담자가 간단한 스트레스 관리전략을 습득할 수 있도록 하는 것은 불안과 스트레스를 보다 잘 관리하는 데 도움이 된다. 매일 실천하면 극심한 스트레스나 불안 상태를 예방할 수 있고, 스트레스 상황에서 자신을 진정하는 데 도움이 된다. 주로 사용하는 전략은 천천히 호흡하기이다. 스트레스를 받거나 불안감을 느낄 때 우리 몸은 호흡이 빨라지고 가슴으로 호흡하며 숨이 얕아지게 되는데, 이러한 호흡의 변화는 두통, 가슴 통증, 피곤함, 어지러움 등의 부작용을 느끼게 한다. 따라서 호흡률을 낮추고 흉식 호흡 대신에 복식 호흡을 하게 되면 뇌에 긴장이 풀리고, 침착해졌다는 메시지가 전달되고, 이는 근육, 심장 등 다른 신체 부위에 전달되어 몸 전체가 이완된다.

② 문제관리

내담자가 실업이나 가족 내 갈등 등의 현실적인 문제를 경험하고 있을 때 사용하는 전략이다. 상담자와 내담자는 함께 협력하여 내담자에게 가장 큰 염려를 불러오는 문제를 해결할 수 있는 방안들을 고려해 보고, 가장 도움이 되는 방법을 선택한 후 그것을 실천하기 위한 전략을 수립한다. 문제관리는 목적 작성하기–문제 선정하기–문제 정의하기–브레인스토밍–결정과 선택–실행계획–검토 단계로 이루어진다. 이 과정에서 해결책을 조언하기보다는 내담자가 직접 자신의 해결방안을 내놓을 수 있도록 돕고, 개인적 가치를 존중하며, 완전한 해결보다는 어떤 것이든 생각해 내고 시도하는 것 자체를 지지하는 것이다.

③ 시작하기, 계속하기

내담자의 활동(사교활동, 필요한 과제나 업무 수행 등) 수준을 향상시키는 데 목적이 있다. 역경에 닥치면 많은 사람이 피로, 절망감, 기분 저하, 동기결여, 신체적 통증 등의 우울 증상을 경험하는데, 우울이 지속되면 일상적인 활동에서 철회하는 양상을 보이게 된다. 기분이 가라앉은 내담자는 '기분이 내키면 ~를 해야지.'라고 생각하기 때문에 비활동성과 기분 저하의 악순환이 발생하게 된다. 시작하기, 계속하기는 내담자가 기분과 상관없이 다시 즐겁게 과제 지향적인 활동에 참여하도록 권장함으로써 이 악순환의 고리를 끊고 내담자의 기분을 향상시키는 것이다. 내담자가 가장 편하고 가장 우울이 덜한 시간이나 활동에 매우 작고 단순한 과제를 설정하여 성취경험을 하도록 한다.

④ 사회적 지지 강화

정서적 문제를 경험하는 개인은 지지적인 사람과 기관으로부터 고립되기 쉽다. 내담자의 사회적 지지를 강화해 주면 내담자의 안녕감이 증진된다. 만약 내담자가 좋은 사회적 지지체계를 갖추고 있고 정기적으로 그것을 활용하고 있는 것으로 간주된다면 계속 이러한 양상을 유지할 수 있도록 격려해 주기만 하면 된다. 하지만 그렇지 못한 내담자의 경우 어떻게 사회적 지지체계를 강화할 수 있을지 함께 상의

해 보고, 보다 많은 사회적 지지를 받을 수 있도록 현실적인 계획을 세우는 데 도움을 준다.

3) 재난업무 종사자의 정신건강관리

재난 상황에 참여하게 되는 소방관, 경찰관, 구조대원, 의료인 및 구급대원, 정신건강전문가, 자원봉사자 등의 재난업무 종사자들도 재난 경험자에 해당한다. 재난 피해자들과 마찬가지로 외상후 스트레스 장애, 우울, 불안, 물질 남용 등 다양한 정신건강의 어려움을 겪을 수 있다. 특히 공감능력이 높거나 동일시 정도가 심한 경우 이차적 외상을 더 경험할 가능성이 크다. 재난 업무 종사자의 개인적인 생활 스트레스, 경험이나 훈련, 전문성, 기관의 지원 등도 영향을 미칠 수 있다.

재난업무 종사자의 정신건강관리는 매우 중요하다. 개인적인 수준에서는 업무량 관리, 균형적인 생활습관, 스트레스 관리, 자기성찰 등의 자기관리 노력이 필요하다. 업무가 끝나면 관련 서류를 정리하거나 사무실을 잠그는 등 직장에서의 기억이나 관심을 정리하는 의도적인 의식을 행한다. 사무실을 떠나기 전 또는 집에 도착하자마자 5~10분간의 명상을 통해 업무로부터 자신의 모드를 바꾸고, 출근 시 입었던 옷을 바로 갈아입는 등 업무를 직장에서 분리하려는 노력이 필요하다. 귀가길에 환기가 될 수 있는 책을 읽거나, 주변 경치를 감상하거나, 집에 도착하자마자 가족이나 반려동물과 즐거운 시간을 보내는 것도 좋다.

기관 수준에서의 지원도 중요하다. 현장에서의 스트레스 요인들, 즉 긴 작업시간, 출동기관 간의 협조문제, 업무갈등 등을 효과적으로 해결할 수 있도록 기관 차원에서의 노력이 필요하다. 스트레스 반응이 심각할 경우 검사, 조기개입, 상담연계 등의 적극적인 조치가 중요하다. 평상시 건강한 자기관리 방법이나 스트레스 대처방법에 대한 교육 및 훈련을 통해 준비할 수 있도록 한다.

4) 국가트라우마센터

(1) 설립 배경 및 근거

국가 재난에 대한 심리지원이 시작된 것은 2013년 국립서울병원 공공정신보건사업단에 심리적 외상관리팀이 발족되면서부터이다. 특히 2014년 전국민에게 충격을 주었던 세월호 사건이 발생하면서, 피해자 심리지원이 전격적으로 시작되고 심리위기지원단으로 기능이 강화되었다. 이후 중동기호흡기증후군(MERS), 가습기 살균제, 포항지진, 제천 화재사고 등 큰 국가적 재난사건이 지속적으로 발생하면서 피해자에 대한 체계적인 심리지원의 필요성이 대두되었다. 이에 2018년 4월 국가트라우마센터를 개소하고, 그해 12월 「정신건강복지법」을 개정하여 국가트라우마센터 설치 · 운영에 대한 법적 근거를 마련하였다. 2020년에는 코로나19의 발생으로 전 국민의 정신건강을 위한 맞춤형 심리지원 및 찾아가는 서비스가 강화되었다. 2020년 이후 권역별 트라우마센터를 설치하여 서울, 영남, 충청, 호남, 강원 지역으로 확대하였다.

국가트라우마센터 외에도 2012년 광주민주항쟁으로 인한 국가폭력 생존자 지원

표 13-2 「정신건강복지법」 제5조의2(국가트라우마센터 설치 · 운영)

보건복지부장관은 다음 각 호의 어느 하나에 해당하는 사람의 심리적 안정과 사회 적응을 지원하기 위하여 국가트라우마센터를 설치 · 운영할 수 있다.

1. 재난이나 그 밖의 사고로 정신적 피해를 입은 사람과 그 가족
2. 재난이나 사고 상황에서 구조, 복구, 치료 등 현장대응 업무에 참여한 사람으로서 정신적 피해를 입은 사람

국가트라우마센터는 다음 각 호의 업무를 수행한다.

1. 심리지원을 위한 지침의 개발 · 보급
2. 심리평가, 심리상담, 심리치료
3. 트라우마에 관한 조사 · 연구
4. 심리지원 관련 기관 간 협력체계의 구축
5. 그 밖의 심리지원을 위하여 보건복지부장관이 정하는 업무

을 위한 광주트라우마센터가, 2014년 세월호 피해자 지원을 위한 안산 트라우마센터(안산온마음센터)가, 2019년 포항 트라우마센터가 개소되었다.

(2) 국가트라우마센터 역할

① 재난 정신건강 위기대응

대규모 재난이 발생하면 재난 심리지원을 직접 수행한다. 재난 관련 정보 수집 및 상황 모니터링, 대응체계 구축 및 통합심리지원단 구성, 현장 재난 심리지원 본부 가동 및 현장 상담소 운영, 찾아가는 마음안심버스 운영 등을 한다. 지역의 소·중규모 재난에 대해서는 심리지원을 지원하는 역할을 한다.

재난 정신건강서비스의 기반을 구축한다. 재난 정신건강서비스 현황조사, 권역별 재난 심리지원 거버넌스 체계 구축, 재난 정신건강서비스 운영 표준 매뉴얼 개정, 재난 현장 맞춤형 위기대응 지침 개발 및 보급을 한다. 재난 대비 유관기관 방재 합동훈련을 통해 대응역량을 준비한다. 트라우마에 대한 대국민 인식전환을 위해 각종 매체 등을 통한 재난 정신건강 캠페인이나 광고를 실시한다.

② 트라우마 회복 프로그램 개발·운영

재난 경험자들의 심리 상태를 파악하여 집중관리가 필요한 고위험군을 선별하고, 심리검사와 심층면담에 따라 근거기반의 트라우마 회복 프로그램을 운영한다. 외상후 스트레스 장애, 우울, 불안 등 다각적으로 마음건강검사를 구성하고 효과적인 개입을 위한 선별기준을 개발한다.

재난 경험자를 위한 트라우마 회복 프로그램을 개발하여 보급한다. 불안 및 긴장감 완화를 위한 안정화 기법 중심 프로그램, 스트레스 대처기술 증진 프로그램, 트라우마 기억처리 및 통합, 애도 프로그램 등을 운영한다.

③ 재난 정신건강 지원인력 교육·훈련

재난 정신건강 지원인력 양성을 위해 단계별 교육과정을 진행하며, 현장중심형

전문인력 양성을 위한 교육 프로그램을 개발 · 운영한다. 재난 정신건강 지원인력 관리를 위해 데이터베이스를 구축하여 재난 발생 시 효율적으로 전문인력을 활용할 수 있도록 한다.

④ 재난 트라우마 조사 · 연구

재난 트라우마 경험자를 추적 · 관찰 연구함으로써 정신건강 문제를 다면적 · 장기적으로 평가하여 고위험 및 만성화 요인을 규명한다. 연구윤리 가이드라인 개발과 지방자치단체의 재난 심리지원 대응역량 강화 전략을 마련함으로써 재난 현장에서 안전하고 윤리적인 심리지원 및 연구를 추진하기 위한 체계를 구축한다.

⑤ 마음안심버스 운영

국가적 재난이 발생할 시 신속하게 현장에 투입하여 재난 정신건강서비스를 제공하기 위해 '찾아가는 재난 정신건강서비스 마음안심버스'를 운영한다. 재난 정신건강을 평가하고, 의료기기를 이용해 스트레스를 측정한다. 현장에서 안정화 프로그램 및 심리교육을 실시하며, 필요한 경우 개인 및 집단상담도 진행한다.

정신건강 영역에서 트라우마는 외상후 스트레스 장애라는 임상적 문제와 동일시되었다. 하지만 트라우마는 모든 사람에게 일어날 수 있는, 인생 전반에 걸친 이슈이며, 실천 현장에서 만나는 누구나 트라우마가 있을 수 있다고 전제하는, 트라우마 기반 접근이 중요하다. 특히 외상 후 스트레스에 대처하고 외상 후 성장으로의 긍정적인 변화를 할 수 있다는 것을 이해해야 한다. 외상경험 자체에 머무는 것이 아니라 성찰과 대처의 과정을 통해 오히려 삶을 통합하고, 정체성과 삶의 지혜를 형성할 수 있다. 이는 정신건강 현장에서 일하는 실천가 스스로에게도 중요하다. 이차적 외상 스트레스를 겪지 않도록 개인뿐 아니라 조직 차원에서 적극적으로 지원함으로써 실천가의 성장과 역량강화가 이루어지도록 해야 한다.

토론주제

1. 트라우마의 부정적인 영향은 무엇이며, 우리나라에서 트라우마가 사회적으로 관심을 받게 된 이유는 무엇인가?
2. 외상 후 성장은 무엇을 의미하며, 실제 삶에서 어떻게 경험될 수 있는가?
3. 정신건강 실천 현장에서 트라우마 기반 접근이 중요한 이유는 무엇이며, 실제 적용을 위해 어떠한 노력이 필요한가?
4. 이차적 외상 스트레스는 무엇이며 이를 예방하기 위한 전략에는 어떤 것이 있는가?
5. 심리적 응급처치의 핵심활동은 무엇이며, 실제로 안정화 기법의 효과는 어떠한가?

제14장

정신건강사회복지의 발전 방향

사회복지의 특성이 시대적 · 사회적 · 문화적 특성을 반영해서 구성되는 것처럼, 정신건강사회복지제도도 한 국가를 둘러싼 외적 · 내적 환경 변화에 반응하면서 구성된다. 정신건강 관련 국제적 환경은 꾸준히 변화를 거듭하고 있다. 우리나라 정신건강사회복지제도도 이러한 국제적 정책환경의 변화로부터 자유로울 수 없다. 반영 정도의 차이는 있지만, 국제기구가 채택하는 기준들이 직간접적으로 국내 정신건강정책 형성에 영향을 주었다. 이 장에서는 이러한 점들을 염두에 두고 우리나라 정신건강사회복지의 발전 방향에 대해서 고찰한다.

1. 우리나라 정신건강사회복지의 역사적 전개 과정

1995년 「정신보건법」 제정 이전까지 시기는 국제적 기준에서 보면 치료모델 시대에 해당한다. 이 시기는 정신건강 관련 법이 없었고 전달체계도 거의 없었지만 이전의 국제적 정책환경 변화기준들인 ICD, ICIDH, MI원칙 등의 영향을 받아 1995년「정신보건법」이 제정되는 배경이 되는 시기이다.

「정신보건법」 제정 이후「정신건강복지법」이 전면 개정되는 2016년까지는「정신보건법」 시기로 재활모델을 추구하였다. 하지만 서비스 제공기관 수 및 재원일 수에서 미루어 짐작할 수 있듯이 이 시기에도 병원기반 의료모델 성격이 강하게 남아 있었던 시기였다.「정신보건법」 시기에 WHO에서 2001년에 ICF가 채택되고 2006년에 CRPD가 채택되었지만, 우리나라는「정신보건법」 기반 서비스가 진행되고 있는 시기여서 장애의 사회적 개념이나 인권관점 서비스가 국내 서비스 전달체계에 반영되지 못하였다. 하지만「정신보건법」 시대의 이러한 국제적 기준의 변화는 2016년에「정신건강복지법」이 전면 개정되는 밑거름이 된다.

앞에서 살펴본 것처럼 국내 요인에 기인하는 정신건강 영역의 변화도 있지만, 국제사회의 정신건강 패러다임 변화와 이로 인한 정책환경 변화 양상이 우리나라 정신건강 영역의 변화 · 발전에 영향을 준 부분도 크다. 〈표 14-1〉은 우리나라의 정신건강 패러다임의 변화를 시대순으로 나열하고 각 시기 전개 과정의 주요 특징을 정리한 것이다(강상경, 2013). 우리나라도 OECD 국가들과 유사하게 소극적 인권개념에 부합하는 치료모델에서 적극적 인권기반 회복을 지향하는 사회모델 및 인권모델 방향으로 발전해 왔다. 하지만 법, 제도, 인식의 차이로 패러다임 전개의 구체적 시기와 세부적인 내용은 국제사회의 전개 과정과는 차이가 있다.

우리나라에서「정신보건법」이 제정되던 1995년 이전 시기는 '치료모델' 시기로 볼 수 있다. 국제사회에서는 ICD나 DSM과 같은 분류체계가 형성되던 1950년대부터 치료모델 관점의 의료서비스 중심의 정신건강 전달체계가 형성되었지만, 우리나라에서는「정신건강복지법」이 제정되던 1995년까지는 정신건강 영역에 대한 정부의 공식적인 관심이나 참여가 거의 없었다. 민간 영역에서 정신과 병원과 의원들이 형성되고 병원중심으로 전달되는 의료중심 정신건강서비스가 주를 이루어 왔다. 국가 차원의 공식적 개입이 없었기 때문에 정신장애인의 인권이나 회복 차원의 접근이라기보다는 입원 및 요양 명목으로 정신장애인을 사회로부터 격리 수용하는 접근 방식이 주를 이루었다. 입원병원 침상의 한계를 대신하기 위해서 민간에서

표 14-1 우리나라 정신건강사회복지의 역사적 전개

우리나라 전개 과정	「정신보건법」 이전 (1994년 이전)	「정신보건법」 시기 (1994~2016년)	「정신건강복지법」 시기 (2016년 이후)
국제적 전개 과정 (WHO) 모델	• ICD(1954) • ICIDH(1980) • MI원칙(1990) • 치료모델	• ICF(2001) • CRPD(2006) • QRTK(2011) • 재활모델 • 사회모델 • 인권모델	• 훈련, 안내, 전환을 위한 QR(QualityRights) 자료들(2019) • 사람중심, 인권기반 접근을 위한 지역사회 정신건강서비스 안내(2021) • CRPD 원칙 실현을 위한 실행체계
국내 전개 과정	• 공적 정신건강 정책 거의 없던 시기 • 치료(의료)모델 • 입원, 요양, 보호 위주 접근	• 「정신보건법」(1995) 제정 • 치료모델+재활모델 지향 • 지역사회정신보건 지향 접근 • CRPD 비준(2008)	• WHO에서 ICF(2001)와 CRPD(2006)가 채택되고 우리나라가 2008년에 CRPD를 비준하였지만, 법이나 정책은 이러한 이념을 반영하지 못하고 있다가 2016년 「정신건강복지법」 개정으로 반영을 시도함 • 「정신건강복지법」 전면 개정(2016) • 제1차 정신건강 5개년 계획(2016) • 정신장애인 공공후견제도 시행(2017) • 제2차 정신건강 5개년 계획(2021)
주요 특징	• 정신장애: 정신질환 • 주요 접근: 정신질환 치료(의료)모델 기반의 입원, 요양, 보호 등 격리 위주 접근 • 정신장애인: 입원, 요양, 보호 등 격리의 대상	• 정신장애: 「정신보건법」에서는 정신질환 중심 • 주요 접근: 정신질환의 치료 · 재활 관련 보건의료서비스 위주. 정신장애로 인한 사회적 불리에 대한 접근은 미흡 • 정신장애인: 정신질환 치료 및 재활의 대상	• 정신장애: 국제적 기준으로는 정신장애가 항상성이 저하된 상태로 규정되어야 하지만, 우리나라 「정신건강복지법」상에서는 정신질환으로 개념화되고, 「장애인복지법」상에서는 정신질환으로 인해 장애등록을 한 상태로 정의됨. ICF의 장애의 상대적 개념이나 CRPD의 이념이 반영되지는 못함 • 주요 접근: 국제적 기준으로는 치료, 재활, 사회안전망 등을 통한 회복지원이 중심이 되어야 하지만, 사회적 인식 부족으로 아직 치료 및 재활을 위한 보건의료서비스 위주의 접근이 주를 이루고 있고, 회복지원을 위한 복지서비스는 부족한 상황임 • 정신장애인: 이념적으로는 사회통합의 주체이지만 정책 및 서비스의 현실은 아직 치료와 재활의 대상에 머무르고 있음

자생적으로 발생한 정신요양시설은 인권문제 등으로 화두에 오르기도 했지만, 우리나라 최초의 민간 영역 정신건강서비스 전달체계로 입원과 요양보호 위주의 서비스를 제공해 오고 있다.

우리나라 정신건강서비스 전개 과정의 두 번째 시기는 「정신보건법」이 제정된 1995년부터 「정신건강복지법」으로 전면 개정된 2016년까지의 「정신보건법」 시기인데, 이 시기의 대표적인 접근법은 재활모델이다. 대대적인 탈시설화와 지역사회정신보건 운동과 함께 1991년의 MI원칙 채택으로 국제사회의 정신건강 접근의 큰 방향은 치료모델에서 재활모델로 변화하게 된다. 우리나라도 이러한 변화의 영향을 받아 1995년에 최초로 「정신보건법」을 제정하였다. 법의 이름에서 미루어 짐작할 수 있듯이 「정신보건법」은 치료모델 관점의 보건의료 영역에 초점을 두고 있지만, 지역사회정신보건을 지향하고 있다는 점에서 법 제정 이전과 비교할 때 한층 진보한 것으로 평가된다. 「정신보건법」은 전통적인 정신병원 중심의 의료서비스 기관 이외에 지역사회 정신건강센터와 사회복귀시설 같은 지역사회기관 설립을 가능하게 함으로써 입원 · 요양 위주의 정신보건서비스를 넘어선 지역사회정신보건 인프라가 확충될 수 있는 법적 근거를 마련하였다는 점에서 의의가 있다. 「정신보건법」 제정으로 지역사회정신보건 전달체계 구축과 복지서비스 지원을 통한 재활모델을 추구하기는 하였지만, 「정신보건법」이 시행된 후 오히려 입원병상 수가 증가하고 재원기간이 증가하는 등 지역사회정신보건 이념에 반하는 현상이 반복적으로 나타났다.

2001년에 국제사회에서는 ICF(International Classification of Functioning)가 채택되어 장애의 상대적 개념과 장애해결을 위한 사회적 책임이 강조되기 시작하였다. 또한 2006년에는 UN 장애인권리협약(Convention on the Rights of Persons with Disabilities: CRPD)이 채택되었고, 우리나라는 2008년에 이 협약에 비준하였다. 하지만 당시 우리나라는 아직 「정신보건법」 시대에 머물러 있었기 때문에 ICF 또는 CRPD 이념을 우리나라 정신보건서비스 정책 과정에 반영하는 것이 한계가 있었다. 2008년 CRPD 비준 이후에도 2016년 「정신건강복지법」으로 전면 개정되기 이전까지 우리나라 정신건강 기본관점은 재활모델이었다고 평가된다.

2016년 이후를 「정신건강복지법」 시기로 분류할 수 있다. 2016년 전면 개정된 「정신건강복지법」은 그간의 국제사회정책 동향을 반영하여 ICF 관점이나 CRPD 이념을 선언적으로나마 반영하고 있다. 개정된 법의 이름에서 볼 수 있는 것처럼 그 이전의 치료 및 재활모델 관점의 한계에서 벗어나 정신장애인의 인권과 회복을 위한 복지서비스 확충의 당위성을 개정법인 「정신건강복지법」에 선언적으로 반영하였다. 「정신건강복지법」으로 전면개정이 가능했던 것은 국내 분위기 성숙과 더불어 국제사회 기준 및 변화 동향과 무관하지 않다. 2006년 채택된 CRPD를 2008년에 우리나라가 비준함으로써 CRPD는 국내법에 준하는 효력을 가지게 되었다. 하지만 당시 「민법」에는 의사결정장애인에 대한 법률 행위를 금지하는 금치산제도가 잔존하고 있는 등 우리나라 법체계 및 정책 과정의 다양한 영역이 비준한 CRPD 기준을 충족하기까지는 여러 가지 측면에서 한계가 있었다. 이러한 점을 극복하기 위해 2011년 「민법」을 개정하고 2013년 시행하였다. 이러한 일련의 변화는 발달장애인, 지적장애인, 인지장애인, 정신장애인 등 CRPD 관련 장애인 대상의 법이나 제도 변화를 가져오게 된다. 특히 CRPD 비준 이후 국제기구에서 우리나라 정신건강서비스 현황 점검을 하였고, 그 결과 장기입원문제가 지적되고 개선 권고를 받게 된다. 이러한 일련의 문제를 해결하기 위해서 국가 차원에서는 2016년 「정신건강복지법」을 전면 개정하고 2017년에 시행하기에 이른다.

하지만 「정신건강복지법」 시행 자체만으로 우리나라 정신건강서비스 영역의 변화는 쉽게 일어나지 않았다. 그 이유는 「정신건강복지법」이 복지서비스 관련 규정을 추가로 포함하였지만, 관련 규정이 권고 수준이고 강제조항이 아니라서 시행령이나 시행규칙으로 연결되지 못하여 구체적인 정책 변화로 이어지지 못하였기 때문이다. 결론적으로 「정신건강복지법」상에서는 정신장애인을 회복주체로 지역사회 통합증진을 추구하고자 하지만 법의 불충분성과 사회적 인식 부족 때문에 아직 우리나라는 지역사회 정신건강서비스 인프라가 절대적으로 부족하고 보건의료서비스 중심의 정신건강서비스 기조가 지속되고 있다. 우리나라 정신건강 현황을 통해서 살펴본 바처럼 우리나라 정신건강서비스 관련 정책은 아직 정신건강 문제를 정신장애로 인식하는 것이 아니라 정신질환으로 인식하고 있다.

2. 우리나라 정신건강 전개 과정 및 현황에 대한 비판적 고찰

이상에서 살펴본 것처럼 우리나라 정신건강사회복지 전개 과정은 국제사회의 관점 변화를 따라서 변화해 가고 있지만, 법 및 정책 형성 및 운영 과정의 한계로 인해 국제사회가 지향하는 이념적 기준을 국내 상황에 그대로 실현하지는 못하고 있다. 즉, 「정신건강복지법」은 이념적으로 사회모델과 인권모델을 지향하고 있지만, 「정신건강복지법」에 규정된 복지서비스 관련 조항의 강제성 부족으로 실제 회복관점에서 사회모델과 인권모델이 지향하는 정신장애인의 지역사회 독립생활과 사회통합의 목표와는 괴리되는 부분이 있다.

국제사회의 현황과 우리나라의 현황을 평균 병상 수와 재원기간을 중심으로 비교 · 분석하면 다음과 같다. OECD 국가들의 경우 평균 병상 수가 2012년에 인구 1,000명당 0.71개였는데 2018년에는 0.68개로 소폭 낮아진 반면, 우리나라 평균 병상 수는 2012년에 인구 1,000명당 0.91개였는데 2018년에는 1.26개로 약 38.5% 증가하였다(강상경 외, 2020). OECD 국가들의 평균 재원기간은 2012년에 약 31.26일이었는데 2018년에 31.85일로 크게 변화하지 않은 반면, 우리나라의 경우 2012년 재원기간이 116.8일이었는데 2018년에는 176.4일로 약 51% 증가하였다. 즉, OECD 국가의 경우 평균 병상 수나 재원기간이 큰 변동 없이 안정세를 유지하고 있는데, 우리나라의 경우는 「정신건강복지법」이 제정되고 시행된 이후에도 증가세가 멈추지 않고 있다.

입원병상 수의 지속적 증가와 재원기간의 증가에서 볼 수 있는 것처럼 「정신건강복지법」 전면개정 이후에도 우리나라 정신보건서비스의 지향점은 치료모델 관점을 크게 벗어나지 못하고 있다. 우리나라의 정신건강서비스 현황이 치료모델의 한계를 크게 벗어나고 있지 못하다는 것은 정신건강서비스 기관의 비교를 통해 확인할 수 있다. 2018년에 우리나라 정신의료기관 수는 1,670개소인 반면 복지서비스를 제공하는 지역사회 정신재활시설의 수는 348개에 불과하였다. 의료기관 수가 재활시설 수에 비해 약 4.8배 많았다. 의료기관과 정신재활시설의 이러한 불균형이 의미하는 바는 정신건강 문제에 접근하는 국내 시각이 아직 정신질환 관점에 입각하고 있고 정신건강 문제를 사회적 장애로 인식하고 인권관점에서 회복지향 서비스가 필요한 대상자로 인식하는 경향은 아직 상대적으로 매우 부족한 상태라는 것을 반증한다.

[그림 14-1]은 2020년 현재 지역사회 정신재활시설을 이용하고 있는 당사자들의 서비스 욕구와 충족도의 관계를 비교·분석한 것이다(강상경 외, 2021). 우측 상단 사분면인 '지속유지영역'은 당사자의 서비스 욕구 수준도 높고 충족도 수준도 높은 영역을 의미한다(정은희, 강상경, 2021). 좌측 상단 사분면의 '집중노력영역'은 당사자의 서비스 욕구 수준은 높지만 서비스 충족도 수준이 낮아서 향후 집중적으로 서비스 확충이 필요한 영역을 의미한다. 좌측 하단 사분면인 '점진개선영역'은 당사자의 서비스 욕구 수준도 낮고 충족도 수준도 낮아서 점진적 개선이 필요한 부분을 의미한다.

[그림 14-1]에 나타난 것처럼, 우측 상단에 분포해 있는 신체건강지원서비스와

그림 14-1 당사자의 서비스 욕구와 충족

정신건강지원서비스의 경우는 지역사회 당사자들의 서비스 욕구 수준도 높지만 충족도 수준도 높아서 현재와 같은 상황을 유지해 나가는 것이 필요한 영역으로 분류된다. 이러한 현상이 나타난 가장 큰 이유는 아마도 욕구 수준이 높아도 전국민 의료보장제도의 영향으로 표출된 욕구를 해결하기 위한 서비스 공급이 충분히 가능하기 때문으로 이해된다. 반면 고용지원서비스, 직업재활서비스, 주거지원서비스 등 지역사회 통합 및 회복을 위해서 필요한 서비스의 경우 당사자들의 욕구 수준은 높게 나타났지만, 충족도는 낮게 나타나 향후 집중적으로 노력해야 할 영역으로 분류되었다. 즉, 현재 우리나라 정신건강서비스 전달체계는 당사자들의 지역사회 통합 및 회복을 지향하는 CRPD 이념을 실현하는 데 한계가 있다고 판단된다. 이러한 현상은 「정신건강복지법」 시행 이후에도 우리나라 정신건강서비스 정책은 장애관점 접근보다는 질환관점 접근이 주를 이루고 있고, 국제적 기준들이 지향하는 이념을 반영하지 못하고 있다는 것을 보여 준다.

3. 국제기준 반영 실패의 원인 분석: 정신건강 문제에 대한 인식

「정신건강복지법」은 전국민 정신건강증진과 정신장애인을 위한 복지서비스 확충을 목표로 하고 있다. 정책의 기본이 되는 법에서 이렇게 천명하고 있음에도 불구하고 우리나라 정신건강서비스의 현주소가 치료모델이나 의료모델 수준에 머무르는 이유가 무엇일까? 여러 가지 이유가 있을 수 있지만 가장 큰 이유는 정신건강 관련 입법, 행정 과정에 참여하는 관계자나 정신건강서비스 전달에 직간접적으로 참여하는 이해관계자들을 포함한 국민의 정신건강 인식 때문이다. 즉, 정책실패의 원인은 우리나라 정신건강 문제에 대한 인식이 정신장애 관점이 아닌 정신질환 관점에 머무르고 있기 때문이다.

정신건강에 대한 인식은 인식주체의 정신건강에 대한 반응 행동을 결정한다. 정신건강 문제를 개인의 정신질환 중심으로 이해하게 되면 행동적 반응은 정신질환의 치료와 예방을 중심으로 나타난다. 즉, 인식주체가 정신건강 문제를 정신질환 관점에서 인식하는 경우 정신건강 이슈에 대한 행동적 접근은 정신질환 치료를 위한 의료서비스 중심이 될 것이다. 반면, 정신건강 문제를 개인의 정신질환에 대한 환경체계의 관계하에서 인식하는 정신장애의 상대적 개념에서는 정신건강 문제에 대한 치료중심 접근을 넘어서 사회안전망이나 사회보장체계 확충과 같은 환경체계에 대한 개입을 병행하게 된다. 즉, 인식주체가 정신건강 문제를 정신장애로 인식하면 주체의 정신건강 문제에 대한 행동적 반응은 정신질환 치료를 위한 의료서비스에 그치지 않고 손상으로 인한 기능 저하에 대한 대응 및 회복을 위해 재활이나 회복지원 복지서비스가 중심이 될 것이다.

사회복지사를 포함하여 의사, 간호사, 심리사 등 소위 정신건강전문가의 인식이 이들의 정신건강 문제해결을 위한 접근 행동에 미치는 영향에 대해서 고찰해 보자. 당사자의 정신건강 문제를 정신질환 관점에서 인식하는 전문가는 당사자를 위해 정신질환의 치료나 예방과 관계되는 약물서비스나 의료서비스 중심의 행동적 반응을 보이고, 의료서비스 제공이나 연계를 중심으로 하는 개입을 할 확률이 높다. 반면 당사자의 정신건강 문제를 정신장애 관점에서 인식하는 전문가는 정신건강서비스를 제공 또는 연계할 때 정신질환 치료와 관계되는 서비스뿐 아니라 질환으로 인해 저하된 기능회복을 위한 재활 및 회복지원 복지서비스까지 고려하게 된다. 따라서 장애관점에서 정신건강 문제를 이해하는 전문가는 질환의 치료나 예방과 관계되는 약물서비스나 의료서비스를 넘어서 지역사회 독립생활과 사회통합을 위해 필요한 회복지원과 관련된 각종 복지서비스를 연계하는 행동적 반응을 보일 것이다.

이러한 전문가의 행동적 반응은 정신건강 관련 법의 입법 과정에 참여하는 입법전문가나 법을 집행하는 행정전문가의 행동적 반응에서도 나타난다. 1995년 우리나라 「정신보건법」 시대의 정신건강에 대한 관점은 질병모델이었다(강상경, 2013). 따라서 「정신보건법」 입법 과정에 참여하였던 입법전문가들도 질병모델 관점에서 정신건강 문제를 인식하였다. 그 결과, 「정신보건법」은 정신질환 치료 및 재활과 관계되는 서비스까지만 고려하고 있고, 정신질환으로 인해 저하된 기능회복을 위해 필요한 재활이나 복지서비스에 대한 고려는 부족하였다.

정신건강에 대한 인식이 이러한 행동적 반응으로 연결되는 현상은 행정전문가에게서도 찾아볼 수 있다. 정신건강 문제를 정신질환으로 인식하는 행정전문가는 서비스 전달체계 구축이나 인력 및 재정 계획을 할 때 정신질환의 치료 및 예방과 관계되는 의료서비스 위주의 행동적 반응을 나타낼 것이다. 반면 정신장애로 인식하는 행정전문가는 치료를 위한 의료서비스를 넘어선 기능회복을 위한 회복 및 복지서비스 제공까지를 고려하는 행동적 반응을 나타낼 것이다.

이상에서 살펴본 입법관계자, 행정가 및 정신건강전문가 사이에서만 인식에 따른 이러한 행동적 반응이 일어나는 것이 아니다. 당사자나 가족 사이에서도 정신건강 대응 행동은 가족이나 당사자의 정신건강 문제에 대한 인식에 따라 결정된다. 정신질환 인식을 가진 당사자의 행동적 반응은 의료서비스 이용이 중심이 될 것이고, 정신장애 인식을 가진 당사자의 행동은 의료서비스 이용과 더불어 기능회복을 위한 복지서비스 이용 행동을 함께 나타낼 것이다. 당사자 가족의 정신질환 인식이 강할 경우 정신건강 문제가 있는 가족구성원을 의료서비스 중심으로 의뢰하는 행동적 반응이 나타나고, 정신장애 인식이 강한 가족의 경우 의료서비스와 복지서비스를 함께 연계하는 행동적 반응을 나타낼 것이다.

이상에서 살펴본 것처럼 주체의 정신건강 문제에 대한 인식은 해당 주체의 행동적 반응을 초래하는 결정적 요인이다. 즉, 주체가 정신건강 문제를 정신질환으로 인식하는 경우 의료서비스 중심의 행동적 반응이 초래되고, 정신장애로 인식하는 경우 의료서비스를 넘어 복지서비스 이용 및 환경체계 확충 행동을 초래하게 된다.

OECD 국가와 비교할 때 우리나라 입원병상 수가 많고 평균 재원기간이 길다는 것은 국내 정신건강서비스가 국제적 기준에 맞지 않게 아직 의료서비스 위주로 이루어져 있다는 것을 의미한다. 「정신건강복지법」이 국제사회의 정책환경 변화를 반영하여 전면 개정된 것임을 생각할 때 이러한 의료서비스 중심 현상은 우리나라 정신건강정책의 실패를 의미한다. 그렇다면 이러한 정책실패의 원인은 무엇일까? 즉, ICF 관점이나 CRPD 이념을 표방하고 있는 「정신건강복지법」이 제정되고 시행된 이후에도 이러한 현상이 나타나는 이유는 무엇일까? 중요한 이유 중의 하나는 이해관계자들의 정신건강 인식의 한계이다.

「정신건강복지법」에 반영된 정신건강 패러다임이 회복관점을 지향하고 있음에도 불구하고 아직 우리나라 정신건강서비스가 의료중심인 이유는 이해관계자의 정신건강 인식 수준이 치료모델 관점에 머물러 있어서 개정된 법이 지향하는 바를 실현할 수 있을 정도의 적극적 행동이 뒤따르고 있지 못해서이다. 우리나라 정신건강서비스 문제를 개선하기 위해서는 문제가 있는 법 개정도 필요하지만, 무엇보다 중요한 것은 법이 도출되기까지 입법 과정에서 이를 허용한 국민과 이해관계자들의 정신건강 인식을 개선하는 것이다. 즉, 인식개선을 통해 정신질환 인식에 기반한 것이 아니라 정신장애 인식에 기반한 법, 정책, 서비스 전달체계, 운영체계가 형성될 수 있도록 해야 한다. 정신건강 문제에 대한 현시점의 국제적 기준이 되는 장애인식은 ICF 장애 개념이다(WHO, 2001c).

ICF 관점에서 장애란 신체적 · 정신적 질병이나 외상으로 인한 신체, 심리, 사회적 기능 저하가 초래되었을 때 사회환경 및 개인내적 지지체계의 부재로 기능 저하를 경험하게 되는 상태이다. ICF 장애관점의 특징은 장애를 신체적 · 심리적 질환에 국한시키지 않고, 이로 인한 기능 저하와 기능 저하를 회복할 수 있는 사회안전망 유무까지 포함하는 상대적 개념이라는 것이다. ICF 장애관점에서는 절대적 장애란 있을 수 없고 장애는 환경체계의 사회안전망이 얼마나 잘 구축되어 있는가에 따라서 결정되는 상대적 개념이다. 즉, ICF 장애 개념은 정신질환 관점의 장애, 기능 저하 관점의 장애, 사회안전망 상태에 따라 상대적으로 결정되는 사회적 장애 등 다양한 스펙트럼의 장애관점을 포괄적으로 반영하고 있다.

ICF 장애 개념이 2001년에 국제기구에서 채택되었고, 2006년에 국제기구에서 채택된 CRPD를 2008년에 비준했음에도 불구하고, 우리나라 정신건강서비스 현실은 이러한 국제적 기준들이 제시하는 이념을 반영하지 못하고 있다. 지금까지 살펴본 것처럼 이러한 이념을 정책 및 서비스에 반영하지 못한 가장 큰 이유 중의 하나는 정신건강 문제에 대한 인식이다. 즉, 대중뿐 아니라 전문가나 이해관계자들의 정신건강 문제에 대한 인식이 국제적 기준인 ICF적인 장애의 사회적 상대적 개념을 수용하지 못하고 정신질환 관점에 머무르고 있다는 것이다. 이러한 장애인식은 정신건강 관계법, 정책, 전달체계, 운영체계에 그대로 반영되어 정신질환 치료서비스 중심으로 발전되고 있고 상대적으로 회복지향 복지서비스 확충은 이루어지지 못하고 있다. 결론적으로 우리나라 지역사회 복지서비스 인프라 확충의 실패 원인은 국민과 이해관계자들의 인식이 질병모델에 머물러 있기 때문이다. 따라서 우리나라의 문제를 개선하기 위해서는 국민과 이해관계자들의 정신건강 문제에 대한 인식이 개선되어야 한다.

4. 발전전략: 인식개선과 제도개선의 선순환 구조

2013년 국제기구에서 우리나라 정신건강서비스 현황을 점검하였다. 당시 국제기구의 권고사항은, 첫째, 입원기간이 지나치게 길어서 인권침해 우려가 있으니 지역사회 중심 체계를 구축하라는 것, 둘째, 국민의 우울 및 스트레스 인지율과 자살률이 높은데, 입원병상 수는 OECD 평균 이상이지만 국민을 위한 심리 · 정서 지원서비스는 거의 없어서 국민 대상 심리지원서비스 체계를 구축하라는 것, 셋째, 이러한 접근을 전담하는 범정부 차원의 관리체계와 리더십을 형성하라는 것 등이었다(Kim & Yang, 2013). 국제기구의 권고를 한마디로 요약하면, 입원 · 요양 위주의 정신건강 의료서비스는 줄이고 지역사회 중심의 정신건강서비스 체계를 구축하는 것이라고 할 수 있다. 하지만 권고가 있은 지 10년이 다 되어 가고 「정신건강복지법」이 시행된 지금까지도 우리나라 정신건강서비스는 치료 · 재활 위주의 의료서비스가 중심이고 지역사회 복지서비스 시스템은 매우 취약하다.

「정신건강복지법」의 이름에서 짐작할 수 있듯이 개정법이 이념적으로 복지서비스 확충을 지향하고 있음에도 불구하고 정신건강서비스 현실이 바뀌지 않는 이유는 무엇일까? 법에서 지향하는 바가 행동으로 실현되지 못하는 가장 큰 이유는 인식의 한계에 있다. 정신건강 인식도 조사 결과에 따르면(국가 정신건강 현황보고서, 2019), 우리나라 국민의 1/3 정도는 정신질환자의 경우 정상적인 생활 영위가 불가능하다고 인식하고 있고, 정신질환자 이용시설이 동네에 들어오는 것을 반대하는 국민이 60%를 상회한다. 입법관계자, 행정관계자, 정신건강전문가, 당사자나 가족 등의 이해관계자들도 국민의 한 사람으로서 이러한 부정적 인식의 영향을 받을 수밖에 없다. 이 장에서 살펴본 것처럼 정신건강 문제를 정신질환으로 인식하는지 또는 정신장애로 인식하는지에 따라 이해관계자나 대중의 행동적 반응이 달라지기 때문에 「정신건강복지법」 이념이 실현되기 위해서는 정신건강 문제에 대한 부정적 인식과 사회적 편견 해소가 관건이다.

현재 국제사회의 정신건강 문제에 대한 인식기준은 사회모델과 인권모델에 기반한 회복관점 접근이다. CRPD에 반영된 것처럼 회복관점 접근의 목표는 정신건강 문제에 대한 목표를 당사자의 지역사회 독립생활과 사회적 통합에 두고 있다. 이러한 미션이 달성되기 위해서는 신체적 · 심리적 질환을 치료하기 위한 치료 및 재활서비스에서부터 당사자의 회복을 지원하기 위한 정신건강서비스의 사회적 인프라와 자기의사결정을 위한 인권옹호 인프라가 전제되어야 한다. 그렇다면 국제사회에서는 이러한 회복관점 접근이 시도되고 있는데 우리나라는 왜 아직 의료나 재활서비스 범주를 벗어나지 못하고 있을까? 이 장의 논의를 통해서 도출한 대답은 정신건강 문제에 대한 우리나라의 인식이 아직 치료모델 관점을 벗어나지 못하고 있기 때문이다. 이러한 한계를 극복하기 위해서는 인식개선이 선행되어야 한다.

'환경 속 인간'의 인식은 환경체계와의 지속적 상호작용을 통해서 구성되고, 인간의 인식은 다시 환경체계 변화의 원동력이 된다. 즉, 생태체계 관점에서 환경체계와 인간의 인식은 상호작용하므로, 제도와 환경은 사람의 인식을 만들고 사람의 인식은 제도와 환경을 만드는 선순환관계이다(강상경, 2021). 이러한 선순환의 관계를 도식화하면 [그림 14-2]와 같다. 이해관계자의 인식개선은 이들이 생활하고 있는 환경을 회복지향적으로 개선하는 것과 설득 커뮤니케이션을 통한 이해관계자들의 인식개선이 병행되어 환경체계와 개인의 인식 간 선순환관계가 일어날 때 가장 효과적이다. 우리나라 현황에서 인식개선의 방향성은 국제적 기준의 정신건강 문제에 대한 인식을 우리 사회에 확산시키는 것이다. 정신건강 문제에 대한 국제적 인식은 치료모델, 재활모델, 사회모델을 거쳐 현재 인권모델에 기반한 정신장애인의 지역사회 독립생활 및 사회통합을 통한 회복을 지향하고 있다. 따라서 우리나라

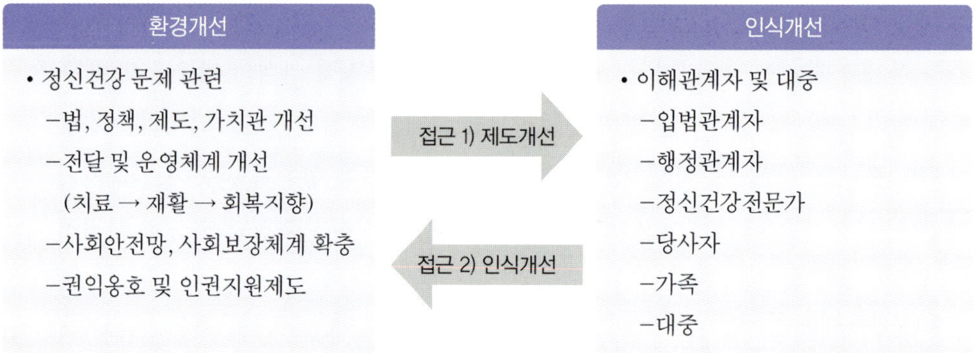

그림 14-2 인식개선을 위한 접근전략

인식개선의 목표도 국제사회의 기준에 부합하는 사회모델과 인권모델 관점의 정신건강 문제에 대한 인식으로 변환해야 한다.

국제사회의 기준은 정신건강 문제를 개인체계 중심의 신체적 · 심리적 손상인 정신질환으로 이해하는 범주를 넘어섰다. ICF의 영향으로 정신건강 문제를 개인적 차원의 신체적 · 심리적 손상으로만 이해하는 것이 아니라 정신건강 문제 발생을 예방하거나 회복하는 데 자원이 될 수 있는 사회보장체계와 같은 환경체계 인프라의 불완전성을 함께 고려하는 상대적 정신장애 관점으로 변화하였다. CRPD 채택 이후에는 정책이나 서비스의 구축 및 이용 과정에서 당사자의 참여와 자기의사결정을 존중하는 인권모델이 가미되어, 현재 국제사회의 정신건강 문제에 대한 인식은 '인권모델에 기반한 사회적 정신장애' 관점에 기반하고 있다. 인권모델에 기반한 사회적 정신장애 인식개선의 궁극적 목표는 정신장애인의 지역사회 독립생활과 사회통합이다. 목표를 달성하기 위해서는 치료모델과 재활모델을 넘어서 정책환경이 사회모델과 인권모델 관점을 수용하여 전달체계와 운영체계를 인식에 부합하게 개선하는 것이 필요하다. 인식개선을 위해서는 몇 가지 고려사항이 있다.

첫째, 법적 환경체계가 인식개선에 긍정적 영향을 주고 있는지에 대한 점검이 필요하다. 먼저 우리나라의 법체계가 국제사회가 지향하는 회복관점을 반영하고 있는지에 대한 검토가 필요하다. 현재 많은 논의가 진행되고 있는 것처럼 「장애인복지법」 제15조의 정신장애인 배제, 정신장애인 사회복지사 자격 배제를 비롯하여 현재 다양한 법에 명시되어 있는 정신장애인의 사회적 배제 등은 우리나라 법체계 자체가 회복지향적이지 않다는 것을 보여 준다. 법의 사회적 영향력을 생각할 때 이러한 불합리한 법 조항은 불필요한 사회적 선입견과 낙인을 재생산하고 확산할 위험이 있다. 인식개선을 위해서는 먼저 이러한 불합리한 법 조항에 대한 개정이 선행되어야 한다.

둘째, 정신건강 전달체계 및 운영체계가 회복관점을 반영하고 있는지에 대한 검토가 필요하다. 우리나라 정신건강 전달체계는 의료서비스 전달체계가 지역사회서비스 전달체계에 비해 과도하게 형성되어 있다. OECD 평균보다 많은 병상 수나 국제적 평균보다 훨씬 긴 입원기간은 우리나라의 정신건강서비스가 상대적으로 얼마나 의료서비스 위주로 형성되어 있는지를 보여 준다. 이러한 불균형적 서비스 전달 및 운영은 이용자나 대중의 지역사회서비스 이용기회를 원천적으로 제한하고, 상대적으로 의료서비스 접촉 경험을 높여서 의료서비스 중심의 정신건강 인식을 재생산할 위험이 있다. 인식개선을 위해서는 지역사회서비스 인프라가 확충되어 의료서비스와 지역사회 복지서비스 간 균형을 이루어야 한다.

셋째, 환경개선을 위한 제도개선 노력과 함께 이해관계자들과 대중을 대상으로 한 인식개선 노력이 병행되어야 한다. 정신건강전문가들조차도 사회구성원의 일원으로 우리 사회의 지배적인 정신건강 문제에 대한 인식에 영향을 받는다. 정신건강전문가들의 정신건강 문제에 대한 인식이 치료모델이나 재활모델에 머물러 있을 때 정신건강전문가들이 연결하는 서비스는 치료서비스나 재활서비스의 범주를 넘어설 수 없다. 이러한 현상은 입법관계자나 행정관계자에게서도 나타나고 당사자나 가족의 서비스 접근 과정에서도 반복된다. 따라서 이해관계자들을 대상으로 한 정신건강 인식개선이 필요하다.

특정 대상이나 사안에 대한 인식에 따라 해당 객체에 대한 인지주체의 정서적 · 행동적 반응이 다르게 나타난다. 정신건강 문제를 어떻게 인식하는가에 따라서 정신건강 문제에 대한 인식주체의 정서적 · 행동적 반응도 다양하게 나타난다. 「정신건강복지법」상에서는 정신건강 문제를 정신질환으로 인식하고 있다. 정신건강 문제를 정신질환으로 인식하는 것은 질병모델이나 재활모델 관점이다. 「정신건강복지법」상에 나타난 정신건강에 대한 접근이 대부분 보건의료적 접근인 이유는 아마도 우리나라 정신건강 문제에 대한 인식이 치료모델이나 재활모델 관점에 머물러 있기 때문이다. 치료모델이나 재활모델 관점에서 정신건강 문제는 정신질환으로 인식되고, 정신질환에 대한 접근은 치료, 예방, 재활 중심이다. 하지만 국제사회의 기준은 회복관점을 지향하고 있다. 우리나라도 정신장애인의 지역사회 독립생활과 사회통합을 추구하기 위해서는 국제사회 기준인 회복관점 지향을 목표로 하는 정신건강 인식개선이 필요하다.

5. 발전 방향: 법, 전달체계 및 운영체계

2006년 UN 장애인권리협약(CRPD) 채택은 이후 장애인 인권과 관련된 전반적인 국제환경에 변화를 가져왔다. CRPD를 비준한 국가는 협약에 제시된 국가 의무를 이행해야 하므로 정신장애인의 사회권적 인권을 실현하기 위한 조치 및 계획을 세워 추진하여야 할 책임이 있다. 따라서 2008년도에 CRPD를 비준한 우리나라도 체약국으로써 CRPD가 지향하는 앞서 제시한 기본이념을 수행할 의무가 있다. 여기서는 CRPD 이념이 우리나라 법체계에 어느 정도 반영되어 있는지, 그리고 그러한 이념이 정책, 제도 및 서비스 전달 과정에서 구체적으로 나타나고 있는지에 대한 반성적 고찰을 통해 다음과 같은 정책 방향 제시와 제언을 하고자 한다.

단기 정책 방향은 변화의 근간이 되는 법이나 원칙 개정과 관련된 것이고, 중장기 정책 방향은 법이나 원칙 개정의 결과로 파생되는 실질적인 전달체계나 서비스의 변화와 관련된 것이다. 이러한 발전 방향을 정리하면 [그림 14-3]과 같다.

단기 발전 방향	중장기 발전 방향
• 목표: 사람 중심 인권기반 실천을 위한 법적 체계 및 제도적 운영체계 마련	
• 정책 방향성 전환을 위한 관련 법 개정 ①「정신건강복지법」 ②「장애인복지법」 ③ 정신장애인 차별 관련 법 ④ 국민 정신건강 증진 관련 법 제정 및 개정	• 정책 실현을 위한 구조개혁 및 운영체계 개선 ① 전달체계 ② 재원 ③ 인력 ④ 운영 • 정책실천 및 운영에 대한 점검 체계 형성 ① 사람 중심 인권기반 실천 과정 평가 체계 형성 ② 국민 정신건강 증진을 위한 체계 형성

그림 14-3 단기 및 중장기 정책 발전 방향

1) 단기 정책 방향: 증진 및 회복지향 법 개정

법 개정의 방향성은 현재 정신건강 영역 실천의 기준이 되는 국제적 기준에 따를 필요가 있고 이를 위해서는 국제적 인권기준을 이해할 필요가 있다. 인권에 대한 논의는 크게 자유권적 관점과 사회권적 관점으로 나누어 볼 수 있다. 자유권은 외부의 침해로부터의 방어나 벗어남을 의미하는 소극적 권리이다. 반면 사회권은 방어나 벗어남을 넘어서 그 권리를 실현하는 적극적 권리이다. 인권의 역사는 소극적 개념인 자유권에서 적극적 개념인 사회권으로 진화해 왔다. 전통적인 인권 논의에서는 자유권과 사회권을 분리해서 이해하였다. 하지만 최근 국제적 인권 기준은 자유권과 사회권의 융합적 실현을 지향하고 있다. 정신장애인 관련 법이나 정책의 국제적 기준이 되는 CRPD도 이러한 변화된 인권기준을 반영하고 있다. CRPD는 새로운 인권 항목을 개발하는 것이기보다는 기존의 자유권과 사회권과 같은 인권 항목을 정신장애인을 비롯한 장애인에게도 동등하게 적용할 것을 권고하고 있다.

앞에서 살펴본 것처럼 우리나라 정신건강 분야의 관점이나 모델은 WHO가 제시해 온 국제적 기준을 반영하지 못하고 있어서, 우리나라의 정신건강 관련 법이나 제도는 국제적 인권기준에 비추어 볼 때 부족한 부분이 많다. 정신장애인을 타 장애영역 장애인들과 차별하는 「장애인복지법」 제15조는 모든 사람이 법 앞에 평등하다는 CRPD 제12조에 위배된다. 「정신건강복지법」 제4조에 규정되어 있는 복지서비스 관련 조항들은 강제규정이 아닌 임의규정이고 회복을 위한 다양한 스펙트럼의 서비스를 포함하고 있지 못하다는 점에서 CRPD가 지향하는 사회모델 관점의 사회적 인프라 확충과 자기의사결정에 기반한 회복지원체계 확립을 지향하는 인권모델 관점에 위배된다. 「사회복지사업법」 제11조 제2항의 정신장애인의 사회복지사 자격증 배제 조항처럼 정신장애인에 대한 사회적 배제를 합법화하는 관련 법들은 CRPD와 같은 「국제인권법」 관점에서 위법 조항이므로 개선되어야 한다.

여기서는 「장애인복지법」 제15조, 「정신건강복지법」 제4조, 「사회복지사업법」 제11조 제2항 등 몇 가지 사례만 예로 들었지만 우리나라 법에는 이러한 조항이 다수 있을 것으로 예상된다. 인식개선을 통한 첫 번째 단계가 법 개정이라면, 이러한 국제적 인권기준에 위배되는 법 조항들에 대한 개정이 선행되어야 한다. 이러한 법 개정을 통해서 담보되어야 할 기본적 내용들은 다음과 같다. 우선 법 개정을 통해 지역사회 기반 정신건강 복지서비스에 대한 공적 책임성을 제도적으로 강화하고 인간중심 인권기반 실천이 가능한 회복지원체계를 구축해야 한다.

이를 위해 지역사회 회복지원체계 인프라 구축에 대한 중앙 및 지방정부의 책임을 개정법에 반영하여 다음과 같은 조항을 명확히 명시할 필요가 있다. 첫째, 지방자치단체별로 의료, 복지, 회복에 이르기까지 각 유형의 정신건강서비스 스펙트럼의 기관을 모두 설치할 것을 명시하여야 한다. 둘째, 지방자치단체별 설치가 어려운 경우에는 대안적으로 광역 또는 권역 단위 설치 의무화를 명시하여야 한다. 셋째, 회복지원체계 정신건강서비스 기관 설치에 대한 중앙정부 및 지방자치단체의 책무를 명확히 하고, 국가 및 지역계획에 장단기 설치계획을 포함하도록 명시하여야 한다. 넷째, 중앙정부의 역할, 특히 행정적 · 재정적 책임을 보다 강화하여 법제화해야 한다.

법 개정과 더불어 광역이나 기초지방자치단체 단위로 정신재활시설 설치 기준 및 규정 마련이 필요하다. 2020년 말 현재 지방정부 조례를 분석한 결과, 광역지방자치단체의 경우 총 17개 광역지방자치단체 중 정신건강복지센터 관련 조례는 12개 광역지방자치단체에 규정되어 있지만, 정신건강심의위원회 관련 조례는 17개 중 2개, 정신건강심사위원회 관련 조례는 1개, 재활시설 관련 조례는 5개 광역지방자치단체에만 규정되어 있는 것으로 나타났다. 기초지방자치단체의 경우, 전체 229개 중에서 정신건강복지센터 관련 조례는 151개, 정신건강심의위원회 관련 조례는 15개, 정신건강심사위원회 관련 조례는 8개, 재활시설 관련 조례는 5개 기초지방자치단체에만 규정되어 있는 것으로 분석되었다. 재활시설 설치 기준이나 규정은 중앙에서 표준화하는 것을 원칙으로 해야 하지만, 지역 특성에 따라 예외적 상황이 있을 수 있어서 지역사회에서의 회복지원을 위해 지방자치단체의 정신건강서비스 기관 설치기준도 명확히 할 필요가 있다. 따라서 지방자치단체별로 시설 유형별 수요를 추계하여 지역단위로 시설설치 기준을 마련하고, 이를 기반으로 지역별 설치계획을 수립하여 중앙정부가 이를 정기적으로 모니터링하고 평가할 필요가 있다.

중증 정신장애인 대상의 정신건강서비스도 부족하지만, 우리나라 정신건강서비스 현황의 가장 큰 문제 중의 하나는 일반인들을 대상으로 하는 정신건강서비스의 부재이다. 2013년에 UN에서 우리나라 정신건강 현황을 평가하였다. 중증 정신장애와 관련해서는 예상한 바대로 국제기준 대비 과도하게 많은 입원병상 수와 장기입원이 지적되었다. 즉, 중증 정신장애인을 위한 정신건강서비스가 치료 및 입원 위주이고 인권기반 회복지향적이지 못하기 때문에 수정을 권고하였다. 일반인 정신건강과 관련해서는 우리나라의 높은 자살률, 우울 유병률, 스트레스 인지율이 언급되었다. 문제는 국민의 정신건강 지표가 이처럼 매우 부정적임에도 불구하고 국민이 도움을 받을 수 있는 정신건강 기관이나 서비스가 거의 없다는 것이다. UN은 이러한 현상이 국민의 정신건강서비스 이용에 대한 권리를 제한하는 것이기 때문에 국민을 위한 정신건강서비스 접근성을 높이라고 권고하였다. 이러한 점들을 고려할 때 법 개정의 중요한 리스트 중의 하나로 국민 정신건강 예방 및 증진을 위한 정신건강서비스 인프라 확충과 실행을 위한 법 개정이 추가될 필요가 있다.

2) 정신건강 통합서비스 제공을 위한 전달체계: 증진 및 회복지원 중심으로 전환

정신건강 통합서비스 제공을 위한 기본방향을 바탕으로 이를 실현하기 위해서는 법 개정에 이어 전달체계 개선이 필요하다. 대안적으로 고려해 볼 수 있는 모델을 두 가지 정도 논의하면 다음과 같다(강상경 외, 2017). 제1안('정신건강서비스 통합모델'로 지칭)은 현재 확립된 서비스 전달체계를 최대한 활용하는 방안으로서 정신건강복지센터에서 국민 정신건강서비스 및 정신질환자 정신건강서비스를 모두 관장하여 일원화된 서비스 제공체계를 구축하는 방안을 생각해 볼 수 있다. 제2안('정신건강서비스 독립모델')은 지역사회에서의 정신질환자 정신건강서비스는 해당 영역의 전문성과 경험을 갖추고 있는 기존의 정신건강복지센터가 담당하고, 점차 비중이 확대되고 있는 국민 정신건강서비스는 새로운 기관을 설립하여 담당함으로써 각 영역의 전문성을 담보하는 동시에 지역사회 수준에서 두 영역 간의 협력을 강화하는 체계를 마련하는 것을 지향한다.

(1) 통합모델

통합모델은 지역사회 기반 정신건강 통합서비스 제공체계의 기본방향을 지향하면서도 지금까지 구축된 서비스 전달체계를 최대한 활용함으로써 정책환경 변화에 적극적으로 대응하려는 의도에서 구상되었다. 따라서 통합모델의 장점은 기초정신건강복지센터를 중심으로 현재의 조직 및 사업, 인력, 행정체계, 기관, 시설 간 관계의 변화를 최소화하는 가장 현실적인 대안이라는 점이다. 또한 기초정신건강복지센터가 지역사회 기반 정신건강서비스의 포괄적인 제공기관 역할을 담당하므로 정신건강서비스를 이용하려는 모든 지역주민의 서비스 접근성 및 통합성이 증대될 것으로 기대된다. 이러한 장점에 비해 통합모델은 중증 정신질환자 대상의 서비스를 중심으로 발전해 온 정신건강복지센터를 그대로 계승하여 활용하는 것이므로 정신건강서비스에 대한 낙인을 우려하는 일반 국민의 서비스 이용이 제한될 우려가 존재하는 것이 가장 큰 단점이다. 그러므로 통합모델 구축의 경우 일반 국민에게 정신건강복지센터가 거부감 없이 다가갈 수 있도록 인식을 개선하는 일이 필요하다. 더불어 예산과 인력이 지금도 부족한 정신건강복지센터가 모든 정신건강서비스를 담당하기에 조직과 인력의 보강이 점진적으로 이루어지지 않는다면 자칫 서비스 품질이 저하되고 실무자들의 소진되는 현상이 더욱 심각해질 가능성도 배제할 수 없다.

보다 구체적으로 통합모델의 주요 내용을 살펴보면 다음과 같다. 정신건강서비스 통합모델은 국민과 중증 정신질환자를 대상으로 하는 정신건강서비스를 모두 정신건강복지센터가 중심이 되어 IAPT와 같은 직접 서비스를 제공하거나 기타 지역사회 자원 및 서비스를 연계하는 것이다. 이 모델은 가급적 현재 시행되고 있는 정신건강서비스 전달체계에서 확립된 조직 및 인적 자본을 최대한 활용하면서 담당업무의 부분적 재편과 서비스 제공기관들과의 협업 강화를 통해 효율성을 제고하는 데 초점을 맞추고 있다. 그리고 업무의 재편과 기관 간의 협업을 강화하는 한편, 정책환경 변화에 따라 향후 병원(입원)이나 정신요양시설에서 지역사회로 복귀하는 정신질환자가 증가할 것으로 예상되므로 중증 정신질환자의 서비스 욕구에 대응하기 위해 정신재활시설을 확대해야 한다. 중증 정신질환자의 경우 지역사회에 복귀해서도 주거, 고용, 교육, 문화 및 여가 등 다양한 욕구가 제대로 충족되지 못하는 사례가 빈번하다. 여기에 전면 개정된 「정신건강증진법」에서는 지역사회 정신질환자들의 복지서비스를 체계적으로 제공할 것을 규정하고 있다. 하지만 약물치료나 기본적인 재활서비스 외에 실제 지역사회의 구성원으로서 원활한 생활을 영위하기 위한 여타 지원서비스를 직접적으로 제공할 기관은 절대적으로 부족한 실정이다. 또한 정신건강복지센터가 기능을 원활하게 수행하기 위해서는 지역사회 자원, 특히 센터에서 연계할 수 있는 정신재활시설의 존재가 중요하다. 따라서 장기적으로는 정신재활시설을 확충하고 정신건강복지센터는 집중사례관리에 전념하고 제반 복지서비스를 연계하는 역할을 담당해야 한다. 동시에 이들이 지역사회에서 가족과 함께 또는 독립적으로 생활하기에 앞서 과도기적 주거시설로서 중간집(halfway house)을 확대 편성하여 광역 지방자치단체별로 설치할 것을 제안한다. 이와 같은 정신건강서비스 통합모델의 체계를 도식화하면 [그림 14-4]와 같다.

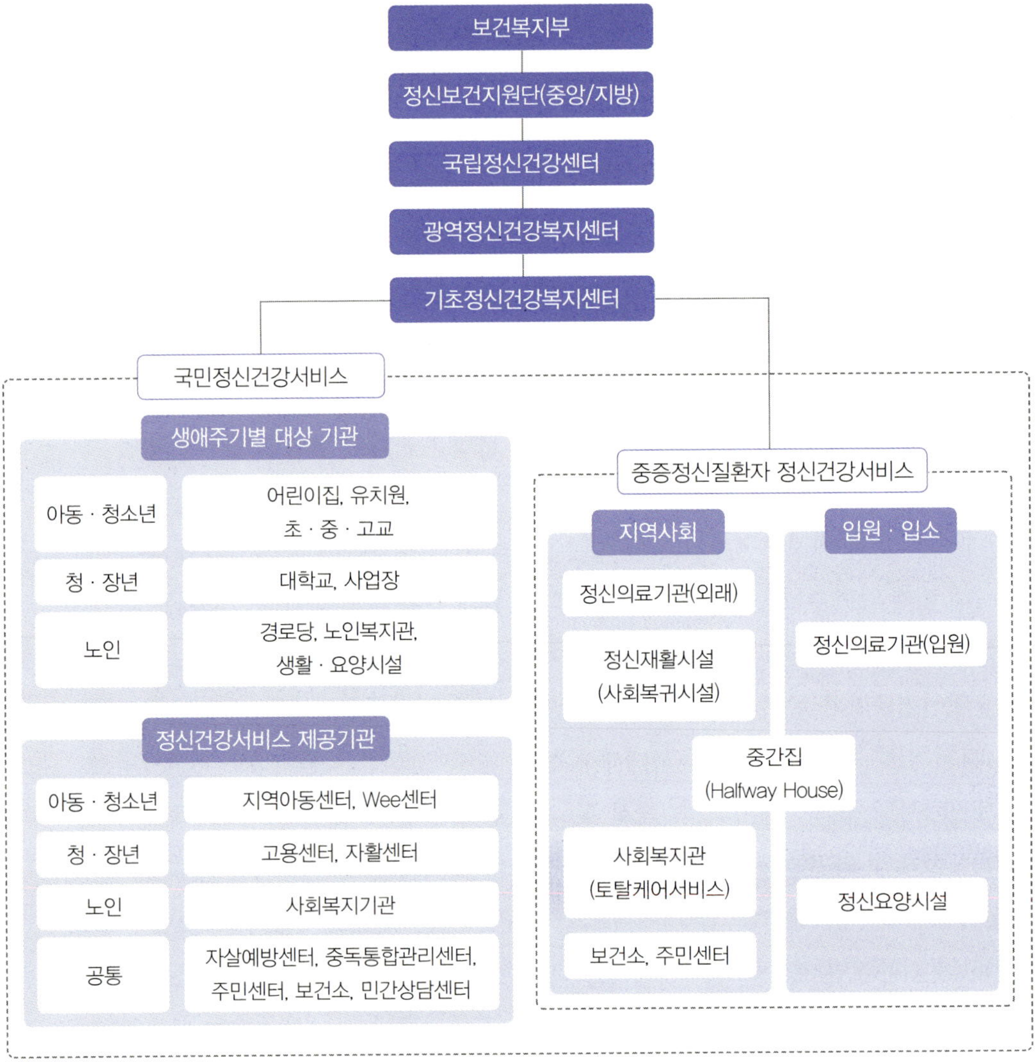

그림 14-4 정신건강서비스 통합모델

(2) 독립모델

독립모델은 지역사회에서 정신질환자 정신건강서비스와 경증 및 위험군에 속하는 국민 정신건강서비스의 담당기관을 이원화하고 그에 맞는 전문인력을 배치함으로써 서비스 제공의 전문성을 강화하고, 일반 국민의 정신건강서비스 이용에 따른 거부감을 낮추려는 의도에서 구상되었다. 즉, 중증 정신질환자 대상의 서비스 부문에서는 해당 영역의 전문성과 경험을 갖추고 있는 기존의 정신건강복지센터가 담당하고, 점차 비중이 확대되고 있는 국민 정신건강서비스는 새로운 기관(가칭 '마음건강통합지원센터')을 신설하여 운영함으로써 각 영역의 전문성을 담보하는 동시에 지역사회 수준에서 두 영역 간의 협력을 강화하는 체계를 마련하는 것을 지향한다. 보다 구체적으로 독립모델의 주요 내용을 살펴보면 [그림 14-5]와 같다.

정신건강서비스 독립모델은 국민 정신건강서비스와 정신질환자 정신건강서비스를 담당하는 중추기관을 각각 독립적으로 운영하는 것이다. 이러한 모델 운영은 그동안 정신건강복지센터가 중증 정신질환자를 중심으로 발전하게 된 역사적 배

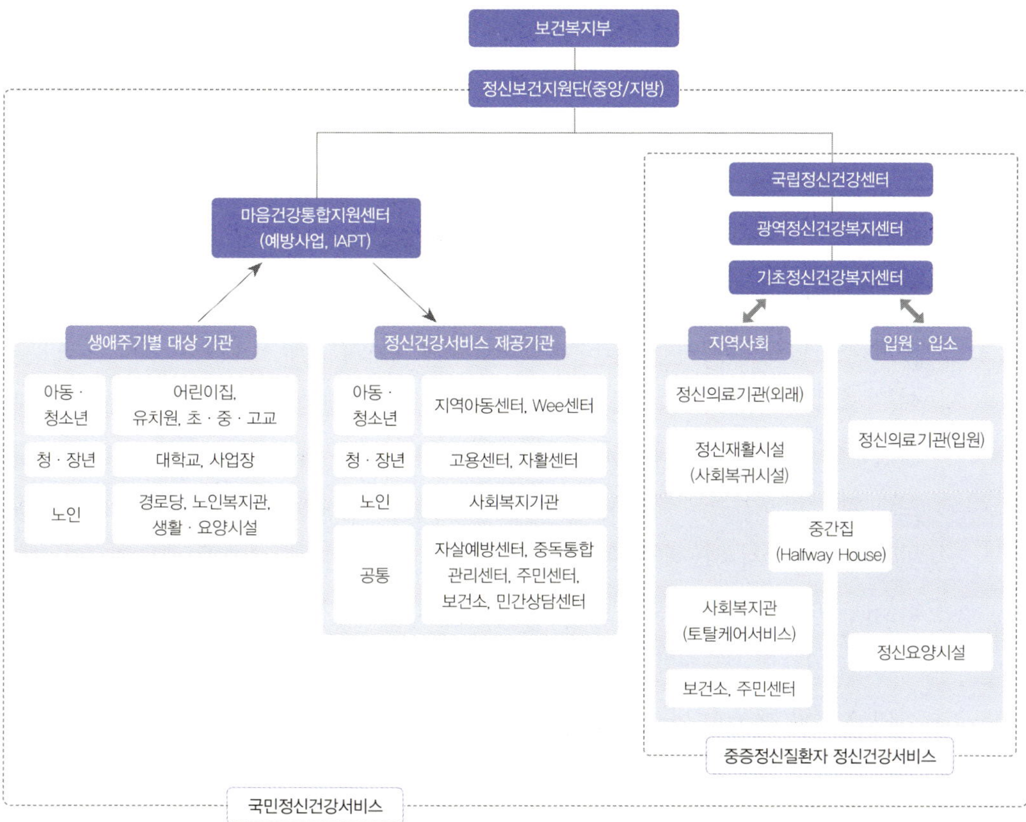

그림 14-5 정신건강서비스 독립모델

경과 일반 국민들의 정신건강서비스에 대한 낮은 접근성을 고려할 때 대상에 따른 별도의 서비스 제공체계를 통해 전체적인 지역사회 정신건강서비스 전달체계의 통합성을 증대시킬 수 있을 것이라는 전제에서 출발한다.

즉, 현재 기초정신건강복지센터의 인력 및 예산 부족이 한계에 달해 있어, 국민 정신건강서비스를 위한 조직 및 인력체계를 별도로 구상하는 것이 현실적으로 더 나은 대안일 수 있다. 중증 정신질환자를 위한 기관으로 출발한 정신건강복지센터의 업무는 일반 국민에 대한 증진사업이 계속 추가되면서 사업영역이 지속적으로 확대되었고, 이에 따라 사업목표 및 핵심 클라이언트 집단이 명확하게 설정되지 못하며, 정신건강복지센터 종사자들은 과중한 업무부담과 실적경쟁에 내몰리는 문제가 발생하였다. 조사결과에서도 현재 정신건강복지센터의 종사자들은 사례관리 및 업무부담이 과도한 상황이며, 지역에 따라 인프라 부족으로 인해 적절한 서비스를 연계·제공할 수 없는 어려운 실정이 드러났다. 그러므로 예산이나 인력의 보완 없이 정책환경 변화에 따른 새로운 수요에 대응하는 서비스를 담당하도록 요구하는 것은 현 상황을 더욱 악화시킬 수 있다.

다음으로, 정신건강서비스 이용에 대한 국민들의 거부감을 줄이고 접근성을 높이기 위해서 독립모델이 효과적일 수 있다. 주지하듯이 정신질환 및 정신과 치료·서비스에 대한 편견이나 낮은 인식으로 인해 정신건강복지센터의 서비스 이용률이 전반적으로 낮은 편이다. 조사결과에서도 정신장애에 대한 낙인 인식이 높은 이용자들이 40% 내외로 나타났고, 정신건강복지센터를 이용하는 중증 정신질환자들보다 일반 이용자들의 낙인 수준이 더 높게 나타난 점은 우울이나 스트레스 등으로 인해 정신건강서비스에 대한 욕구가 있음에도 정신건강복지센터 이용을 주저하거나 거부하는 등의 접근성 문제가 나타날 수 있음을 시사한다.

따라서 [그림 14-5]와 같이 정신건강복지센터와 마음건강통합지원센터를 분리하여 운영할 경우 국민 정신건강서비스를 확충하고 전문화하는 데 유리할 것으로 예상된다. 무엇보다도 정신건강복지센터와는 별도의 기관을 운영함으로써 중증 정신건강서비스를 위축시키지 않고 현재 부족한 상담 및 전문적 심리치료서비스 제공을 위한 예산과 전문인력을 확충할 수 있을 것으로 기대된다. 더불어 일반 국민들의 정신건강서비스에 대한 편견과 낙인을 경감시켜 서비스 이용을 촉진시킬 수 있는 점이 독립모델의 가장 큰 장점이다.

하지만 역설적으로 중증 정신질환자가 이용하는 정신건강복지센터에 대한 일반 국민들의 편견이나 낙인이 커질 우려가 있다. 또한 정신건강복지센터의 인력과 예산을 확대하는 통합모델에 비해 독자적인 조직과 인력을 갖추는 데 소요되는 예산 규모가 더 클 가능성이 있는 점은 독립모델의 단점이다.

3) 증진 및 회복지원 정신건강서비스 운영을 위한 실행체계

CRPD가 채택된 후 정신건강서비스의 국제적인 기준 및 동향은 '사람중심, 인권기반 실천(person-centered & rights-based practice)'이다. 2006년 CRPD가 채택된 협약을 비준한 국가들은 협약의 이념과 원칙을 실현하기 위한 다양한 노력을 기울여 왔다. 하나의 예가 2013년에 제시된 QRTK(QualityRights Tool Kits)이다. QRTK는 정신건강서비스 기관의 환경 및 운영실행체계가 CRPD 원칙에 맞게 운영되고 있는지를 평가할 수 있는 도구이다. QRTK는 재원지원기관이나 단체에 의한 서비스 단체의 평가도구로 활용될 수도 있고, 서비스 전달단체 스스로 제공하고 있는 서비스의 성격이나 기관의 운영이 CRPD 이념에 부합하는지를 스스로 평가하는 도구로 활용될 수도 있다. 2019년에 이르러서는 CRPD 원칙을 총체적으로 실현할 수 있는 다양한 내용을 담은 'QRMTGT(QualityRights Materials for Training, Guidance and Transformation)'가 UN에 의해서 발표되었다. 5개 대범주에 15개 소범주로 구성된 QRMTGT의 개요는 〈표 14-2〉와 같다.

표 14-2 QRMTGT 분류 및 기준

구분	대분류	소분류	대상	기준
1	핵심훈련	인권	모든 서비스와 모든 사람 대상	1) 정신장애인의 인권(시민권, 정치권, 경제권, 사회권, 문화권 등) 보장에 대한 법적 조항이 있는지 2) 위와 같은 인권 침해 시 정신장애인이 구제받을 수 있는 제도가 있는지 3) 제도가 실제 가동되고 있는지
2		정신건강, 장애, 인권	모든 서비스와 모든 사람 대상	1) 정신장애인에게 CRPD[Article1-30 또는 국가인권위(2021) 연구에서 제시한 다섯 가지 근거]에 근거한 회복환경을 제공하고 있는지 2) 정신장애인에게 서비스를 제공하는 사람이 CRPD에 대한 교육을 받는지(혹은 인지하고 있는지) 3) 정신장애인 당사자가 CRPD에 대해 교육을 받는지(혹은 인지하고 있는지)
3		법률행위 및 결정권	정신건강 및 사회서비스	1) 법적으로 의사결정을 자유롭게 할 수 있도록 보장되어 있는지(법적 차원에서 제한 조항이 있는지) 2) 정신장애인이 의사결정에 대한 지원을 필요로 할 때 의사결정지원제도를 이용할 수 있는지
4		회복과 건강권	정신건강 및 사회서비스	1) 회복패러다임에 기반한 서비스 환경이 구축되어 있는지 2) 서비스 이용자가 회복을 위한 방법(대안적 치료, 약물 치료 등)을 자유롭게 선택할 수 있는지
5		강제, 폭력 및 학대로부터의 자유	정신건강 및 사회서비스	1) 갈등(긴장) 상황에서 필요한 의사소통기술을 활용하고 있는지 2) 갈등(긴장) 상황에서 지지적 환경이 제공되고 있는지(예: 편안한 방 등) 4) 갈등(긴장) 상황에 대하여 이용자와 개별적으로 계획을 수립하고 있는지 5) 갈등(긴장) 상황에 대한 대응팀이 구성되어 있는지 6) 갈등(긴장) 상황에 대한 진정절차가 조성되어 있는지

<table>
<tr><td>6</td><td rowspan="3">특화된 훈련</td><td>정신건강과
안녕을 위한
회복실천</td><td>–</td><td>1) 회복지향적인 서비스와 실천을 하는지
2) 강점에 근거하여 서비스를 제공하는지
3) 지역사회와 사람들을 연결하기 위한 노력을 기울이는지
4) 개인의 회복을 위한 의사소통기술을 활용하는지
5) 개별 회복 계획을 수립하는지</td></tr>
<tr><td>7</td><td>격리 강박
종식을 위한 전략</td><td>–</td><td>1) 긴장 상황에 대해 인지하고 이에 대해 효과적으로 대응하는 방법을 교육하고(혹은 알고) 있는지
2) 긴장 상황에 대한 개별계획을 이용자와 함께 수립하는지
3) ‘네’ ‘할 수 있다’라고 말할 수 있는 지지적인 분위기인지
4) 지지적 환경이 제공되고 있는지(예: 편안한 방 등)
5) 서비스 제공자에게 능동적 경청(active listening)과 같은 완화(de-escalation)를 시행(교육)하고 있는지
6) 긴장 상황에 대한 대응팀이 구성되어 있는지</td></tr>
<tr><td>8</td><td>지원의사결정과
사전계획</td><td>–</td><td>1) 지원의사결정(supported decision-making) 제도를 시행하고 있는지
2) 사전계획서(advance planning documents)[1]를 작성하여 실행하고 있는지</td></tr>
<tr><td>9</td><td rowspan="3">안내 · 지침</td><td>당사자에 의한,
당사자를 위한
동료지지집단</td><td>–</td><td>1) (집단)동료지원제도가 정착되어 있는지
2) (집단)동료지원제도를 국가에서 어떠한 방식으로 지원하고 있는지</td></tr>
<tr><td>10</td><td>당사자에 의한,
당사자를 위한
일대일 동료지지</td><td>–</td><td>1) (개인)동료지원제도가 정착되어 있는지
2) (개인)동료지원제도를 국가에서 어떠한 방식으로 지원하고 있는지</td></tr>
<tr><td>11</td><td>정신건강, 장애,
인권옹호</td><td>–</td><td>1) 권익옹호를 위한 파트너십이 형성되어 있는지
2) 권익옹호를 위한 별도의 재원과 자원이 있는지
3) 권익옹호 관련한 모니터링제도가 있는지</td></tr>
</table>

12		정신건강 및 관련 분야 인권증진을 위한 시민사회 조직	–	1) 정신건강(혹은 장애)과 관련한 시민사회단체가 설립되어 있는지 2) 정신건강(혹은 장애)과 관련한 시민사회단체에 대한 별도의 재원과 자원이 있는지 3) 정신건강(혹은 장애)과 관련한 시민사회단체가 정신장애인의 인권에 대한 모니터링을 하고 있는지
13	서비스 전환	QR 사정도구	–	1) QR 사정도구(QualityRights assessment toolkit)를 통해 문제의 우선순위를 스크리닝하는지 2) QR 사정도구에 근거하여 서비스 변화를 위한 구체적인 계획(전략–예산, 활동 등)을 수립하는지 3) QR 사정도구를 통해 수립한 계획의 영향을 평가하는지
14		서비스 전환과 인권증진	정신건강 및 사회서비스	
15	자조	정신건강과 안녕을 위한 사람중심 회복계획 자조도구	–	1) 당사자가 사람중심 회복을 증진할 수 있도록 자조도구를 만들어 보급하고 있는지 2) 당사자가 자조도구를 이용하고자 했을 때 지원받을 수 있는 서비스(동료지원 등)가 있는지 3) 정신건강서비스 제공자가 자조도구에 대한 이해가 있는지

1) 사전계획은 스스로 의사결정을 하지 못할 수 있는 미래 상황에 대비하여 사전에 개인의 선택과 선호를 다른 사람이 알 수 있도록 만들어 두는 것이다.

이러한 다양한 영역에서 사람중심 인권기반 실천이 이루어지기 위해서는 운영체계가 뒷받침되어야 한다. 재원의 경우 현재 공급자중심의 재원구조에서 이용자중심으로 전환되어야 한다. 이용자중심으로 전환을 하는 대안으로는 현행 의료보험이나 의료급여에서 앞서 제시한 모든 영역에서 발생하는 비용을 재정적으로 지원하는 통합재정체계가 필요하다. 이러한 변화가 현실적으로 불가능하다면 현행 노인장기요양보험을 장애인장기요양보험으로 확대 재편성하고, 호주의 NDIS(National Disability Insurance Scheme)와 같은 장애 통합지원체계를 구축하는 방안을 고려해 볼 수 있다. 재원에 대한 고민과 더불어 개선이 필요한 부분이 인력이다. 수요 대비 우리나라 정신건강 전문인력의 규모는 국제적으로 매우 부족한 실정이다. 인력 규모를 최소한 OECD 국가의 평균적 규모로 확장하고, 정신과 의사와 같은 부족한 인력에 대해서는 국가 차원에서 중장기 인력 양성 계획이 필요하다.

토론주제

1. 장애와 관계되는 UN 중심의 국제적 기준 및 환경의 시대적 변화와 우리나라 정신건강사회복지의 역사적 전개 과정을 비판적으로 비교하고, 공통점과 차이점을 논하시오.

2. 국제적 환경 및 기준의 강점과 한계에 대해서 논하시오.

3. 국제적 환경 및 기준과 비교하여 우리나라 정신건강사회복지의 현황 및 문제점에 대해서 논하시오.

4. 정신건강 환경개선과 인식개선의 관계를 생태체계이론에 기반한 환경 속의 인간의 관점에서 논하시오.

5. 우리나라 정신건강사회복지의 발전 방향을 논하시오.

참고문헌

강상경(2013). **한국 정신보건서비스의 전개 과정: 사회서비스의 관점에서**. 서울: 서울대학교출판문화원.

강상경(2018). **인간행동과 사회환경**. 경기: 나남출판.

강상경(2021). 정신건강 인식개선의 필요성. 제1차 인식개선협의체 발표 자료.

강상경 외(2017). **지역사회 기반 정신건강 통합서비스 제공체계 구축방안 연구**. 세종: 보건복지부.

강상경, 유창민, 전해숙(2021). **인간행동과 사회환경**. 서울: 학지사.

강상경, 정은희(2021). 정신재활시설 이용자의 복지서비스 요구도 분석: IPA 활용. **한국장애인복지학**, 52, 111-134.

강상경, 제철웅, 김문근, 하경희, 김낭희, 정은희, 박재우, 장창현, 이정하, 김성연, 전해숙, 한광현, 박종은, 김경희(2020). **2020년 정신장애인 인권증진을 위한 실태조사 연구용역보고서: 정신재활시설 운영 · 이용실태 및 이용자 인권실태조사**. 서울: 국가인권위원회.

과학기술정보통신부(2019). 스마트폰 과의존 범부처 대응체계 운영계획과 예방 · 해소 서비스 통합안내 방안 보도자료.

과학기술정보통신부, 한국정보화진흥원(2020). 2019년 스마트폰 과의존 실태조사.

관계부처 합동(2016). 정신건강종합대책.

관계부처 합동(2018). 스마트폰 · 인터넷 과의존 예방 및 해소 종합계획(안)(2019~2021).

관계부처 합동(2021). 온국민 마음건강 종합대책: 제2차 정신건강복지기본계획(안).

국가법령정보센터. 정신건강증진 및 정신질환자 복지서비스 지원에 관한 법률. https://www.law.go.kr/법령/정신건강증진및정신질환자복지서비스지원에관한법률

국가인권위원회(2019). 정신장애인 국가보고서 이행상황 점검을 위한 실태조사.

국가인권위원회(2021). 정신장애인 인권보고서 2021.

국립국어원(2021). 표준국어대사전. 문화체육관광부. (2021년 5월 31일 다운로드). https://

stdict.korean.go.kr/main/main.do

국립정신건강센터(2018). 국가 정신건강현황 보고서.

국립정신건강센터(2019). 2018년 정신건강전문요원 실태조사 보고서.

국립정신건강센터(2020a). 2020년 정신건강 검진도구 및 사용에 대한 표준지침.

국립정신건강센터(2020b). 정신과적 응급상황에서의 위험평가 안내.

국립정신건강센터(2020c). **국가 정신건강현황 보고서 2019**. 국립정신건강센터, 건강보험심사평가원, 한국보건사회연구원.

국립정신건강센터(2020d). 정신건강사례관리시스템표준매뉴얼.

국립정신건강센터(2021a). 심리적 응급처치-8가지 핵심활동 제대로 이해하기. https://www.youtube.com/watch?v=smpZFJmbFxU

국립정신건강센터(2021b). 정신과적 응급상황에서의 현장대응 안내.

권석만(2014). **이상심리학의 기초: 이상행동과 정신장애의 이해**. 서울: 학지사.

권자영, 문영주, 최은정, 하경희, 황정우(2018). 정신건강사회복지사의 핵심역량에 관한 수련교육 요구분석. **정신건강과 사회복지, 46**(1), 64-93.

권준수 역(2015). **정신질환의 진단 및 통계 편람(제5판)**(*Diagnostic and Statistical Manual of Mental Disorders*, 5th edition). American Psychiatric Association 저. 서울: 학지사.

권진숙, 김정진, 진석균, 성준모(2020). **정신건강사회복지론**. 경기: 공동체.

김경, 강영심(2012). 장애학생을 위한 문화예술교육프로그램 구성내용 탐색 연구. **특수아동교육, 14**(2), 187-206.

김기태, 최송식, 최말옥, 김경미, 이미경, 박은주, 최윤정(2021). **정신건강사회복지론**. 서울: 학지사.

김문근(2007). 정신보건법상의 강제입원 조항과 인권침해기제에 관한 질적사례연구. **사회복지연구, 33**, 123-158.

김문근(2009). 가족의 정신장애인 가정외보호욕구에 영향을 미치는 요인에 관한 연구. **정신건강과 사회복지, 32**, 5-40.

김문근(2016). **상징적 상호작용론과 정신장애의 이해**. 충북: EM커뮤니티.

김문근(2019). 우리나라 정신장애인복지의 탈가족화 기반에 관한 검토. **비판사회정책, 62**, 7-52.

김문근, 하경희(2016). 장기입원 정신질환자의 탈시설화를 위한 정신보건전달체계 개편 방안: 정신보건기관 기능개편에 관한 전문가 인식을 중심으로. **사회복지정책, 43**(3), 31-57.

김미옥(2012). 인권관점에서 본 한국 사회복지실천. 한국사회복지학회 학술대회 자료집, 54-81.

김민석, 박희정, 배은미, 안성희, 이은진, 전재현, 전준희 역(2018). 정신건강증진: 개념 · 증거 · 실천(*Promoting Mental Health*). WHO 저. 서울: 포널스출판사.

김붕년, 정동선, 황준원, 김재원, 조수철(2006). 서울시 소아청소년 정신건강문제 역학조사 보고서. 서울: 서울시 소아청소년정신건강센터.

김상균 외(2008). 사회복지개론. 경기: 나남출판.

김성기, 유리 역(2010). 키워드(*Keywords: A Vocabulary of Culture and Society*). Williams, R. 저. 서울: 민음사

김성이(2002). 약물중독총론. 서울: 양서원.

김성이, 김상균(1994). 사회과학과 사회복지. 서울: 나남출판.

김성희, 이연희, 황주희, 오미애, 이민경, 이난희, 강동욱, 권선진, 오혜경, 윤상용, 이선우(2014). 2014년 장애인 실태조사. 보건복지부, 한국보건사회연구원.

김용석(2011). 한국어판 정신건강 선별도구의 타당화 연구.

김용석, 정창모, 전영찬, 엄태관, 윤지훈(2011). 한국어판 정신건강 선별도구(K10 · K6)의 타당화 연구: 재가복지서비스 이용자를 대상으로. 정신건강과 사회복지, 37(4), 65-88.

김진용, 강시현, 김수정, 곽경현, 김창윤(2007). 정신증 환자의 증상과 기능에 대한 간략형 평가 척도의 타당도 및 신뢰도. *Journal of Korean Neuropsychiatric Association*, *46*(5), 492-498.

김철효 역(2005). 인권: 이론과 실천(*Human Right: An Interdisciplinary Approach*). Freeman, M. 저. 서울: 아르케.

김청송(2015). 사례중심의 이상심리학. 경기: 싸이북스.

김태성, 성경륭(2000). 복지국가론. 서울: 나남.

대검찰청(2021). 2020 마약류 범죄백서.

대한소아청소년정신의학회(2018). 대한민국 청소년 ADHD의 치료 현황 및 치료 장벽 요인. ADHD의 날 발표 자료.

대한신경정신의학회(1997). 신경정신과학. 서울: 하나의학사.

대한신경정신의학회(2017). 신경정신의학. 서울: 아이엠이즈컴퍼니.

대한임상건강증진학회(2021). 일반건강상식. (2021년 5월 31일 다운로드). https://www.healthpro.or.kr/health/viewC.php?cat=3&number=84

미래창조과학부, 한국정보화진흥원(2016). 2015년 인터넷 과의존 실태조사.

민성길(2015). 최신정신의학(제6판). 서울: 일조각.

민소영(2018). 정신건강전문요원의 팀 협력 경험. 질적연구, 19(1), 31-39.

민소영, 오금주(2014). 낙인이론에 입각한 정신장애인의 삶의 질 경로 과정: 정신보건세팅별 비교 연구. 한국사회연구, 17, 35-75.

박도영(2013). 일부에선 보이콧… "진단 인플레이션 유발 가능성 높아." Medical Observer (http://www.monews.co.kr).

박상규, 강성군, 김교헌, 서경현, 신성만, 이형초, 전영민(2017). 중독의 이해와 상담실제(2판). 서울: 학지사.

박영수(2014). 마약 중독의 문제인식과 확산방지를 위한 정책적 연구. 한국경찰학회보, 16(1), 3-37.

박은정(1992). 정신보건법: 정신질환자의 권리장전이냐 격리수용이냐?, 법과사회, 6, 58-75.

박인환, 서정석, 서진환, 이선혜, 이용표, 최준혁, 김정은, 김민경, 노수희, 송승연(2016). 정신장애인의 차별경험과 지역사회 통합을 위한 연구. 세종: 보건복지부.

박해인, 최선우, 최윤경, 박수현, 유성은, 백명재, 김희국, 현진희, 석정호(2020). 한국형 심리적 응급처치 교육 프로그램을 이용한 재난정신건강 지원 인력 양성 교육의 효과. 신경정신의학회지, 59(2), 123-135.

변용찬 외(2006). UN 장애인권리협약 연구. 세종: 한국보건사회연구원.

보건복지부 국립정신건강센터, 건강보험심사평가원, 한국보건사회연구원(2020). 국가 정신건강현황 보고서 2018. 서울: 국립정신건강센터.

보건복지부(2017). 2016년 정신질환 실태조사.

보건복지부(2018a). 음주폐해예방 실행계획.

보건복지부(2018b). 자살예방 국가 행동계획.

보건복지부(2020). 2021년도 보건복지부 소관 예산 및 기금운용 계획.

보건복지부(2021a). 2021년 정신건강사업 안내.

보건복지부(2021b). 2021년 치매정책사업 안내.

보건복지부(2021c). 2차 정신건강복지기본계획.

보건복지부, 경찰청, 소방청, 국립정신건강센터(2018). 정신과적 응급상황에서의 현장대응안내 2.0.

보건복지부, 국립정신건강센터(2020a). 지역사회 정신건강증진사업 매뉴얼 소개서.

보건복지부, 국립정신건강센터(2020b). 정신재활시설 표준사례관리 매뉴얼.

보건복지부, 삼성서울병원(2017). 2016년 정신질환 실태조사.

보건복지부, 자살예방센터(2020). 2020 자살예방백서.

보건복지부, 중앙자살예방센터(2019). 자살시도자 등의 사후관리를 위한 안내 매뉴얼.

보건복지부, 중앙자살예방센터(2021). 2021년 자살 위기지원 서비스 매뉴얼.

보건복지부, 질병관리청(2020). 2019 국민건강통계.

보건복지부, 한국건강증진개발원(2019). 2020년 지역사회통합건강증진사업 안내(음주폐해 예방).

사행산업통합감독위원회(2019). 2019년 사행산업 관련 통계.

사행산업통합감독위원회(2020a). 제3차 사행산업 건전발전 종합계획 수정계획(2019~2023).

사행산업통합감독위원회(2020b). 2019 사행산업 백서.

사회보장정보원(2016). 국제기능 · 장애 · 건강분류 한글번역본(제2차 개정판).

서울시정신건강복지센터(2020). 정신건강 전문사례관리 매뉴얼: 비대면 사례관리 가이드편.

서장원(2017). **인터넷 중독: 가상의 공간에서 길을 잃다**. 서울: 학지사.

손세관(1990). 주거의 의미에 관한 현상학적 고찰. **대한건축학회논문집, 6**(2), 43-51.

손지훈 외(2018). **한국형 정신환자분류체계 개발을 위한 기초**. 건강보험심사평가원, 서울대병원 공공보건의료사업단.

송후림 역(2008). **한눈에 알 수 있는 정신의학(제3판)**(*Psychiatry at Glance*, 3rd ed.). Katona, C. 저. 서울: 이퍼블릭.

신성만, 권선중, 송원영, 임영진, 장문선, 정여주, 조현주, 최윤경 역(2016). **이상심리학(제9판)**(*Abnormal Psychology in a Changing World*). Nevid, J. S., Rathus, S. A., & Greene, B. 저. 서울: 박학사.

신성만, 권정옥(2008). 알코올중독자를 위한 동기강화 상담. **알코올과학회지, 9**(1), 69-94.

신원우(2010). 노숙인 알코올의존 회복을 위한 치료공동체 프로그램의 효과성 연구. **한국정신보건사회복지학회 학술발표논문집**, 229-254.

양옥경(1996). **지역사회 정신건강**. 경기: 나남.

양옥경(2006). **정신보건과 사회복지**. 경기: 나남출판.

유수현, 서규동, 유명이, 이봉재, 이종하(2018). **정신보건사회복지론(개정3판)**. 서울: 신정.

윤명숙(1997). 알코올중독 남편의 단주가 부부관계에 미치는 영향. 이화여자대학교 대학원 박사학위 청구논문.

윤문희(2006). 차별의 법적 개념. **노동리뷰, 21**, 59-72.

윤수정(2020). 장애의 개념에 대한 헌법적 고찰: 장애인차별금지 및 권리구제 등에 관한 법률의 장애의 개념에 대한 논의를 중심으로. 공법학연구, 21(3), 159-185.

이미형, 김인숙, 차진경(2001). 문제음주자 가족을 위한 안내서. 경기: 이미형알코올상담센터.

이산 외(2016). 한국판 역학연구 우울척도 개정판(K-CESD-R)의 표준화 연구. 정신신체의학, 24(1), 83-93.

이용표 외(2017). 지역사회 정신장애인 현황조사 및 지원체계 연구.

이용표(2019a). 정신장애인의 정신의료기관 입·퇴원관련 의사결정지원제도 비교연구: 시범절차보조서비스를 중심으로. 비판사회정책, 63, 233-273.

이용표(2019b). 정신장애인의 항정신병약물 복용에 대한 자기결정 경험의 법정책적 함의. 법과 정책연구, 54, 141-178.

이용표, 강상경, 김용득, 박경수, 박인환, 하경희, 김병수, 김성용, 배진영, 송승연, 이진의, 황해민(2017). 지역사회 정신장애인 현황조사 및 지원체계 연구. 세종: 보건복지부.

이용표, 강상경, 배진영(2021). 인권과 대안을 위한 정신건강사회복지론. 서울: EM.

이용표, 김도희, 김성용, 정유석, 송승연, 배진영, 이승훈(2019). 서울시 정신질환자 지역사회지원체계 연구. 서울: 서울특별시의회.

이용표, 배진영(2021). 장애인복지법 제15조 정신장애인 복지차별의 원흉인가. 2021년 한국장애인복지학회 춘계학술대회 자료집.

이은숙(2020). 분당서울대학교병원 약제부 Newsletter, 142호.

이재호(2017). 중독치료를 위한 치료공동체 운영매뉴얼. 서울: 신정.

이준영(2010). 사회복지전달체계 평가기준의 체계화 가능성: 책임성에 대한 재해석을 중심으로. 사회과학연구, 26(1), 219-240.

이준영, 조맹제, 권준수(2006). 총괄기능평가척도(Global Assessment of Functioning Scale)와 사회적, 직업적 기능평가척도(Social and Occupational Functioning Scale). 대한정신약물학회지, 17(2), 122-127.

이철수 외(2008). 사회복지학 사전. 서울: 도서출판비상.

이해국, 김현수, 이태진(2011). 온라인게임 셧다운제 도입에 따른 비용편익분석 연구. 서울: 여성가족부.

이해국, 정슬기, 조근호, 최삼욱, 김현수, 이인혜, 이형초, 이보혜, 김지은(2012). 국가 중독예방관리 정책 및 서비스 전달체계 개발. 보건복지부 정신건강정책과, 가톨릭대학교 산학협력단.

이형초(2006). 청소년 인터넷중독의 개인상담. 청소년 인터넷중독 전문상담(pp. 241-282). 서

울: 국가청소년위원회.

이희(2005). 정신요법. 서울: 일조각.

장애우권익문제연구소(2020). 동의입원제도의 문제점과 정신병원 입・퇴원 과정 인권보장을 위한 긴급토론회 자료집.

장애우권익문제연구소(2021). 장애인복지법 제15조 폐지와 정신장애인 서비스 차별해소를 위한 토론회 자료집.

장애인공단 고용개발원(2016). 장애인경제활동실태조사.

장영수(2003). 기본권론. 서울: 홍문사.

장창현 역(2020). 비판정신의학(*Critical Psychiatry: Controversies and Clinical Implication*). Steingard, S. 저. 서울: 건강미디어협동조합.

재난정신건강지원을 위한 교육 프로그램 개발 및 인력 양성팀(2017). 재난정신건강지원 인력양성을 위한 문제관리 플러스. 세종: 보건복지부.

전겸구, 최상진, 양병창(2001). 통합적 한국어판 CES-D 개발. 한국심리학회지: 건강, 6(1), 59-76.

전광석 역(2005). 복지국가의 기원(*Sozialversicherung in Deutschland und England*). Ritter, G. A. 저. 서울: 범문사.

전영민(2007). 도박중독과 물질중독의 한국적 치료모델 및 동기강화상담: 동기강화상담의 실례, 동기강과집단상담. 한국심리학회 추계심포지엄 자료집, 89-107.

전진아(2020). 정신건강서비스 전달체계의 현황과 과제. 보건복지포럼(2020. 4.), 30-42.

정경운 외(2020). 마음건강 고위험군을 위한 마음프로그램 봄봄 워크북. 서울: 국립정신건강센터.

정은희, 강상경(2021). 인권모델에 기반한 정신재활시설 이용자의 복지 서비스요구도 분석: IPA 활용. 한국장애인복지학, 52, 111-134.

정주백(2016). 간접차별 개념의 필요성에 관한 관견: 헌재 1999. 12. 23. 98헌마363에 대한 평석에 겸하여. 헌법학연구, 22(1), 139-173.

정진욱, 윤시몬, 채수미, 최지희(2014). 약물 및 알코올 중독 현황과 대응방안. 세종: 한국보건사회연구원.

조근호 외(2020). 중독 재활 총론. 서울: 학지사.

조상은, 이지수, 이선화, 이수연(2017). ICF 기반의 장애사정체계 활용방안을 위한 기초연구. 서울: 한국장애인개발원.

조성남(2009). 마약류 중독의 치료 및 재활 정책. 정신건강정책포럼, 3, 3-20.

조성남, 강향숙, 김선민, 김주은, 문봉규, 박상규, 신성만(2021). **마약류 중독의 이해와 치료**. 서울: 학지사.

조임영(2011). 장애차별의 개념과 작동: 영국의 2010년 평등법상의 장애차별의 개념을 중심으로. **노동법학**, 37, 165-205.

조한진, 김기룡, 김예원, 김정하, 김은애, 송효정, 이승홍, 이용표, 조경미(2017). **중증 · 정신장애인 시설생활인에 대한 실태조사**. 서울: 국가인권위원회.

조현주, 채정호, 전태연(2007). 우울증 관련 평가도구의 개관. *Journal of Korean Neuropsychiatric Association*, *46*(2), 110-121.

조홍식 외(2020). **사회복지개론**. 경기: 나남출판.

주거학연구회(2005). **넓게 보는 주거학**. 경기: 교문사.

중독포럼(2012). 중독포럼 12월 송년세미나 자료집.

중독포럼(2013). 중독포럼 1월 신년세미나 자료집.

중앙심리부검센터(2019). 2019 심리부검 면담 결과보고서.

중앙자살예방센터(2020). 2020 자살통계자료집.

질병관리청, 교육부(2020). 제16차 청소년건강행태조사.

최기홍(2017). 범죄와 정신질환의 관계, 사회적 편견은 어느 정도인가? **헬스커뮤니케이션연구**, 16, 19-28.

최상희, 윤종민(2009). 인폼드 컨센트(Informed Consent)의 법리구조. **법학연구**, 33, 111-134.

최승미(2008). 외상 후 성장 관련 변인의 탐색. 고려대학교 대학원 박사학위논문.

최은영(2008). **약물중독**. 서울: 학지사.

최의선 역(2010). **도박중독**(*Jeu Pathologique*). Valleur, M., & Vucher, C. 저. 서울: 도서출판 NUN.

통계청(2021). 한국표준질병사인분류. http://kssc.kostat.go.kr/ksscNew_web/kssc/main/main.do?gubun=1&pageChk=Y

하경희, 성준모(2012). 정신장애인 경제활동 실태에 관한 탐색적 연구. **재활복지**, 16(2), 131-158.

한국과학기술한림원(2019). 마약류남용의 실태와 대책보고서.

한국정보화진흥원(2009). 인터넷 중독의 사회경제적 비용분석(정보문화심층연구).

한국정보화진흥원(2012). 스마트미디어 중독개입 및 해소 전략 방안 연구.

한국중독정신의학회(2019). **중독정신의학**. 서울: 아이엠이즈컴퍼니.

한소정(2017). 트라우마 센터에서 근무한 사회복지사의 소진과 이차적 외상 스트레스 경험에 관한 질적 연구. 한국사회복지학, 69(2), 219-246.

홍강의(2021). DSM-5에 준하여 새롭게 쓴 소아정신의학. 서울: 학지사.

홍선미(2006). 자활지원 사례관리 모형과 운영방안 연구. 사회복지연구, 29, 133-165.

홍선미, 김도희, 신권철, 이상민, 전진아(2020). 정신장애인 인권 관련 법령 · 정책 개선과제 연구. 서울: 국가인권위원회.

홍선미, 김제선, 이승훈, 김도희(2017). 사회복지 분야 인권교육 개선방안 연구. 서울: 국가인권위원회.

홍선미, 하경희(2009). 지역사회 네트워크 중심 통합 사례관리에 대한 탐색적 연구. 한국사회복지행정학, 11(1)(통권 제25호), 29-61.

황만성, 한동훈(2005). 마약류 사범 치료재활을 위한 형사사법체계와 보건의료체계의 협력활성화 방안. 서울: 한국형사정책연구원.

황순찬(2019). 이차외상. 2019 한국정신사회재활협회 2019년 추계학술대회자료집, 103-113.

American Psychiatric Association (APA). (2013a). *DSM−5 (Diagnostic and Statistical Manual of Mental Disorders*, 5th ed.). Washington, D.C.: American Psychiatric Association. https://www.psychiatry.org/psychiatrists/practice/dsm

American Psychiatric Association (APA). (2013b). The Organization of DSM−5.

Anthony, W. A. (2000). A recovery-oriented service system: Setting some system level standards. *Psychiatric Rehabilitation Journal, 24*(3), 11−23.

Australian Institute of Health and Welfare (2018). Mental health phase of care. https://meteor.aihw.gov.au/content/index.phtml

Blashfield, R. K., & Draguns, J. G. (1976). Toward a taxonomy of psychopathology: The purpose of psychiatric classification. *British Journal of Psychiatry, 129,* 574-583.

Bronfenbrenner, U. (1979). *The Ecology of Human Development*. Cambridge, MA: Harvard University Press.

Bronfenbrenner, U. (2005). *Making Human Beings Human: Bioecological Perspectives on Human Development*. Thousand Oaks, CA: Sage Publication.

Bronstein, L. R. (2003). A model for interdisciplinary collaboration. *Social Work, 48*(3), 297-306.

Busner, J., & Targum, S. D. (2007). The clinical global impressions scale: Applying a research tool in clinical practice. *Psychiatry (Edgmont), 4*(7), 28-37.

Callus, A. M., & Camilleri-Zahra, A. (2017). Nothing about us without us: disabled people determining their human rights through the UNCRPD. *Mediterranean Review of Human Rights, 1*, 1-26.

Cermak, T, L. (1986). *Diagnosing and Treating Co-dependence*. Minneapolis, MN: Johnson Institute.

Cermak, T. L., & Brown, S. (1982). Interactional group therapy with the adult children of alcoholics. *International Journal of Group Psychotherapy, 32*(3), 375-389.

Cuncic, A. (2020). What Is the ICD-11? Verywell Mind. https://www.verywellmind.com/overview-of-the-icd-11-4589392

Deegan, P. E. (1998). Recovery: The lived experience of rehabilitation. *Psychiatric Rehabilitation Journal, 14*(4), 11-19.

De Leon, G. (2000). *The Therapeutic Community: Theory, Model, and Method*. New York: Spring Publishing Company, Inc.

Elbogen, E. B., & Johnson, S. C. (2009), The intricate link between violence and mental disorder: Results from the National Epidemiologic Survey on Alcohol and Related Conditions. *Archives of General Psychiatry, 66*(2), 152-161.

Fiske, S. T., Gilbert, D. T., & Lindzey, G. (2010). *Handbook of Social Psychology* (5th ed.). Hoboken, NJ: John Wiley & Sons Inc.

Germain, C. B. (1979). *Social Work Practice: People and Environment*. New York: Columbia University Press.

Germain, C. B. (1984). *Social Work Practice in Health Care*. New York: The Free Press.

Goldberg, I. (1996). Internet addiction electronic message posted to research discussion list. http://www.embc.com/mlists/research.html

Goodman, L. A., Thompson, K. M., Weinfurt, K. P., Corl, S., Acker, P., Mueser, K. T., & Rosenberg, S. D. (1999). Reliability of reports of violent victimization and posttraumatic stress disorder among men and women with serious mental illness. *Journal of Traumatic Stress, 12*(4), 587-599.

Griffith, E. (2013). *The Treatment of Drinking Problems: A Guide for the Helping Professionals*. Cambridge, UK: Cambridge University press.

Griffith, M. D. (2005). A component model of addiction within a biopsychosocial framework. *Journal of Substance Use, 10*(4), 191-197.

Haslam, N. (2002). Kinds of kinds: A conceptual taxonomy of psychiatric categories. *Philosophy, Psychiatry, & Psychology, 9*, 203-218.

Herman, K. (1971). *Alcoholism*. Council on Social Work Education.

Hester, R. K., & Miller, W. R. (2003). *Handbook of Alcoholism Treatment Approaches: Effective Alternatives*. Boston, MA: Pearson Education, Inc.

Hopper, E., Bassuk, E., & Olivet, J. (2010). Shelter from the storm: Trauma-informed care in homelessness services settings. *The Open Health Services and Policy Journal, 3*(2), 90-100.

Jellinek, E. M. (1952). Phases of alcohol addiction. *Quarterly Journal of Studies on Alcohol, 13*(4), 673-684.

Johnson, V. E. (1980). *I'll Quit Tomorrow: A Practical Guide to Alcoholism Treatment*. New York: Harper & Row Publisher, Inc.

Karls, J., & Wandrei, K. (1994). *Person in Environment System*. Washington, D.C.: NASW Press.

Khantzian, E. J. (1997). The self-medication hypothesis of substance use disorders: A reconsideration and recent applications. *Harvard Review of Psychiatry, 4*(5), 231-244.

Kim, T. H., & Yang Y. J. (2013). Korean Translation of 'Mental Health in Korea: OECD Review and Recommendations 2013 Summary'. *Korean Journal of Family Practice, 3*(3), 236-239.

Kressel, D., De Leon, G., Palij, M., & Rubin, G. (2000). Measuring client clinical progress in therapeutic community treatment: The therapeutic community Client Assessment Inventory, Client Assessment Summary, and Staff Assessment Summary. *Journal of Substance Abuse Treatment, 19*(3), 267-272.

Leamy, M., Bird, V., Le Boutillier, C., Williams, J., & Slade, M. (2011). Conceptual framework for personal recovery in mental health: Systematic review and narrative synthesis. *The British Journal of Psychiatry, 199*, 445-452.

Lesieur, H. R., & Rosenthal, R. J. (1991). Pathological gambling: A review of the literature. *Journal of Gambling Studies*, 7(1), 5-39.

Life, J. (2001). *Human Rights and Social Work*. New York: Columbia University Press.

Miller, W. R., & Rollnick, S. (2002). *Motivational Interviewing: Preparing People to Change Addictive Behavior*. New York: Guilford.

NCTSN (2010). Skills for Psychological Recovery: Field Operations Guide, SHAMSA.

NHS England (2016/2017). *Mental Health Clustering Booklet* (V5.0). NHS England Publications.

NHS England (2021). Adult improving access to psychological therapies programme. https://www.england.nhs.uk/mental-health/adults/iapt

Nirje, B. (1985). The basis and logic of the normalization principle. *Australia & New Zealand Journal of Developmental Disabilities. 11*, 65-68.

Peterson, C., & Seligman, M. E. P. (2004). *Character Strengths and Virtues: A Handbook and Classification*. Washington, D.C.: American Psychology Association.

Posner, J., Eilenberg, J., Friedman, J. H., & Fullilove, M. J. (2008). Quality and use of trauma histories obtained from psychiatric outpatients: A ten-year follow-up. *Psychiatric Services, 59*(3), 318-321.

Priestley, M. (1998). Construction and Creations: Idealism, Materialism and Disability Theory. *Disability & Society, 13*(1), 75-94.

Radhakrishnan, V., Smith, K., & O'Hara, J. (2012). The Mental Health Clustering Tool for people with severe intellectual disability. *The Psychiatrist, 36*(12), 454-458.

Reed, G. M. et al. (2019). Innovations and changes in the ICD-11 classification of mental, behavioral and neurodevelopmental disorders. *World Psychiatry, 18*(1), 3-19.

Sadler, J. Z. (2005). *Values and Psychiatric Diagnosis*. Oxford, UK: Oxford University Press.

Shaffer, H. J., LaPlante, D. A., LaBrie, R. A., Kidman, R. C., Donato, A. N., & Stanton, M. V. (2004). Toward a syndrome model of addiction: Multiple expressions, common etiology. *Harvard Review Psychiatry, 12*(6), 367-374.

Simon, R. (2014). The Debate Over DSM-5: A Step Backward, Psychotherapy Networker.

Stein, D. J. et al. (2010). Cross-national analysis of the associations between traumatic events and suicidal behavior: Findings from the WHO world mental health surveys. *PLoS ONE, 5*(5), e10574. https://doi.org/10.1371/journal.pone.0010574

Substance Abuse and Mental Health Services Administration (2016). DSM-5 Changes:

Implications for Child Serious Emotional Disturbance. CBHSQ Methodology Report. Center for Behavioral Health Statistics and Quality, Substance Abuse and Mental Health Services Administration. Rockville, MD.

Tedeschi, R. G., & Calhoun, L. G., (1995). *Trauma and Transformation: Growing in the Aftermath of Suffering*. Thousand Oaks, CA: Sage Publications.

Test, M. A. (1981). Effective community treatment of the chronically mentally ill: What is necessary? *Journal of Social Issues, 37*(3), 71-86.

UN (2006). Convention on the Rights of Persons with Disabilities (CRPD). (2021년 5월 31일 다운로드). https://www.un.org/development/desa/disabilities/convention-on-the-rights-of-persons-with-disabilities.html

Ventura, E. (2017). *Casebook for DSM-5: Diagnosis and Treatment Planning*. New York: Springer Publishing Company.

WHO (1980). International Classification of Impairments, Disabilities, and Handicaps. (2021년 5월 31일 다운로드). https://apps.who.int/iris/handle/10665/41003

WHO (1986). Ottawa charter for health promotion.

WHO (2001a). Basic documents (43rd ed.).

WHO (2001b). Mental health: New understanding, new hope.

WHO (2001c). International Classification of Functioning, Disability and Health. (2021년 5월 31일 다운로드). https://www.who.int/standards/classifications/international-classification-of-functioning-disability-and-health

WHO (2013). *How to use the ICF: A practical manual for using the International Classification of Functioning, Disability and Health (ICF)*. Geneva, Switzerland: WHO.

WHO (2014). Promoting mental health.

WHO (2017). Promoting recovery in mental health and related services.

WHO (2018). Global status report on alcohol and health 2018. https://apps.who.int/iris/handle/10665/274603. License: CC BY-NC-SA 3.0 IGO.

WHO (2019). *ICD-11 International Classification of Diseases for Mortality and Morbidity Statistics, Reference Guide*. Geneva, Switzerland: WHO.

WHO (2021). International Classification of Diseases. (2021년 5월 31일 다운로드). https://www.who.int/standards/classifications/classification-of-diseases

Wilensky, H. L., & Lebeaux, C. N. (1958). *Industrial Society and Social Welfare*. New York: Free Press.

Williams, R. (1983). *Culture and Society*. New York: Columbia University Press.

Wong, Y. I., & Solomon, P. L. (2002). Community integration of persons with psychiatric disabilities in supportive independent housing: A conceptual model and methodological consideration. *Mental Health Services Research, 4*(1), 13-28.

Young, K. S. (1996). Internet addiction: The emergence of a new clinical disorder. *Cyberpsychology and Behavior, 1*(3), 237-244.

Young, K. S. (1999). Internet addiction: Symptoms, evaluation, and treatment. In L. V. Creek & T. Jackson (Eds.), *Innovation in Clinical Practice: A Source Book* (Vol. 17). Sarasota, FL: Professional Resource Press.

Zastrow, C., & Kirst-Ashman, K. K. (2001). *Understanding Human Behavior and Social Environment*. Boston, MA: Brooks/Cole, Thomson Learning.

스마트쉼센터. http://www.iapc.or.kr

아이존. http://www.aizone.or.kr

위(Wee) 프로젝트. http://www.wee.go.kr

찾아보기

인명

내용

저자 소개

강상경(Kahng, Sang Kyoung)

미국 미시간대학교 사회복지학 · 사회심리학 박사

현 서울대학교 사회복지학과 교수

> 대표 경력

전 미국 아시아태평양상담치료센터 정신보건사회복지사

미국 미시간대학교 Institute for Social Research 미국 노인국 박사후연구원

미국 세인트루이스 워싱턴대학교 조교수

> 대표 저서

『인간행동과 사회환경』(공저, 학지사, 2021)

『인권과 대안을 위한 정신건강사회복지론』(공저, EM실천, 2021)

『한국 정신보건서비스의 전개 과정』(서울대학교출판문화원, 2013)

권태연(Kwon Tae Yeon)

서울대학교 사회복지학 박사

현 선문대학교 사회복지학과 부교수

> 대표 경력

현 한국정신건강사회복지학회 이사

전 한림대학교성심병원 의료사회복지사 및 정신보건사회복지사

한강성심병원 정신보건사회복지사 수련

> 대표 논문

「성인의 문제음주 발달궤적의 잠재계층 분류와 영향요인」(사회복지연구, 2020)

「Social stigma, ego-resilience, and depressive symptoms in adolescent school dropouts」(Journal of Adolescence, 2020)

김문근(Kim, Moon Geun)

서울대학교 사회복지학 박사

현 대구대학교 사회복지학과 교수

> 대표 경력

현 경북정신건강복지사업지원단 위원

정신건강사회복지혁신연대 대표

전 한국정신건강사회복지학회 정책분과학회장

> 대표 저서

『상징적 상호작용론과 정신장애의 이해』(EM커뮤니티, 2016)

『사회복지서비스와 공급체계: 쟁점과 대안』(공저, EM커뮤니티, 2008)

이용표(Lee Yongpyo)

서울대학교 사회복지학 박사

현 가톨릭대학교 사회복지학과 교수

> 대표 경력

현 한국장애인복지학회 부회장

한국정신건강전문요원협회 부회장

전 한국사회복귀시설협회(현 한국정신재활시설협회) 회장

> 대표 저서

『인권과 대안을 위한 정신건강사회복지론』(공저, EM실천, 2021)

『사회복지학개론』(제3판, 공저, 창지사, 2019)

하경희(Ha, Kyung Hee)

서울대학교 사회복지학 박사

현 아주대학교 공공정책대학원 부교수

> 대표 경력

현 사회적협동조합 우리다움 이사장

국가인권위원회 장애인인권 전문위원

전 보건복지부 자살예방사업 평가위원

> 대표 저서

『토착화 사례연구』(공저, 대영문화사, 2020)

『강점기반실천과 사례관리』(공저, 공동체, 2018)

『청소년권리와 청소년복지』(공저, 한울아카데미, 2008)

홍선미(Seonmee Hong)

미국 컬럼비아대학교 사회복지학 박사

현 한신대학교 사회복지학과 교수

> 대표 경력

현 사회보장위원회 커뮤니티케어 전문위원회 위원장

전 대통령직속 정책기획위원회 포용사회분과 위원장

미국 New York State Psychiatric Institute Research Scientist

> 대표 저 · 역서

『사회복지실천기술론』(공저, 학지사, 2022)

『사회복지개론』(제2판, 공저, 청목출판사, 2010)

『인간행동과 사회환경』(공역, 나눔의 집, 2006)

사회복지총서

정신건강사회복지론
Social Work in Mental Health

2022년 3월 25일 1판 1쇄 발행
2025년 1월 20일 1판 3쇄 발행

지은이 • 강상경 · 권태연 · 김문근 · 이용표 · 하경희 · 홍선미
펴낸이 • 김 진 환
펴낸곳 • (주) 학지사
04031 서울특별시 마포구 양화로 15길 20 마인드월드빌딩 5층
대표전화 • 02) 330-5114 팩스 • 02) 324-2345
등록번호 • 제313-2006-000265호
홈페이지 • http://www.hakjisa.co.kr
인스타그램 • https://www.instagram.com/hakjisabook

ISBN 978-89-997-2616-3 93330

정가 24,000원